权威·前沿·原创

皮书系列为
"十二五""十三五""十四五"时期国家重点出版物出版专项规划项目

BLUE BOOK

智库成果出版与传播平台

服务贸易蓝皮书
BLUE BOOK OF SERVICE TRADE

中国国际服务贸易发展报告 (2023)

ANNUAL REPORT ON THE DEVELOPMENT OF CHINA'S INTERNATIONAL SERVICE TRADE (2023)

主　编／李小牧　李嘉珊
副主编／王　丽

社会科学文献出版社
SOCIAL SCIENCES ACADEMIC PRESS (CHINA)

图书在版编目(CIP)数据

中国国际服务贸易发展报告.2023／李小牧,李嘉珊主编；王丽副主编.--北京：社会科学文献出版社，2023.8

（服务贸易蓝皮书）

ISBN 978-7-5228-2216-7

Ⅰ.①中… Ⅱ.①李…②李…③王… Ⅲ.①国际贸易-服务贸易-贸易发展-研究报告-中国-2023 Ⅳ.①F746.18

中国国家版本馆 CIP 数据核字（2023）第 144554 号

服务贸易蓝皮书
中国国际服务贸易发展报告（2023）

主　　编／李小牧　李嘉珊
副 主 编／王　丽

出 版 人／冀祥德
责任编辑／路　红
文稿编辑／张　爽　尚莉丽　陈丽丽
责任印制／王京美

出　　版／社会科学文献出版社（010）59367194
　　　　　地址：北京市北三环中路甲 29 号院华龙大厦　邮编：100029
　　　　　网址：www.ssap.com.cn
发　　行／社会科学文献出版社（010）59367028
印　　装／天津千鹤文化传播有限公司

规　　格／开本：787mm×1092mm　1/16
　　　　　印 张：29.75　字 数：450 千字
版　　次／2023 年 8 月第 1 版　2023 年 8 月第 1 次印刷
书　　号／ISBN 978-7-5228-2216-7
定　　价／158.00 元

读者服务电话：4008918866

版权所有 翻印必究

《中国国际服务贸易发展报告（2023）》
编 委 会

主　　编	李小牧　李嘉珊	
副 主 编	王　丽	
编撰单位	北京第二外国语学院中国服务贸易研究院	
	首都国际服务贸易与文化贸易研究基地	
总 顾 问	陈　健	北京第二外国语学院中国服务贸易研究院总顾问
		中华人民共和国商务部原副部长
编委会主任	胡景岩	北京第二外国语学院中国服务贸易研究院学术委员会主任
		中华人民共和国商务部服贸司首任司长
编委会成员	金　旭	中国国际贸易学会会长
	刘宝荣	中国国际贸易学会专家委员会主任
	李　钢	中国国际贸易学会副会长、商务部国际贸易经济合作研究院国家高端智库学术委员会主任
	刘大可	北京第二外国语学院教授、科研处处长

蔡继辉　社会科学文献出版社副总编辑
宋维明　北京林业大学教授、原校长
李　俊　商务部国际贸易经济合作研究院国际服务贸易研究所所长
张　辉　北京交通大学教授、博士生导师
曲如晓　北京师范大学教授

撰　稿（中国作者按姓氏笔画顺序排列，外国作者按文序排列）

丁国宁	王立非	王佳林	王振翰	王海文
方　慈	厉新建	田　嵩	曲如晓	任祎卓
刘　凯	刘　霞	孙浩桐	李　杰	李　昭
李　萍	李文君	李浩哲	杨　柳	杨　修
杨　超	宋维明	张　杭	张伟玉	张传红
张芳芳	张雨晴	张金珠	陈能军	林芷昕
郅　倩	赵天悦	赵家章	胡心怡	柳　燕
侯夏新	贾瑞哲	顾嘉倩	党修宇	殷　凤
高　湟	盛歆怡	彭冠英	彭曦阳	蔡淑玉
潘　莹				

里卡多·马查多·鲁伊斯

吉尔伯托·阿西斯·利巴尼奥

黛安娜·乔卡特·柴布

主要编撰者简介

李小牧 教授，首都经济贸易大学副校长，中宣部对外文化交流（文化贸易）研究基地首席专家，国家社会科学基金重大项目首席专家，中国国际贸易学会副会长兼服务贸易专业委员会主任。先后主持完成国家社会科学基金重大项目、教育部人文社会科学研究规划项目及北京市哲学社会科学规划重大项目等近20项。主编"服务贸易蓝皮书""文化贸易蓝皮书"，撰写专著《欧元：区域货币一体化的矛盾与挑战》等近10部，发表学术论文《文化保税区：新形势下的实践与理论探索》等30余篇。

李嘉珊 教授，北京第二外国语学院中国服务贸易研究院常务副院长，国家文化发展国际战略研究院常务副院长，交叉学科国际文化贸易负责人，首都国际服务贸易与文化贸易研究基地首席专家，中宣部对外文化交流（文化贸易）研究基地秘书长，文化和旅游研究基地首席专家，中国国际贸易学会常务理事兼服务贸易专业委员会秘书长，英国纽卡斯尔大学、伦敦大学金史密斯学院客座研究员。主持并完成国家级、省部级和专项委托项目30余项，多项研究成果被采纳。撰写多部学术著作，其中《国际文化贸易论》获商务部"商务发展研究成果奖（2017）"论著类二等奖。主编"服务贸易蓝皮书""文化贸易蓝皮书"，发表《"一带一路"倡议背景下中国对外文化投资的机遇与挑战》等30余篇学术论文。

王 丽 北京第二外国语学院中国服务贸易研究院讲师，首都国际服务贸易与文化贸易研究基地研究员，清华大学社会科学学院理论经济学博士后。近年来，在《经济理论与经济管理》《世界经济研究》《国际贸易》《国际商务》等 CSSCI 期刊上发表了 10 余篇学术论文，主持中国博士后科学基金项目 1 项，参与多项国家级、省部级课题。

序言一

服务贸易是国际贸易中最具活力的部分,已经成为外贸增长新引擎。2022年世界服务贸易走出低迷态势,根据联合国贸易和发展会议（UNCTAD）发布的数据,2022年世界服务贸易额约7万亿美元,比2021年增长15%,占世界贸易总额的22%。中国服务贸易总量延续增长态势,继续保持发展中经济体中服务贸易最大出口国的地位。党的二十大报告中指出："推动货物贸易优化升级,创新服务贸易发展机制,发展数字贸易,加快建设贸易强国"。在数字技术快速发展、迭代更新下,服务贸易释放出巨大的发展潜力,已成为新一轮全球自由贸易的重点。二十大是高水平对外开放的新起点,服务贸易发展面临新的机遇窗口期。自由贸易试验区（港）、服务业扩大开放综合试点、服务贸易创新发展试点、服务外包示范城市、特色服务出口基地等多项举措、开放平台的出台、设立,全方位推动服务贸易高质量发展。2023年上半年,服务贸易发展态势良好,我国服务贸易继续保持增长态势。服务贸易进出口总额为31358.4亿元,同比增长8.5%。其中出口额为13232.2亿元,下降5.9%；进口额为18126.2亿元,增长22.1%；服务贸易逆差为4894亿元。

2023年是"一带一路"倡议提出10周年,作为深受欢迎的国际公共产品和国际合作平台,共建"一带一路"在加强政策沟通、推动互联互通、拉动经济增长、深化区域合作等方面发挥了重要作用,其中最突出的成就之一为"贸易畅通",十年间中国与"一带一路"共建国家和地区的贸易规模稳步增长,旅游、运输、建筑、教育、医疗、金融等服务贸易蓬勃发展,贸

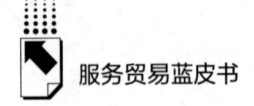

易新业态新模式不断涌现，经贸联系日益密切。

面对全球经济增长疲软，地缘政治环境复杂，单边主义、保护主义抬头，为促进服务贸易持续增长，激活服务贸易发展新动能，需提升服务贸易产业链现代化水平，增加中高端服务供给产品，促进服务贸易自由化便利化，加快韧性"数智化"服务贸易供应链建设，拓展服务贸易新模式、新业态的发展空间，促进服务贸易规模与质量"双提升"，推动货物进口和服务进口共同发力，畅通国内国际双循环。

北京第二外国语学院中国服务贸易研究院团队站在全球以及我国更高水平开放的背景下，立足于国内发展的现实需求，继续推出《中国国际服务贸易发展报告（2023）》，其既对行业发展热点、焦点问题进行深入分析，也对发展趋势进行前瞻性判断和预测，还进行了国际经验比较与借鉴，将为政府战略决策和学术研究提供重要依据，期待"服务贸易蓝皮书"能为推进贸易强国建设贡献智慧和力量。

2023 年 8 月

序 言 二

服务贸易蓝皮书编写团队以问题为导向，深入研讨，精心打磨，齐心协力，推出了《中国国际服务贸易发展报告（2023）》。本书进一步细化了对服务贸易行业的研究，重点关注知识密集型服务贸易行业的发展，汇集了国内外服务贸易领域专家以国际视野分析有关服务贸易发展的重要专题。

2022年，中国服务贸易保持较快增长，全年服务贸易进出口总额为59801.9亿元，同比增长12.9%。其中，服务贸易出口额为28522.4亿元，同比增长12.1%；服务贸易进口额为31279.5亿元，同比增长13.5%。旅行服务贸易总体呈现恢复态势，全年旅行服务贸易进出口额为8559.8亿元，同比增长8.4%。

新冠疫情对世界各国的影响日益减弱，经济复苏成为全球发展首先要面对的课题。服务贸易是推动经济复苏的重要引擎之一，已然成为全球经济的重要支柱和国际贸易中最具活力的部分，并且呈现出一些新动态和新趋势。数字时代数字化技术对服务贸易产生了深远的影响。大数据、云计算、人工智能等新一代信息技术的广泛应用为服务贸易创新提供了无限可能，国际贸易呈现高度数字化的特征。远程医疗、在线教育、视频会议、网络游戏、服务外包、流媒体等各种服务贸易新业态逐渐成为日常状态。2022年，中国服务贸易虽然受到各方面外部环境的巨大冲击，但是仍实现两位数的增长，展现了较强的复苏势头，质量稳中有进，开放步伐加快，协同水平提高，区域发展向好，对外合作加强，成为服务构建新发展格局、培育国际合作和竞争新优势的重要力量。

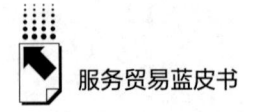

2022年，中国知识密集型服务进出口稳定增长，知识密集型服务贸易进出口额为25068.5亿元，同比增长7.8%。其中，知识密集型服务贸易出口额为14160.8亿元，同比增长12.2%；出口增长较快的领域是知识产权使用费，电信、计算机和信息服务，分别增长17.5%、13%；知识密集型服务贸易进口额为10907.7亿元，同比增长2.6%；进口增长较快的领域是保险服务，增速达35.8%。

二十大报告中明确提出了要创新服务贸易发展机制，发展数字贸易，加快建设贸易强国；习近平总书记向2022年中国国际服务贸易交易会致贺信，强调了中国与世界各国深入开展服务贸易的美好愿景。服务贸易是对外贸易的重要组成部分，是贸易活力提升的推动力，还是塑造深度参与国际经济合作与竞争新优势的显著因素，其重要性不言而喻。

自服务贸易蓝皮书系列出版后，收获了来自政产学研界领导和专家的高度评价，激励着编写团队持续开展跟踪研究。《中国国际服务贸易发展报告（2023）》是凝心聚力之作，内容丰富、实用，观点独到、新颖，将为新时期我国激活服务贸易创新动能、推动服务贸易开放发展提供参考和借鉴。

中华人民共和国商务部服务贸易司首任司长

2023年8月

摘　要

近几年，虽经受新冠疫情冲击，但中国服务贸易显示出强大的发展韧性和蓬勃活力，知识密集型服务贸易稳定增长，贸易数字化转型显著加快，数字服务贸易规模持续扩大，贸易逆差延续缩减态势，贸易伙伴日趋多元化，区域服务贸易合作格局良好。2022年，中国服务贸易进出口额为59801.9亿元，较2021年增长12.9%，其中，服务贸易出口额为28522.4亿元，进口额为31279.5亿元，与我国建立服务贸易往来关系的国家（地区）增加到200多个。

《中国国际服务贸易发展报告（2023）》综合运用定量分析、国别比较、定性分析等方法，对2022年中国国际服务贸易发展的热点、亮点、问题进行剖析和研究，梳理分析服务贸易10个细分行业领域的发展情况和显著特征，并结合热点专题与国际经验探讨中国服务贸易发展面临的挑战以及未来趋势，提出针对性对策建议。

《中国国际服务贸易发展报告（2023）》分为总报告、行业篇、专题研究篇、比较与借鉴篇四个部分。总报告从贸易规模、贸易逆差、贸易结构、贸易伙伴、数字贸易等角度对2022年中国服务贸易发展总体情况进行分析，结合服务贸易发展实际，总结中国服务贸易发展面临的挑战，探讨"十四五"时期中国服务贸易发展机遇，提出新时期中国服务贸易高质量发展的建议。行业篇对农业，林业，技术，教育，金融，知识产权，语言，中医药，旅游，娱乐、文化与体育等领域服务贸易进行深入分析研究。专题研究篇聚焦全球绿色转型发展背景下中国国际服务贸易高质量发展、共建"一

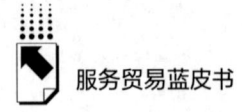

带一路"国家数字贸易、RCEP 背景下中国服务贸易发展新机遇、《美墨加协定》数字版权规则的焦点问题及中国的应对、ESG 评价体系对我国服务贸易绿色发展的思考与启示、大型语言模型对我国语言服务业发展的影响等热点问题进行充分探讨。比较与借鉴篇聚焦分析巴西的工业、服务业发展与国际贸易的关系，全球数字贸易议题、规则与"中国方案"构建，新发展格局下中国与东盟文化服务贸易竞争力，日本和食文化国际化经验及其对中餐文化的启示。

《中国国际服务贸易发展报告（2023）》集专家学者之智，取产业实践之长。在更高水平开放和服务贸易创新发展的背景下，为激活中国服务贸易增长动能，稳步推进服务贸易创新发展，巩固服务贸易发展稳中向好的态势，提出针对性、前瞻性和可行性对策建议。

关键词： 国际服务贸易　数字服务贸易　国际贸易

目 录

Ⅰ 总报告

B.1 中国国际服务贸易发展报告（2023）
………………………… 李小牧 李嘉珊 王 丽 / 001

Ⅱ 行业篇

B.2 中国农业服务贸易的发展潜力与挑战………… 侯夏新 张传红 / 019

B.3 基于碳中和目标的森林生态服务价值实现路径
………………………………… 杨 超 宋维明 张金珠 / 034

B.4 中国技术贸易发展的现状、问题及对策……… 方 慈 杨 修 / 056

B.5 中国教育服务贸易发展报告：新时代中外合作办学的高质量发展
……………………………………………… 曲如晓 潘 莹 / 071

B.6 中国金融服务贸易发展报告（2023）
——基于2001~2022年国际收支的分析
………………………… 李小牧 杨 柳 李浩哲 赵天悦 / 089

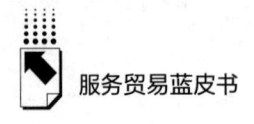

B.7　中国知识产权服务贸易发展的现状、问题及对策
　　………………………………………………… 王　丽　张芳芳 / 109

B.8　中国语言服务出口现状分析与建议………… 王立非　李　昭 / 128

B.9　中国中医药服务贸易发展现状、问题与建议
　　………………………………………………… 柳　燕　高　滢 / 151

B.10　中国旅游服务贸易发展报告 ……………… 王海文　王振翰 / 167

B.11　中国娱乐、文化与体育服务贸易发展报告
　　……………………………………… 李嘉珊　刘　霞　张雨晴 / 181

Ⅲ　专题研究篇

B.12　全球绿色转型发展背景下中国国际服务贸易高质量发展
　　　路径研究 ………………………………………… 王佳林 / 193

B.13　中国与共建"一带一路"国家数字贸易发展研究
　　………………………………………………… 张　杭　张伟玉 / 207

B.14　RCEP背景下中国服务贸易高质量发展新机遇
　　………………………………………………… 任祎卓　李　杰 / 224

B.15　《美墨加协定》数字版权规则的焦点问题及中国的应对
　　………………………………………………… 贾瑞哲　盛歆怡 / 240

B.16　北京服务业国际化发展现状、问题及对策
　　………………………………………………… 赵家章　丁国宁 / 255

B.17　ESG评价体系对我国服务贸易绿色发展的思考与启示
　　……………………………………………………………… 刘　凯 / 269

B.18　中国式现代化进程中我国国际旅游服务贸易发展的重点与方向
　　………………………… 厉新建　郅　倩　顾嘉倩　蔡淑玉 / 283

B.19　大型语言模型对我国语言服务业发展的影响研究
　　………………………………………………… 田　嵩　孙浩桐 / 300

目录

B.20 版权服务促进数字创意产业高质量发展的战略与路径研究
.... 陈能军 彭曦阳 彭冠英 / 316

B.21 体育强国战略下中国体育服务贸易发展的现状评价与推进策略
.... 李 萍 李文君 / 330

Ⅳ 比较与借鉴篇

B.22 巴西的工业、服务业发展与国际贸易的关系分析
.... 里卡多·马查多·鲁伊斯
吉尔伯托·阿西斯·利巴尼奥 黛安娜·乔卡特·柴布 / 348

B.23 全球数字贸易议题、规则与"中国方案"构建
.... 殷 凤 党修宇 / 372

B.24 新发展格局下中国与东盟文化服务贸易竞争力分析
.... 胡心怡 李嘉珊 / 393

B.25 日本和食文化国际化经验及其对中餐文化的启示
.... 李嘉珊 林芷昕 / 406

Abstract .... / 429
Contents .... / 431

皮书数据库阅读 **使用指南**

003

总报告
General Report

B.1 中国国际服务贸易发展报告（2023）

李小牧　李嘉珊　王　丽*

摘　要： 2020~2022年全球深受新冠疫情影响，整体贸易状况持续低迷，中国货物贸易和服务贸易显示出强大韧性，数字贸易为服务贸易增长提供了新动能。中国服务贸易呈现总体规模稳步扩大、逆差大幅缩小、结构持续优化、伙伴日趋多元、数字贸易发展势头迅猛的显著特征。同时，中国服务贸易发展面临培育新兴服务贸易国际竞争优势、平衡数字贸易监管与开放和提出国际数字贸易规则的"中国方案"的挑战。"十四五"时期，中国服务贸易发展应把握区域贸易协定实施、对外开放平台网络逐渐形成、服务贸易创新与服务业开放协同并进的机遇。为推动服务贸易高质量发展，建议提升服务贸易便利化水平，改善服务贸易发展的营商环

---

* 李小牧，首都经济贸易大学副校长、经济学院教授，主要研究方向为国际服务贸易、国际文化贸易、国际金融和世界经济；李嘉珊，北京第二外国语学院教授，中国服务贸易研究院常务副院长，首都国际贸易与文化贸易研究基地首席专家，主要研究方向为国际文化贸易、国际服务贸易等；王丽，北京第二外国语学院中国服务贸易研究院讲师，首都国际服务贸易与文化贸易研究基地研究员，主要研究方向为国际服务贸易与对外直接投资。

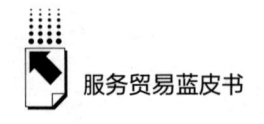

境；培育"中国服务"品牌，提升中国服务贸易国际竞争力；完善国内数字贸易法律法规体系，积极参与国际数字贸易规则制定；"双碳"目标与服务贸易互促，推动服务贸易绿色转型。

关键词： 数字贸易　服务贸易　"中国服务"品牌

疫情后单边主义、贸易保护主义有所抬头，贸易壁垒增多，全球贸易格局正在重塑，乌克兰危机进一步加剧地缘经济分裂风险，世界经济发展与贸易合作面临多重挑战。作为全球重要经济体，中国已连续13年稳居世界制造业出口贸易第一大国的位置，连续8年服务贸易规模排名世界第二。①《全球服务贸易发展指数报告2022》显示，中国服务贸易综合指数的世界排名由2021年的第14名上升至2022年的第9名，首次进入全球前十。

党的二十大报告指出："推动货物贸易优化升级，创新服务贸易发展机制，发展数字贸易，加快建设贸易强国。"② 在高水平对外开放背景下，服务贸易成为中国开展国际贸易合作与促进技术、知识、人才要素流动循环的着力点，是中国开放型经济的重要组成部分。

一　中国国际服务贸易发展显著特征

（一）服务贸易规模稳步扩大

2022年，中国服务贸易进出口额为59801.9亿元，较2021年增长12.9%，

---

① 作者根据联合国贸发会议（UNCTAD）数据库历年数据计算所得。
② 《习近平：高举中国特色社会主义伟大旗帜　为全面建设社会主义现代化国家而团结奋斗——在中国共产党第二十次全国代表大会上的报告》，中国政府网，2022年10月25日，http://www.gov.cn/xinwen/2022-10/25/content_5721685.htm。

其中，服务贸易出口额为28522.4亿元，进口额为31279.5亿元，贸易逆差为2757.1亿元，与我国建立服务贸易往来关系的国家（地区）增加到200多个。[①] 中国服务贸易进出口额由2016年43947.0亿元增长至2022年59801.9亿元，年均增长率为5.27%。[②] 2005~2021年，中国服务贸易进出口额及其占世界服务贸易进出口额的比重总体保持平稳增长态势（见图1）。2005年，中国服务贸易进出口额占世界服务贸易进出口额的3.06%，2018年占比为6.68%，2021年占比为7.13%。

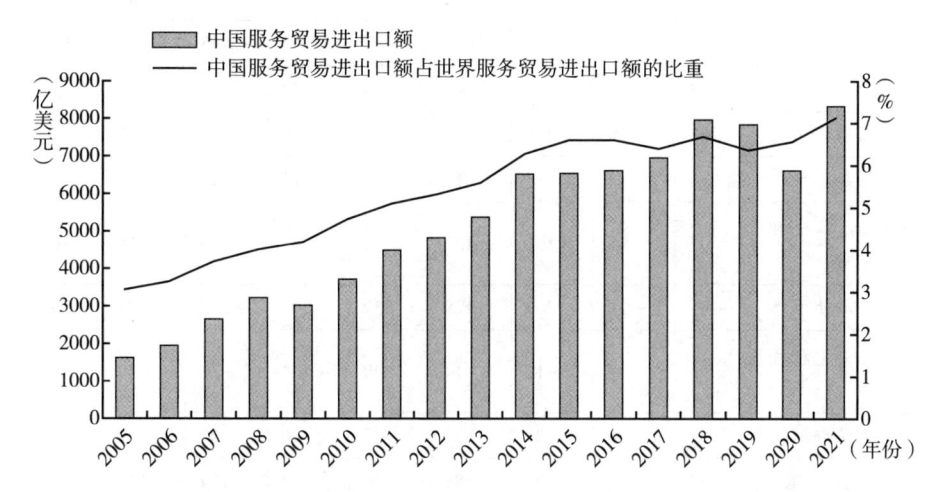

图1 2005~2021年中国服务贸易进出口额及其占世界服务贸易进出口额的比重

资料来源：联合国贸发会议（UNCTAD）数据库。

（二）服务贸易逆差大幅缩小

2010~2021年，服务贸易逆差呈现"先上升后下降"的态势，其中2018年逆差规模最大，接近3000亿美元。2021年服务贸易逆差为1000亿美元，较疫情之前逆差规模大幅减少。贸易逆差的主要来源是旅行服务贸易逆差，2014~2019年，旅行服务贸易逆差基本都在2000亿美元左右。同一

---

① 资料来源：商务部商务数据中心。
② 作者根据商务部商务数据中心历年数据计算而得。

时期其他服务贸易细分行业如建筑，电信、计算机和信息服务，加工服务，其他商业服务均保持顺差（见表1）。预计2023年中国国际旅行服务贸易规模将大幅扩大，服务贸易逆差规模较疫情期间将有所扩大。

表1　2013~2021年中国服务贸易细分行业贸易逆差

单位：亿美元

细分行业	2013年	2014年	2015年	2016年	2017年	2018年	2019年	2020年	2021年
运输	-567	-579	-467	-468	-560	-669	-590	-380	-206
旅行	-769	-1833	-2049	-2057	-2193	-2369	-2188	-1211	-944
建筑	68	105	65	42	36	49	51	45	56
保险服务	-181	-179	-38	-88	-74	-66	-62	-94	-144
金融服务	-5	-4	-3	11	18	12	15	8	4
电信、计算机和信息服务	95	94	131	127	75	65	80	64	106
知识产权使用费	-201	-219	-209	-228	-239	-302	-278	-293	-351
个人、文化和娱乐服务	-6	-7	-12	-14	-20	-24	-31	-20	-18
维护和维修服务	0	0	23	32	37	46	65	43	40
加工服务	232	213	203	184	179	172	154	127	135
其他商业服务	99	282	189	147	169	191	194	195	339
政府服务	0	-10	-15	-20	-18	-27	-21	-11	-17
总额	-1235	-2137	-2182	-2332	-2590	-2922	-2611	-1527	-1000

资料来源：国家外汇管理局和《中国统计年鉴2022》。

（三）服务贸易结构持续优化

我国知识密集型服务贸易进出口额稳定增长，2022年知识密集型服务贸易进出口额同比增长7.8%，其中出口额同比增长12.2%，进口额同比增长2.6%。知识产权使用费，电信、计算机和信息服务的出口增速较快，同比分别增长

17.5%和13.0%；进口额增长较快的行业是保险服务，增速达35.8%。①

对比2019~2022年传统服务贸易和新兴服务贸易的占比，可以发现传统服务贸易占比相对较大，2019年旅行和运输服务贸易额分别为2856亿美元和1509亿美元，合计占中国服务贸易总额的55.60%，2022年旅行服务贸易额为1272.6亿美元、运输服务贸易额为3137.2亿美元，两者合计占中国服务贸易总额的49.59%。2020~2022年新兴服务贸易——电信、计算机和信息服务贸易占当年服务贸易总额的比重在14%左右。2019年知识产权使用费为410亿美元，占比为5.22%，2022年知识产权使用费增加至577亿美元，占比上升到6.49%（见表2）。

表2　2019~2022年中国服务贸易占比前5位的行业

排名	2019年	2020年	2021年	2022年
1	旅行 (36.38%)	运输 (22.86%)	运输 (31.75%)	运输 (35.28%)
2	运输 (19.22%)	旅行 (22.33%)	其他商业服务 (17.72%)	其他商业服务 (17.12%)
3	其他商业服务 (15.69%)	其他商业服务 (18.94%)	旅行 (14.91%)	旅行 (14.31%)
4	电信、计算机和信息服务 (10.29%)	电信、计算机和信息服务 (14.16%)	电信、计算机和信息服务 (14.56%)	电信、计算机和信息服务 (13.97%)
5	知识产权使用费 (5.22%)	知识产权使用费 (7.00%)	知识产权使用费 (7.14%)	知识产权使用费 (6.49%)

注：括号内百分比为该行业贸易额占当年服务贸易总额的比重。
资料来源：商务部商务数据中心。

（四）服务贸易伙伴日趋多元

中国与RCEP②、共建"一带一路"国家的服务贸易关系日益紧密。目前，RCEP是除WTO之外最大的区域自由贸易协定。RCEP于2022年1月1

---

① 《2022年服务贸易同比增长12.9%旅行服务进出口持续恢复》，中国证券网，2023年1月31日，https://news.cnstock.com/news，yw-202301-5010953.htm。
② RCEP：《区域全面经济伙伴关系协定》（Regional Comprehensive Economic Partnership）。

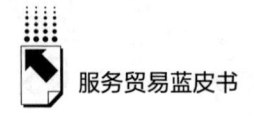

日生效,RCEP在服务贸易自由化、便利化方面做出了系列承诺,放开了服务业市场准入,使服务贸易拥有了更大的发展潜力。

根据中国一带一路网的统计资料,截至2023年1月6日,中国已经同151个国家和32个国际组织签署200余份共建"一带一路"合作文件。根据《中国"一带一路"贸易投资发展报告2021》,2020年中国与共建"一带一路"国家服务进出口额为844.7亿美元,[①] 占当年中国服务贸易进出口总额的12.77%,其中,出口额为377.3亿美元,占当年中国服务贸易出口总额的13.44%,进口额为467.4亿美元,占当年中国服务贸易进口总额的12.26%。中国与共建"一带一路"国家的服务贸易合作集中于旅行、运输、建筑三大传统领域。根据《中欧班列发展报告(2021)》的统计数据,2013~2021年,中欧班列开行数量的年均增长率为92.7%。中国与共建"一带一路"国家开行的中欧班列不仅降低了跨境运输成本,有利于货物贸易增长,而且带动了中国与沿线国家运输服务贸易的发展。

(五)数字贸易发展势头迅猛

数字技术快速发展,增添国际贸易活力,大幅提升服务贸易效率,极大地拓展了服务贸易的发展空间,促使服务贸易发展边界外延和围度扩大,被各国视为服务贸易发展的未来动力。"十四五"规划明确提出,加快发展数字贸易。2021年10月13日,商务部等24部门印发《"十四五"服务贸易发展规划》,鼓励通过多种途径加快服务贸易数字化进程。

数字贸易已成为中国贸易增长的重要部分,中国数字贸易出口增速较快。根据UNCTAD的数据,2013~2021年,世界主要数字贸易大国可数字化交付服务贸易出口规模持续增长。[②] 其中,2013~2021年中国可数字化交付服务贸易出口额年平均增长率为11.33%,美国年平均增长率为4.98%,

---

① 《〈中国"一带一路"贸易投资发展报告2021〉发布:合作抗疫、逆势增长成为关键词》,商务部"走出去"公共服务平台,2021年8月24日,http://fec.mofcom.gov.cn/article/fwydyl/zgzx/202108/20210803190898.shtml。

② 作者根据联合国贸发会议(UNCTAD)数据库历年数据计算所得。

德国年平均增长率为5.70%。根据UNCTAD的统计数据，2021年中国可数字化交付服务贸易出口额为1948.44亿美元，发达国家在可数字化交付服务贸易出口额方面的比较优势较为明显，其中美国可数字化交付服务贸易出口额为6130.12亿美元，英国可数字化交付服务贸易出口额为3533.70亿美元，德国可数字化交付服务贸易出口额为2422.31亿美元。在2021年各国可数字化交付服务贸易出口额的排名中，中国位于第四，美国第一，英国第二，中国与主要数字贸易出口大国仍存在明显差距（见图2）。

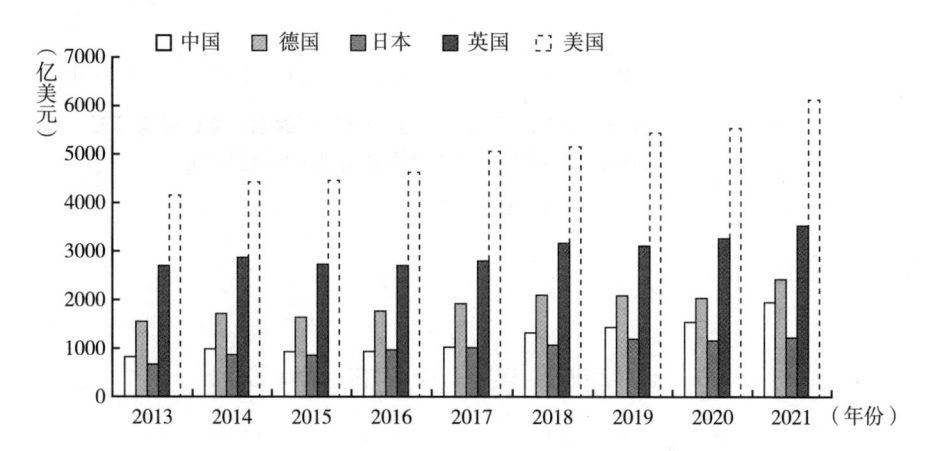

图2 2013~2021年中国、德国、日本、英国和美国可数字化交付服务贸易出口额

资料来源：联合国贸发会议（UNCTAD）数据库。

2013年，中国可数字化交付服务贸易出口额占世界可数字化交付服务贸易出口额的比重为3.46%，2021年，中国可数字化交付服务贸易出口额占世界可数字化交付服务贸易出口额的比重为5.11%，2022年中国可数字化交付服务贸易规模达到2.5万亿元，① 从图3可以看出，2017年中国可数字化交付服务贸易出口额占比（3.62%）超过日本（3.59%）后，一直领先日本。

---

① 《我国将加快发展数字贸易》，中国政府网，2023年3月3日，http://www.gov.cn/xinwen/2023-03/03/content_5744223.htm。

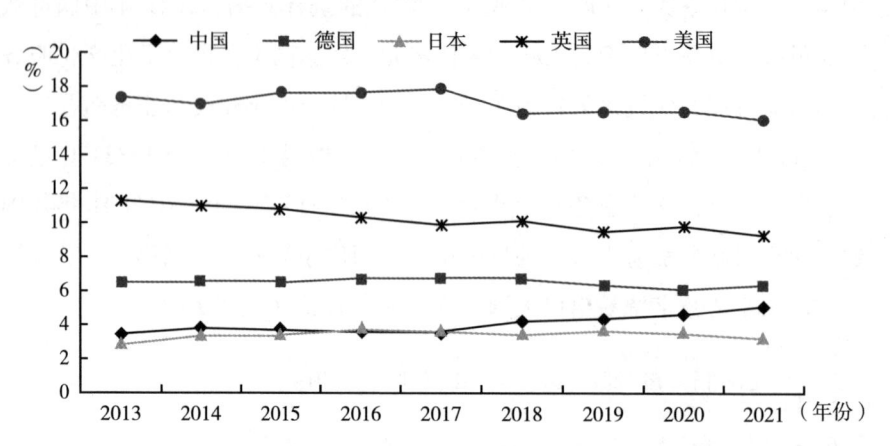

图 3　2013~2021年中国、德国、日本、英国和美国可数字化交付服务贸易
出口额占世界可数字化交付服务贸易出口额的比重

资料来源：联合国贸发会议（UNCTAD）数据库。

二　中国服务贸易发展面临的挑战

（一）如何培育新兴服务贸易国际竞争优势

培育和保持服务贸易国际竞争优势，对实现服务贸易的跨越式发展和提升中国服务贸易国际地位都具有重要作用。2019年以前，中国电信、计算机和信息服务贸易出口额排名没有进入前5位，2019年为第4位，2021年上升至第3位（见表3）。知识密集型服务贸易具有高技术含量、高附加值等特点，是推动中国服务贸易由大向强转变的重要因素。传统服务贸易与新兴服务贸易、知识密集型服务贸易之间的结构性失衡问题仍然存在。为此，应大力推动计算机与信息、金融保险、文化、咨询、邮电通信等高端服务贸易行业创新发展，促进服务贸易结构高端化，加快形成服务贸易竞争新优势。

表3 2013~2021年电信、计算机和信息服务贸易出口额排名前10位的国家

排名	2013年	2015年	2017年	2019年	2021年
1	印度（12.82%）	爱尔兰（11.79%）	爱尔兰（14.50%）	爱尔兰（19.19%）	爱尔兰（22.45%）
2	爱尔兰（11.49%）	印度（11.46%）	印度（10.16%）	印度（9.36%）	印度（9.15%）
3	美国（8.66%）	美国（8.62%）	美国（8.90%）	美国（8.03%）	中国（8.59%）
4	德国（6.49%）	荷兰（6.68%）	英国（5.65%）	中国（7.75%）	美国（6.67%）
5	英国（6.25%）	德国（6.31%）	德国（5.49%）	德国（4.85%）	英国（4.71%）
6	中国（4.08%）	英国（6.15%）	中国（5.19%）	英国（4.58%）	德国（4.45%）
7	法国（4.05%）	中国（5.37%）	荷兰（4.73%）	荷兰（4.08%）	荷兰（4.03%）
8	荷兰（3.75%）	法国（3.58%）	法国（3.48%）	法国（2.88%）	以色列（2.80%）
9	瑞典（3.56%）	瑞典（3.28%）	瑞典（2.68%）	以色列（2.66%）	法国（2.49%）
10	瑞士、列支敦士登（3.00%）	瑞士、列支敦士登（2.95%）	瑞士、列支敦士登（2.55%）	瑞典（2.31%）	新加坡（2.08%）

注：括号内百分比为该国电信、计算机和信息服务贸易出口额占当年世界电信、计算机和信息服务贸易出口额的比重。
资料来源：联合国贸发会议（UNCTAD）数据库。

（二）如何平衡数字服务贸易监管与开放

服务贸易中有许多新业态，其中数字贸易的发展最具代表性。数字贸易中跨境数据流动较多，各国数据监管规则和制度不一，跨境数据监管的难度加大。中国的监管侧重于信息安全和贸易便利化等方面，存在监管缺失和监管过度两种问题，同时监管制度滞后于业态发展与创新。

对比各国数字服务贸易限制指数（Digital Services Trade Restrictiveness Index，DSTRI），2022年美国、澳大利亚和英国的数字服务贸易限制指数较小，中国的数字服务贸易限制指数相对较高，且2022年的数字服务贸易限制指数高于2014年。从各国的服务贸易限制指数（Services Trade Restrictiveness Index，STRI）来看，2022年，中国的服务贸易限制指数为0.275，高于同年的法国（0.205）、意大利（0.242）、澳大利亚（0.177）和日本（0.129）等发达国家，低于同为发展中大国的印度（0.368）（见表4）。

表4 2014年、2018年和2022年全球部分国家服务贸易和数字服务贸易限制指数

国家	服务贸易限制指数			数字服务贸易限制指数		
	2014年	2018年	2022年	2014年	2018年	2022年
美国	0.178	0.179	0.178	0.061	0.061	0.061
德国	0.141	0.142	0.159	0.122	0.144	0.123
法国	0.212	0.213	0.205	0.101	0.123	0.123
意大利	0.234	0.236	0.242	0.104	0.126	0.126
澳大利亚	0.188	0.175	0.177	0.061	0.061	0.061
日本	0.136	0.134	0.129	0.043	0.082	0.082
英国	0.144	0.156	0.143	0.061	0.061	0.061
韩国	0.252	0.231	0.231	0.199	0.181	0.203
中国	0.274	0.291	0.275	0.184	0.308	0.308
印度	0.366	0.381	0.368	0.239	0.362	0.362
巴西	0.263	0.258	0.233	0.205	0.223	0.223

资料来源：经合组织（OECD）数据库。

未来中国服务贸易应坚持开放与监管并行，适当放开数字贸易限制，做好监管制度设计，尤其要考虑到如何保持新业态的良好发展和创新活力，同时要考虑到业态未来的发展趋势，在数据跨境流动中平衡好效率与安全，充分释放数字贸易的发展红利。

（三）提出国际数字贸易规则的"中国方案"

作为全球数字贸易代表性发展中国家，中国在参与数字贸易国际规则制定中的国际话语权与其规模不相称。当前多边数字贸易规则尚未建立，同时各国数字贸易开放广度、深度有待拓展。数字贸易涉及数据流动、监管规则、平台垄断、数字服务税、源代码保护等方面，范围广泛，利益复杂交织，各国的数字贸易发展程度不一，在制定国际规则时，出于对自身贸易权益和发展权的保护，各方达成共识难度较大。欧美发达国家都在数字贸易规则中追求主动权，并力求建立自身主导、符合自身利益的数字贸易通行规则。中国在国内标准演化为国际通行标准方面的经验不足，应全力做好国内经验与国际惯例和通行做法的衔接，以在全球经贸新格局演变过程中发出更多"中国声音"，在国际数字贸易规则制定中注入更多"中国元素"，尽快形成数字贸易的"中式模板"，有效维护中国数字贸易发展利益。[①]

三 "十四五"时期中国服务贸易发展机遇

"十四五"时期，中国服务贸易发展的机遇与挑战并存。一方面，面临如何培育新兴服务贸易国际竞争优势、如何平衡数字贸易监管与开放和提出国际数字贸易规则的"中国方案"的挑战；另一方面，面临区域贸易协定实施、对外开放平台网络逐渐形成、服务贸易创新与服务业开放协同并进的机遇。

（一）区域贸易协定实施

中国加入RCEP后，其在区域服务贸易发展中的地位迅速提升，中国在

[①] 洪俊杰、陈明：《巨型自由贸易协定框架下数字贸易规则对中国的挑战及对策》，《国际贸易》2021年第5期，第10页。

服务贸易开放方面的承诺力度高于加入世界贸易组织。在服务贸易方面，日本、韩国、澳大利亚、新加坡、文莱、马来西亚、印度尼西亚等7个成员采用负面清单方式承诺，我国等其余8个成员采用正面清单承诺，并将于协定生效后6年内转化为负面清单。在RCEP的15个签署成员中，生效成员数量已达14个，RCEP在服务贸易方面做出了较大的开放承诺，涉及金融、电信、交通、物流、旅游、研发等众多领域。2022年1月，《商务部等6部门关于高质量实施〈区域全面经济伙伴关系协定〉（RCEP）的指导意见》提到，提高服务贸易对外开放水平。落实好服务贸易开放承诺，推动服务具体承诺表由正面清单向负面清单转换，承诺在协定生效后6年内尽早完成。[1]

根据海关总署的统计数据，2022年我国与RCEP其他成员进出口总额达12.95万亿元，同比增长7.5%，占我国外贸进出口总额的30.8%。中国与RCEP国家之间服务贸易互补性在不同部门间差异较大，例如，在中国服务贸易出口方面，中国与RCEP成员的贸易互补性集中在建筑、运输、保险服务及电信、计算机和信息行业，在中国服务贸易进口方面，中国与RCEP成员国的贸易互补性则以运输、旅行和建筑行业为主。随着RCEP建设的推进，亚洲地区服务贸易发展空间将进一步拓展，中国与其他RCEP成员服务贸易合作前景广阔。

（二）对外开放平台网络逐渐形成

中国在服务贸易对外开放方面，做了很多尝试和突破。当前，海南自贸港的建设如火如荼，服务贸易已成为海南自贸港对外开放和高质量发展的着力点之一。2021年7月23日，《海南自由贸易港跨境服务贸易特别管理措施（负面清单）（2021年版）》正式发布，这是我国国家层面跨境服务贸易第一张负面清单。根据《海南自由贸易港建设总体方案》，海南自贸港建设的基本原则之一便是借鉴国际经验。海南服务业开放需要充分学习借鉴国际自

---

[1] 《商务部等6部门关于高质量实施〈区域全面经济伙伴关系协定〉（RCEP）的指导意见》，商务部国际经贸关系司网站，2022年1月26日，http://gjs.mofcom.gov.cn/article/dongtai/202201/20220103239468.shtml。

由贸易港的管理方法和制度安排，形成具有国际竞争力的开放政策和制度，在金融制度、监管制度、特殊法律法规等方面进行积极创新，探索海南自贸港服务业渐进式扩大开放的新路径，实现可复制可推广目标下海南自贸港服务业更大范围、更高水平的对外开放。

截至 2023 年 5 月，我国已设立了 112 家文化、数字服务、知识产权、人力资源、地理信息、中医药专业类服务贸易出口基地，正在逐渐形成纵横东中西部的"自贸区（港）+出口基地"国内服务贸易对外开放平台网络，将分类有序激发各地服务贸易发展新动能。

（三）服务贸易创新与服务业开放协同并进

为深化服务贸易开放与创新，2020 年在全国 28 个省市（区域）开展全面深化服务贸易创新发展试点，发布《全面深化服务贸易创新发展试点总体方案》《全面深化服务贸易创新发展试点任务、具体举措及责任分工》，提出 122 项具体举措，涵盖管理体制、对外开放、便利化、发展模式、促进体系、政策体系、监管模式、统计体系 8 个方面。这些试点地区主要集中于东部地区（64.3%），中部地区（7.1%）和西部地区（28.6%）的分布数量相对较少（见表 5）。经过两年多的建设，具体举措落地率超过 90%，北京、上海试点地区印发了本市《深化服务贸易创新发展试点实施方案》，截至 2023 年 3 月，陆续形成了三批《全面深化服务贸易创新发展试点"最佳实践案例"》，面向全国推广。服务贸易企业主体数量不断增加，贸易进出口额稳步增长。2021 年，北京市服务贸易进出口额为 1385.1 亿美元，同比增长 13.7%，占北京市整体对外贸易的比重为 22.7%，占全国服务贸易进出口总额的 16.87%；上海市服务贸易进出口额为 2293.8 亿美元，占全国服务贸易进出口总额的 27.93%。[①] 之后，将在全国范围内启动国家服务贸易创新发展示范区建设。

---

① 作者根据《中国统计年鉴2022》《北京统计年鉴2022》《上海统计年鉴2022》中的服务贸易数据计算所得。

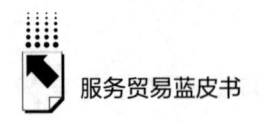

表5　2020年8月12日全面深化服务贸易创新发展试点省市（区域）

序号	省市(区域)	地区	序号	省市(区域)	地区
1	北京市	东部	15	山东省（威海）	东部
2	天津市	东部	16	湖北省（武汉）	中部
3	河北省（石家庄）	东部	17	广东省（广州）	东部
4	辽宁省（大连）	东部	18	广东省（深圳）	东部
5	吉林省（长春）	东部	19	海南省	东部
6	黑龙江省（哈尔滨）	东部	20	重庆市（涪陵区等21个市辖区）	西部
7	上海市	东部	21	四川省（成都）	西部
8	江苏省（南京）	东部	22	贵州省（贵阳）	西部
9	江苏省（苏州）	东部	23	云南省（昆明）	西部
10	浙江省（杭州）	东部	24	陕西省（西安）	西部
11	安徽省（合肥）	中部	25	新疆维吾尔自治区人民政府（乌鲁木齐）	西部
12	福建省（厦门）	东部	26	河北雄安新区	东部
13	山东省（济南）	东部	27	贵州贵安新区	西部
14	山东省（青岛）	东部	28	陕西西咸新区	西部

注：排名不分先后。

资料来源：根据2020年8月《全面深化服务贸易创新发展试点总体方案》公布的名单整理而得。

2022年12月，国务院同意在沈阳、南京、杭州、武汉、广州、成都等6个城市开展服务业扩大开放综合试点。① 全国共有11个综合试点。部分服务业开放示范区和全面深化服务贸易创新发展试点地区出现重合，一定程度上将协同并进，叠加助力服务业开放水平进一步提高，提升服务贸易产品供给质量，推动中国服务贸易额再创新高。

四 新时代中国服务贸易发展的建议

（一）提升服务贸易便利化水平，改善服务贸易发展的营商环境

抓住5G建设的有利机遇，加强金融、信息通信、人员通关等基础设施建设，提高政府数字化服务能力、办事效率和公共服务质量，进一步提升服务贸易便利化程度。做好公共服务，改善商务人员跨境流动环境，简化服务业企业注册程序、手续，降低服务业企业经营的行政成本，打通服务贸易堵点，推动跨部门、跨区域、跨层级业务联动办理。继续提高服务业开放水平，逐步推动实行负面清单管理模式，积极引导外资参与服务业领域的经营活动。建议充分抓住RCEP、《全面与进步跨太平洋伙伴关系协定》（CPTPP）和《数字经济伙伴关系协定》（DEPA）等有利机遇，继续深化服务贸易领域的对外开放与国际合作，加强数字贸易的国际合作，运用国际规则为服务贸易创造良好的外部环境。

（二）培育"中国服务"品牌，提升中国服务贸易国际竞争力

中国缺少具有全球竞争力的大型服务贸易企业，服务业跨国公司主体竞争力不足。例如，在咨询服务行业，具有代表性的咨询公司有麦肯锡、贝恩、埃森哲、毕马威、安永等，这些均为跨国企业。中国服务贸易企业在产

---

① 《从"1+4"到"1+10"，服务业扩大开放综合试点再次扩围——服务业开放引擎更强劲》，中国政府网，2023年1月3日，http://www.gov.cn/xinwen/2023-01/03/content_5734661.htm。

品创新、贸易市场开拓和国际营销网络创建方面能够发挥示范和带头作用。建议培育具有国际竞争力的头部服务贸易企业，提升"中国服务"国际品牌认可度和品牌价值。就服务贸易各部门而言，中国服务贸易逆差主要来自旅游服务贸易，为进一步扩大旅游服务贸易的规模，应突出中华文化的特色，提升旅游产品和服务品质，吸引更多国外游客进入中国旅游。对于新兴服务贸易行业——知识产权服务贸易，应加快推进高端化、国际化、品牌化、标准化建设，培养具有代表性的知识产权服务品牌机构，提升知识产权服务贸易供给水平。通过各部门的协同努力，形成多层次"中国服务"品牌体系，形成中国特色服务贸易品牌效应。

（三）完善国内数字贸易法律法规体系，积极参与国际数字贸易规则制定

完善的数字贸易法律法规体系，是我国参与国际数字贸易规则制定并发挥重要作用的制度基础。当今的数字贸易大国在本国的数字贸易法律法规制定方面起步较早，如美国于2013年发布《数字贸易法案》，2015年发布《数字贸易12条》；欧盟于2018年通过了《通用数据保护条例》，2020年12月15日欧盟委员会公布了《数字市场法案》和《数字服务法案》。建议继续完善数据产权、数据确权、数据治理等方面的相关法律法规，加强对数字收集、存储和流动的监管与保护。考虑到数字贸易领域实践发展更新较快，数字贸易法律法规的制定应兼具现实性和前瞻性。

数字贸易规则已成为新一轮数字贸易大国博弈和国际竞争的焦点。美国、日本在TPP[①]、CPTPP、UJDTA[②]谈判过程中都提出了本国的数字贸易规则主张，力争将本国的数字贸易规则发展为区域数字贸易规则。建议中国积极参与双边、多边数字贸易规则谈判，在国际数字贸易规则制定中发出"中国声音"。遵循互利互惠、合作共赢的原则，争取更多的主动权，充分

---

① TPP：《跨太平洋伙伴关系协定》（Trams-Pacific Partnership Agreement）。
② UJDTA：《美日数字贸易协定》。

考虑我国在维护本国数字安全、通信安全和保密的要求，维护我国数字贸易产品非歧视、跨境数据流动、知识产权保护等方面的权益。

（四）"双碳"目标与服务贸易互促，推动服务贸易绿色转型

绿色贸易壁垒会损害中国的贸易利益，影响出口贸易稳定性，而发展服务贸易成为多国规避绿色贸易壁垒的有效方式。"双碳"目标下，各国积极促进服务贸易绿色转型升级，例如，2019年12月11日欧盟委员会正式发布《欧洲绿色协议》，其中提到，欧盟将促进绿色商品和绿色服务的贸易和投资。欧盟委员会于2022年6月28日发布《2022年战略前瞻报告：在新的地缘政治背景下实现绿色与数字转型》，提出在能源、交通、工业、建筑和农业领域最大限度促进绿色和数字化协同发展。2023年4月25日，欧盟理事会正式通过欧盟碳边境调节机制（CBAM），将针对碳排放水平较高的进口产品征收相应的"碳关税"。

"双碳"目标的提出，倒逼我国降低贸易产品碳含量、推动贸易结构优化和绿色发展。"双碳"目标对我国国际服务贸易规模较大的行业——运输、建筑提出了更高要求，应推动绿色低碳技术创新，促进制造业绿色转型与服务业创新发展融合，促进技术、知识产权、绿色物流、环境服务贸易发展，加大绿色金融、绿色保险、绿色知识产权认证、绿色旅游、绿色专利、绿色咨询服务产品供给，促进服务贸易结构的绿色升级。加快与服务贸易伙伴在绿色知识、专业人员等方面的要素流动，创新"服务贸易+生态碳汇"模式，建设现代服务业绿色产业载体，共同开展绿色技术研发和标准国际合作，助力服务贸易绿色转型升级。

参考文献

江小涓、孟丽君：《服务贸易增速提质与加快构建新发展格局》，《财贸经济》2022年第11期。

陈怀锦、周孝：《服务贸易创新发展的制度性障碍及其破解路径》，《国际贸易》2022年第2期。

朱福林：《双循环背景下推动我国服务贸易高质量发展的几点思考》，《理论探索》2022年第4期。

杨剑、顾学明：《以更高水平开放促进服务贸易创新发展》，《国际贸易》2022年第1期。

沈玉良等：《是数字贸易规则，还是数字经济规则？——新一代贸易规则的中国取向》，《管理世界》2022年第8期。

房裕：《新阶段中国服务贸易高质量发展：优势、瓶颈与突破》，《国际贸易》2022年第8期。

刘丹鹭：《中国服务贸易开放：可能的趋势、影响及对策》，《现代经济探讨》2022年第3期。

白洁、严风坤、邢洁：《RCEP服务贸易开放度的测算及中国应对》，《国际经贸探索》2022年第9期。

孟广文：《国际经验对海南自由贸易港规划建设的启示》，《资源科学》2021年第2期。

行 业 篇
Industry Reports

B.2
中国农业服务贸易的发展潜力与挑战

侯夏新　张传红*

摘　要： 根据WTO服务贸易总协定的框架，农业服务贸易包括农业跨境交付、农业境外消费、农业商业存在以及农业自然人流动。中国农业服务贸易额占服务贸易总额的比重较小，发展仍处于起步阶段，还存在较大的提升空间，发展潜力巨大。但是，我国农业服务贸易面临国际竞争力较弱、政策体系不完善、国际发展环境较为复杂等挑战。基于此，我国应当抓住发展机遇，利用科技力量，创新农业服务贸易发展模式；完善农业服务贸易的统计规则；提升中国在农业服务贸易规则制定中的话语权；完善农业服务贸易体制机制和政策体系，以促进农业服务贸易的高质量发展，适应当前"双循环"的新发展格局。这样，才能进一步提升中国的综合实力、国际竞争力和影响力。

---

* 侯夏新，中国农业大学人文与发展学院2023级硕士研究生，主要研究方向为农村发展与管理；张传红，中国农业大学人文与发展学院教授，主要研究方向为国际发展合作、性别与发展。

服务贸易蓝皮书

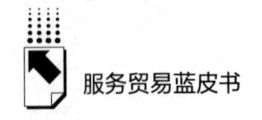

关键词： 农业服务贸易　农业服务业　农业技术创新

一　农业服务贸易的概念与内涵

农业服务贸易指的是向国（境）外提供或购买与农业相关服务的贸易形式，也就是农业服务业的进出口，它可以被划分为狭义和广义两个层次。狭义的农业服务贸易是指在商业活动范围内，一国为满足另一国的某种农业需求而直接提供农业服务并获得报酬的活动，它需要同时生产和消费农业服务，是一种需要实际接触的有形的农业服务贸易形式。而广义的农业服务贸易同时包括有形和无形的农业服务活动，它关注顾客需求，将数字化技术应用于农业生产活动的全流程，通过打造智能化的农业服务平台赋能农业产业链的持续发展和增值。

从产业链来看，农业服务贸易在产前、产中和产后各个环节都有涉及。产前主要是投入品贸易；产中主要是跨境作业，如跨境生产作业；产后则主要涉及服务贸易，如跨境仓储、物流、金融、法务等领域。根据WTO服务贸易总协定（General Agreement on Trade in Services，GATS）的框架，农业服务贸易包括农业跨境交付、农业境外消费、农业商业存在以及农业自然人流动（见表1）。

表1　农业服务贸易内涵

GATS框架对应类别	定义	举例
农业跨境交付	在某一国家境内向其他国家提供农业服务，服务提供者与消费者都是不移动的	农业保险、农业金融服务、农业技术咨询服务、远程农业技术教育培训、农业公共文化娱乐服务等
农业境外消费	在一个国家境内向其他国家的消费者提供农业服务，消费者需要跨境活动	跨境农业旅游，跨境农家乐餐饮消费，跨境接受农业技术培训，在外国港口修理农产品运输船只（货船）、远洋渔船等，部分物流运输（在外国港口对船只进行支持和辅助服务）等

续表

GATS框架对应类别	定义	举例
农业商业存在	某一国家的服务提供者在其他国家境内以商业存在的形式提供农业服务,也可以理解为农业服务业领域的对外投资行为	投资者到本国外建立种子化肥公司、农产品生鲜运输公司、农业机械租赁公司等,甚至开发农业种植基地等直接提供农业服务,或设立银行、保险公司、律师事务所等
农业自然人流动	某一国家的服务提供者通过自然人实体在另一个国家境内提供农业服务,这种形式涉及农业自然人的跨境流动	自然人跨境提供部分计算机和信息服务,其他商业服务,个人、文化和娱乐服务等

资料来源:作者根据相关定义自行总结所得。

农业跨境交付,指在某一国家境内向其他国家提供农业服务,服务提供者与消费者都是不移动的。典型的农业跨境支付包括农业保险、农业金融服务、农业技术咨询服务、远程农业技术教育培训、农业公共文化娱乐服务等。比如某国的一家咨询公司在本国向别国的客户提供农业技术咨询、法律咨询、金融咨询服务等,或向另一国客户提供农机设备支持。

农业境外消费,指在一个国家境内向其他国家的消费者提供农业服务,消费者需要跨境活动。典型的农业境外消费有跨境农业旅游、跨境农家乐餐饮消费等。例如,随着人民生活水平的不断提高,出国乡村旅游的规模有所增大。

农业商业存在,指某一国家的服务提供者在其他国家境内以商业存在的形式提供农业服务,也可以理解为农业服务业领域的对外投资行为,如在其他国家建立商业机构、子公司或分支机构,向当地农业生产经营者提供农业服务,它是4种农业服务贸易中最复合的形式。例如,中国农业银行在缅甸设立附属机构为当地农民提供农业金融服务。

农业自然人流动,指某一国家的服务提供者通过自然人实体在另一个国家境内提供农业服务,这种形式涉及农业自然人的跨境流动。典型的农业自然人流动包括自然人跨境提供部分计算机和信息服务,其他商业服务,个

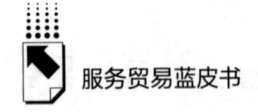

人、文化和娱乐服务等。例如，外国的农业技术专家到中国进行经验分享或技术指导，或中国的农业专家出国进行农业援助，如中国农业大学专家团队对非洲的农业援助。

二 中国农业服务贸易发展现状与挑战

2022年9月2日，以"农业服务贸易：经贸合作新模式 农业升级新路径"为主题的首届国际农业服务贸易大会在北京召开，足见国家对农业服务贸易的重视。2023年的中央一号文件再次强调加快发展现代乡村服务业，促进农村的一二三产业融合。[①] 虽然我国是世界上第二大农产品贸易国，但是离农产品贸易强国还有一定的距离，"大而不强"始终是我国农产品贸易发展的主要问题。农业农村部副部长马有祥表示："当前，全球粮食安全面临风险挑战，促进农业全要素生产力提高、保障供应链畅通高效、实现全球零饥饿目标，既需要农业跨境投资和农产品贸易的稳定增长，也要大力发展农业服务贸易，提升效率、凝聚要素、重构产业，加快国际粮食农业系统转型。"[②] 发展农业服务贸易是应对全球粮食安全风险的重要举措。

目前，我国并没有农业服务贸易各部分的统计分类和核算路径，根据有关专家估算，2019年，中国农业服务贸易总额约为650亿元，占服务贸易总额的比重不足2%，所占份额较低，发展仍处于起步阶段，还有着很大的提升空间。[③] 2021年农业农村部面向全国征集的农业服务贸易案例显示，当前我国农业服务贸易在实践中呈现以农资农机供应为依托的农资农机型，以绿色、优质、高效农业生产技术为依托的农业技术型，

[①]《中共中央 国务院关于做好2023年全面推进乡村振兴重点工作的意见》，中国政府网，2023年2月13日，http://www.gov.cn/zhengce/2023-02/13/content_5741370.htm。

[②]《首届国际农业服务贸易大会在京召开》，中华人民共和国农业农村部网站，2022年9月2日，http://www.moa.gov.cn/xw/zwdt/202209/t20220902_6408552.htm。

[③]《我国农业服务贸易发展已具备良好基础》，中国食品报网，2022年9月9日，http://www.cnfood.cn/article?id=1568038399990005761。

以农产品加工仓储设施为依托的加工仓储型，以农产品物流渠道和销售网络为依托的流通营销型，以信息渠道和平台为依托的信息服务型等5种典型模式。

近些年我国积极发展农业服务贸易，如袁隆平农业高科技股份有限公司外派一些技术专家为当地提供育种技术，在菲律宾推广杂交水稻，带动农户持续增收，还为其培养了大量农业专业人才。2020年春，在巴基斯坦蝗灾形势严峻、粮食生产面临严重挑战之时，中国农业农村部迅速组建专家团队，调集中国生产的高性价比杀蝗农药产品，与高效、多效的无人机技术相结合，赴巴基斯坦开展支援，为该国粮食安全保障做出了积极贡献。根据这些具体的农业服务贸易实例，我国提出农业服务贸易的新概念，我国的农业服务贸易模式能更好地提升中国农资、农机优势产品的生产能力，推动小农户与现代农业的有机衔接，促进我国农资农机优质产品出口，并促进我国农业服务业更好的"走出去"，缩小贸易逆差。当然，除了这些向好的发展态势，我国农业服务贸易发展仍面临诸多挑战。

（一）国内挑战：农业服务贸易处于发展初期

首先，我国农业服务贸易仍处于发展初期。2020年我国服务贸易总额为6617.2亿美元，远低于同期的货物贸易总额（322215.2亿元）。[①] 长期以来中国的服务贸易存在极大的贸易逆差，也就是说服务贸易的进口额远高于出口额。在农业领域，2012年我国成为世界第二大农产品贸易国，但是农业服务贸易规模一直较小。2019年中国农业服务贸易总额约为650亿元，占服务贸易总额的比重不足2%，所占份额较低，潜力有待挖掘。2020年，如果按最高值估算，中国农业服务贸易总额仅占服务贸易总额的4%；如果按最低值估算，则仅占1.3%。[②] 所以长期以来我国都是服务贸易大国，但

---

① 《中国统计年鉴2021》，中华人民共和国商务部网站。
② 《我国农业服务贸易发展已具备良好基础》，中国食品报网，2022年9月9日，http://www.cnfood.cn/article?id=1568038399990005761。

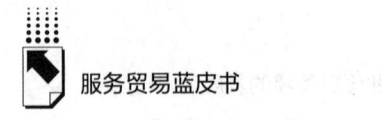

无法被称为服务贸易强国。

其次,我国农业服务贸易竞争力较弱。第一,我国农业服务贸易的服务形式单一,现有的农业服务贸易以农业商业存在为主,比如依托境外农资、农机、农技和加工仓储等企业为当地用户提供服务,较少存在其他形式的服务贸易。近年来新冠疫情反复延宕,农业境外消费和农业自然人流动的服务贸易发展受阻。第二,我国农业服务业的产业链、价值链仍处于中低端,高端环节如品种选育、品牌建设、农化服务等大都被发达国家占领,市场进入困难,我国在农资、农机、农业技术等领域难以走出国门进入世界市场。第三,市场主体能力不足,许多海外的农业服务企业都集中于某一个市场领域,难以为全产业链提供服务,农业服务产业链仍不完善。第四,农业服务出口市场单一,目前东南亚、非洲、南美洲等地为我国农业服务贸易的主要出口市场,欧美市场则很难进入。

最后,我国支持农业服务贸易发展的政策体系不够完善,有关规则不健全。农业服务贸易发展所需的资金、技术、人员等向农业生产服务业领域流动的意愿较差。我国政府对农业技术研发的投资力度也应加大,保障涉农企业相关资源的供应,以促进农业服务贸易的持续发展,提高中国农业企业的国际影响力,扩大国际市场和提升话语权。

(二)国际挑战:国际发展环境复杂

中国农业服务贸易发展的国际挑战主要体现在农业服务贸易的国际发展环境复杂上。第一,国际上的竞争对手(如美国、日本等发达国家)占据绝大部分市场,我国想要进入农业服务业的高端市场较为困难,且难以在市场中构建起"中国品牌"。例如,在全球四大粮商中,美国占有3个。在农药行业,世界上70%的农药原药为我国生产,但占全球市场份额70%及以上的公司中只有先正达一家中国企业,其他公司集中分布在发达国家。中国加入世界贸易组织后,一些跨国农业企业便能够进入中国市场,它们不仅出售农资或农机设备,还能提供全流程的农业解决方案,提高我国用户的依赖程度,这也是导致我国农业服务贸易逆差的一个重要原因。第二，我国农业服务贸易的贸易伙伴主要为一些发展中国家或欠发达国家，他们难以为贸易提供稳定的环境，这些国家的经济发展水平较低、社会基础设施和公共服务欠缺、法律制度不完善，这些都有可能使农业服务的成本增加。经贸安全受到贸易伙伴动荡的国内局势的不利影响，农业服务贸易发展也因此有了更多不确定性。第三，世界农业服务贸易规则复杂多变，在百年未有之大变局的背景下，新一轮的贸易规则调整正在展开，各国的利益博弈加剧，这使得农业服务贸易的进行更加严格和准入门槛变得更高，技术、资金、人员进入变得更加困难。第四，我国在农业服务贸易规则制定方面的话语权较弱，难以在激烈的国际竞争中有效维护本国利益，这使得我国在全球农业服务贸易的竞争中处于劣势地位，缺乏对多边服务贸易规则的领导力，只能受制于发达国家。

三 中国农业服务贸易的发展潜力与机遇

我国既是世界第二大服务贸易国，又是第二大农产品贸易国，所以在农业服务贸易方面存在极大的机遇和发展空间。

（一）发展潜力

1. 我国农业服务贸易处于发展的初级阶段且具有发展优势

我国农业服务贸易额占服务贸易总额的比重一直较低，但是，农业服务贸易具有发展速度快、产业规模大、参与企业多、市场潜力大等特征，故农业服务贸易额可提升的空间是巨大的。2020年，全国共有农业社会化服务机构95.5万家，农业社会化服务覆盖面积达16.7亿亩，向7800多万个小农户提供了帮助。[①] 在此背景下，我国的农业服务贸易将会在未来几

[①] 《2022中国农业农村发展趋势报告——保障农业农村优先发展》，中华人民共和国农业农村部网站，2022年1月21日，http://www.moa.gov.cn/ztzl/ymksn/jjrbbd/202201/t20220121_6387414.htm。

年内持续发展，并有可能成为中国农业发展的新的主要动力。而且，近年来，全球服务业创造的出口附加值已经超过了制造业，并且未来这一趋势仍将持续。而农业服务业作为我国服务业的一个重要组成部分，发展潜力极大。由于我国农业产业链比较集中，在生产和加工环节是拥有一定优势的，成熟的农产品生产加工技术配合农业服务贸易能有效延长我国农业产业链。

2. 国家注重扶持农业服务贸易

在乡村振兴和新农村建设的背景下，我国农业生产和农业社会化服务越来越受到国家重视，农产品贸易额不断创新高，农业国际合作亦取得良好成果，成为脱贫攻坚成果与乡村振兴有效衔接的重要途径，也使小农户与现代农业有机衔接。据统计，过去5年，我国农林牧渔业累计吸引外资达38.3亿美元，对外投资达93.1亿美元，① 这不断夯实了农业服务贸易发展基础，使其拥有了广阔的发展前景。同时，近年来我国也制定了多项政策，强调发展农业服务业的重要性，并制定了相应的发展规划，这都有利于我国农业服务业的蓬勃发展。

3. 科技的进步助力农业服务贸易的发展

21世纪是一个数字化的时代，数字化技术不仅改变了人们的生产生活方式，同样影响着农业的发展进步方向，创造农业产业新业态。"智慧化"技术能够提高农业的生产效率、降低成本，无疑会成为未来农业发展的重要驱动力，智慧农业也成为农业现代化的战略方向。不断升级迭代的大数据、云计算技术也为农业服务贸易的发展提供了技术支撑，推动农业基础设施不断完善，服务水平持续提高，拓展农业服务贸易的提供方式，改变当前服务形式单一的困境。数字化技术与农业产业的逐步融合也能够吸引越来越多的年轻人主动投身农业领域，利用其丰富的知识储备和专业的技术能力，带动农业服务贸易以及农业的持续进步。

---

① 《我国农业服务贸易发展已具备良好基础》，中国食品报网，2022年9月9日，http：//www.cnfood.cn/article？id=1568038399990005761。

（二）发展机遇

1. 在"走出去"的政策背景下发展农业服务贸易

开放是国家繁荣的必由之路。习近平总书记指出，"对外开放是我们的基本国策，不仅要坚持，而且要更好坚持"。党的十九大以来，习近平总书记提出了"创新、协调、绿色、开放、共享"的新发展理念，这一理念要求我们要加快构建以国内大循环为主体、国内国际双循环相互促进的新发展格局，这一系列政策为农业服务贸易的快速发展奠定了坚实的基础。要达到高水平对外开放和共建"一带一路"的目的，就需要在农业服务贸易上下功夫。目前，农业服务"走出去"的政策取得了重大成果，农业服务贸易正在快速发展。农业农村部副部长马有祥指出："近年来，中国大力发展农业社会化服务，推动农业服务提质增效，同时积极扩大包括农业服务在内的全方位开放，放宽市场准入，优化营商环境，为全球农业合作发展做出了积极贡献。中国愿与各国加强制度开放、创新引领、优化格局、搭建平台等合作，推动农业服务贸易创新发展和互惠共享，为全球农产品供应链稳定和农业可持续发展注入新动能。"[1] 农业农村部国际合作司有关负责人在接受媒体采访时称："从国内看，我国农业社会化服务发展势头良好，市场主体实力不断增强、经营模式更加多样，为农业服务'走出去'奠定了坚实基础。"[2]

企业更是农业服务贸易发展的重要推动力量。中国的企业尤其是农业企业也要更好的"走出去"，走出国门，一方面学习外国的先进技术以利于自身的进步；另一方面将本国的优质资源带到国外，促进全球共同发展。为促进农业"双循环"格局的形成，我国正大力培养大型农业企业，提高它们的国际竞争力。比如，先正达首席执行官傅文德表示："先正达整合优质品

---

[1]《首届国际农业服务贸易大会在京召开》，中华人民共和国农业农村部网站，2022年9月2日，http://www.moa.gov.cn/xw/zwdt/202209/t20220902_6408552.htm。

[2]《保供固安全、振兴畅循环——加快培育农业国际合作和竞争新优势，农业农村部国际合作司负责人就〈"十四五"农业农村国际合作规划〉答记者问》，中国农网，2022年2月21日，https://www.farmer.com.cn/2022/02/21/99889024.html。

种和核心技术，通过MAP实现'良种+良法'配套落地，提供现代农业综合解决方案，为全球农业可持续发展贡献自己的力量。"自新冠疫情发生以来，国内国际的经济社会发展都受到严重影响，甚至出现粮食供应不足的问题，所以更多发展中国家开始重视农业，推动农业生产的规模化、集约化，这增加了他们对中国农资农机生产企业的需求，也为中国农业企业"走出去"创造了良好的市场环境。

2. 借鉴发达国家在农业服务贸易方面成熟的发展经验

我国的农业服务贸易尚处于发展的起步阶段，但是美、欧、日等发达经济体在这方面已形成了众多成熟的发展经验，我国应当根据本国发展的具体情况进行借鉴学习，"站在巨人的肩膀上"加速农业服务贸易发展。

(1) 美国的农业服务贸易

美国的服务贸易规模和农业服务贸易规模均处于全球领先地位。第一，美国拥有完备的农业服务贸易促进体系，设有专门的海外农业服务局（FAS）承担农业服务贸易的相关职能。第二，美国十分重视农业科技研发服务和人才培养，政府有足够的财政资金拨款给农业技术研究机构与公司，并且有相应的法律法规来保证它们的运作；同时，还建立了一套完善的农业教育、科学研究和推广"三位一体"的人才培养体系。第三，美国拥有大量体量庞大、技术领先的跨国公司，如科迪华（Corteva）、约翰迪尔（John&Deere）等，这些企业在国外建立了大量的分公司，深度融入其他国家的农业服务市场。在美国，跨国企业也是发展农业服务业的重要力量，他们的业务涵盖了农产品生产、运输、售卖等各个环节，涉及农业产业链全流程。在生产环节，向消费者提供数字农业的解决方案以及售后服务；在流通环节，提供物流服务；在销售环节，提供贸易咨询、信息以及金融服务。另外，一些大的跨国企业也以自身的经营业务为基础，提供与农业有关的金融服务，如融资租赁、农业投资等。

(2) 欧盟的农业服务贸易

第一，德国、法国和荷兰等发达国家在农业服务贸易中不断鼓励新业态发展，倡导数字化、云计算等技术在农业生产以及农业服务业中的应用，探索发展"智慧农业"以提高生产效率。例如,德国联邦食品和农业部十分重视农业数字化工作,通过数字化技术缩短工作时间,减轻工作负担,减少肥料、农药和能源的使用量,改善动物的生存环境,提高可持续生产的能力。第二,同美国一样,荷兰、意大利等欧盟国家高度重视农业科技研发和培训活动,为农业技术推广提供相应的资金支持,足以体现科技和人才在农业服务贸易中发挥的关键作用。以荷兰为例,在政府的领导下,该国建立了合作银行等金融机构并向企业提供信贷支持和其他金融服务;建立了农业科技促进局,负责农业信息、生产设施使用、生产技术方面的指导和推广工作。第三,欧盟大力支持各种农业展会的举办,欧洲各国十分擅长发挥各类农产品展览会的作用,目前世界上一半以上的会展经济和市场都在欧洲。例如,法国食品及饮料展、比利时布鲁塞尔国际农业展览会、利布拉蒙国际农林博览会、意大利维罗纳国际农业博览会、德国汉诺威国际农业机械展览会等。基于此,我国也应当注重农业相关展会的开办,借鉴欧洲国家明确的部门划分、成熟的运作机制和有效的管理方式,用好中国国际服务贸易交易会、中国国际进口博览会等重要展会平台,使国际农业服务贸易大会常态化,打造全球交流合作平台,推动农业服务贸易高质量发展。

(3)日本的农业服务贸易

日本是岛国,并不具备发展农业的优良的自然环境条件,但是日本的农业服务贸易却以小而精著称,科技要素含量极高。在农业服务贸易方面,日本政府大力提倡融合前沿技术的智慧农业,强调科技在农业生产和服务方面的应用。日本农林水产省于2020年出台"智慧农业推广综合配套方案",提出在海外发展智慧农业技术和食品基础设施技术的政策设想与相关支持举措。一是支持智慧农业技术出口,在输出农业相关产品和技术的同时,强调大数据和云计算的作用,提高出口国农业从业人员的生产效率和抗风险能力;二是搭建"产学研一体化"的技术平台,根据出口国的具体需求进行农业产品研发,并组织专家学者参加国际研讨会,促进研究成果在海外市场的应用;三是政府大力支持农业技术的进出口,利用政府的权威力量深化双边合作、创造有利贸易发展的环境,推动民间企业以东盟国家等为主要目标

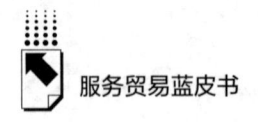

市场，促进农业技术输出。

（4）新西兰的农业服务贸易

新西兰的农业服务贸易重视细分领域，结合当地特色产业和专业化的农业技术，打造农产品特色品牌，通过垄断性跨国企业输出优势品牌价值。以新西兰猕猴桃产业为例，佳沛是全球猕猴桃市场的领先品牌。首先，新西兰建立了全球统一标准的"佳沛系统"，并向海外种植者收取佣金，以获得该品牌和"佳沛系统"的使用权。其次，新西兰为海外种植者提供全套的生产解决方案，海外种植成为佳沛的重要生产来源。最后，佳沛海外授权基地生产的猕猴桃只能由佳沛公司销售，海外种植户需向佳沛公司支付佣金。

3. 当前的国际环境迫切需要发展农业服务贸易

在目前的国际环境下，我们需要大力发展农业服务贸易。农业农村部国际合作司负责人指出："目前，我国农业服务业已具备良好基础，农业服务贸易发展正处于重要的战略窗口期。"[1] 近些年，我国农业服务贸易发展取得了重大进展，例如，我国杂交水稻技术的出口已经帮助世界上众多国家实现粮食增产，农业无人机及相关服务贸易为全球大量农田提供各式各样的作业服务。国内的农业生产性服务业发展迅速，不同类型的产业能够发挥各自的优势，弥补缺陷，不同的发展模式彼此之间也能够做到有效衔接，新型农业社会化服务体系加快形成，为我国农业服务贸易迎接战略窗口期打下了良好的基础。当前全球粮食安全面临风险挑战，有效应对危机、实现全球农业共同发展既要实现农业跨境投资和农产品贸易的稳定增长，也要大力发展农业服务贸易、提质增效。

发达国家和发展中国家的农业都面临人才短缺和人员老龄化、素质能力不高的问题。针对这一问题，农业服务贸易提供专业化的服务帮助，既节约了人工成本，又实现了农业生产技术的应用，是解决农业从业人员匮乏等问题的有效途径，故具有广阔的发展前景。

---

[1] 《保供固安全、振兴畅循环——加快培育农业国际合作和竞争新优势，农业农村部国际合作司负责人就〈"十四五"农业农村国际合作规划〉答记者问》，中国农网，2022年2月21日，https://www.farmer.com.cn/2022/02/21/99889024.html。

四 中国农业服务贸易发展的对策建议

（一）利用科技力量，创新农业服务贸易发展模式

科学技术是第一生产力，美国、欧盟、日本等发达经济体无一不重视科学技术在农业服务贸易中的应用。当前，数字经济时代到来，数字化技术能够提高效率，农业服务贸易要与数字化技术大力结合，发展"智慧农业"，将我国的农业服务贸易推向新阶段，不断创新农业服务贸易的发展模式。政府部门要加大在农业服务业上的科技研发投入，制定相关政策措施保障农业科技研发资金充足。同时，加强农业人才培养，改变当代年轻人对农业行业的刻板印象，真正让年轻人热爱农业，愿意投身农业工作，引导技术、资本、人才向农业领域流动，从而促进我国农业产业高质量发展和农村一二三产业融合，推动农业服务贸易的发展。由于新冠疫情的影响，线下贸易的形式受到巨大冲击，线上交易平台反而蓬勃发展，农村电商取得长足进步，这是一个全新的趋势与机遇。我国应利用这个良好的契机，进一步支持农村金融保险、技术、通信、研发、设计、线上办展、农村旅游等知识密集型服务贸易的发展。例如，知名互联网企业阿里巴巴集团副总裁发现，阿里巴巴国际站的很多中小企业和优质的供应商都来自乡村，甚至有些来自经济欠发达的中西部地区。让世界看到中国乡村的价值和变化，让中国乡村成为"外贸村"，让村口变成出海口是阿里巴巴正在做的事情。

（二）完善农业服务贸易的统计规则

目前，我国并没有针对农业服务贸易的统计方法和核算路径，而正确的统计核算是开展农业服务贸易研究的前提。由于农业服务贸易是近年来新兴起的热点话题，目前专门针对农业服务贸易的研究数量较少，这方面的学术研究还有很大的深入空间和潜力。现有的估算方法还不够精确，它主要基于国际收支平衡表经常账户中的服务业进出口，以及国外分支机构的服务销售

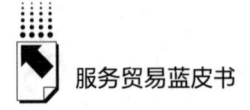

及自然人移动的统计，以农业生产性服务总产值占第三产业总产值的比重进行推算。所以我国政府有关部门应尽快讨论建立农业服务贸易统计和分类制度，以便准确地评估我国农业服务贸易的规模和发展潜力，也为日后开展更深入的学术研究打下基础。

（三）提升我国在农业服务贸易规则制定中的话语权

目前，我国在农业服务贸易规则制定中的话语权较弱，发达国家基本主导了整体贸易规则的制定，由于大国利益的争端，农业服务贸易的准入门槛较高，我国在农业服务贸易中处于被动地位，这不利于全球农业服务业的发展。所以，我国应重视农业服务贸易规则的制定，尽快对此开展系统研究，发挥专家学者的专业能力，明确现状，发现问题，制定规划和措施，积极参与世贸组织框架下的农业服务贸易规则的讨论，提出合理建议，让世界听到"中国声音"，贡献"中国智慧"和"中国方案"，让农业服务贸易规则更加透明完善，真正利于全球农业服务贸易的共同发展。

（四）完善农业服务贸易体制机制和政策体系

农业服务贸易的高质量发展离不开完善的政策体系。比如，美国有完备的农业服务贸易促进体系，设有海外农业服务局承担农业服务贸易的相关职能，并在政府内部进行专业化分工，颁布相应的法律制度以及提供资金支持。政府部门应当高度重视并支持农业服务贸易的发展，从顶层设计上为其提供保障，依靠政府的权威力量促进各市场主体间的合作或国际合作，以利共同发展进步。建议我国也应当推动有关政府部门联合设立专门的部门来承担服务贸易职能，完善农业服务贸易体制机制，并在部门内部进行详细的专业化分工；举办专业交流分享会，广泛听取各方合理意见，积极探讨利于我国农业服务贸易发展的机制和政策，并通过探讨的方式达成共识，获得各方的理解和支持以利于政策的顺利推行。

参考文献

乔金亮：《把握农业服务贸易新机遇》，《经济日报》2022年9月6日。

孙莹：《农业农村部召开全国农业社会化服务工作座谈会》，《农民日报》2021年10月16日。

刘艺卓、尹文渊：《美欧农业服务贸易发展经验借鉴》，《中国外资》2022年第1期。

刘彦华：《农业服务贸易的风险与挑战》，《小康》2022年第28期。

袁帅：《探寻农业服务贸易新模式》，《小康》2022年第28期。

焦点、李春顶：《中国农业服务贸易的内涵、核算与发展对策》，《农业经济问题》2022年第2期。

B.3 基于碳中和目标的森林生态服务价值实现路径

杨超　宋维明　张金珠*

摘　要： 碳汇交易是促成碳中和的重要方式，也是森林生态价值实现的最现实且最具前景的途径，但国内碳市场的规则阻碍了森林生态服务价值的实现：第一，目前碳市场主要交易的是"碳排放配额"，而不是"碳中和服务"，没有体现林业在碳中和行动中应有的地位；第二，过于强调"额外增加的林地"，大部分森林不允许进入碳汇交易市场，生态价值难以转化为市场价值；第三，森林碳汇潜力未有效激发，阻碍"两山"转化。针对现有碳市场的不足，提出以服务碳中和为目标，探索建立服务于碳中和目标的森林生态服务价值实现机制：在需求侧，创造碳中和服务需求场景、创新碳中和服务交易场景；在供给侧，降低碳汇开发门槛，将符合条件的森林纳入碳汇交易；在机制保障上，突破现有规则掣肘，允许异地交易，推广异地碳中和，并规范中介组织发展。

关键词： 碳汇　碳中和　生态服务价值　林业

近20年，国家在天然林保护工程、退耕还林工程等重大生态工程上已

---

* 杨超，北京林业大学经济管理学院副教授、硕士生导师，主要研究方向为林业经济理论与政策；宋维明，北京林业大学经济管理学院教授、博士生导师，主要研究方向为林业经济理论与政策；张金珠，北京大学城市与环境学院博士后，主要研究方向为可计算的一般均衡。

投入超过8000亿元资金；①但从相对投入来看，由于经济快速发展带动各种要素价格上涨，政府给予农村森林经营者的生态补偿增长幅度远小于劳动力、土地、资本等要素价格的涨幅，弱激励导致生产要素不断流出林业。依赖政府投入的林业亟须探索一条政府主导、企业和社会各界参与、市场化运作、可持续的森林价值实现路径。中共中央办公厅、国务院办公厅印发的《关于建立健全生态产品价值实现机制的意见》拉开了生态产品市场化探索的序幕。森林作为陆地最大的生态系统，其提供的生态服务价值已被广泛认可，然而价值实现的具体途径究竟是基于外部性由政府完全兜底，还是深入发掘林业碳汇的私人产品属性、通过市场机制兑现价值，仍是一个亟待厘清的问题。

林业碳汇并不是碳排放市场的主要交易标的，业界、学界几乎已默认林业碳汇只是工业减排的补充措施。在2017年国家发改委暂停中国核证减排量（CCER）林业碳汇项目备案后，关于林业碳汇的研究聚焦于如何完善碳汇量核算方法和碳金融配套措施等技术性问题，②甚少涉及林业碳汇地位与重要性。实际上，相比于工业减排，只有森林才具有将工业碳排放捕捉并固定下来实现碳中和的能力③。在碳中和目标下，对森林具有的碳汇功能，对森林经营者提供的"碳中和服务"进行再认识、再讨论，显得尤为必要。

本报告认为，林业碳汇交易在现实中"叫好不叫座"，并不仅是因为碳汇方法学的技术缺陷，更重要的是目前的碳排放权交易忽视了林业碳汇隐含的碳中和功能，与工业减排混为一谈。从企业实际减排效果考量，限制企业购买林业碳汇比例有其合理性；但从供给者角度出发，限制碳汇交易会降低全社会对"碳中和服务"的需求，进而抑制林农的营林积极性。这种结构性矛盾的存在，要求我们重新构建一个区别于碳排放权交易的新范式，通过产品重构（由"碳排放权"转变为"碳中和服务"）、参与者重构（由重

---

① 《三大生态工程建设不断取得新成效》，国家林业和草原局网站，2023年2月4日，http://www.forestry.gov.cn/c/www/tgzxzx/48442.jhtml。
② 杨博文：《"资源诅咒"抑或"制度失灵"——基于中国林业碳汇交易制度的分析》，《中国农村观察》2021年第5期；高沁怡等：《基于贝叶斯网络的林业碳汇项目风险评价》，《南京林业大学学报》（自然科学版）2021年第4期。
③ 理论上工业技术手段也可以实现碳捕捉与封存，但相比于生物技术手段，成本较高。

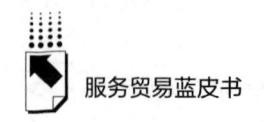

点排污企业扩大到各类企业、政府、个人消费者、森林经营者）以突破既有碳排放权交易范式的掣肘。鉴于此，本报告归纳了建立交易新范式的意义、分析了既有碳排放交易市场的不足以及改建思路，以期为探索生态服务价值实现机制和碳中和目标下的政策调整提供参考。

一 建立着眼于碳中和的森林生态服务市场的意义

（一）破解"两山"转化机制障碍

当前对"两山理念"有所误解乃至断章取义解读的根源在于，对森林功能的认识还停留在"木头/生态"非此即彼的对立阶段。而实际上，林业的意义，便是鼓励适当的人为干预，实现"生态—经济"耦合发展，即实现"'既要'绿水青山，'也要'金山银山"。"'宁要'绿水青山，'不要'金山银山"，只是在生态服务市场交易机制不健全条件下的暂时性措施，而"绿水青山'就是'金山银山"的本质，恰恰是试图建立生态服务生产者受益、使用者付费的利益导向机制。在此机制下，企业、个人、政府等生态消费方根据生态要素需求量支付费用；森林经营者受生态要素市场价格信号的指引自动调整对森林的投入，生计不再依赖于木材生产；管理部门不再依赖于行政命令，以牺牲森林经营者的经营权、处置权为代价来保护森林。可见，探索森林生态产品价值实现机制是关系到"两山"能否相互转换的重要环节。

（二）推动生态"产业化"

生态产品具有公共物品属性、难以进行排他性收费，森林生态服务长期依赖政府对森林经营者的转移支付，在市场化方面的探索收效甚微。然而，不断趋严的环境规制和消费者日益强烈的环保意识，使"生态"逐渐成为重要的生产要素，并具备了稀缺性和私人产品属性，生态产业化的思路即引入市场交易机制和收益分配方式，对强外部性、难以确定收费对象的生态资源进行产业化开发。在出口贸易中，欧盟决定自2023年起实施"碳边境调节机制"（Carbon

Border Adjustment Mechanism，CBAM），规定与欧盟有贸易往来的企业若不能提供绿色生产、环境友好证明，其出口至欧盟的商品将面临碳关税。为应对 CBAM 以及其他发达国家未来可能征收的碳关税，中国需加快完善"碳中和服务"交易体系，从而对欧盟碳关税进行有效规避，将欧盟从碳关税中可能得到的贸易利得转化为国内"碳中和服务"供给者的收益，以支持中国的低碳发展。在生态产业化场景下，林业将摆脱"弱质产业"标签，转变为"有要素投入、有经济回报、有生态产出"的产业，森林经营者作为生态要素供给方，向碳排放企业提供"碳中和服务"获得收益，活跃的生态要素交易激励森林经营者增加对森林的投入，同时吸引新的社会资本进入林业，推动"生态扶贫"走向"生态富民"。

（三）促进产业"生态化"

习近平总书记指出，保护生态环境就是保护生产力，改善生态环境就是发展生产力。① 产业"生态化"的目的是实现经济系统与生态系统之间的耦合发展，让生态环境成为经济持续健康发展的支撑。从前，产业绿色发展的思路是推广节约型生产技术以减排增效，然而任何生产技术的改进——无论是在原材料环节使用循环材料，在生产环节使用绿电绿能，还是在销售运输环节使用非石化能源，都只是减缓温室气体排放，并不能实现碳中和。要想真正实现碳中和目标，就必须在生产分工中增加"碳回收环节"，以收集、封存其他环节产生的碳排放。"碳回收环节"既可以是企业自建碳回收部门，依托工业技术进行碳捕捉与封存；也可以寻求经济效率更高的外部产业配套，企业购买碳汇相当于以外包形式购买了森林经营者提供的碳中和服务，从而实现"零排放"生产。也就是说，在产业"生态化"场景下，完整的产业链不仅包括"生产部门"拥有的厂房、机器等生产资料和"业务部门"提供的金融、物流、市场调度支持，还包括"生态部门"提供的"碳中和服务"。

---

① 《中共中央关于党的百年奋斗重大成就和历史经验的决议》，中国政府网，2021年11月16日，http://www.gov.cn/xinwen/2021-11/16/content_5651269.htm。

二 中国林业碳汇发展现状

（一）森林总碳汇量

为识别可交易林业碳汇量占森林总碳汇量的比重，需进一步测算中国森林总碳汇量，并对2020~2060年森林碳汇增长潜力进行预测。森林总碳汇量包括新造林的碳汇量和现有森林的碳汇量。具体计算步骤如下。

第一，计算现有森林的碳储量。以2000年的现有林分面积为基准，参考现有森林碳密度参数①，以10年为周期计算该林分2000~2060年的总碳储量（包含地上生物量、地下生物量和土壤碳库，单位为亿 tCO_2e），计算方式如下：

$$现有森林地上生物量碳储量 = 现有林分面积 \times 碳密度 \times \frac{44}{12} \div 10^8$$

$$现有森林总碳储量 = 现有森林地上生物量碳储量 \times \frac{100}{51}$$

式中，现有林分面积为15292.3万公顷，$\frac{44}{12}$ 为 C 与 CO_2 的转化系数，$\frac{100}{51}$ 为地上生物量碳储量与总碳储量的转化系数②，计算结果如表1所示。

表1　2000~2060年现有森林总碳储量

年份	碳密度 （Mg C/ha）	地上生物量碳储量 （亿 tCO_2e）	总碳储量 （亿 tCO_2e）
2000	41.1	230.45	451.87
2010	51.7	289.89	568.41
2020	59.8	335.31	657.47
2030	65.1	365.03	715.74

---

① 徐水等：《2000~2050年中国森林生物量碳库：基于生物量密度和林龄关系的预测》，《中国科学：生命科学》2010年第7期。
② 李顺龙：《森林碳汇经济问题研究》，博士学位论文，东北林业大学，2005。

续表

年份	碳密度（Mg C/ha）	地上生物量碳储量（亿 tCO₂e）	总碳储量（亿 tCO₂e）
2040	68.9	386.33	757.52
2050	71.7	402.03	788.30
2060	72.5	406.52	797.10

注：所估算的碳储量未考虑经济林、竹林。
资料来源：根据《第九次森林资源清查报告》和《"十四五"林业草原保护发展规划纲要》测算而得。

第二，计算现有森林碳汇量。2000~2060年，现有森林每10年的碳汇量和年均碳汇量计算结果，如表2所示。

表2 2000~2060年每10年现有森林碳汇量及年均碳汇量

单位：亿 tCO₂e

年份	碳汇量	年均碳汇量
2001~2010	116.54	11.65
2011~2020	89.06	10.28
2021~2030	58.27	8.79
2031~2040	41.78	7.64
2041~2050	30.78	6.73
2051~2060	8.80	5.75

注：现有森林为2000年及以前的既有森林。
资料来源：根据《第九次森林资源清查报告》和《"十四五"林业草原保护发展规划纲要》测算而得。

第三，计算森林总碳汇量及可交易碳汇量比重。森林总碳汇量=现有森林碳汇量+新造森林碳汇量，计算结果如表3所示。

表3 2000~2060年每10年森林总碳汇量、年均碳汇量及年均可交易碳汇量占比

单位：亿 tCO₂e，%

年份	总碳汇量	年均碳汇量	年均可交易碳汇量占比
2001~2010	148.89	14.89	—
2011~2020	114.60	13.17	—
2021~2030	103.89	12.24	43.79

续表

年份	总碳汇量	年均碳汇量	年均可交易碳汇量占比
2031~2040	108.47	11.90	45.88
2041~2050	102.91	11.58	50.69
2051~2060	59.13	10.63	54.56

注：表中森林总量包含现有森林及2000年以后在无林地上新造森林。
资料来源：根据《第九次森林资源清查报告》和《"十四五"林业草原保护发展规划纲要》测算而得。

（二）森林碳汇与"可交易的"林业碳汇

可交易的林业碳汇是指根据相关减排机制的方法学开发，具备额外性，经相关部门审定、注册、监测、核证与签发等，最终在碳市场进行交易的碳汇量，包括造林碳汇和森林经营碳汇。其中，造林碳汇以增加碳汇为主要目的，通过造林和再造林促进森林对二氧化碳的吸收，并对碳汇量实施计量和监测；森林经营碳汇针对现有森林，通过森林经营的手段促进林木生长，促进林木对二氧化碳的吸收。需要注意的是，并非所有的森林碳汇都可以进行市场交易，可交易的林业碳汇必须满足以下几个条件。一是项目减排量必须满足额外性和排他性的要求。额外性是在原有的、自然形成的土壤和植被固碳量的基础上产生的"额外"碳储量或碳汇的增量；排他性是指一个主体使用部分"核证减排量"进行碳排放抵消，则该部分"核证减排量"不能被其他主体用来抵消碳排放。二是产生的森林碳汇量必须可测量、可报告、可核查。三是必须符合国家相关法律或政策的规定，必须严格按照一定的标准实施，如"碳汇造林项目方法学""森林经营碳汇项目方法学"等。涉及林业碳汇交易的机制主要包括清洁发展机制（Clean Development Mechanism，CDM）、核证碳标准（Verified Carbon Standard，VCS）、黄金标准（Gold Standard，GS）、可持续管理（Reducing Emissions from Deforestation and Forest Degradation plus，REDD+）交易框架、中国核证自愿减排量（China Certified Emission Reduction，CCER）等。表4列出了上述不

表 4 不同交易机制下的林业碳汇项目

交易机制	项目类型	交易标的	实施范围	开发限制	交易限制	管理机构
清洁发展机制（CDM）	造林、再造林	核证减排量（CERs）	全球	造林:50 年来的无林地；再造林：自 1989 年 12 月 31 日以来的无林地	不超过发达国家基准年排放量1%的 5 倍	《联合国气候变化框架公约》缔约方大会
核证碳标准（VCS）	造林、再造林、植被恢复（ARR）、森林经营（IFM）、森林伐转保碳排（REDD）	碳信用额（VCUs）	全球	ARR 项目开始前至少 10 年内需是无林地，REDD 项目开始前至少 10 年内需符合森林的资格	—	气候组织、国际排放交易协会、世界经济论坛
黄金标准（GS）	造林、再造林	GS 碳信用额（GSV-CUs）、GS 核证减排量（GSCERs）、计划减排量（PERs）	全球	项目开始前至少 10 年内需是无林地	—	世界自然基金会和其他国际非政府组织
REDD+交易框架（ART）	减少毁林和森林退化引起的排放	树信用（TREEs）	全球	森林必须面临毁林风险，以证明额外性	只对国家和下一级政府的"REDD+减排活动"签发碳信用，不对项目级活动签发碳信用	美国温洛克国际农业发展中心
中国核证自愿减排量（CCER）	碳汇造林、竹林造林、森林经营、竹林经营	中国核证自愿减排量（CCERs）	中国	碳汇造林需为自 2005 年 2 月 16 日以来的无林地，土地土壤不属于湿地和林地；土壤扰动面积比例不超过地表面积的10%，且 20 年内不重复扰动；森林经营需是人工幼、中龄林（乔木林）	5%～12%的抵消比例	国家发改委

资料来源：作者自行整理而得。

041

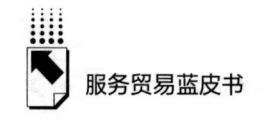

同机制下林业碳汇项目在项目类型、交易标的、实施范围、开发和交易限制以及管理机构等方面的区别。

（三）可交易的林业碳汇量

尽管不同机制下对林业碳汇项目开发限制的规定略有区别，但均需满足"额外性"的要求，且大多属于造林、再造林和森林经营两大类别。因此，本研究在满足"额外性"的前提下，对这两个类别的可交易林业碳汇量进行测算。关于可交易的造林、再造林碳汇，主要参考徐冰等和李顺龙的研究，[①] 对2000年以来包含地上生物量、地下生物量和土壤碳库的碳汇量进行测算。关于可交易的森林经营碳汇，主要参考徐晋涛等[②]和徐冰等[③]的研究，对2018年以来森林经营（对近/成/过熟林进行采伐更新后再造）所产生的碳汇量进行测算。

1. 造林、再造林碳汇量

对造林、再造林活动所产生的碳汇量进行测算，首先需要确定碳库。不同的碳库组合所测算的碳储量存在明显差异。[④]《马拉喀什协定》有关土地利用、土地利用变化和林业（Land Use, Land Use Change and Forestry, LULUF）的第11号决议指出，碳储量测算的碳库主要包括地上生物量、地下生物量、枯落物、粗木质残体和土壤有机碳。相关研究表明，枯落物和粗木质残体所含的碳储量较小，占比不足上述全部碳库的3%。[⑤] 因此，本研究以地上生物量、地下生物量和土壤有机碳等3个碳库为基准，[⑥] 对造林、

[①] 徐冰等：《2000~2050年中国森林生物量碳库：基于生物量密度与林龄关系的预测》，《中国科学：生命科学》2010年第7期；李顺龙：《森林碳汇经济问题研究》，博士学位论文，东北林业大学，2005。

[②] 徐晋涛、易媛媛：《"双碳"目标与基于自然的解决方案：森林碳汇的潜力和政策需求》，《农业经济问题》2022第9期。

[③] 徐冰等：《2000~2050年中国森林生物量碳库：基于生物量密度与林龄关系的预测》，《中国科学：生命科学》2010年第7期。

[④] 李顺龙：《森林碳汇经济问题研究》，博士学位论文，东北林业大学，2005。

[⑤] 陶吉兴等：《浙江省森林生态系统五大碳库碳汇功能及结构特征》，《杭州师范大学学报》（自然科学版）2021年第4期。

[⑥] 张小全、陈先刚、武曙红：《土地利用变化和林业活动碳贮量变化测定与监测中的方法学问题》，《生态学报》2004年第9期。

再造林碳汇量进行测算。

其次，需要确定造林、再造林碳汇量测算的时间范围。不同交易机制对造林、再造林的土地合格性要求进行了规定，例如 CDM 机制要求造林必须是 50 年以来的无林地，再造林必须是 1989 年以来的无林地；CCER 碳汇造林要求必须是 2005 年以来的无林地。因此，本研究参考徐晋涛等和徐冰等的研究，[1] 将 2000 年作为造林、再造林碳汇量测算的时间起点。中国于 2020 年 9 月明确提出了 2030 年实现碳达峰和 2060 年实现碳中和的目标（"双碳"目标），林业碳汇对实现"双碳"目标具有重要作用。[2] 因此，为明确林业碳汇在碳中和进程中发挥的潜力与作用，本研究以 10 年为周期，对 2000~2060 年造林、再造林所产生的碳汇量进行测算。参考徐冰等的研究思路，[3] 计算 2000~2060 年新造森林的包含地上生物量、地下生物量和土壤碳库的碳储量和碳汇量。具体步骤如下。

第一，预测到 2060 年的新增林分面积。以我国最新的《第九次森林资源清查报告》的森林资源结构、森林资源质量、可造林地面积等数据为基础，并结合《"十四五"林业草原保护发展规划纲要》等文件中提出的林业增汇目标及举措，对 2020~2060 年我国森林覆盖率做出合理推断，并根据森林覆盖率计算相应的森林面积，最后假设林分面积占森林总面积的比例为 87.5%，以此测算林分面积，[4] 即林分面积=国土面积×森林覆盖率×87.5%。其中，国土面积为 960.27×10^6 公顷。2000~2060 年新增林分面积如表 5 所示。

---

[1] 徐晋涛、易媛媛：《"双碳"目标与基于自然的解决方案：森林碳汇的潜力和政策需求》，《农业经济问题》2022 年第 9 期；徐冰等：《2000~2050 年中国森林生物量碳库：基于生物量密度与林龄关系的预测》，《中国科学：生命科学》2010 年第 7 期。
[2] 曹福亮：《林业碳汇市场化助力碳中和国家战略——评"林业碳汇运营、价格与融资机制"》，《林业经济》2021 年第 11 期。
[3] 徐冰等：《2000~2050 年中国森林生物量碳库：基于生物量密度与林龄关系的预测》，《中国科学：生命科学》2010 年第 7 期。
[4] 徐冰等：《2000~2050 年中国森林生物量碳库：基于生物量密度与林龄关系的预测》，《中国科学：生命科学》2010 年第 7 期。

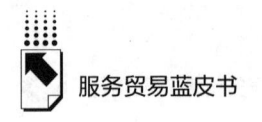

表 5　2000~2060 年新增林分面积

单位：%，万公顷

年份	森林覆盖率	森林面积	林分面积	新增林分面积
2000	18.20	17476.91	15292.30	—
2010	21.60	20741.83	18149.10	2856.81
2020	23.04	22124.62	19359.04	4066.74
2030	25.00	24006.75	21005.91	5713.61
2040	27.50	26407.43	23106.50	7814.20
2050	30.00	28808.10	25207.09	9914.80
2060	30.00	28808.10	25207.09	9914.80

资料来源：根据《第九次森林资源清查报告》和《"十四五"林业草原保护发展规划纲要》测算而得；《中共中央　国务院关于完整准确全面贯彻新发展理念做好碳达峰碳中和工作的意见》提出，到 2025 年，森林覆盖率达到 24.1%，森林蓄积量达到 180 亿立方米；到 2030 年，森林覆盖率达到 25% 左右，森林蓄积量达到 190 亿立方米，二氧化碳排放量达到峰值并实现稳中有降。《"十四五"林业草原保护发展规划纲要》中也提出，2030 年中国森林覆盖率达到 25% 左右；据《第九次森林资源清查报告》，预计到 21 世纪中叶森林覆盖率达到世界平均水平（30%）之后将基本保持稳定，因此假设 2040 年、2050 年和 2060 年的森林覆盖率分别为 27.5%、30% 和 30%。

第二，计算造林、再造林（新造森林）的总碳储量（地上生物量、地下生物量和土壤碳库），并将单位换算为亿 tCO_2e，如表 6 所示。

$$新造森林地上生物量碳储量 = 新造林分面积 \times 碳密度 \times \frac{44}{12} \div 10^8$$

$$新造森林总碳储量 = 新造森林地上生物量碳储量 \times \frac{100}{51}$$

式中，新造林分面积的单位为 ha；碳密度系数参照徐冰等的研究得到，单位为 Mg C/ha（1 Mg = 1 t）；$\frac{44}{12}$ 为 C 和 CO_2 的转换系数；$\frac{100}{51}$ 为地上生物量碳储量和总碳库碳储量的转化系数。[①]

[①] 李顺龙：《森林碳汇经济问题研究》，博士学位论文，东北林业大学，2005。

表6　2010~2060年新造森林总碳储量

年份	碳密度（Mg C/ha）	地上生物量碳储量（亿 tCO$_2$e）	总碳储量（亿 tCO$_2$e）
2010	15.7	16.45	32.25
2020	19.8	29.52	57.89
2030	25.2	52.79	103.51
2040	30.3	86.82	170.23
2050	34.0	123.60	242.36
2060	41.1	149.27	292.69

注：所估算的碳储量未包含经济林和竹林。
资料来源：根据《第九次森林资源清查报告》和《"十四五"林业草原保护发展规划纲要》测算而得。

第三，计算新造森林的年均碳汇量。新造森林每10年的碳汇量和年均碳汇量测算结果如表7所示。

表7　2000~2060年每10年新造森林碳汇量及年均碳汇量

单位：亿 tCO$_2$e

年份	新造森林碳汇量	新造森林年均碳汇量
2000~2010	32.35	3.24
2011~2020	25.54	2.89
2021~2030	45.62	3.45
2031~2040	66.69	4.26
2041~2050	72.13	4.85
2051~2060	50.33	4.88

资料来源：根据《第九次森林资源清查报告》和《"十四五"林业草原保护发展规划纲要》测算而得。

2. 森林经营碳汇量

本研究参考徐晋涛等的做法,[1] 假定森林经营所产生的增汇来源是以亲

---

[1] 徐晋涛、易媛媛：《"双碳"目标与基于自然的解决方案：森林碳汇的潜力和政策需求》，《农业经济问题》2022年第9期。

自然的方式对近熟林、成熟林和过熟林进行可持续采伐后更新再造，并分保守情景（仅对成熟林和过熟林进行可持续采伐后更新再造）和激进情景（同时对近熟林、成熟林和过熟林进行采伐后更新再造）。同时，对采伐后更新再造的森林碳储量的计算借鉴徐冰等的做法。[①] 根据森林经营方法学要求，可交易的林业碳汇是对人工中、幼龄林进行抚育，因而激进情景下的人工林采伐后更新再造所产生的碳汇量符合可交易的标准。现分别对两种情景下森林经营碳汇量进行测算，具体步骤如下。

第一，计算更新再造森林的碳储量（亿 tCO_2e）。计算方法与新造森林的碳储量计算方法相同，即：

$$更新再造森林地上生物量碳储量 = 更新再造林分面积 \times 碳密度系数 \times \frac{44}{12} \div 10^8$$

$$更新再造森林总碳储量 = 更新再造森林地上生物量碳储量 \times \frac{100}{51}$$

式中，$\frac{44}{12}$ 和 $\frac{100}{51}$ 分别为 C 与 CO_2 的转化系数、地上生物量碳储量和总碳储量的转化系数，计算结果如表 8 所示。

表 8　2030~2060 年森林经营碳储量

年份	碳密度（Mg C/ha）	保守情景（亿 tCO_2e）人工林碳储量	保守情景（亿 tCO_2e）天然林碳储量	激进情景（亿 tCO_2e）人工林碳储量	激进情景（亿 tCO_2e）天然林碳储量
2030	15.7	9.95	27.91	19.08	54.13
2040	19.8	12.55	35.20	24.06	68.26
2050	25.2	15.97	44.80	30.62	86.88
2060	30.3	19.20	53.87	36.81	104.46

资料来源：根据《第九次森林资源清查报告》和《"十四五"林业草原保护发展规划纲要》测算而得；《第九次森林资源清查报告》显示，全国天然乔木林中，近熟林、成熟林和过熟林面积分别为 2052.72 万公顷、1808.85 万公顷和 933.86 万公顷，因而保守情景和激进情景的更新再造森林面积分别为 2742.71 万公顷和 4795.43 万公顷；在全国人工乔木林中，近熟林、成熟林和过熟林面积分别为 808.61 万公顷、658.81 万公顷和 222.54 万公顷，因此保守情景和激进情景的更新再造森林面积分别为 881.35 万公顷和 1689.96 万公顷。

[①] 徐冰等：《2000~2050 年中国森林生物量碳库：基于生物量密度与林龄关系的预测》，《中国科学：生命科学》2010 年第 7 期。

第二，计算更新再造森林的碳汇量。以 10 年为一个周期，计算 2020~2060 年保守情景和激进情景下，天然林和人工林的碳汇量及年均碳汇量，计算结果如表 9 所示。

表 9　2020~2060 年森林经营碳汇量

单位：亿 tCO$_2$e

年份	保守情景				激进情景			
	人工林碳汇量	人工林年均碳汇量	天然林碳汇量	天然林年均碳汇量	人工林碳汇量	人工林年均碳汇量	天然林碳汇量	天然林年均碳汇量
2020~2030	9.95	1.00	27.91	2.79	19.08	1.91	54.13	5.41
2031~2040	2.60	0.62	7.29	1.76	4.98	1.20	14.13	3.41
2041~2050	3.42	0.53	9.60	1.49	6.56	1.02	18.62	2.90
2051~2060	3.23	0.48	9.07	1.35	6.19	0.92	17.58	2.61

资料来源：根据《第九次森林资源清查报告》和《"十四五"林业草原保护发展规划纲要》测算而得。

3. 可交易林业碳汇量

由可交易林业碳汇的概念界定可知，中国潜在的可交易林业碳汇量主要包括造林碳汇和森林经营（对人工中、幼龄林进行抚育）碳汇两大类，根据上述计算结果可以推算出 2020~2060 年我国可交易林业碳汇量以及年均可交易碳汇量，如表 10 所示。

表 10　2020~2060 年可交易林业碳汇量及年均可交易碳汇量

单位：亿 tCO$_2$e

年份	可交易林业碳汇量	年均可交易碳汇量
2020~2030	64.70	5.36
2031~2040	71.67	5.46
2041~2050	78.69	5.87
2051~2060	56.52	5.80

资料来源：根据《第九次森林资源清查报告》和《"十四五"林业草原保护发展规划纲要》测算而得。

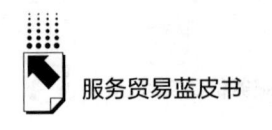

三 既有碳交易市场存在的问题

为履行《京都议定书》承诺，中国于2013年启动了7个碳交易试点市场，交易规则也蹈袭发达国家的惯例。然而碳汇产品在整个碳市场中交易量占比较小，从2017年起各市场陆续暂停林业碳汇交易，碳汇开发与交易惯例不符合我国森林经营实际导致的问题逐渐暴露，碳汇开发与交易规则亟须修正。

（一）不符合碳中和原则

目前运行的碳交易市场，主要交易标的是"碳排放配额"，而不是"碳中和服务"。在现行碳汇交易规则下，林业碳汇只作为碳交易的补充措施，控排企业使用林业碳汇抵消自身排放量被限制为最高不能超过10%，其余90%都是"碳排放配额"交易。而且，多数试点碳汇交易市场将林业碳汇的来源地限定在本省或本市（见表11），富余省份无法对外出售，紧缺省份无法从外省补充，供需错配导致林业碳汇交易量长期处于低位。碳排放配额的实质是政府赋予企业的污染权，从企业入手控制排放总量、容许企业在阈值内适度排放、鼓励企业间交易配额从而激励先进企业率先减排增效，是以碳达峰为目的的过渡性措施。然而，若以实现碳中和为目标搭建碳交易市场，便不宜再以"碳排放配额"为主要交易标的。因为只要买卖双方都是工业企业（即使其中一方是清洁发电企业），配额交易的结果只能是降低碳排放强度，无法实现碳中和。相比之下，森林所提供的碳中和服务是切实将排放至大气中的碳捕捉并固定下来。因此，亟须改变碳交易市场的参与者结构，构建森林经营者或其代理人作为供给者、控排企业作为主要需求方的交易场景，促成正负碳资产的中和。

表11 全国7个试点碳交易所对林业碳汇的限制

单位：%

试点碳交易所	林业碳汇交易比例限制	林业碳汇交易地区限制
北京绿色交易所	5	本市
天津排放权交易所	10	全国
上海环境能源交易所	5	全国
广州碳排放权交易中心	10	外地碳汇不得超30%
深圳排放权交易所	10	全国
湖北碳排放权交易中心	10	本省
重庆联合产权交易所	8	本市

资料来源：中国碳交易网。

（二）现有规则过于强调林地的"额外性"，忽略了人力的投入

根据国际惯例，开发林业碳汇的方式有两种，分别是"碳汇造林项目"和"森林经营碳汇项目"，前者要求必须是在非林地上实施的造林项目，后者要求必须是人工林。两种方式本质上是强调额外增加的"林地"，而不是额外增加的"森林"，就我国实际情况而言，采用这两种方式可能会导致以下问题。

第一，"碳汇造林项目"要求必须是无林地上的新造林，即使森林采伐迹地、火烧迹地上的再造林也不能列入。过于强调在非林地上新造林，一方面可能导致对既有森林疏于投入、重造林轻管理；另一方面，只强调新造林可能导致侵占农田、威胁耕地红线。根据《第九次森林资源清查报告》数据，我国的宜林荒山荒地主要位于西北干旱、半干旱地区，且宜林地中质量"差"的达到50.82%，"好"的仅占11.55%，[①] 随着宜林荒地逐渐减少，造林难度越来越大。"十四五"时期，国家层面的森林管理重点已由大规模造林转向森林质量和稳定性的提升，森林碳汇开发与交易规则也应与时俱进，由鼓励"新造"转向鼓励"改造"，额外增加的森林蓄积同样增加了额外的碳中和能力。

---

① 数据来源：《中国森林资源报告（2014—2018）》。

第二,"森林经营碳汇项目"要求必须是人工林才可进行碳汇开发。虽然鼓励森林经营部分弥补了前者缺陷,但过于强调人工林忽略了中国天然林的管理成本。我国在不同发展阶段分别设有林业局、森林消防、森林公安、森林武警等成建制的组织,管理成本非欧美国家(地区)可比,若没有这些投入,天然林毁林结果无法想象。美、澳等森林资源大国在天然林的人为干预上只限于基本的巡逻,对森林火灾甚至有任其发展的倾向。照搬国际惯例,只承认人工林额外增加的碳汇量,一定程度上否认了我国对天然林的保护成效,造成我国在国际气候谈判中缺乏话语权与影响力。另外,天然林全面禁止商业采伐后,东北地区、内蒙古的国有林区有35万名以上的在册林业职工需要安置。① 若能承认这些职工对天然林的管护、抚育也是一种额外性,允许有人为干预的天然林参与碳汇交易,不但可以为林区弱势群体摆脱生计依赖创造条件,而且可以减轻国家财政负担,同时从法理上认可我国人为干预的天然林对增加全球碳封存量所做的贡献。

(三)森林碳汇服务潜力未有效激发,阻碍"两山"转化

在现行规则下,林业碳汇入市交易的条件非常苛刻,如必须是《京都议定书》生效之后实施、符合国家发改委备案的方法学、林权清晰的林业碳汇项目才可上市交易。只此三个要求,便将众多森林拒之门外。《京都议定书》于2005年生效,意味着我国早于2005年实施的退耕还林、三北防护林、天保工程等造林工程大部分无法进行林业碳汇开发。目前,国家发改委备案的林业碳汇方法学仅有5个②,仅区分了乔灌与竹子,没有细分具体的树种,也没有考虑我国广袤土地千差万别的森林立地条件,众多区域(特别是西部地区)森林的固碳能力无法达到现行方法学规定的"底线"水平而无法进行碳汇开发与交易,意味着这些森林虽然在无言地为社会提供生态服务,只因为固碳释氧的效率较低,其服务价值就无法实现。退耕还林等造林工程的苗木及其

---

① 数据来源:《中国林业与草原统计年鉴2019》。
② 5个方法学分别适用于乔灌碳汇造林、乔木森林经营、竹子造林、竹子经营及小规模非煤矿区生态修复项目类型。

他造林成本由国家投入，因而林木权到底属于国家还是属于农民至今没有明晰，这些森林受规则限制也不能进行碳汇开发与交易。由于以上障碍的存在，虽然退耕还林、三北防护林、天然林保护工程等重点生态工程（森林面积达3036万公顷）凝结了超过67万名农民[①]的无差别人类劳动，但这些投入并不能通过市场机制体现价值，只能继续依赖国家转移支付对其兜底。

总之，现有交易规则在供给侧造成森林生态服务价值无法实现的问题，在需求侧抑制了企业对碳汇的需求。受供需两端挤压，社会资本缺乏进入林业、经营森林、开发碳汇产品的动力，农民守着"绿水青山"无法兑换"金山银山"，影响其经营森林的积极性，疏于管护甚至撂荒的森林不可避免地出现。

四 建立森林生态服务交易市场的路径与思路

建立中国特色的碳汇交易范式，可以按照"两条腿走路"和增量改革的方式进行（见表12）。一方面，强制减排碳交易市场仍可在既定框架下，以"碳排放配额"为主要标的进行交易。这样既能保证国内碳配额交易市场符合政府间国际谈判确立的规则，也能确保我国对世界所做的碳达峰承诺在度量口径上没有发生重大变化。另一方面，探索建立服务于碳中和目标的新市场，明确以"碳中和服务"为主要标的进行交易，以区别现有的碳排放配额交易市场。

表12 碳排放配额交易市场与森林生态服务交易市场对比

项目	碳排放配额交易市场	森林生态服务交易市场
目标	碳达峰	碳中和
主要交易标的	政府发放的碳排放权	森林提供的固碳服务
参与者	重点控排企业	企业、政府、森林经营者、公众

---

① 森林面积数据获取自《中国农村统计年鉴》，包括截至2005年完成的天保工程、退耕还林工程、三北防护林工程完成的造林面积；人员数据获取自《天保工程助力脱贫攻坚绿色经济方兴未艾》，中国网，2018年11月29日，http://fangtan.china.com.cn/2018-11/29/content_74223416.htm。

续表

项目	碳排放配额交易市场	森林生态服务交易市场
参与形式	政府强制企业参与交易	各参与者自愿参与
需求产生途径	政府划定碳排放阈值	政府创造需求场景、创新交易场景
产品（服务）供给者	低于碳排放阈值的企业	森林及其经营者或其代理中介

新市场的搭建需要在以下几个方面寻求突破。

第一，创造对碳中和服务的需求场景，引导绿色生产方式。目前，强制纳入"全国碳排放权交易市场"交易的只有电力行业，未来可能扩大到石化、化工、钢铁等高排放行业，新的"碳中和服务交易市场"应积极引导强制交易清单之外的行业参与自愿交易：一是对自愿购买碳中和服务的企业，放宽"控排企业购买碳汇抵消自身排放量不能超过10%"的限制，允许企业自行决定碳汇购买量和碳汇来源地；二是实施"碳标签"制度，在各种商品和服务上标注生产该商品产生的碳排放量，并允许厂商在购买等量森林碳汇后在商品上标注"此商品已通过购买森林碳汇实现碳中和"，为履行社会责任的企业提供背书，允许其进行适度的绿色营销，从而引导企业、公众形成绿色生产生活方式。

第二，创新碳中和服务交易场景，促进碳汇购买方多元化。现有碳交易市场对参与者的规定较为苛刻，对此新市场应制定更为灵活的交易原则，发展政府、企业、个人等更多元的购买方。一是政府带头。政府作为购买人向森林经营者购买碳中和服务，在国际国内会议中大力推广"零碳会议"，也可以为一些政务活动购买碳中和服务，实现"绿色政务"。二是企业发力。鼓励具有低碳发展愿景和绿色营销需求的企业购买碳中和服务，根据购买力度适当给予其"绿色信贷"优先权。三是全民参与。具有低碳意识的个人消费者也可以作为新市场的参与者，为旅行等个人消费行为寻求碳中和。

第三，降低碳汇开发门槛，将符合条件的森林纳入碳汇交易。新的市场应降低林业碳汇开发与交易的门槛：一是允许有人为干预的天然林进行碳汇开发和交易。无论是既有天然林还是新造的人工林，只要有管护、抚育等人为干预且方法得当，相比于无人监管情景，已减少了盗伐和火灾造成的毁林，本质上增加了"额外"的碳中和能力，应允许政府作为权利人代表开发其碳汇价值。二是丰富方法学，形成不同质量层次的碳汇林。现有的方法学将不满足基准碳汇能力的森林拒之门外，没有考虑树种和立地条件异质性，近年来西部地区在提升森林覆盖率上投入了巨大的人力物力，这些森林受制于当地气候条件无法与南方森林相提并论，但相比于造林前的荒地，已经大幅提升了固碳能力。这些质量较低的森林若能合理开发碳汇，即使价格较低，也可部分补偿造林投入。因此，应鼓励林业碳汇开发机构因地制宜、"适地适树"地开发匹配各种地理、气候、树种的方法学并积极申报备案，为不同质量的森林碳汇入市交易创造条件。三是允许林权暂不明晰的森林在利益相关者协调好分配比例的前提下参与碳汇开发。以退耕还林工程为例，虽然林权归属于农民还是政府尚有争议，但若能暂且搁置权属难题共同开发，即使将收益全部配置给农户，于政府而言也可减轻财政兜底负担，于农户而言则可获得接近市场回报率、高于政府转移支付水平的收益。

第四，允许异地交易，推广异地碳中和。新市场无须拘泥于本地交易的原则，应从更大的空间格局出发，致力于全国范围内的碳中和。从自然地理角度看，由于整个大气是流动的，因此，即使A地的厂商无法就地购买足量的碳汇，也可以通过购入B地的碳汇，通过异地碳中和实现集团整体"零排放"目标。从经济地理角度看，现代产业集群理论已不再要求各个生产环节地理邻近，一个集团内各子部门可能布局于不同的地理单元，生产链上新增的碳中和环节，并不是一个类似于污水处理的"装置"，无须与生产车间紧密相连，它更像集团内部的子部门，可布局于任何地方服务总部。从长远发展来看，当生产集团逐个实现集团内部的碳中和后，也就实现了全国范围的碳中和。

第五，规范中介组织发展。森林碳汇量的计算对买卖双方而言具有一定的技术门槛，因而需要严谨合规的中介组织对卖方的森林碳汇进行准确测算评估并接受国家规定的6家第三方核证机构的认证。中介组织与第三方认证

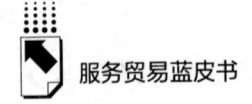

机构的关系类似于"会计"与"审计"的角色，可以采用"放宽行业准入、收紧第三方监管"的形式规范中介组织发展，一方面，放宽"会计"的行业准入，鼓励更多的专业公司服务于卖方，专门从事林业碳汇资产计算、开发、上市文书填写等工作；另一方面，严控第三方监管机构，认真审计核查"会计"所做的报表。

五 总结与启示

（一）研究总结

本报告首先论述了探索森林生态产品价值实现机制对推进乡村振兴、破解"两山"转化机制障碍和推进产业"生态化"、生态"产业化"的重要意义。其次，基于对现有研究与实践的归纳总结，认为碳汇开发与交易是实现森林生态产品价值最可行的方式。再次，分析了目前碳交易市场和交易规则与碳中和原则相斥之处，包括目前碳市场主要交易标的是"碳排放配额"，而不是"碳中和服务"，现行规则门槛下大部分森林无法进入碳汇交易市场。最后，针对这些不足提出建立森林碳汇交易新范式的建议，包括创造对碳中和服务的需求场景、创新碳中和服务交易场景、降低碳汇开发门槛、允许异地交易和规范中介组织发展。

（二）政策启示

中国要想成为全球生态文明建设的引领者，就不能一直照搬、趋附发达国家的惯例。如何发展符合国情林情的"森林碳中和服务"交易新范式，已成为我国生态文明建设进程中亟待回答的问题。在保护优先、合理利用原则下，基于森林的碳汇功能适量开发"森林碳中和服务"，引导林农回归森林经营，既是对《关于建立健全生态产品价值实现机制的意见》的积极响应与落实，也是缓解政府财政压力，培养林业自我造血能力的有益尝试。推动森林生态产品价值实现，既要发挥政府的制度作用，通过产品重构、参与者重构寻求突破"既有惯例"的掣肘；也要积极发挥市场在资源配置中的决定性作用，通过市场机制激励引导各方主体从"要我保护"转到"我要保护"的良性轨道上来，不断提高生态产品价值实现的效率和效果。在这个过程中，政府、企业、中介组织、林业经营者、普通消费者都是生态产品价值实现的参与者、建设者和受益者，没有旁观者。

参考文献

陈丽荣等：《基于交易视角的天然林资源保护工程区林业碳汇项目开发潜力——以黑龙江森工天保工程区为例》，《浙江农业学报》2021年第5期。

武曙红、宋维明：《自愿林业碳市场对CDM林业碳市场的影响》，《林业科学》2010年第2期。

B.4 中国技术贸易发展的现状、问题及对策

方慈 杨修*

摘 要： 技术贸易高质量发展是加快建设贸易强国的重要抓手。近几年，我国技术贸易发展规模稳中有进，知识产权服务出口规模持续扩大，电子信息服务贸易顺差稳步增长，整体技术贸易逆差显著收缩，东部地区仍是我国技术贸易发展的重要区域，民营企业成为我国国际技术合作的重要市场主体。美、欧、日、韩仍是我国技术引进的主要来源地，技术引进逐渐由"增量"转向"提质"。我国与共建"一带一路"国家技术合作日趋紧密，在电子信息、现代交通等新兴领域技术合同成交额显著增长。然而，我国技术对外依赖度依然较高，在关键技术领域自主创新能力仍需进一步加强。为有效应对西方国家持续收紧的技术出口政策，降低产业链"断供"风险，本报告建议加强关键领域技术攻关，提升自主创新能力；深化关键产业链、供应链国际合作，增强我国产业链、供应链韧性；强化技术贸易合作交流，打造互利共赢的技术合作模式；充分发挥民间创新主体的力量，加强科技创新开放合作。

关键词： 技术贸易 技术依赖 开放合作

技术贸易是不同国家的企业、个人或经济组织按一定商业条件转让或许可使用某项技术，或提供技术咨询与服务的交易行为，知识密集型特征较为

---

* 方慈，中国科学技术交流中心调研与协调处助理研究员，主要研究方向为国际科技合作；杨修，中国科学技术交流中心调研与协调处副研究员，主要研究方向为国际经济。

显著。技术贸易可有效降低创新主体研发成本和不确定性风险，实现国家产业技术的转型升级，优化国家对外贸易结构。当前，人类尚未走出新冠肺炎疫情的阴霾，突发的俄乌冲突进一步放大和激化百年未有之大变局，全球经济复苏乏力，美欧等发达经济体在高技术领域管制力度加大，贸易保护主义抬头，这些都对我国技术贸易发展带来严峻挑战。作为服务贸易的重要组成，大力发展技术贸易是我国主动融入全球创新网络、提升自主创新能力、重塑产业竞争优势的重要方式，也是我国积极参与全球产业链、供应链、创新链分工，实现产业链、供应链自主可控的重要途径。本报告从技术贸易规模、结构、主体、方式、路径等角度分析我国技术贸易发展现状，摸清问题与"短板"，为有效应对复杂多变的国际形势、支撑我国技术贸易高质量发展提出对策建议。

一 我国技术贸易发展现状

（一）我国技术贸易发展规模稳中有进，技术贸易逆差显著收缩

近年来，中国技术进出口规模增长态势总体保持平稳。如图1所示，2022年中国技术进出口总额为1510.49亿美元，较2021年增长了0.85%。这说明，中国技术服务贸易发展韧性较强，受新冠肺炎疫情影响较小。尤其是近年来，新一轮科技革命和产业变革深入发展，中国信息技术领域核心技术创新取得积极进展，中国数字技术服务外包转型升级加快推进，企业国际竞争力不断增强，中国技术服务供给能力显著提高。从进出口差额来看，中国技术服务出口额持续增长，进口额呈现收缩之势，技术贸易逆差显著缩小。2022年，中国技术服务贸易逆差为138.78亿美元，较2021年收窄42.73%（见图1）。这说明，我国技术出口竞争力持续提升。近年来，随着我国产业结构的不断优化升级，在信息技术的加持下，服务业和制造业持续融合，技术服务供给质量和效率明显提升，为技术贸易的健康发展奠定了坚实基础。

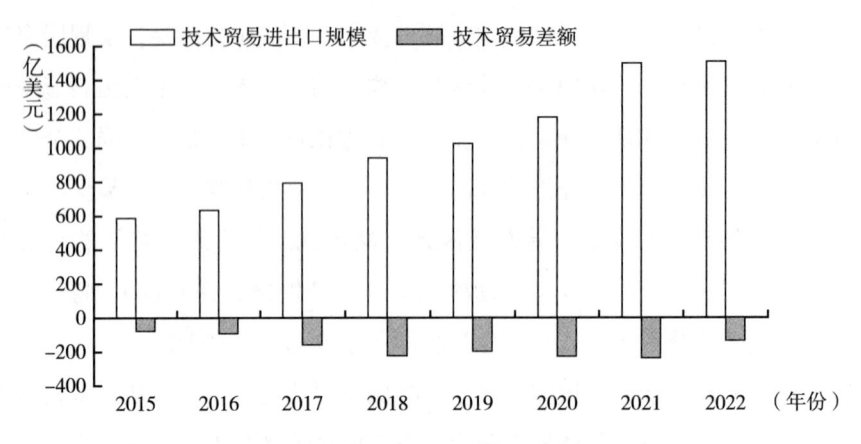

图 1　2015~2022年中国技术贸易发展情况

资料来源：国家外汇管理总局官网。

（二）知识产权出口规模持续扩大，电子信息服务贸易顺差稳步增长

从技术贸易结构来看，中国的知识产权使用费出口规模持续增长，2022年达到132.73亿美元，较2019年增长1倍。2021年11月，国家知识产权局联合商务部等7部门印发了《关于组织申报专业类特色服务出口基地的通知》，旨在知识产权等领域启动建设一批专业类特色服务出口基地。随着知识产权服务出口基地建设工作的不断推进，我国在专利技术、商标许可等"软性"技术上的供给能力持续提升。然而，与进口规模相比，出口规模仅为进口规模的30%，贸易逆差常年存在，且近两年突破300亿美元。这也说明我国的对外技术依赖性仍然较高。在电信、计算机和信息服务方面，中国长期保持服务贸易顺差，2022年的贸易顺差为172.79亿美元，较2021年增长了58.81%（见图2）。当前，随着新一代信息技术的快速发展，电信、计算机和信息服务的内涵和形式也更加丰富，电信、计算机和信息服务贸易规模的持续增长说明我国数字化转型步伐较快，现已具备较强的国际供给能力。值得注意的是，我国电信、计算机和信息服务的进口与出口增长率均呈下降趋势（见图3）。这说明，全球

需求减少，尤其是欧美等发达经济体需求减弱，或将对我国电信、计算机和信息服务的出口规模产生一定影响。但同时可以看到，面向数字鸿沟较大的共建"一带一路"国家，以"数字丝路"为抓手的电子信息服务市场前景广阔。

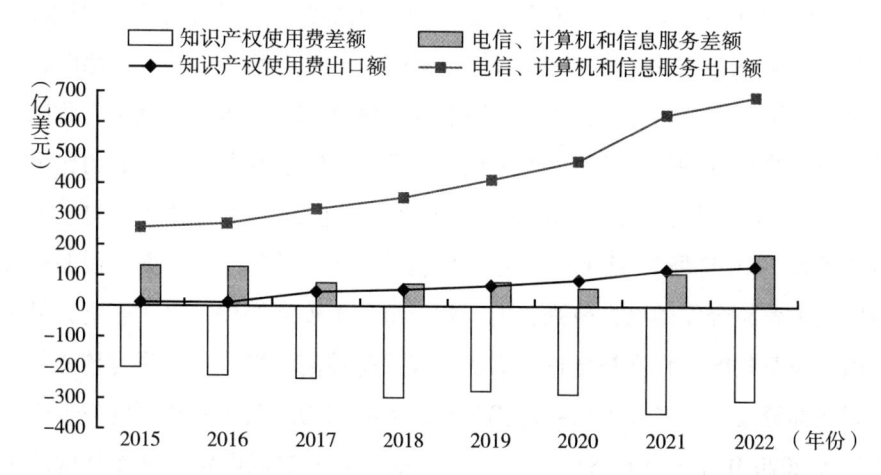

图2 2015~2022年中国知识产权使用费与电信、计算机和信息服务贸易情况

资料来源：国家外汇管理总局官网。

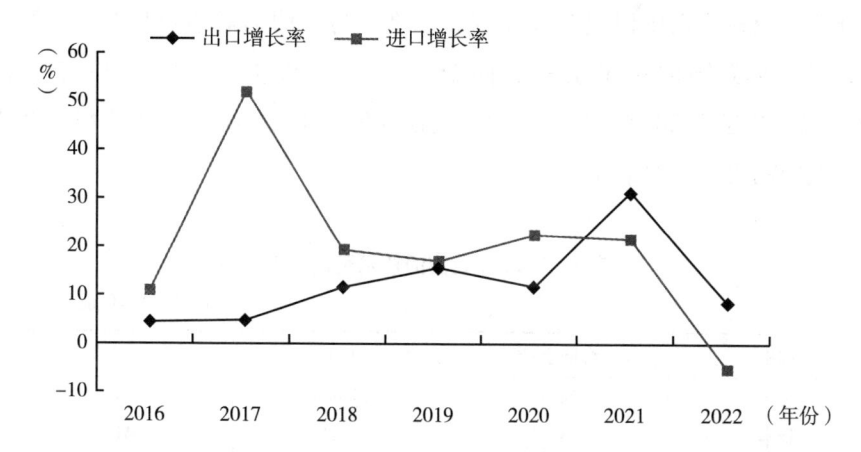

图3 2016~2022年中国电信、计算机和信息服务进出口增长率比较情况

资料来源：国家外汇管理总局官网。

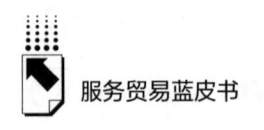

(三)美、欧、日、韩仍是我国技术引进的主要来源地

2021年,全球逐渐摆脱世纪疫情的负面影响,国际技术合作热度逐步回升。在技术引进方面,2021年我国技术引进合同总额为367.06亿美元,较2020年增长15.29%,美欧等发达经济体仍是我国技术引进的主要地区。2021年,我国技术引进规模排名前三的国家分别是美国、日本和德国,合同金额分别为124.47亿美元、78.15亿美元和63.30亿美元,其中,我国对美国技术进口规模较2020年略有下降,但其占技术引进合同总额的比重达33.91%,这表明我国对美国的技术依赖度仍然较大。我国对日本的技术引进规模较2020年增长41.65%,近5年呈总体稳定趋势。一方面,说明中日两国技术贸易合作的韧性较强,能有效抵抗世纪疫情等外部因素影响;另一方面,说明我国对日本技术进口需求持续保持较高水平,日本作为传统科技强国在部分高技术产品上对我国仍具有较大吸引力。我国对德国的技术引进规模较2020年增长107.81%。近年来,随着我国对德国贸易合作结构的不断调整,中德双方在新能源、绿色和数字经济等领域的合作不断释放技术贸易增长潜力。值得注意的是,自2021年英国正式实施"脱欧"后,其正努力在全球贸易体系中以更为独立的姿态维系与中国的双边贸易关系。2021年,我国对英国的技术引进合同金额为8.30亿美元,较2020年增长46.38%,快赶上2018年的技术引进规模(9.48亿美元),正逐步恢复至英国脱欧前的水平(见表1)。

表1 2021年我国的技术引进情况

单位:亿美元,%

国别	合同金额	占比	增速
美国	124.47	33.91	-4.74
日本	78.15	21.29	41.65
德国	63.30	17.25	107.81
韩国	17.58	4.79	51.81
英国	8.30	2.26	46.38

续表

国别	合同金额	占比	增速
瑞典	7.42	2.02	-58.55
瑞士	7.03	1.92	1.88
荷兰	3.98	1.08	5.85
丹麦	3.96	1.08	51.72
加拿大	3.92	1.07	229.41
比利时	3.68	1.00	15.72
芬兰	3.60	0.98	-16.28

资料来源：《中国科技统计年鉴2022》。

（四）我国单笔技术引进合同规模持续增加，制造业等的技术引进合同金额显著增长

根据《中国科技统计年鉴》，2017~2021年，在我国技术引进合同总额总体上升的趋势下，合同数呈减少趋势，由7361项减少至6021项，平均合同额金额增加36.66%（见图4）。这说明，我国技术引进逐渐由"增量"转向"提质"。从技术引进行业类别来看，2021年，制造业的合同金额为303.26亿美元，占总引进合同金额的82.62%，其增加量占总合同增长额的比重为78.78%，是2021年技术引进合同金额的主要增长点。信息传输、软件和信息技术服务业的合同金额为31.84亿美元，较2020年增长23.70%（见表2）。从引进方式来看，2021年，专有技术的许可或转让仍然是技术引进的主流方式，合同金额达205.22亿美元，占总引进合同金额的55.91%；技术咨询服务，计算机软件的进口，合资生产、合作生产等引进方式增长势头强劲，合同金额增速均超过40%（见表3）。《中国服务贸易发展报告2021》预测，随着数字技术广泛深度应用，信息传输、软件和信息技术服务业与制造业加快融合，面向亚洲地区的数据储存加工、研发设计、远程维修等服务外包市场预计持续增长。相反，成套装备、核心设备等的进口额连续3年下降。这说明，我国制造业不断向智能化方向发展。

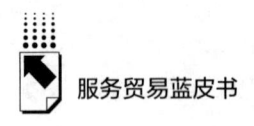

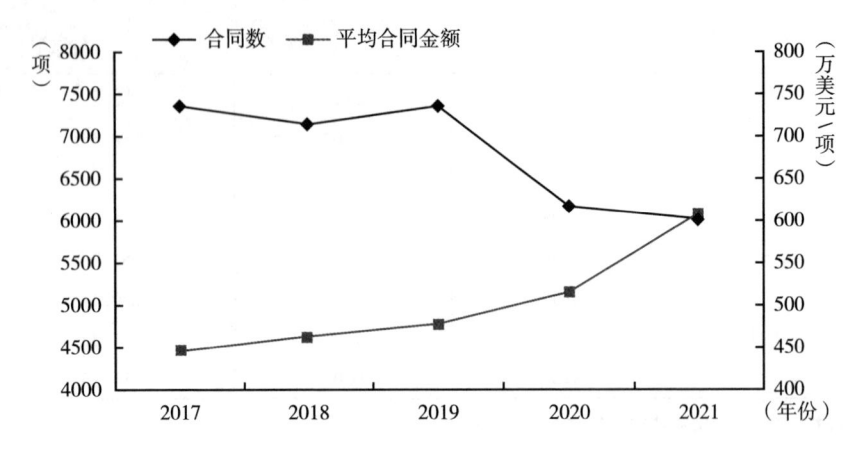

图4 2017~2021年我国技术引进合同数及平均合同金额情况

资料来源：2018~2022年《中国科技统计年鉴》。

表2 2021年我国技术引进合同情况（按行业分）

行业类别	合同数（项）	合同金额（亿美元）	合同金额占比(%)	合同金额增速(%)	合同增长额占总增长额的比重(%)
制造业	3881	303.26	82.62	14.48	78.78
信息传输、软件和信息技术服务业	589	31.84	8.67	23.70	12.53
科学研究和技术服务业	408	10.62	2.89	2.41	0.51

资料来源：2022年《中国科技统计年鉴》。

表3 2021年我国技术引进合同情况（按引进方式分）

方式类别	合同数（项）	合同金额（亿美元）	合同金额占比(%)	平均合同金额（万美元/项）	合同金额增速(%)	平均合同金额增速(%)	合同增长额占总增长额的比重(%)
专利技术	487	53.8	14.66	1104.72	9.13	0.39	9.24
专有技术	1759	205.22	55.91	1166.69	9.10	3.27	35.17
技术咨询服务	3170	78.19	21.30	246.66	42.42	51.32	47.84
计算机软件的进口	287	15.29	4.17	532.75	40.79	38.34	9.10

续表

方式类别	合同数（项）	合同金额（亿美元）	合同金额占比(%)	平均合同金额（万美元/项）	合同金额增速（%）	平均合同金额增速（%）	合同增长额占总增长额的比重(%)
商标许可	60	3.04	0.83	506.67	17.37	27.16	0.92
合资生产、合作生产等	55	4.01	1.09	729.09	76.65	54.17	3.57
成套装备、核心设备等	17	1.25	0.34	735.29	-38.12	45.60	-1.58
其他方式的技术进口	188	6.25	1.70	332.45	-24.97	2.17	-4.27

资料来源：2022 年《中国科技统计年鉴》。

（五）我国与共建"一带一路"国家技术合作持续深化，电子信息、现代交通等领域成为新增长点

在技术输出方面，我国与共建"一带一路"国家技术贸易合作十分活跃，尽管全球贸易受到新冠肺炎疫情的负面影响，但我国面向共建"一带一路"国家的技术输出规模逐年增长。根据《2022全国技术市场统计年报》，2021年，我国输出至42个共建"一带一路"国家的技术合同共715项，成交额为609.5亿元，同比增长13.1%。其中，新加坡（成交额占比为20.4%）、柬埔寨（成交额占比为20.1%）、伊拉克（成交额占比为10.9%）成绩不俗（见表4）。输出到共建"一带一路"国家的技术领域主要集中在城市建设与社会发展、现代交通、电子信息等，其中，电子信息和现代交通等领域技术合同成交额增幅显著，分别较2020年增加1.52倍和5.23倍（见图5）。当前，随着互联网、大数据、云计算、人工智能、区块链等新技术与各行业的加速融合，以电子信息技术为基础的数字经济正成为推动工业经济发展的重要力量，现代交通正成为数字经济发展的重要领域。近年来，中国与共建"一带一路"国家在电子商务、贸易平台服务、智慧物流等领域的合作不断加深，共建"一带一路"正呈现新的时代特征，我

国正依托数字经济和新技术，促进传统技术服务贸易向数字化转型，进一步提高技术服务贸易的整体竞争力。

表4 2021年我国对共建"一带一路"国家技术输出规模

单位：亿元，%

国别(地区)	成交额	占比	国别(地区)	成交额	占比
新加坡	124.1	20.4	克罗地亚	13.2	2.2
柬埔寨	122.3	20.1	印度	9.6	1.6
伊拉克	66.3	10.9	巴林	9.1	1.5
白俄罗斯	60.5	9.9	沙特阿拉伯	8.9	1.5
俄罗斯	51.8	8.5	孟加拉国	6.6	1.1
巴勒斯坦地区	34.5	5.7	老挝	4.7	0.8
越南	32.5	5.3	泰国	3.5	0.6
印度尼西亚	22.5	3.7	缅甸	3.4	0.6
马来西亚	16.2	2.7	菲律宾	2.5	0.4
土库曼斯坦	13.8	2.3	土耳其	0.9	0.1

资料来源：《2022全国技术市场统计年报》。

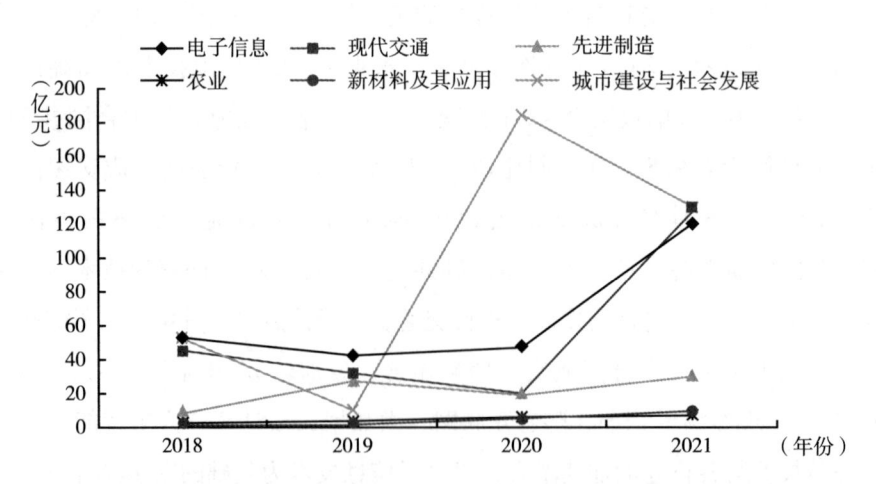

图5 2018~2021年我国对共建"一带一路"国家不同领域技术输出规模

资料来源：《全国技术市场统计年报》。

（六）北京、上海、广东、江苏等省市国际技术转移能力较强，是我国技术贸易发展的重要力量

从区域层面看，《中国商务年鉴2022》数据显示，全国约80%的国际技术交易来自东部地区，东部地区是推动国际技术转移的重要动力。在技术出口方面，除内蒙古自治区、四川省以外，2021年排名前10位的省（区、市）均来自东部地区，其中上海市、北京市、广东省技术出口规模排名前三，出口合同金额占全国的比重分别为28.76%、21.73%、13.83%，它们是我国技术出口的核心力量。在技术进口方面，除了重庆市、安徽省和湖北省外，2021年排名前10位的省（区、市）均来自东部地区，其中上海市、广东省、江苏省技术进口规模排名前三，进口合同金额占全国的比重分别为19.03%、18.16%、12.42%。

（七）我国民营企业国际技术贸易活跃，相较于外资企业，内资企业在技术消化吸收方面投入比例仍然偏低

根据《2022中国科技统计年鉴》，2021年，我国内资企业技术消化吸收经费与技术引进经费之比为0.060，其中股份有限公司技术消化吸收经费与技术引进经费之比为0.087，股份有限公司是我国内资企业技术引进吸收再创造的重要力量。然而，相比外资企业（技术消化吸收经费与技术引进经费之比为0.208），内资企业仍然较低，说明我国内资企业的技术吸收再创造能力有待提升。值得注意的是，近几年随着民营企业的发展模式从投资驱动转向创新驱动，民营企业通过开展跨国并购、购买专利技术、强化与外资企业和机构技术合作等方式积极推动国际技术贸易与合作，技术出口活跃度不断提升，民营企业创新能力有了极大的提高，其在国际技术市场的竞争优势不断提升，已成为继外资企业后我国技术贸易的第二大市场主体。2021年，民营企业技术出口合同金额为105.63亿美元，占合同总金额的比重为29.40%，较2020年增长74.71%，较2016年更是增长了2.87倍；而2021年民营企业技术进口合同金额为70.94亿美元，占比为19.23%，较2020年下降了27.35%，较2016年仅增长10.31%，无论是出口还是进口，民营企业均远高于国有企业（见表5）。

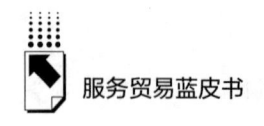

表 5　2021 年中国技术出口及进口情况（按企业性质分）

企业性质	技术出口 合同金额（亿美元）	技术出口 合同金额占比(%)	技术出口 合同金额增长率(%)	技术进口 合同金额（亿美元）	技术进口 合同金额占比(%)	技术进口 合同金额增长率(%)
合计	359.25	100.00	32.73	367.05	100.00	15.29
国有企业	32.15	8.95	375.61	17.89	4.87	2.29
集体企业	0	0	-92.97	1.57	0.43	23.09
外商投资企业	199.56	55.55	3.71	253.49	69.06	41.39
民营企业	105.63	29.40	74.71	70.94	19.33	-27.35
其他	21.91	6.10	98.77	23.16	6.31	2.14

资料来源：《中国商务年鉴2022》。

二　我国技术贸易发展存在的问题

从内部产业发展环境看，我国技术进口依赖度依然较高，企业作为创新主体的技术消化吸收能力不足，在开放合作中自主创新能力有待加强。目前，我国技术进口依赖度依然较高，美欧等发达经济体仍是我国技术进口的主要来源地，尤其是芯片、数控机床、材料等领域，关键技术领域"卡脖子"问题尚未得到有效解决。特别是在高技术产业上，很多细分行业的对外依赖度依然较高，且部分行业依赖度逐年上升。例如，我国在电子及通信设备制造、计算机及办公设备制造上依靠进口，尤其是通信系统设备制造、半导体分立器件、光电子器件、集成电路制造等领域进口需求呈现逐年上升的态势。能否摆脱技术依赖的关键取决于接受技术的创新主体能否形成创新能力。然而，面对高技术产品加速迭代升级和技术复杂度的不断提升，目前我国内资企业对外部技术消化吸收能力仍然有限，消化吸收经费与技术引进经费投入比例严重失衡，大部分企业仍需依靠购买大量技术服务维持高技术产品品牌效应和规模，进而陷入持续依赖的"泥沼"，对我国技术贸易高质量发展提出了严峻挑战。

从外部环境来看，西方发达国家的技术出口管制进一步压缩我国科技企业海外技术拓展空间，加剧我国关键产业链"断供"风险，严重威胁我国产业安全和经济稳定。当前，围绕高技术领域大国博弈愈演愈烈，美国全方位对华科技进行打压，遏制高科技产品对华出口，主动拉拢盟友构建科技合作"小圈子"，限制我国高技术企业对外合作交流，打压我国高技术产业，推动关键领域对华"脱钩断链"。美国总统拜登上任后，积极拉拢欧、日、韩、印等盟友，在量子科学、5G、半导体、空天技术等领域建立排华的"民主科技联盟"。同时，围绕技术出口管制、对外投资审查、技术供应链调整等方面，美国加强与盟友国的协调合作，在技术标准、技术合作、新兴技术应用伦理等方面强化合作，进而限制与我国高技术企业的合作交流，切断我国从西方国家获取关键技术、原材料、零部件、专有技术、专利技术等创新资源的渠道，造成我国关键产业链、供应链面临"断供"的风险。例如，2022年8月9日美国《芯片与科学法案》出台，通过巨额补贴支持美国本土芯片产业发展，吸引海外芯片制造业回流美国，同时禁止接受美国补贴和税收抵免的芯片企业增加在中国的高性能芯片方面的投资，以遏制、打压我国芯片产业发展。根据美国商务部工业与安全局（BIS）数据，自2019年以来，我国企业获美出口许可例外商品贸易规模不断下降，2021年我国企业获美出口许可例外商品贸易规模较2019年下降73.2%，被否决的出口许可申请项是2017年的6.2倍，许可通过率（67.4%）比全球许可通过水平低了近20个百分点。[①]

三 新时期促进我国技术贸易发展的对策建议

（一）加强关键领域技术攻关，提升自主创新能力

目前，我国高技术领域受制于人的局面仍未扭转，对美欧等发达国家

[①] Bureau of Industry and Security（BIS），"Statistical Analysis of US Trade with China，"https：//www.bis.doc.gov/index.php/statistical-reports/country-analysis/1787.

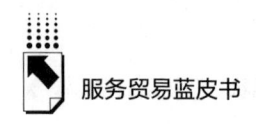

(地区）先进技术仍然较为依赖。针对上述问题，本报告认为，一是应进一步加大对外技术依赖度较高领域的研发投入，如生物医药、半导体分立器、集成电路等，提升研发强度，通过"揭榜挂帅""赛马"等制度部署一批重点科研项目，强化关键核心技术攻关，加快解决"卡脖子"难题，补齐关键短板、锻造创新长板。二是在关键技术领域攻关过程中，要发挥好国家级或地方科研平台对国内创新资源的集聚作用，有效整合多个科研单位和团队等战略科技力量，实现优势互补、协同创新，集中开展关键技术领域科研攻关。三是重视人才在关键技术攻关中发挥的重要作用，充分发挥我国集中力量办大事的制度优势，加大相关领域科技人才的培养力度，为实现关键技术科研攻关、颠覆性技术突破筑牢人才基础。

（二）深化关键产业链、供应链国际合作，增强我国产业链、供应链韧性

产业链、供应链稳定是当前世界各国关注的全球性问题。当前，美国为维护全球科技霸主地位，加大对我国高技术企业的打压，在半导体、关键矿物等产业链、供应链加强与盟友合作，企图将我国排除在关键产业链、供应链之外，加剧了我国产业链、供应链断裂的风险。面对复杂严峻的外部环境，我国应始终坚持包容开放、非歧视的原则，强化产业链、供应链开放合作，针对当前全球和区域产业链、供应链的堵点，明确产业链、供应链合作的目标与方向，共同推动贸易和投资的自由化，强化技术标准与规则合作，探索推动在关键产业链、供应链方面签署合作协议，确保我国产业链、供应链开放、高效、稳定、透明、可靠和富有韧性。同时，依托 RCEP 等现有区域合作，强化与其他国家（地区）的产业技术合作，鼓励和支持我国企业通过参股、海外并购、研发合作等方式进行境外投资、生产和销售，实现供应链的"周边化""多元化"。

（三）强化技术贸易合作交流，打造互利共赢的技术合作模式

技术贸易可以实现国内国外创新要素的有效集聚与整合，降低企业研发

成本与创新风险，实现国家技术创新与产业升级。为此，仍要进一步深化同发达国家间的技术贸易合作，一是创新技术合作模式，推动技术合作模式从"引进—模仿—消化、学习、吸收—再创新"向"共创共享、合作共赢"转变。二是依托进博会、服贸会、高交会等重大国际展会，通过打造国际技术交易平台、举办国际创新创业大赛等方式，为企业开展技术贸易合作交流创造更多机会。三是在自由贸易协定、自由贸易区等框架机制下，主动做好技术贸易内容的谋划设计，推动签署技术贸易合作协议，加强在专利交叉授权、技术咨询与服务、技术研发等方面的合作。

（四）充分发挥民间创新主体的力量，加强科技创新开放合作

通过开展国际科技合作交流，可以有效集聚国内国外创新资源，实现在开放合作中提升自主创新能力。面对西方国家对我国高技术产业的打压，我国要更加积极主动地推进科技开放合作，加强同重点国家在关键技术领域的交流与合作，主动融入全球创新网络，提升我国高技术产业的创新水平。一方面，针对创新实力较强的国家，鼓励和支持扩大科技人文交流，吸引外国科学家、科研人员来华学习和工作；聚焦共性技术领域，加大国际科研合作项目支持力度，共同开展联合研究，打造双边科技合作旗舰项目，提升双方关键技术领域科技创新能力；聚焦绿色、数字、生命健康等重点领域，加强科技创新合作平台建设，推动创新创业国际合作。另一方面，面对西方发达国家对我国高技术产业的持续打压，应更好地发挥科技团体、民营企业等民间创新主体的力量，在卫生健康、新能源、气候变化等非敏感领域推动民间创新主体开展合作交流。

参考文献

刘志鹏等：《技术依赖形成和影响经济安全的机制研究——基于技术经济安全视角》，《科学学研究》2022年7月网络首发。

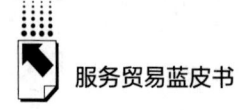

王晓红、谢兰兰、郭霞：《论我国技术贸易的发展创新》，《开放导报》2021年第1期。

龙瑜清、汤晓军：《双循环下我国高技术产业链发展影响因素及应对思路》，《国际贸易》2021第12期。

纪建悦、许瑶、刘路平：《美国技术性贸易壁垒的新态势与中国的应对策略》，《国际贸易》2022第4期。

成祖松：《高技术产业"双循环"的背景、战略与对策》，《科技中国》2022年第4期。

李小牧、李嘉珊主编《服务贸易蓝皮书：中国国际服务贸易发展报告（2022）》，社会科学文献出版社，2022。

国家统计局社会科技和文化产业统计司、科学技术部战略规划司：《2022中国科技统计年鉴》，中国统计出版社，2022。

《中国商务年鉴》编辑委员会编《中国商务年鉴2022》，中国商务出版社，2022。

贾敬敦、吕先至主编《2022全国技术市场统计年报》，科学技术文献出版社，2022。

中华人民共和国商务部：《中国服务贸易发展报告2021》，2022。

江小涓等：《技术贸易世界趋势与中国机遇》，清华大学出版社，2022。

B.5 中国教育服务贸易发展报告：新时代中外合作办学的高质量发展

曲如晓 潘莹[*]

摘　要： 中外合作办学作为教育服务贸易中的商业存在和教育在地国际化的主要形式，成为扩大教育对外开放的重要举措。本报告通过国际比较视角阐述中外合作办学的基本情况，同时通过社会网络分析法，分析了2001年至今中外合作办学的发展特点，包括机构和项目开展趋势特点、地域分布特点和合作国家布局特点。中外合作办学规模总体上呈现扩大趋势，以东部沿海省份为中心带动其他省份发展，合作国家从欧美发达国家（地区）拓展至全球。最后分别从制度层面、管理层面和办学层面总结了中外合作办学目前存在的问题，包括法律体系和政策环境有待完善，行政审批流程和手续有待优化，质量监督体系和过程有待规范，评价制度及其效果有待优化，合作模式的合理性有待提高，学科设置的科学性有待加强，并建议加强政策制度保障，加强师资队伍建设，注重教学质量管理，加强知识产权保护和增强国际交流合作。

关键词： 国际服务贸易　中外合作办学　社会网络分析

---

[*] 曲如晓，北京师范大学经济与工商管理学院教授，主要研究方向为国际经济与贸易；潘莹，北京师范大学经济与工商管理学院2021级硕士研究生，主要研究方向为国际商务。

随着经济全球化的深入和服务贸易的蓬勃发展，教育服务通过跨境交付、境外消费、商业存在和自然人流动等四种形式进行跨境贸易，教育国际化成为不可抵挡的潮流。中外合作办学作为教育服务贸易中的商业存在和教育在地国际化的主要形式，在教育国际化宏观背景下具有广阔的发展前景，也是我国对外开放基本国策的一个重要组成部分，在推动"一带一路"倡议和构建人类命运共同体中具有重要意义。[①] 2018年全国教育大会强调了"扎根中国大地办世界一流大学"的根本遵循，明确了"扩大教育对外开放"的目标，指引了"与世界一流大学开展高水平合作办学"的方向。[②]

当前学术界对中外合作办学的研究较多，主要围绕中外合作办学的政策目标、发展现状、治理机制、质量保障、制度建设、办学模式、人才培养、学科建设、优质资源引进等方面展开，关于中外合作办学的文献侧重于分析中外合作办学面临的挑战，以及提供中外合作办学提质增效和可持续发展的解决方案。本报告通过国际比较视角阐述中外合作办学的基本情况，通过数据呈现中外合作办学的发展特点，在归纳总结存在问题的基础上提出下一阶段发展的对策建议，是对当前研究的有益补充。

一 中外合作办学的基本情况

（一）全球视角下的合作办学

合作办学在国际上又名"跨国高等教育"（Transnational Higher Education），联合国教科文组织将此定义为"学生就学所在国不同于学位授予机构所在国的所有高等教育学习项目、研究课程及教育服务（包括远程教育）"。

---

① 陈慧荣：《中外合作办学学科结构与产业结构的平衡性研究》，《高校教育管理》2019年第1期。
② 《习近平出席全国教育大会并发表重要讲话》，中国政府网，2018年9月10日，http://www.gov.cn/xinwen/2018-09/10/content_5320835.htm。

部分学者支持合作办学的"开放型国际市场"发展方向，承认高等教育的商品属性。美国经济学家托马斯·弗里德曼在《世界是平的》一书中提出，21世纪国家竞争的基础和前提是融入世界秩序，包括经济秩序、文化秩序和科技秩序等。合作办学是市场经济体制下扩大对外开放和促进"引进来"的重要组成部分，也是WTO框架下高等教育市场全面融入全球市场的有力表现。[1] 合作办学作为教育服务贸易自由化的重要组成部分，不仅有利于培养参与全球竞争和治理的国际化人才，还能为国家带来长远的经济利益。[2] 高等教育服务的自由化在促进教育资源流动的同时加剧了高等教育"教学"与"研究"的市场竞争，为此高等教育提供者不断增强自身实力，表现为中外合作办学模式的多样化与营利性项目和机构的扩张。[3]

然而，部分学者支持合作办学的"高等教育国际主义"发展方向，更注重高等教育的本质属性。美国比较高等教育学专家菲利浦·阿尔特巴赫作为"中心—边缘"依附理论的提出者，认为WTO服务贸易条款下的合作办学若作为"新兴的盈利部门"，则会对原本服务于国家发展需求的学术性教育产生"侵略"，导致教育被资本市场的商业化淹没，特别是处于高等教育"边缘"位置的发展中国家。[4] 高等教育作为发展中国家发展的核心力量，应当是社会公共财产和公共责任，其在发展过程中与国家和地区的文化传统融为一体，不可在另一个国家完成复制。[5] 合作办学若缺乏国家政策的引导，往往会倾向于教育贸易理念的过度市场化。[6]

---

[1] 周满生、滕珺：《走向全方位开放的教育国际合作与交流》，《教育研究》2008年第11期。
[2] 周满生：《迎接挑战 加快中国教育改革开放进程》，《教育研究》2001年第11期。
[3] 刘世清、徐阳：《中外合作办学与高等教育创新——第七届教育政策分析高级研讨会综述》，《教育研究》2006年第2期。
[4] 菲利普·阿尔特巴赫：《中外合作：到中国来的不都是好大学》，《中国教育报》2006年11月23日。
[5] Altbach P G, "Higher Education Crosses Borders," *Change the Magazine of Higher Learning* 2 (2004).
[6] 史秋衡、郭华：《过度市场化下中外合作办学的理念调整及发展规划》，《教育研究》2009年第9期。

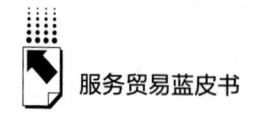

（二）合作办学的"中国定位"

中外合作办学随着我国参加 GATS[①] 谈判而发展起来。GATS 首次在多边层面上将高等教育作为一个服务贸易部门进行规制，因此高等教育具有商品属性，被正式列入贸易行列。在我国提交的服务贸易具体承诺表中，教育服务贸易部门做出了"将允许中外合作办学，外方可获得多数拥有权"的市场准入承诺，从而使我国高等教育中的中外合作办学被纳入 GATS 的规制之下。

尽管国际上对合作办学的理念、定位众说纷纭，但自 20 世纪 80 年代以来，合作办学的市场化和贸易化运作模式已渗透中外合作办学的各个环节。对于中外合作办学的理念、定位，国内学者认为中国可以借鉴美国、英国、日本等国家的管理经验，对"公益性"和"盈利性"中外合作办学进行分类管理，[②] 将中外合作办学的重心放在盘活国内外优质教育资源、合理引进、有效利用和融合创新上。归根结底，中外合作办学符合"扩大教育对外开放，与世界一流大学合作办学"的趋势，保持中国特色的同时适应全球化市场是中外合作办学的大势所趋。

（三）中外合作办学的发展现状

目前我国已出台相应的法律法规：用于规范合作办学秩序的法律法规是国务院于 2003 年颁布的《中华人民共和国中外合作办学条例》和教育部于 2004 年颁布的《中华人民共和国中外合作办学条例实施办法》，用于评估合作办学质量的文件是教育部于 2009 年制定的《中外合作办学评估方案（试行）》。根据中华人民共和国教育部教育涉外监管信息网发布的数据，截至 2020 年 12 月，"211"高校中 90%以上开展中外合作办学，仅有 2 所"985"

[①] GATS：《服务贸易总协定》（General Agreement Trade in Service）。
[②] 林金辉、刘志平：《中外合作办学中优质高等教育资源的合理引进与有效利用》，《教育研究》2007 年第 5 期。

高校尚未涉足中外合作办学，首批137所"双一流"建设高校中有87.6%的高校开展中外合作办学。[1] 截至2021年12月，共1029所高校开展中外合作办学项目，共195所高校设立中外合作办学机构，中外合作办学机构和项目遍布30个省份，涉及38个合作国家和地区。[2]

二 中外合作办学的发展特点

基于2001~2020年各省中外合作办学面板数据，借鉴凌鹊的测算方法，[3] 运用社会网络分析法的常用软件Ucinet测算各个省份中外合作办学方面的中心度，并通过Net Draw功能模拟中外合作办学的区域布局动态特征，试图探究中外合作办学的地域分布特点和动态演变过程。根据本研究的研究范围，将2001~2020年所有中外合作办学的数据分成两个阶段，即2001~2010年为第一阶段，2011~2020年为第二阶段。

（一）中外合作办学的地域分布变化

中心度可以衡量每个节点在网络中的中心程度，中心度指标数值越大，代表该节点的中心性越高。本研究以高校中外合作办学所在省份和外方合作国家（地区）为节点，以每个省份为中心构建其合作国家（地区）社会网络，以各省份与外方合作国家（地区）的合作程度衡量各省份的中外合作办学情况。对数据进行整理后得到二模矩阵，通过二值化处理，将二模矩阵转换为一模矩阵，计算出各个省份中外合作办学中心度。表1和表2分别描述了第一阶段和第二阶段各省份中外合作办学中心度指标，刻画了中外合作办学的集聚特征。

---

[1] 郭强、张舒、钟咏：《"双一流"建设高校中外合作办学的路径反思》，《高校教育管理》2021年第3期。

[2] 根据中华人民共和国教育部中外合作办学监管工作信息平台（https://www.crs.jsj.edu.cn/）数据整理。

[3] 凌鹊：《高等教育中外合作办学区域布局动态变迁与演化机理》，《中国高教研究》2021年第12期。

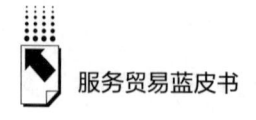

1. 上海、浙江和江苏具有先发优势

根据第一阶段各省份的中心度，可以发现上海、浙江和江苏的中外合作办学在国内的中心度较高，具有一定的先发优势。这些地区均位于中国东部沿海经济带，享有开放优势，与国外的合作办学范围广、合作频率高，且在国际化办学领域具有较高的知名度和较强的竞争力。在上海，中外合作办学已成为该市高等教育国际化的重要组成部分。上海拥有多所世界知名高校，如复旦大学、上海交通大学等，通过与国外高校的深度合作，上海开展了一系列中外合作办学项目。例如，复旦大学与美国布朗大学开展的联合培养项目，上海交通大学与法国巴黎高等电力学院合作的中法工程师教育项目等。这些项目涵盖了多个领域，包括自然科学、工程、商业管理等，为国内外学生提供了广阔的学习和交流平台。在浙江，中外合作办学也得到广泛的发展。浙江积极引入国际先进教育资源，新建了多所中外合作办学学校，如杭州电子科技大学与美国印第安纳大学合作建立高级应用技术学院，浙江海洋学院与丹麦里伯南兹尼斯大学合作申请欧洲黄鳍金枪鱼和海参生产技术专业等。通过中外合作办学，浙江提供了丰富的教育资源，促进了国际化人才的培养和交流。在江苏，中外合作办学也获得了较为广泛的发展。江苏与国外高校签署了多项合作协议，开展了多个中外合作办学项目，例如，南京航空航天大学与加拿大皇后大学合作举办中加航空航天工程师项目，南京信息工程大学与英国谢菲尔德哈勒姆大学合作开办国际商务专业等。这些中外合作办学项目覆盖了多个领域，在提供跨文化交流和国际化教学资源方面发挥了积极作用。

2. 各省份发展势头愈加强劲

随着中国积极参与全球化进程，各省份对外交流与合作的深度和广度也不断扩大，中外合作办学的发展势头愈加强劲。与第一阶段相比，第二阶段各省份的中心度整体呈现上升的趋势。其中，广东、北京和云南的中心度有显著提升。广东作为中国南部的重要经济和文化中心，具有较为优越的地理位置和较高的开放程度。自改革开放以来，广东始终保持高水平的对外交流与合作，特别是在中外合作办学方面取得了显著成效。广东不仅拥有众多高水平院校，还积极引进国外优质教育资源，与众多世界著名大学开展了广泛而深入的合作，例如与英国曼彻斯特大学合作的华南医院曼城学院、与美国宾夕法尼亚州立大学合作创办的中美工程学院等，为培养国际化人才和推动高等教育国际化进程做出了积极贡献。北京作为全国的首都和政治、文化中心，吸引了大量优质教育资源。随着中国经济的快速发展和对外开放水平的提升，北京的国际化水平也得到了显著提升。作为国内外高校合作交流的重要节点，北京在中外合作办学方面优势明显，与世界各地的优质高校开展了一系列合作项目，这些项目涉及自然科学、社会科学、文化艺术等多个领域，有助于国内的学术交流和人才培养。而云南位于中国西南地区，交通、文化和经济等方面均具有一定优势，吸引了一批国外高校来此地开设本科、研究生等专业。通过深入合作，云南的中外合作办学水平得到了提升。云南大学与英国肯特大学合作的中英金融学院、西南林业大学与日本九州大学合作的生态学博士联合培养项目等都是云南中外合作办学的亮点。这些项目不仅为本地学生提供了优质的教育资源，也吸引了众多国际学生前来学习和交流，促进了中外交流合作的深入开展。

中国的中外合作办学取得了长足的进步，各省的中心度普遍提高。尽管在第二阶段，广东、北京和云南的中外合作办学中心度有大幅提升，但总体仍以上海、浙江和江苏为中心，这也从侧面反映了东部沿海地区拥有较高的开放程度和丰富的国际化教育资源。

表1 第一阶段（2001~2010年）全国部分省份中外合作办学中心度指标

排序	省份(中心度)	排序	省份(中心度)	排序	省份(中心度)
1	上海(97)	6	辽宁(66)	11	四川(56)
2	浙江(92)	7	山东(65)	12	安徽(55)
3	江苏(91)	8	河北(59)	13	广东(54)
4	江西(81)	9	湖北(59)	14	海南(54)
5	河南(71)	10	黑龙江(58)	15	福建(51)

续表

排序	省份(中心度)	排序	省份(中心度)	排序	省份(中心度)
16	贵州(51)	20	山西(43)	24	重庆(7)
17	吉林(51)	21	湖南(34)	25	北京(6)
18	天津(51)	22	陕西(34)		
19	云南(48)	23	广西(22)		

资料来源：根据中华人民共和国教育部中外合作办学监管工作信息平台（https://www.crs.jsj.edu.cn/）的数据整理和测算。

表2 第二阶段（2011~2020年）全国部分省份中外合作办学中心度指标

排序	省份(中心度)	排序	省份(中心度)	排序	省份(中心度)
1	上海(146)	11	内蒙古(118)	21	山西(106)
2	浙江(137)	12	福建(118)	22	四川(105)
3	江苏(133)	13	贵州(118)	23	湖南(100)
4	江西(133)	14	天津(117)	24	广西(98)
5	广东(132)	15	河北(113)	25	安徽(93)
6	山东(130)	16	重庆(112)	26	新疆(93)
7	河南(128)	17	湖北(110)	27	吉林(86)
8	辽宁(125)	18	海南(109)	28	甘肃(79)
9	北京(121)	19	黑龙江(109)		
10	云南(120)	20	陕西(107)		

资料来源：根据中华人民共和国教育部中外合作办学监管工作信息平台（https://www.crs.jsj.edu.cn/）的数据整理和测算。

（二）中外合作办学的合作范围变化

拓扑图可以直观地反映各个节点在社会网络中的中心性和关系紧密程度，本研究将我国划分为东部、中部和西部三大经济带，以各经济带为节点分别对其合作国家（地区）构建社会网络，通过拓扑图反映各个经济带与合作国家（地区）之间的关系，各节点之间连线的粗细可以反映节点之间关系的强弱程度。图1和图2分别描述了第一阶段和第二阶段东部、中部和西部三大经济带与合作国家之间的关系和布局。

1. 从东部经济带向中西部经济带延伸

第一阶段的拓扑图反映了中外合作办学以东部经济带为核心，由美国、加拿大、英国、澳大利亚、德国、韩国和法国等国家围绕东部经济带形成紧密型星形结构；以中部经济带为次中心，英国、澳大利亚、俄罗斯和加拿大等国家围绕中部经济带形成分散型星形结构；西部经济带在此阶段中的合作关系较弱，中外合作办学的布局从东部向中西部延伸。

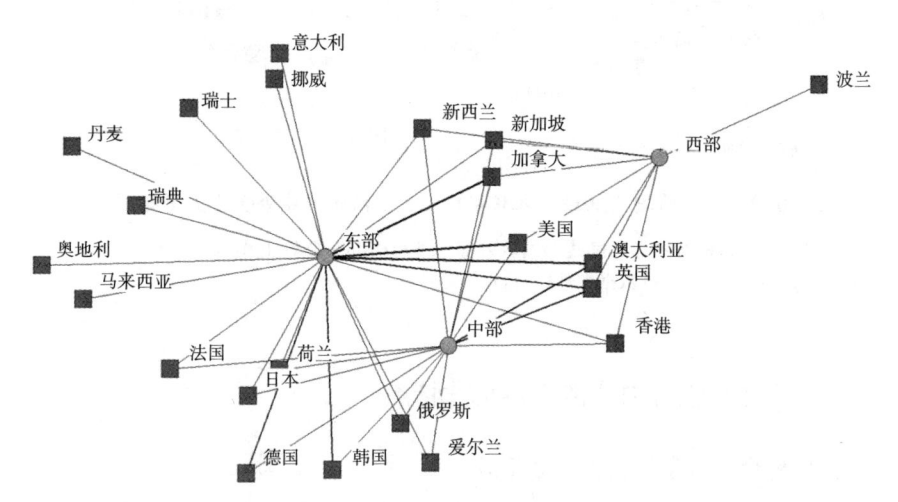

图1 第一阶段（2001~2010年）三大经济带的中外合作办学布局

资料来源：根据中华人民共和国教育部中外合作办学监管工作信息平台（https://www.crs.jsj.edu.cn/）的数据整理和绘制。

2. 从欧美等发达国家（地区）逐渐转向全球合作

第二阶段的中外合作办学布局呈现以东部经济带和西部经济带为双核心，由美国、加拿大、俄罗斯、澳大利亚、韩国、英国等国家围绕形成紧密型星形结构；以中部经济带为次中心，与澳大利亚、英国、美国、加拿大等国家形成分散型星形结构。对比两个阶段可知，中外合作办学的合作国家数量明显增多，合作关系变得更加紧密，合作布局从第一阶段以英美等发达国家为主，辐射泰国、马来西亚、阿联酋、以色列、乌克兰、匈牙利等共建"一带一路"国家，转向全球范围的合作。

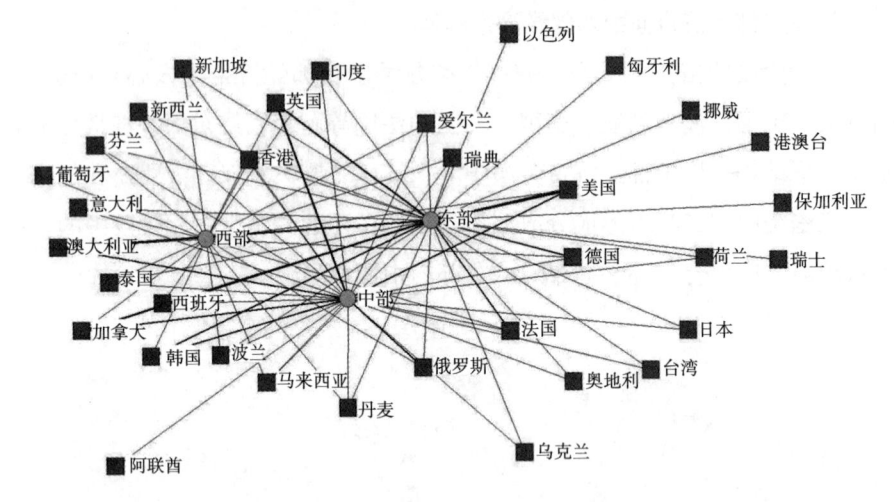

图2 第二阶段（2011~2020年）三大经济带的中外合作办学布局

资料来源：根据中华人民共和国教育部中外合作办学监管工作信息平台（https://www.crs.jsj.edu.cn/）的数据整理和绘制。

（三）中外合作办学的开展形式特点

1. 中外合作办学项目是主要形式

时间趋势图可以直观地反映近年来中外合作办学的变化趋势特征，运用折线图刻画2001~2022年中外合作办学机构数量和项目数量。由图3可知，2001~2022年，高校的中外合作办学规模总体呈现逐年上升趋势。对比中外合作办学的两种形式，高校的中外合作办学项目数量始终多于中外合作办学机构，且中外合作办学项目数量的总体增长幅度大于中外合作办学机构。

2. 机构数量和项目数量的变化趋势差异较大

中外合作办学机构的总体趋势比较平稳，中外合作办学机构数量从2001年的3家增加至2022年的32家。而中外合作办学的项目数量波动较大，大致可分为3个阶段：第一阶段为探索期，中外合作办学项目数量从2001年的13个上升至2004年的79个，又在2009年回落至17个；第二阶段为爆发期，中外合作办学项目数量波动剧烈，在2012年达到峰值226个，

2012~2015年在200个上下波动，最后于2018年跌落至91个；第三阶段为稳步增长期，从2019年至今，中外合作办学项目数量增速保持平稳，项目数量最后稳定在150个左右（见图3）。

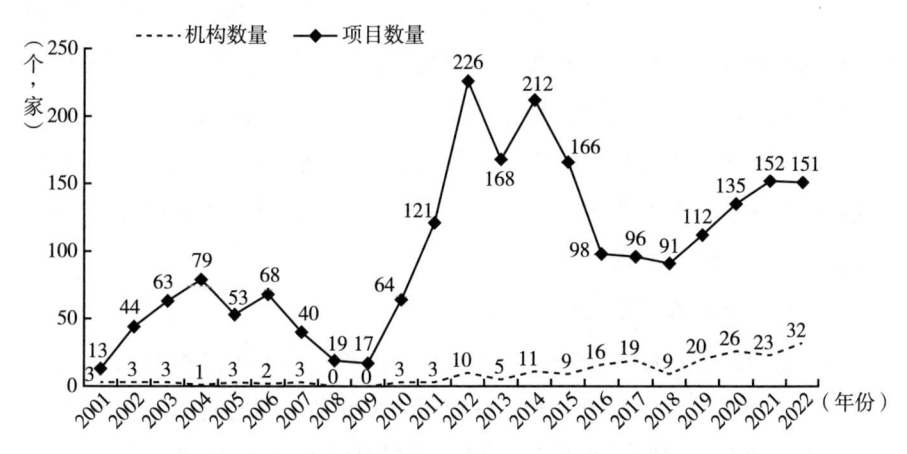

图3　2001~2022年教育部直属高校中外合作办学机构数量和项目数量

资料来源：根据中华人民共和国教育部中外合作办学监管工作信息平台（https://www.crs.jsj.edu.cn/）的数据整理和绘制。

三　中外合作办学存在的问题

（一）制度层面

1. 法律体系和政策环境有待完善

第一，法律体系不同造成的法律差异问题。中外合作办学涉及不同国家的法律体系和法律条款，由此带来法律差异问题，涉及合同签订、诉讼程序、知识产权等方面。[①] 第二，学位认证和教育资格认证的问题。不同国家和地区的学位和教育资格认证标准与程序不同，且经常会发生改变，因此中

---

① 唐振福：《中外合作办学协议的法律适用探析》，《中国高等教育》2020年第5期。

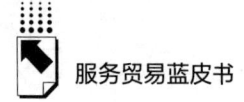

外合作办学的学位和教育资格的认证存在困难。① 第三，没有统一的法律框架。目前全球没有一个统一的法律框架，无法向中外合作办学提供具体的法律规则和监督机制，中外合作办学缺乏统一的、明确的法律标准和规章制度。第四，知识产权的保护问题。中外合作办学涉及共同研究和开发项目时，可能出现知识产权保护问题，如专利、商标、著作权等，不同国家和地区涉及知识产权的法律不同，易导致商标或专利纠纷等问题。第五，破产和违约问题。由于中外合作办学牵涉大量的投资和合同交易，因此在合同签订和执行过程中，双方合作的真实性、交易的公平性甚至是否有可能破产都是中外合作办学面临的问题。

2.行政审批流程和手续有待优化

第一，审批程序缺乏透明性。在合作办学项目的审批过程中，国内外政府间的沟通和协商，以及政府和企事业单位之间的谈判与具体的合作协议的制定如果不够公开透明，即使最终通过，后续也可能会遇到一些问题。第二，审批程序复杂。中外合作办学项目涉及范围往往非常大，审批的层级也很多，复杂的审批程序导致审批周期较长，增加了合作办学项目的成本。② 第三，审批程序存在地区差异。不同地区的中外合作办学项目审批机构和程序存在一定差异，一些省市政府为了吸引外资和引进技术，会提供更为优惠的政策和流程。但这也给中外合作办学项目带来一定的不确定性。第四，审批程序需要具备高度的合法性和可信度。③ 中外合作办学项目的合作协议涉及两个国家，因此审批必须依据相关法律法规进行。同时，由于合作协议涉及教育教学、文化交流等重要方面，本身就需要审批程序具备高度的合法性和可信度。第五，审批流程缺乏灵活性。因为中外合作办学项目涉及政治、文化、教育等方面，审批流程必须符合相关标准和程序。但现实中，由于合

---

① 康韩笑、祁占勇：《中外合作办学机构法律地位的现实困境及其法律重构》，《高教探索》2021年第3期。
② 李灿美、朱舜：《我国中外合作办学政策的变迁及其优化策略》，《湖南社会科学》2019年第1期。
③ 胡光明：《高等教育中外合作办学中的政府规制失灵问题》，《现代教育管理》2011年第5期。

作对象、合作领域、经费支付方法等方面的差异，审批流程缺乏灵活性，给合作双方带来了不少困难。

（二）管理层面

1. 质量监督体系和过程有待规范

第一，监督权限不明确。目前，涉及中外合作办学的监督工作由不同的机构承担，这些机构分别负责学位认证、教学督导和学科评估等工作。但是，这些机构之间的职责划分和协作机制还不够完善，监督权限不明确可能会导致重复监督或监督存在盲区盲点等问题。第二，建立立体化监督体系的难度较大。[1] 考虑到中外合作办学的跨国特点，建立立体化的监督体系难度较大。有些监督工作可能难以适用于外国学生或教师，也可能导致沟通障碍等问题。第三，质量评价体系不完善。在中外合作办学过程中，学生的管理、排课、教材使用、教师上课情况等方方面面都需要进行监督。然而，目前使用的质量评价体系不够完善，不利于中外合作办学的质量监督。第四，异地监督难度较大。由于中外合作办学的异地、跨国特点，监督工作也有一定的困难。执法力量、监督人员的到位、沟通渠道的畅通等都会对监督效果产生影响。[2]

2. 评价制度及其效果有待优化

第一，评价标准不够公正和清晰。在中外合作办学过程中，合作双方教育环境和文化等方面的差异可能导致评价标准不够公正和清晰，难以量化和实现教学质量的客观评价。第二，评价方式过于简单。中外合作办学评价制度中采取的评价方式往往较为简单，通常只是以问卷或网页调查等的结果作为教学质量的评价标准，这容易导致评价结果的不准确。第三，评估部门的独立性缺失。在中外合作办学过程中，评估部门往往难以独立于学院和政府

---

[1] 林梦泉等：《笔谈：中外合作办学高质量发展的制度保障研究》，《现代大学教育》2022年第5期。

[2] 彭婵娟：《全球扩张背景下的海外分校质量保障策略、冲突及其启示》，《高教探索》2022年第6期。

之外，难以真正反映学生、教师和员工的意见与建议。第四，评价结果与管理决策之间的关联性不强。在中外合作办学过程中，评价结果与管理决策之间的关联性不强，有些学院的管理决策往往依据其他因素而非评价结果，从而浪费了评价的价值。第五，激励机制不完善。在中外合作办学评价制度中，激励机制不完善，高质量的教学成果往往难以与教师、学生和员工的激励对接。

（三）办学层面

1. 合作模式的合理性有待提高

第一，合作办学合作方式单一。主要合作方式为中外院校直接合作，缺乏其他类型的合作方式，如学生交换、学科专业合作等。第二，师资不足。合作办学导致大量的外籍教师进入中国校园。外籍教师的授课质量、教学方法和教学素养等方面与国内教师存在很大差异，这可能不利于学生的学习。第三，学生文化差异过大。由于不同国家的教育体系和文化背景不同，合作办学中的学生群体文化差异过大，可能会出现沟通障碍、学术观念不同等问题。[①] 第四，学习成绩和学位认证方面存在一定的问题。合作办学中出现的学习成绩和学位认证问题较为普遍，可能存在成绩造假、学位认证冒名顶替等问题，导致学生的学习和就业受到影响。[②] 第五，学费高昂。由于合作办学是国际教育，相对于国内普通高等教育学费昂贵。有些学生为了能够接受国际教育，可能会选择高额的教育贷款或负担高额学费，从而给自己的未来造成一定的压力。

2. 学科设置的科学性有待加强

第一，学科热点不符合国情。中外合作办学机构可能会将自己擅长的领域和国内的学科热点结合起来，但是这些学科热点可能并不符合中国的国情和需要。例如，某些国外院校在中外合作办学中可能会推出一些前沿学科，

[①] 唐玉生、孔杰：《新时期中外合作办学人才选拔机制探讨》，《社会科学家》2019年第11期。

[②] 杨媛等：《专业认证与中外合作办学人才培养》，《中国大学教学》2019年第Z1期。

但是这些学科在中国可能还没有得到广泛关注和实际应用。第二，学科设置与国内高校的重合度较高。中外合作办学机构的学科设置与国内高校的重合度较高，这样会造成竞争或教育资源的过剩。[①] 例如，如果一个中外合作办学机构推出了与国内某所高校相同的专业，那么该专业的学生可能会分散到两个机构中就读，这样可能会导致招生量无法达到预期，同时会使两个机构的竞争变得更加激烈。第三，学科设置冗杂或者过于狭窄。中外合作办学机构可能会设置过多或过于狭窄的学科，这样会导致教学资源的浪费或减少人才分流的机会。重复的学科设置可能会给机构的教学资源和师资力量配置造成一定困难，学科过于狭窄则可能会导致培养出的学生难以就业。

四　政策建议

中外合作办学是当前教育国际化的发展趋势，同时是我国实现高等教育国际化的重要举措。根据中外合作办学的发展特点和当下存在的问题，加强政策引导和技术支持，加强国际化管理，确立适当的运营机制，提高管理水平，使中外合作办学成为我国高等教育国际化和现代化的新引擎，具体建议如下。

（一）加强政策制度保障

中外合作办学的发展离不开政策制度保障，政府应明确中外合作办学的政策定位和发展方向，并加强对中外合作办学的有效监管，加大财政投入，促进中外合作办学的稳步健康发展。[②] 首先，制定中外合作办学的基本准则和管理规范，制定关于中外合作办学的政策文件，明确中外合作办学行为准则、办学标准和管理规范，规范中外合作办学的各项活动，确保高等教育的

---

① 景婷婷、陈鹏：《新时代高等教育中外合作办学结构改革的成效、问题与展望》，《黑龙江高教研究》2022年第7期。
② 刘晓慧：《基于"一带一路"倡议完善中外合作办学的法律保障措施》，《教育观察》2017年第21期。

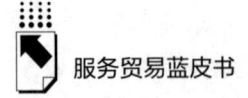

质量。其次，优化中外合作办学的管理模式，建立中外合作办学专门机构，加强对办学合作伙伴的筛选和评价，推动学校—企业—科研机构联合，实现资源共享和协同创新。此外，加大财政支持力度，加大中央和地方财政对中外合作办学的投入力度，支持中外合作办学规模的扩张和深入发展，提高中外合作办学的核心竞争力。最后，加强对中外合作办学的事中和事后监管，建立健全教学评估、学科评估、学生评估等评估机制，不断提高办学质量和协调管理水平。政策保障是中外合作办学的重要保障，有助于促进合作办学的健康发展，提高我国高等教育的国际影响力和竞争力。

（二）加强师资队伍建设

深化中外合作办学的教育教学改革和提高教学质量、不断加强师资队伍建设是中外合作办学的重要保障。第一，中外合作办学应制定招聘政策，有计划地引进高水平的国内外教师。在此基础上，要注重人才的多元化，吸引中青年教师、优秀博士后等人才加入。第二，开展专业化培训，提升中外合作办学院校教师教学管理方法、课程设置、创新创业等方面的知识技能，学校应当制定具体的培训计划，推动教学与研究融合，提升师资队伍的整体素质。第三，实行交流合作和创新创业激励政策，加强教师的学术交流与合作，实现向国际化人才的转化，多采用学术讲座、教学工作坊等形式开展教学经验交流。同时还应增设"课题激励制度""发明专利奖励制度"等，以激发教师的创新创业精神。第四，不断优化教学环境。如完善办公设施、教学用具和实验场所的建设，提供齐全的教学资源和设施，增强教师工作的幸福感和归属感。这些相互联系的措施将有助于推进中外合作办学的稳步发展、建设创新型国家。

（三）注重教学质量管理

教学质量管理是保障中外合作办学高质量发展的重要手段，可以从课程设置、教材编写、教师配备、学生评价等方面完善质量体系，制定可操作的监督和反馈机制，不断提高教学质量及毕业生素质。其一，通过建立多项课程标准和评估手段,对教学质量进行科学评估和监督;同时,建立专业评估和考核机制,有计划地对教师教学能力、教学质量、学生评价等进行监督和考核。其二,加强课程建设,根据行业需求,精心打造适应职业发展的课程体系,实施专业教学目标,形成具有中外特色的课程体系,提升教学质量。其三,注重课程质量评价工作,建立学生评教制度,定期对教学质量进行评价;每学期开展课堂教学质量随堂测评,对教学质量进行检测。其四,推动教学手段创新。确保教学方法的多样性,在教学过程中积极运用新技术、新手段,如网络学习、课程互动、案例教学、PBL①等,让学生更加踊跃地参与课堂活动,降低知识获取门槛,提高教学效率。其五,构建学生发展体系。引导学生规划职业生涯方向,提供职业信息和就业服务支持,同时注重学生素质培养和综合能力提升,为学生未来职业发展奠定坚实的基础。

(四)加强知识产权保护

知识产权保护是中外合作办学必须面对的一项重要挑战,学校应加强对中外合作办学知识产权的引导和规范,厘清知识产权归属,增强学生的知识产权保护意识。首先,需要完善知识产权保护法规,建立严格的制度。中外合作办学机构应当增强对知识产权保护的认识,制定管理办法并明确学术规范,加强对各方应遵守的知识产权保护法律和规范的教育与管理。中外合作办学机构应当制定知识产权保护合作协议,明确合作期限、权利及义务、违规处理等。其次,需要加强知识产权教育和培训,应加强对知识产权法律理论和案例的讲解,提升师生对知识产权的关注度和保护意识,同时进行技术、管理、职业素养等方面的培训,提升师生综合素质。最后,需要积极探索解决知识产权纠纷的途径,加强知识产权保护技术手段的应用,建立纠纷处理机制,及时处理纠纷,保护知识产权的合法权益;建立知识产权保护的信息系统,采用安全技术手段加密敏感信息,做好备份和储存,同时采用防盗版和数字水印等技术,保护知识产权不受侵害。中外合作办学应当高度重

---

① PBL:问题驱动教学法(Problem-Based Learning,PBL)。

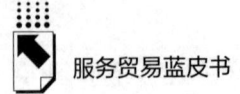

视知识产权保护,并采取多种措施保护知识产权,为中外合作办学提供良好的发展环境。

(五)增强国际交流合作

合作高校应加强与国外著名学府的交流合作,了解不同教育领域的新思想和挑战,吸收不同的教育经验,持续提升国际化办学水平和影响力,为学生拓宽求职渠道提供多种选择。第一,中外合作办学机构应积极提升其在国际学术、文化和经济领域的影响力,可以通过签订双边协议、开展联合办学、提供互换生机会等方式加强与国外高校的合作交流。第二,中外合作办学机构应当积极引进国外高校的课程、留学生和教师,丰富教育教学资源,提升教育质量和水平。第三,中外合作办学机构应积极参与国际教育交流活动,如国际学术会议、论坛等,拓展国际教育资源和网络,加强与国内外教育机构之间的合作交流。第四,中外合作办学机构可以探索新模式,如开展短期留学项目、设置双学位课程、开展企业合作项目等,拓展国际合作与交流的途径。第五,加强英语教育和跨文化交流。中外合作办学机构应当加强英语教育,提高师生的英语水平和跨文化交流能力,增强师生之间跨文化理解和认知能力,以适应国际化教育的发展趋势。中外合作办学机构应积极拓展国际教育交流渠道,提高国际竞争力,为学生的国际化发展提供更多的机会。

B.6
中国金融服务贸易发展报告（2023）

——基于2001~2022年国际收支的分析

李小牧　杨柳　李浩哲　赵天悦*

摘　要： 金融服务贸易涉及相关行业众多，支持范围广泛。金融服务贸易不仅是我国服务贸易新的增长点，更是全球性竞争中的关键与焦点。美国、新加坡作为金融服务贸易领域中具备代表性的国家，顺差明显且非保险金融服务贸易发展优势相对较强，在国际市场上具备较强的竞争力，而我国金融服务贸易内部结构以保险金融服务贸易为主，虽然发展呈现上升态势，但在服务贸易中地位较低，存在出口增速放缓以及进出口结构不平衡逐渐加剧等问题。为进一步增强金融服务业的国际竞争力，促进金融服务贸易的可持续健康发展，政府与企业应发挥合力，政府迫切需要完善监管体系、培育复合型人才、构建双循环格局，企业则需要在政府的支持下加强业务管理、创新发展动能、发展数据经济。

关键词： 国际服务贸易　保险业　金融业　国际收支

在国际收支平衡表（BOP）中，金融服务贸易分为"保险和养老金融

---

* 李小牧，首都经济贸易大学副校长、经济学院教授，主要研究方向为国际服务贸易、国际文化贸易、国际金融和世界经济；杨柳，首都经济贸易大学经济学院硕士研究生，主要研究方向为国际服务贸易；李浩哲，首都经济贸易大学经济学院MIB硕士研究生，主要研究方向为国际服务贸易；赵天悦，首都经济贸易大学经济学院MIB硕士研究生，主要研究方向为国际服务贸易。

服务"与"金融服务"两类，即保险金融服务贸易和非保险金融服务贸易两大类，前者专指各种保险服务，以及同保险交易有关的代理商的佣金，后者指银行等机构提供的金融中介和辅助服务，但不包括保险和养老金服务项目所涉及的服务，本报告将其简称为"保险服务贸易"和"非保险服务贸易"。

一 各国金融服务贸易发展现状

本报告研究主要服务贸易国金融服务贸易的发展情况，选取在全球金融服务贸易领域中具有代表性的国家——美国与新加坡进行研究分析，研判全球金融服务贸易的发展趋势，为中国金融服务贸易的发展提供对比与借鉴。

（一）全球金融服务贸易规模

金融服务贸易的规模不断扩大，世界贸易组织（WTO）数据显示，2021年，全球金融服务贸易出口额已达到8135.81亿美元，美国、新加坡、日本等国家（地区）是全球金融服务贸易的主要参与者。

如图1所示，根据联合国贸易和发展会议（UNCTAD）的统计数据，2022年前三季度，美国、英国、卢森堡、新加坡、德国、爱尔兰、瑞士（含列支敦士登）、中国香港、法国、日本为全球十大金融服务贸易出口国家（地区）。美国的金融服务贸易总额高达2186.67亿美元，其金融服务贸易出口额为1376.38亿美元，金融服务贸易进口额为810.29亿美元，贸易顺差为566.09亿美元，美国金融服务贸易总额远超其他国家，位居第一。尽管从2022年前三季度的金融服务贸易出口额来看，新加坡位居全球第四，但新加坡作为全球第三大金融中心，其金融服务贸易的发展具备可借鉴之处，故本报告选取美国、新加坡进行具体分析。

（二）美国

1. 美国金融服务贸易发展现状

根据联合国贸易和发展会议（UNCTAD）数据库数据，2021年，美国

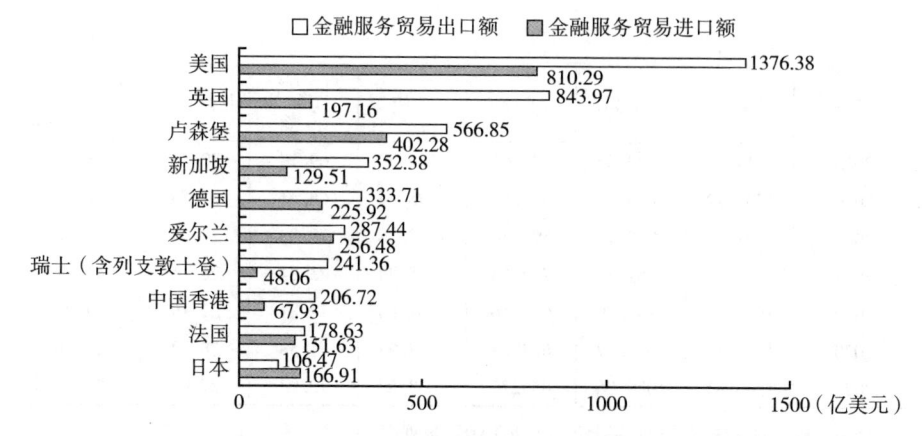

图1 2022年前三季度全球十大金融服务贸易出口国家（地区）金融服务贸易情况

（数据）
- 美国：出口810.29，进口1376.38
- 英国：出口843.97，进口197.16
- 卢森堡：出口566.85，进口402.28
- 新加坡：出口352.38，进口129.51
- 德国：出口333.71，进口225.92
- 爱尔兰：出口287.44，进口256.48
- 瑞士（含列支敦士登）：出口241.36，进口48.06
- 中国香港：出口206.72，进口67.93
- 法国：出口178.63，进口151.63
- 日本：出口166.91，进口106.47

资料来源：联合国贸易和发展会议（UNCTAD）数据库。

金融服务贸易总额高达3033.87亿美元，占服务贸易总额的比重高达22.55%（见表1）。而国家外汇管理局数据显示，中国金融服务贸易额仅为333.53亿美元，占比为4.28%，美国的金融服务贸易规模约为中国的9倍，美国的金融服务贸易在全球有着较强的竞争优势。

表1 2005~2021年美国金融服务贸易规模及占比

单位：亿美元，%

年份	出口额	进口额	差额	总额	非保险占比	保险占比	占服务贸易总额的比重
2005	549.71	506.81	42.90	1056.52	65.66	34.34	15.30
2006	659.67	663.87	-4.20	1323.54	63.11	36.89	17.14
2007	848.47	809.34	39.13	1657.81	64.99	35.01	18.81
2008	933.88	879.63	54.25	1813.51	60.33	39.67	18.86
2009	884.38	888.65	-4.27	1773.03	55.69	44.31	19.06
2010	1013.66	906.67	106.99	1920.33	59.22	40.78	18.85
2011	1157.50	885.89	271.61	2043.39	64.30	35.70	18.53
2012	1213.97	874.83	339.14	2088.80	64.23	35.77	18.09
2013	1254.47	821.93	432.54	2076.40	66.98	33.02	17.52
2014	1365.57	856.85	508.72	2222.42	68.71	31.29	17.81

续表

年份	出口额	进口额	差额	总额	非保险占比	保险占比	占服务贸易总额的比重
2015	1314.51	829.86	484.65	2144.37	69.19	30.81	16.92
2016	1339.12	859.32	479.80	2198.44	68.41	31.59	16.96
2017	1507.09	915.79	591.30	2422.88	70.03	29.97	17.48
2018	1553.91	851.33	702.58	2405.24	73.84	26.16	16.81
2019	1611.25	955.79	655.46	2567.04	72.81	27.19	17.29
2020	1713.10	1029.87	683.23	2742.97	71.58	28.42	22.99
2021	1944.81	1089.06	855.75	3033.87	72.93	27.07	22.55

资料来源：联合国贸易和发展会议（UNCTAD）数据库。

美国的金融服务贸易总额由2005年的1056.52亿美元上升到2021年的3033.87亿美元，增长1.87倍，金融服务贸易占比从15.30%上升至22.55%，发展势头良好。且除少数年份外，美国的金融服务贸易保持顺差的发展趋势。直到2007年底，美国的金融服务贸易一直保持快速增长的势头，但2007年后，美国爆发次贷危机，这犹如一场无形的地震，猛烈冲击了美国乃至全球金融经济，致使美国金融服务贸易额由2008年的1813.51亿美元下降至2009年的1773.03亿美元。

美国的金融服务贸易资金基础雄厚、发展颇具规模且有很强的国际竞争力，但美国的金融服务贸易存在内部结构不平衡的问题。2005~2021年非保险服务贸易占比均高于50%，从2005年的65.66%变动至2021年的72.93%，整体呈现上升趋势，与保险服务贸易相比，非保险服务贸易发展较迅速。

2. 对我国的启示

金融服务业的创新能力对顺畅的金融交易处理、丰富的金融产品和高质量的金融服务起着关键作用，故提高金融服务贸易的竞争力，创新是关键。而我国金融机构简单地依赖国外技术，缺乏独立开发产品的能力，致使我国金融服务机构在国际市场上缺乏竞争力。因此，我国的金融机构可以借鉴和学习以美国为代表的西方发达国家发展金融服务贸易的成功经验，考虑不断变化的市场环境和客户需求，以此作为改进的方向，通过整合金融服务业的业务流程，提升金融产品的技术含量，增强金融产品的自主研发能力，推动中国的金融服务机构融入国际市场。

（三）新加坡

1. 新加坡金融服务贸易发展现状

作为 CPTPP①的主要参与国和世界金融中心，新加坡在金融业的发展上具有很强的竞争力，其金融服务贸易最显著的特点莫过于其在金融服务负面清单方面做出极大的努力。因此，新加坡在发展金融服务贸易上的经验对我国进一步对接 CPTPP 的相关金融服务贸易规则具有很大的借鉴价值。

如表 2 所示，2005~2021 年新加坡金融服务贸易总额整体保持增长趋势，从 74.58 亿美元上升至 597.31 亿美元，增长 7.01 倍，且始终保持顺差。由此可以看出，在新加坡采取的相关负面清单等措施的助力之下，其金融服务贸易竞争力不断增强。

新加坡非保险占比高于 70%，同美国一样存在内部结构不平衡的现象，非保险服务贸易发展优势更强，且非保险服务贸易占比从 2005 年的 74.01%上升至 2021 年的 79.85%，结构不平衡现象有加剧之势。

表 2　2005~2021 年新加坡金融服务贸易规模及占比

单位：亿美元，%

年份	出口额	进口额	差额	总额	非保险占比	保险占比	占服务贸易总额的比重
2005	52.88	21.70	31.18	74.58	74.01	25.99	7.41
2006	75.31	26.80	48.51	102.11	80.12	19.88	8.28
2007	115.41	37.68	77.73	153.09	83.60	16.40	10.30
2008	124.83	43.23	81.60	168.06	81.10	18.90	9.35

① CPTPP：《全面与进步跨太平洋伙伴关系协定》（Comprehensive and Progressive Agreement for Trans-Pacific Partnership）。

续表

年份	出口额	进口额	差额	总额	非保险占比	保险占比	占服务贸易总额的比重
2009	122.55	36.34	86.21	158.89	80.45	19.55	9.67
2010	146.47	49.38	97.09	195.85	75.45	24.55	9.75
2011	176.21	57.51	118.70	233.72	78.39	21.61	9.86
2012	192.78	60.27	132.51	253.05	78.20	21.80	9.65
2013	217.74	71.16	146.58	288.90	78.17	21.83	9.90
2014	243.93	71.91	172.02	315.84	80.38	19.62	9.86
2015	248.70	76.88	171.82	325.58	78.36	21.64	10.34
2016	263.02	89.72	173.30	352.74	75.15	24.85	11.36
2017	301.68	95.87	205.81	397.55	77.67	22.33	11.28
2018	357.95	114.88	243.07	472.83	74.72	25.28	11.66
2019	372.00	126.59	245.41	498.59	75.89	24.11	11.84
2020	403.17	159.66	243.51	562.83	78.47	21.53	13.61
2021	431.02	166.29	264.73	597.31	79.85	20.15	13.17

资料来源：联合国贸易和发展会议（UNCTAD）数据库。

2. 对我国的启示

2021年，中国正式提交了加入CPTPP的申请，这一举动，既显示出我国"择机而动"和"顺势而为"的战略安排，更展现了结交四海的开放胸怀。

如果将金融开放模式看作一种战略，那么金融服务的负面清单则是实现战略的一种具体的战术选择，这一战术首先以开放模式为基础。在新加坡已有的成功经验中，最为显著的莫过于将金融服务负面清单这一战术作为其实施开放战略的重要工具，并且探索出了一种符合自身国情的开放模式。反观自身，中国的融资模式以银行业为主导的间接融资为主，涌现了一批具有很大资产规模、很强盈利能力以及竞争力的银行机构。因此，中国可以将实现银行业的对外开放作为首要目标，与此同时相应减少一些负面清单，为接下来其他金融部门的谈判留下充足的空间。

二 我国金融服务贸易发展特点

（一）金融服务贸易呈两轮增长趋势，但年增长率波动明显

我国金融服务贸易规模从 2001 年的 31.15 亿美元上升到 2022 年的 332.21 亿美元，增长了 9.66 倍。2001~2022 年我国金融服务贸易规模及年增长率情况如图 2 所示。

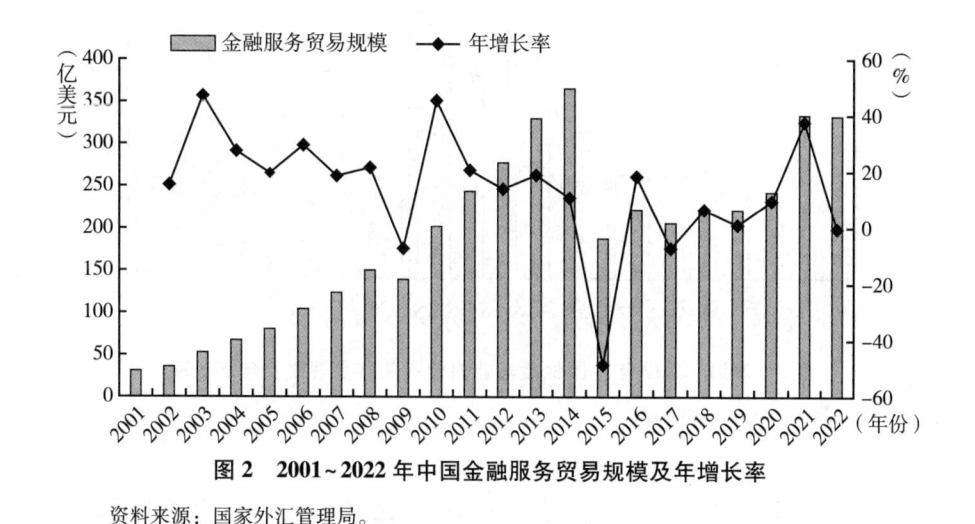

图 2 2001~2022 年中国金融服务贸易规模及年增长率

资料来源：国家外汇管理局。

从金融服务贸易年增长率来看，我国金融服务贸易年增速不稳，波动幅度较大。2003 年金融服务贸易增速最高，为 47.06%，主要原因是 2003 年我国已经加入 WTO，这对保险服务贸易产生正向的推动作用；2015 年金融服务贸易增速最低，为 -48.63%，其次是 2009 年，增速为 -7.30%，2008 年后半年发生的金融危机对 2009 年的保险服务贸易产生了持续的负面冲击，而 2015 年主要是国际市场不景气，全球经济形势下滑，以中国为代表的发展中国家金融服务贸易进口额大幅下滑。

从金融服务贸易规模来看，金融服务贸易规模（进出口总额）在

2001~2014年总体呈上升态势,而后在2015年大幅下降至187.50亿美元。2018~2019年金融服务贸易规模从219.05亿美元上升至221.29亿美元,增速大幅放缓。由于疫情对我国金融服务贸易的阻碍作用逐渐减弱,2021年金融服务贸易规模大幅增长至333.53亿美元。

保险服务贸易和非保险服务贸易的规模及年增长率如图3所示。

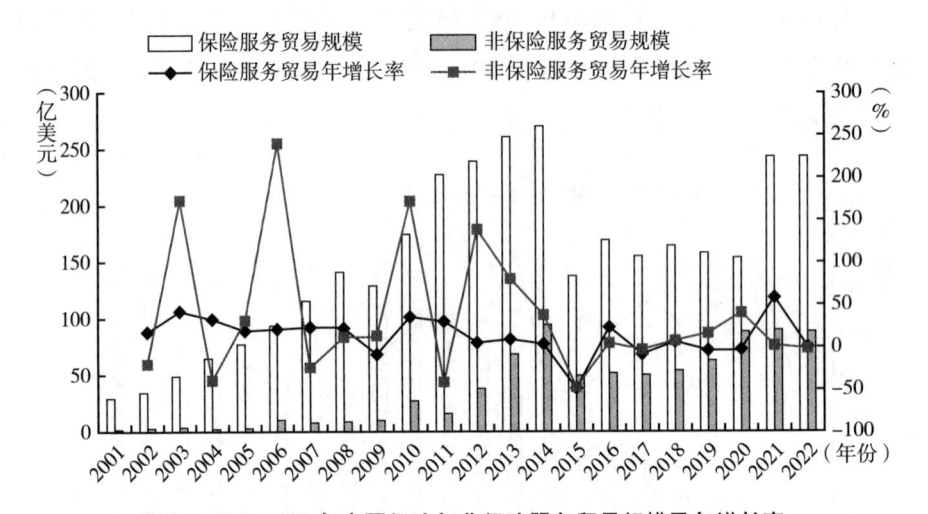

图3　2001~2022年中国保险与非保险服务贸易规模及年增长率

资料来源:国家外汇管理局。

2001~2014年保险服务贸易规模由29.38亿美元上升至270.28亿美元,之后又从2015年的137.70亿美元上升至2022年的243.62亿美元。2001~2014年非保险服务贸易规模由1.76亿美元上升至94.71亿美元,之后又从2015年的49.79亿美元上升至2022年的88.59亿美元。

保险服务贸易与非保险服务贸易年增长率波动均较大。2021年保险服务贸易实现快速发展,增速高达58.19%。由于2006年我国开始对金融服务实施全面开放,这一年非保险服务贸易的增速最高,为240.29%。受国际经济形势下滑影响,保险服务贸易与非保险服务贸易增速均在2015年最低,分别为-49.05%与-47.73%,两者增速变动均与国际形势和环境的变化密切相关。保险服务贸易年增长率在-50%~60%的范围内波动,增速的变化趋势与金融服务贸易相似；非保险服务贸易年增长率在-50%~250%的范围内波动。非保险服务贸易年增长率的波动更为剧烈，发展更加不稳定。在金融服务贸易的发展过程中，非保险服务贸易的贡献虽小，但其稳定发展不容忽视。

（二）金融服务贸易进出口增速波动较大

金融服务贸易整体增速波动明显，2002~2022年我国金融服务贸易进出口增速如图4所示。

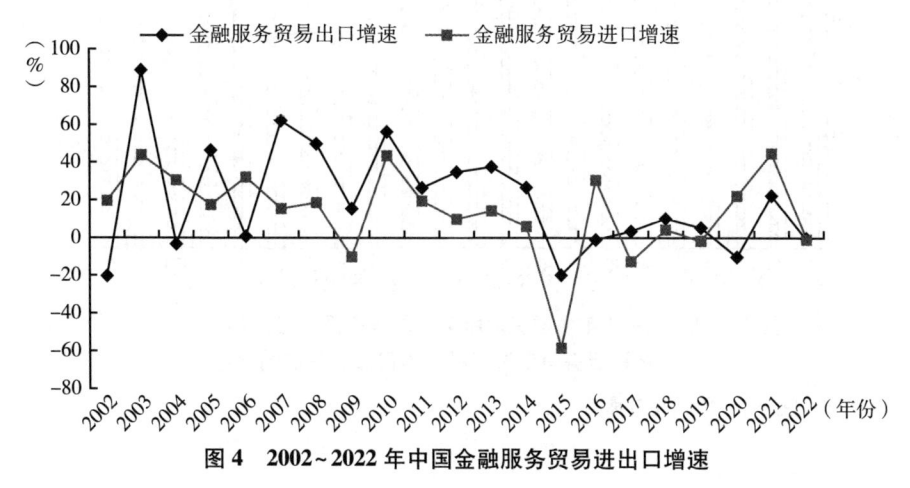

图4 2002~2022年中国金融服务贸易进出口增速

资料来源：国家外汇管理局。

金融服务贸易的进口与出口增速波动幅度均较大，说明我国金融服务贸易发展不稳定。近年来，我国金融服务贸易出口增速和进口增速在经历短暂的下降之后恢复上升态势，这表明金融服务贸易的发展仍具有一定潜力。

2002~2022年，金融服务贸易出口增速大于进口增速的年份一共有14年，但2020~2022年金融服务贸易的出口增速均小于进口增速，即我国金融服务贸易的出口增速整体上快于进口增速，但这种态势正在减弱。

（三）保险服务贸易引领金融服务贸易，内部结构平衡化发展

2022年，保险服务贸易总额为243.62亿美元，非保险服务贸易总额为

88.59亿美元，保险服务贸易总额为非保险服务贸易总额的2.75倍，保险服务贸易总额占金融服务贸易总额的比重如图5所示。以保险服务贸易进口额、出口额、总额占金融服务贸易进口额、出口额、总额的比重，分析金融服务贸易内部结构的变化情况。

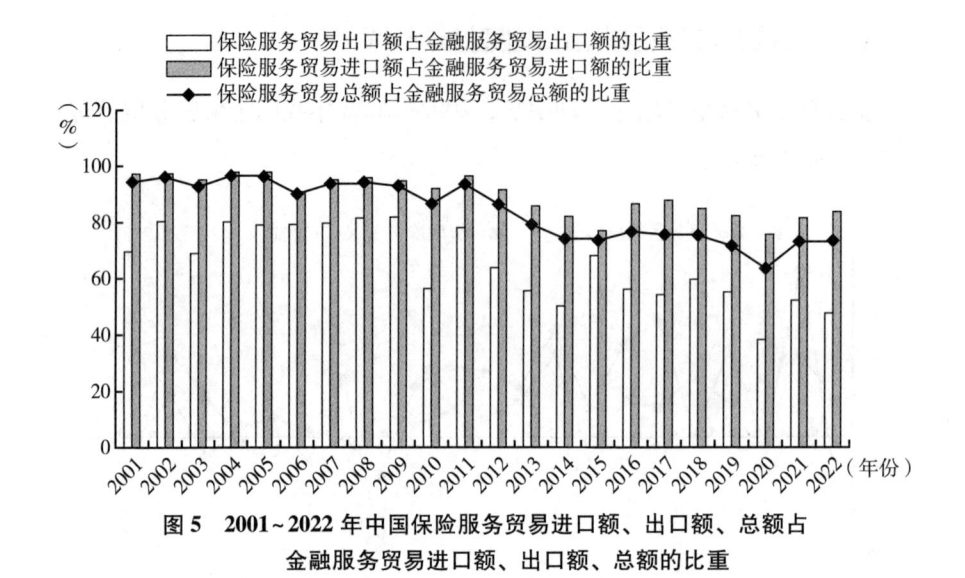

图5　2001~2022年中国保险服务贸易进口额、出口额、总额占金融服务贸易进口额、出口额、总额的比重

资料来源：国家外汇管理局。

在我国金融服务贸易进口方面，2001~2012年，我国保险服务贸易进口额占金融服务贸易进口额的比重为91.45%~97.83%，非保险服务贸易进口额占金融服务贸易进口额的比重为2.17%~8.55%。2013~2022年，我国保险服务贸易进口额占比为73.44%~87.64%，非保险服务贸易进口额占比为12.36%~26.56%。我国保险服务贸易进口额占比呈现下降趋势，非保险服务贸易进口额占比呈现上升趋势。

在我国金融服务贸易出口方面，2001~2012年我国保险服务贸易出口额占金融服务贸易出口额的比重为60%~85%（2010年除外），非保险服务贸易出口额占比为15%~40%。2013~2022年我国保险服务贸易出口额占比和非保险服务贸易出口额占比均为40%~60%（2015年除外），我国保险服务贸易出口额占比呈现下降趋势，非保险服务贸易出口额占比呈现上升趋势。

在我国金融服务贸易总额方面，2001~2012年保险服务贸易总额占比为86.26%~96.56%，非保险服务贸易总额占比为3.44%~13.74%；而2013~2022年保险服务贸易总额占比为63.50%~79.14%，非保险服务贸易总额占比为20.86%~36.50%。我国保险服务贸易总额占比总体呈下降趋势，非保险服务贸易总额占比总体呈上升趋势。

2001~2023年，在进口额、出口额与总额方面，我国保险服务贸易占有绝对优势，我国金融服务贸易以保险服务贸易为主导，与金融服务贸易发达的国家——美国、新加坡以非保险服务贸易为主导的结构有所不同。但随着金融服务贸易的发展，以50%为基准，金融服务贸易的内部结构，尤其是出口平衡发展趋势明显。同时，保险服务贸易的进口优势强于出口，致使保险服务贸易中进口额占比高于出口额。

三 我国金融服务贸易存在的问题

（一）金融服务贸易额占服务贸易额的比重偏低，对服务贸易贡献较小

2022年，我国运输服务贸易总额和旅游服务贸易总额分别为3153.97亿美元和1243.78亿美元，分别占服务贸易总额的37.99%和14.98%，而金融服务贸易总额占比仅为4.00%（见图6）。

在我国服务贸易行业中，如图6所示，纵向来看，2001~2022年金融服务贸易总额占服务贸易总额的比重在5%上下波动。横向来看，运输服务贸易总额占服务贸易总额的比重大致在20%~40%的范围内波动，旅游服务贸易总额占服务贸易总额的比重大致在15%~45%的范围内波动，金融服务贸易5%的占比远小于二者。虽然我国金融服务贸易在规模上有增加的趋势，但其在我国服务贸易行业中的占比相对较低，与其他服务行业相比，缺乏发展优势。

在国际金融服务贸易市场上，结合表1与表2，美国的金融服务贸易总

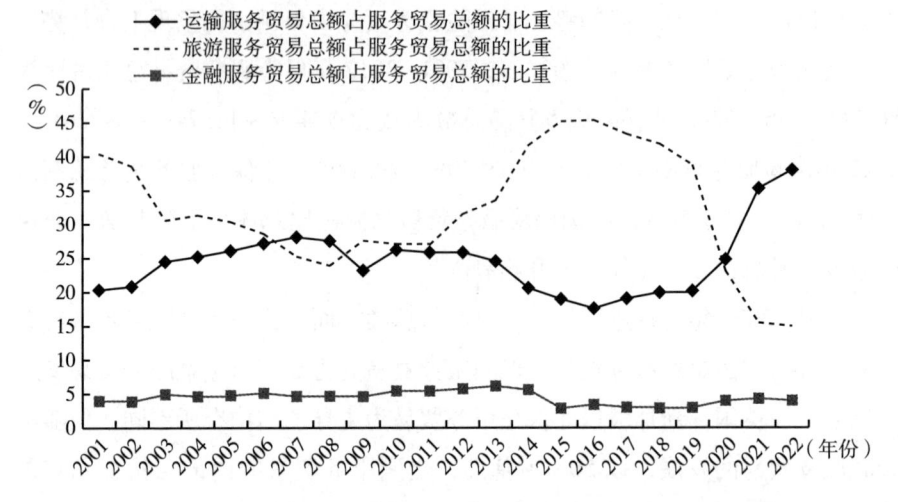

图 6　2001~2022 年中国运输、旅游及金融服务贸易总额占服务贸易总额的比重

资料来源：国家外汇管理局。

额占服务贸易总额的比重大致在 15%~23%的范围内波动，新加坡的金融服务贸易占比为 7%~14%。与这两个金融服务贸易强国相比，我国的金融服务贸易在国际市场上缺乏优势。由此可以看出，我国的金融服务贸易不仅在本国服务贸易行业中缺乏发展优势，更在国际服务贸易市场上缺乏竞争力。

（二）金融服务贸易进出口增速放缓，竞争力有待提高

我国金融服务贸易进出口增速的不稳定性导致金融服务贸易进出口增速的长期趋势难以研判，因此以 11 年为一个周期研究金融服务贸易的进出口增速（见表 3）。

表 3　2001~2011 年、2012~2022 年中国金融服务贸易进出口增速

单位：倍

年份	出口增速			进口增速		
	金融	保险	非保险	金融	保险	非保险
2001~2011	10.85	12.27	7.57	6.35	6.28	8.65
2012~2022	0.82	0.36	1.64	0.05	-0.04	1.02

资料来源：国家外汇管理局。

如表3所示，在金融服务贸易出口方面，2001~2011年金融服务贸易总额增长了10.85倍，2012~2022年却仅增长了0.82倍；2001~2011年保险服务贸易总额增长了12.27倍，2012~2022年保险服务贸易总额仅增长了0.36倍；2001~2011年非保险服务贸易总额增长了7.57倍，2012~2022年仅增长了1.64倍，三者的出口增速均有所放缓。但随着时间的推移，保险服务贸易出口增速放缓的趋势更为明显。在金融服务贸易进口方面，2001~2022年金融服务贸易进口增速从6.35倍下降至0.05倍，保险服务贸易进口增速从6.28倍下降至-0.04倍，非保险服务贸易进口增速从8.65倍下降至1.02倍。三者的进口增速同样有所放缓，保险服务贸易进口增速由正转负，进口放缓趋势更为明显。可以看出，作为占据绝对优势的保险服务贸易，其放缓趋势相对非保险服务贸易更为明显，金融服务贸易总体规模虽然有所扩大，但增速有所放缓，其潜力仍有待进一步激发。

在金融服务贸易、保险服务贸易以及非保险服务贸易的进口增速与出口增速比较上，尽管进口增速的放缓趋势相较于出口增速更为明显，但相比于2015年经济形势和2019年新冠肺炎疫情等因素导致的进口增速放缓，金融服务贸易竞争力不足导致的出口增速放缓问题更值得关注。

（三）金融服务贸易进口额占比较高，进出口结构失衡

为判断金融服务贸易的进出口结构是否合理，金融服务贸易进出口占比情况是一个值得关注的问题，图7为2001~2022年我国金融服务贸易进出口占比情况。

如图7所示，2001~2022年，以50%为标准，我国金融服务贸易出口占比低于40%，即我国金融服务贸易进口占比大于出口占比，金融服务贸易进出口不平衡问题持续存在。2001~2019年，金融服务贸易出口额占金融服务贸易总额的比重从10.48%上升至39.35%，金融服务贸易进出口不平衡问题逐渐得到改善，尤其在2015年金融服务贸易出口额占比大幅提升，这主要是因为在全球经济下滑的趋势下，我国作为发展中经济体需求

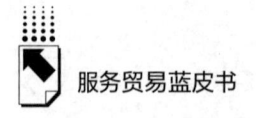

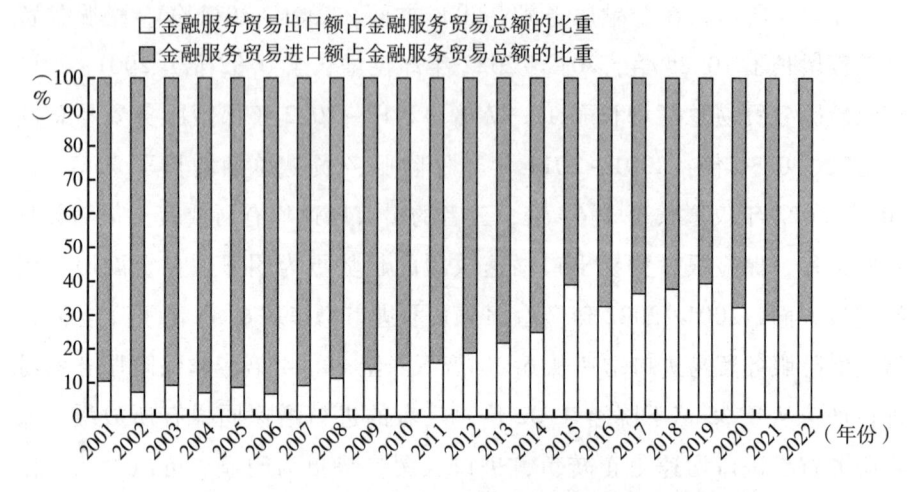

图 7　2001~2022 年中国金融服务贸易进出口占比

资料来源：国家外汇管理局。

有所下降。2019~2022 年，金融服务贸易出口额占金融服务贸易总额的比重由 39.35%下降至 28.59%，金融服务贸易进出口不平衡发展问题再次凸显。

如图 8 所示，2001~2022 年，保险服务贸易的进口额占比始终大于 50%，高于非保险服务贸易进口额占比与金融服务贸易进口额占比。保险服务贸易进口额的增加进一步造成金融服务贸易进出口结构的失衡。非保险服务贸易进口额占比从 2005 年的 52.34%上升至 2006 年的 85.97%，而金融服务贸易进口额占比变动并不明显，主要是由于保险服务贸易的总量远大于非保险服务贸易，金融服务贸易进口额占比与保险服务贸易的进口额占比密切相关，非保险服务贸易进口额占比波动对金融服务贸易影响较弱。2019~2022 年，金融服务贸易进口额占比呈上升趋势，由 60.65%上升至 71.41%，主要是由于保险服务贸易进口额占比大幅增加（由 69.66%上升至 81.42%）。非保险服务贸易进口额占比虽有所上升但始终小于 50%，即保险服务贸易进口额占比的升高加剧了金融服务贸易进出口结构的失衡。

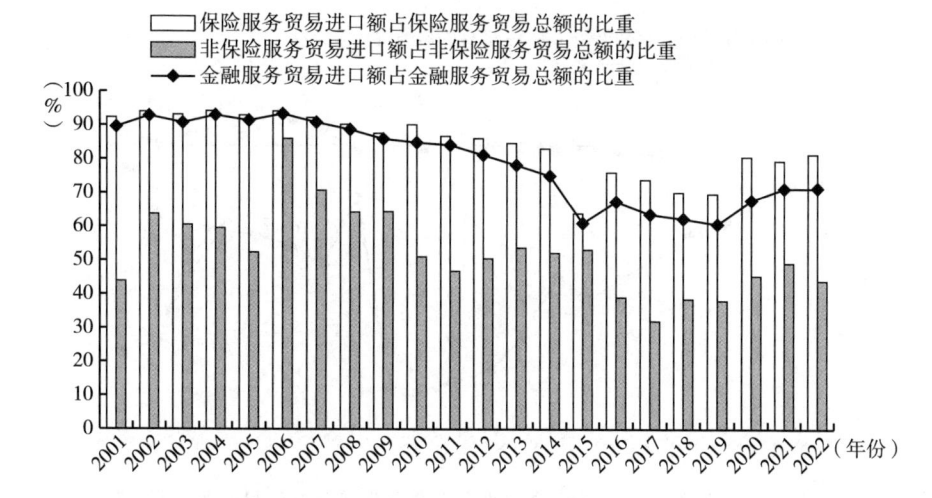

图 8　2001~2022 年中国金融、保险及非保险服务贸易进口额占自身总额的比重

资料来源：国家外汇管理局。

（四）金融服务贸易呈逆差状态，保险服务贸易为逆差主要来源

金融服务贸易的进出口结构失衡主要来源于保险服务贸易，一方面是保险服务贸易进出口结构严重失衡；另一方面是保险服务贸易额占金融服务贸易总额的比重较大，保险服务贸易的进出口结构对金融服务贸易的进出口结构影响较大。将金融服务贸易差额与保险以及非保险服务贸易差额进行对比，进一步分析金融服务贸易发展过程中的逆差情况，图 9 给出了 2001~2022 年我国金融服务贸易中的差额情况。

如图 9 所示，2001~2022 年，我国金融服务贸易与保险服务贸易一直呈逆差状态，2001~2014 年金融服务贸易与保险服务贸易的逆差整体呈现增长态势，2014 年金融服务贸易逆差接近 200 亿美元。由于国内需求的降低，2015 年保险服务贸易进口额大幅下降，改善了金融服务贸易的逆差状态。但 2019~2022 年，金融服务贸易与保险服务贸易逆差又呈现增加趋势。而 2001~2015 年非保险服务贸易差额在 0 附近轻微波动，2016~2022 年保持顺差状态。

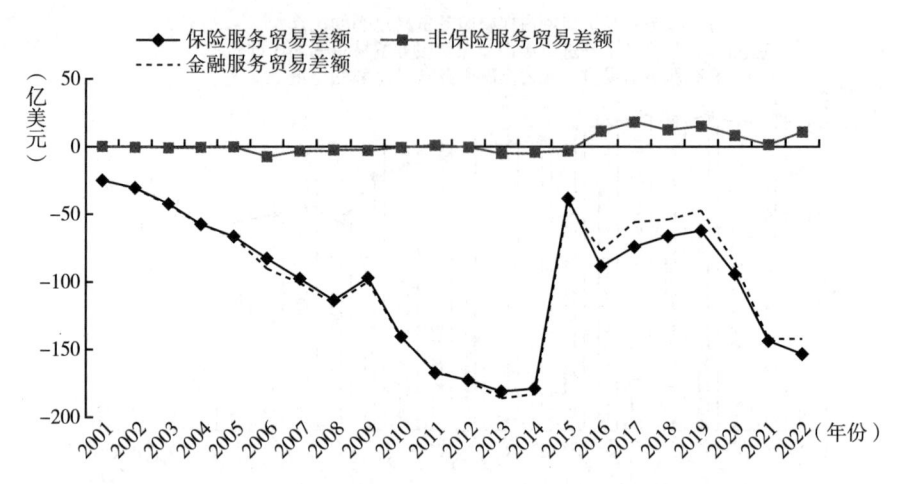

图 9　2001~2022 年中国金融服务贸易差额及保险与非保险服务贸易差额

资料来源：国家外汇管理局。

保险服务贸易差额与金融服务贸易差额的变化趋势基本一致，这表明金融服务贸易逆差很大程度上来源于保险服务贸易逆差。2022年，我国金融服务贸易差额和保险服务贸易差额分别为-142.26亿美元和-153.08亿美元，而非保险服务贸易差额为10.82亿美元，保险服务贸易差额约为金融服务贸易差额的1.08倍，更加体现出保险服务贸易逆差是金融服务贸易逆差的主要来源。保险服务贸易的供给能力不足是导致保险服务贸易逆差乃至金融服务贸易逆差出现的主要原因，我国保险产品和服务不受国内外消费者青睐，国内存在的消费需求转由国外满足，国外对保险服务的需求则是通过其他国家更加高质量的产品和服务来满足的。我国保险服务贸易发展极不平衡导致金融服务贸易逆差。

四　我国金融服务贸易发展的政策建议

我国金融业，尤其是保险业无法满足国内外需求，在国内外市场缺乏竞争力，极大程度上导致了金融服务贸易出口增速放缓及进出口结构不平衡的问题，造成金融服务贸易逆差持续存在，且非保险业相对保险业发展优势较弱，进一步造成金融服务贸易内部结构的不平衡。因此，针对金融业这种特殊行业，在考虑其特性的基础上，提高其贸易竞争力是金融服务贸易发展的主要任务。

（一）政府层面

1. 提高金融开放水平，完善监管体系

金融业的开放程度与金融服务贸易的发展息息相关，而金融业是经营风险的特殊行业，直接关系到国民经济的健康与稳定，随着金融业开放程度的加深，外资的流入使风险加剧，为更好处理开放与风险二者的关系，适应金融市场创新和发展的需要，需健全风险防范、监督与预警体系，加强金融服务贸易数据监测和统计，提升风险防范管理水平，通过强化监管机构的监测能力，提高监管的专业性和有效性，进而减少不良竞争，防范或规避金融风险。

金融服务贸易的跨境监管也需要加强与其他国家的合作，以此建立跨境资金流动和风险预警系统。同时，政府部门要注意到在进行跨境金融服务贸易时各国之间法律法规的差异，尽量完善信息公开渠道，让相关部门及时获取到需要的信息和政策要求。另外，还要简化行政审批手续，提高监管透明度。

2. 调整培养目标，培育复合型人才

金融市场的有效供给不足严重阻碍金融服务贸易的发展，在金融混业经营的大趋势下，金融业需要复合型人才，目前我国依然缺乏金融复合型人才，还应进一步加强人才管理和建设。以市场需求为导向，金融业人才的培养要具备一定的前瞻性，注重基础知识与实践能力的培养，从知识型的定位向综合素质型的定位转变，积极培养有理论基础以及研发创新能力的金融业高级复合型人才，优化我国金融业人才培养体系，以适应金融业对外发展的需要，进一步推动我国金融业融入国际金融市场。

3. RCEP[①] 全面生效，构建双循环新发展格局

我国需充分发挥 RCEP 的作用，在"引进来"层面，需高度重视和更好发挥外资作用，在 RCEP 框架下加速推进保险业外资的进入，为金融业的发展提供资金、技术与先进的管理经验，发挥外部经济效应并实现有效竞争，促进金融业的创新与升级。提升保险服务品质及竞争力，促进中国经济的内部循环，降低金融服务对外依赖度。在"走出去"层面，抓住 RCEP 背景下开拓国际市场的重大机遇，支持我国金融产品和服务"走出去"，以高质量产品和服务支撑我国金融服务贸易发展，拓宽海外金融市场，提升金融产品和服务在全球金融市场的影响力。

（二）企业层面

1. 加强业务管理，实现有效经营

海外金融业务开展过程中会面临很多风险，除了政治风险、经济风险和法律风险以外，还包括汇率风险、利率风险。由于交易时涉及两个或两个以上的国家，其面临的问题也更加复杂，这就需要银行业、证券业以及保险业等相关部门在从事海外金融业务时加强对整个业务的管理，包括成本控制和风险控制。金融从业机构可以安排专门的管理部门对风险和成本进行控制和管理，借此在业务发展的整个过程中减少业务交易成本，减少和规避潜在风险，使金融机构自身持续经营，更有能力提供全球性金融产品与服务，并参与全球性金融竞争。

2. 创新发展动能，丰富产品服务

高质量海外交易的金融产品和服务可以更好地扩大金融服务贸易规模，要想丰富产品种类、提高服务质量，就需要创新。金融机构需强化创新是第一动力以及人才是第一资源的认知，提高自主创新意识和能力，加速引进金融业复合型高端人才，对自身机构中现有从业人员加强教育，完善管理机制，提高从业人员的整体素质。金融机构通过创新产品和服务，塑造我国金

---

① RCEP：《区域全面经济伙伴关系协定》（Regional Comprehensive Economic Partnership）。

融服务贸易发展的新动能、新优势。在创新产品类型上，凭借差别化产品满足细分市场的多样化需求；在创新服务上，通过附加性服务或创新服务渠道和方式提高产品对目标群体的吸引力。

3.数字经济赋能，重塑产业链条

数字技术的应用可以有效提升金融机构运行的效率和质量，推动金融业实现从规模效益向数字驱动创造价值的转变，由此产生了金融业数字化转型的建设新思路。面对数字化的经营环境，金融业这一数据密集型行业要以数字经济的蓬勃发展为契机，加大科技投入，构建并完善金融服务贸易与数字技术相融合的平台，加强金融服务贸易领域中各环节对数字技术的应用，在"业务+驱动"上下功夫，更好地完成顶层设计与平台赋能，借此重塑金融服务的价值链，进一步提升金融机构在国际市场上的竞争力。

参考文献

李小牧：《中国旅游服务贸易发展：1985～2004年的国际收支分析》，《国际贸易》2006年第10期。

李小牧：《我国离岸金融市场发展的经验与教训：深圳与上海的案例》，《现代商业银行导刊》2006年第1期。

叶亚飞：《我国金融服务贸易：问题、趋势与未来路径》，《征信》2022年第9期。

鲁程希：《发达经济体金融服务贸易发展的经济效应研究——评〈中国金融服务贸易国际竞争力研究〉》，《国际贸易》2022年第8期。

潘明清、崔冉、刘泽：《中国双边金融服务贸易发展潜力研究》，《宏观经济研究》2022年第8期。

廖维晓、欧阳含依：《RCEP背景下中国金融服务贸易的发展路径分析》，《农业发展与金融》2022年第5期。

马子红、常嘉佳：《RCEP背景下中国与东盟服务贸易竞争力的比较研究》，《湖北社会科学》2021年第10期。

田睿、何敬、谭琳：《RCEP视域下中国保险服务贸易发展探讨》，《中国外资》2021年第13期。

田川：《新时代我国金融服务贸易现状及国际竞争力的提升路径》，《对外经贸实务》2020年第1期。

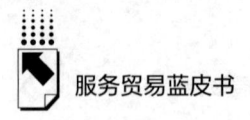

李钢、张琦：《培育中国金融服务贸易竞争新优势的机理及对策——基于金融科技视角》，《国际贸易》2019年第10期。

温树英：《金融服务贸易国际法律规制的新发展与启示——以TPP/CPTPP和USMCA为视角》，《国际经济法学刊》2019年第3期。

蔡旭、王蕊、刘学之：《中美金融服务贸易对比研究》，《现代商贸工业》2019年第11期。

B.7
中国知识产权服务贸易发展的现状、问题及对策

王丽 张芳芳[*]

摘 要： 知识产权服务贸易是当前我国服务贸易新的增长点，对我国服务贸易转型升级发挥着重要作用。本报告分析了近年来中国知识产权服务贸易的情况，知识产权服务贸易总额整体呈上升态势，且国际地位逐年提升，但贸易逆差不断扩大，行业规模较小。同时，我国知识产权服务贸易发展存在以下几个问题：知识产权服务质量不高影响了知识产权服务贸易的发展；知识产权服务贸易相关专业人才储备严重不足；相关产业支撑性不足，知识产权服务贸易盈利能力较弱。对此，本报告提出以下对策建议：以创新驱动发展战略为核心，引领我国知识产权服务贸易高质量发展；壮大知识产权服务人才队伍，培养知识产权服务贸易专业高端人才；增强相关产业支撑能力，激发知识产权服务发展新动能；打造知识产权服务国际品牌，实现高质量、可持续发展。

关键词： 知识产权服务贸易 服务贸易 人才培养

创新是发展的第一动力，保护知识产权就是保护创新。随着数字经济时代的到来和科学技术的长足发展，知识产权涵盖的范围越来越广，对国际贸

---

[*] 王丽，北京第二外国语学院中国服务贸易研究院讲师，首都国际服务贸易与文化贸易研究基地研究员，主要研究方向为国际服务贸易与对外直接投资；张芳芳，北京第二外国语学院中国服务贸易研究院 2022 级硕士研究生，主要研究方向为国际文化贸易。

易的影响日益显著。自2001年中国加入WTO以来，我国对知识产权越来越重视，知识产权服务贸易得到长足发展。近10年，我国创新指数排名稳步提升，世界知识产权组织（WIPO）发布的《全球创新指数报告》显示，[①] 2022年，中国创新指数排名提升至第11位，稳居中等收入经济体榜首，是当之无愧的知识产权贸易大国。当前，知识产权贸易额居世界首位的国家是美国，我国位列第五，已进入全球知识产权贸易发展五强之列。

我国是知识产权大国并不意味着我国已成为知识产权强国。知识产权服务贸易的发展对一国而言意义重大，知识产权服务贸易的高质量发展更是提升产品附加值、适应产业转型升级的必然要求。《知识产权强国建设纲要（2021—2035年）》和党的二十大报告都立足于创新驱动战略的实施，聚焦于知识产权保护。然而，相比于旅游服务贸易、运输服务贸易等传统服务贸易部门，知识产权服务贸易的发展要缓慢、滞后得多，如何促进中国知识产权服务贸易的可持续发展是中国服务贸易结构优化与高质量发展不可回避的重要议题，也是建设知识产权强国的关键。

一 中国知识产权服务贸易发展现状

根据WTO管辖的《与贸易有关的知识产权协定》，知识产权包括版权、商标、地理标识、工业品外观设计、专利、集成电路布图设计、未披露的信息等。知识产权服务贸易指以知识产权为标的的服务贸易，知识产权服务包括专利服务、商标服务、版权服务、商业秘密服务、植物新品种权服务和其他知识产权服务，涉及知识产权代理服务、法律服务、信息服务、咨询服务、商用化服务、培训服务以及其他服务类型。[②] 根据《国际服务贸易统计手册》（MSITS 2010）与《国际收支统计手册》（BPM6）的服务贸易统计分

[①] WIPO（World Intellectual Property Organization），"Global Innovation Index 2022, 15th Edition," 2022, www.wipo.int/global_innovation_index/en/2022/.

[②] 《2022年全国知识产权服务业统计调查报告》，国家知识产权局网站，2022年12月28日，https://www.cnipa.gov.cn/art/2022/12/28/art_88_181038.html。

类，本报告选取"知识产权使用费"作为知识产权服务贸易的主要统计指标，并据此展开分析。

（一）中国知识产权服务贸易总体呈增长态势

近年来，我国服务贸易保持良好的发展态势。商务部统计数据显示，2022年，我国服务贸易保持较快增长态势。[①] 全年服务贸易进出口总额为59801.9亿元，同比增长12.9%；其中服务贸易出口额为28522.4亿元，增长12.1%；进口额为31279.5亿元，增长13.5%；逆差为2757.1亿元。商务部国际贸易经济合作研究院发布的《全球服务贸易发展指数报告2022》指出，[②] 2022年，我国服务贸易综合发展水平持续快速提升，中国服务贸易综合指数首次进入世界前10位，中国成为全球第九大服务贸易经济体。[③] 自党的十八大以来，我国服务贸易发展不断迈上新台阶，贸易规模上升至8000亿美元，世界排名稳居第2位。[④] 同时，我国知识密集型服务贸易比重上升到43.9%，[⑤] 服务贸易总体结构得到优化。当前，服务贸易早已不仅是国内创收的重要组成部分，更是国际经贸合作的重要方面，对我国加快构建新发展格局也有着重要意义。而知识产权服务贸易是服务贸易的新增长点，是提升供给体系质量、优化营商环境、推动经济高质量发展的关键因素，在国民经济中所占地位越发重要。因此，我国不断出台相关政策推动、支持知识产权事业的发展和繁荣，知识产权服务贸易总额整体呈上升趋势。

[①] "历年中国服务进出口统计"，中华人民共和国商务部商务数据中心，http://data.mofcom.gov.cn/fwmy/overtheyears.shtml。

[②] 《中国服务贸易综合指数排名首次进入全球十强》，中国服务贸易指南网，2022年9月9日，http://tradein services.mofcom.gov.cn/article/news/gnxw/202209/137744.html。

[③] 《中国服务贸易综合指数排名首次进入前10名》，中华人民共和国商务部公共商务信息服务网，2022年9月9日，http://chinawto.mofcom.gov.cn/article/ap/p/202209/20220903347199.shtml。

[④] 《商务部：我国服务贸易在世界排名连续八年稳居第二位》，中国服务贸易指南网，2022年8月24日，http://tradeinservices.mofcom.gov.cn/article/yanjiu/hangyezk/202208/136630.html。

[⑤] "中国服务贸易分类年度统计"，中华人民共和国商务部商务数据中心，http://data.mofcom.gov.cn/fwmy/classificationannual.shtml。

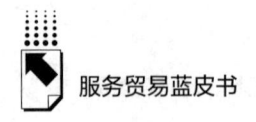

1. 进出口总额波动上升

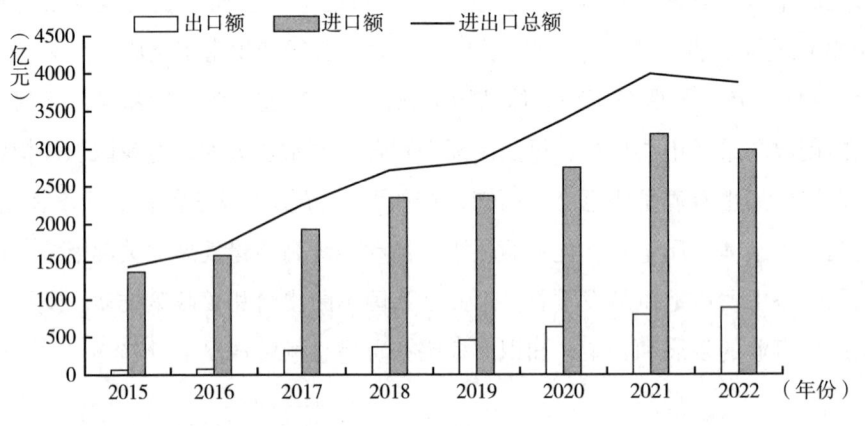

根据国家外汇管理局相关数据，2015~2022年，中国知识产权服务贸易进出口总额呈波动上升态势（见图1）。进出口总额从2015年的1434.78亿元，大幅提升至2022年的3872.53亿元，增长了2437.75亿元，涨幅达169.90%。其中，2017年中国知识产权服务贸易的进出口贸易规模增加最为显著，从2016年的1662.87亿元增长至2017年的2250.59亿元，增长了587.72亿，增速为35.34%。其余年份中国知识产权服务贸易进出口总额也保持较高的增长率，平均增长率为15%左右。2022年，受新冠肺炎疫情和全球经济疲软的双重影响，中国知识产权服务贸易进出口总额第一次出现轻微下滑，从2021年的3989.20亿元下降到2022年的3872.53亿元，同比下降2.92%。

图1 2015~2022年中国知识产权服务贸易进出口规模

资料来源：国家外汇管理局。

2. 进口额和出口额与进出口贸易总额变化趋势保持一致

就进口额和出口额各自的变化趋势而言，中国知识产权服务贸易进口额与进出口总额的变化趋势保持一致，而出口额逐年上升，但进口额、出口额与进出口总额增长最快的年份均为2017年（见图1）。具体而言，从出口来看，中国知识产权服务贸易出口额从2015年的66.58亿元增长到2022年的

889.18亿元，增加了822.60亿元，增长近12.36倍，2017年出口额同比上涨315.25%，其余年份平均增长率保持在较高水平（21.83%左右）。中国知识产权服务贸易出口额的增长不仅体现出中国创新驱动发展战略实施所取得的阶段性成效，而且已成为监测中国创新能力和知识产权管理能力等的一项重要指标。从进口来看，中国知识产权服务贸易进口额从2015年的1368.19亿元增长到2022年的2983.36亿元，增加了1615.17亿元，涨幅达到118.05%，2017年进口额同比上涨21.70%，2022年进口额同比下降7.00%，其余年份增长率稳定在14%左右。由此可见，在国家的大力支持下，我国知识产权服务贸易正稳步发展，并拥有较为明朗的前景未来。

3. 中国知识产权服务贸易总额与世界知识产权服务贸易总额变化趋势保持一致

中国知识产权服务贸易迅速发展，2006~2021年中国知识产权服务贸易总额以16.44%的速度增长，而世界知识产权服务贸易的平均增速为6.68%（见图2）。具体来看，中国与世界的知识产权服务贸易总额共有四次明显下降，分别是2009年、2011年和2012年、2015年、2019和2020年。2015年，受世界经济下行和国内经济震荡影响，世界知识产权服务贸易总额下降了1.11%，中国下降了0.79%。2019年和2020年，全球经济受到新冠

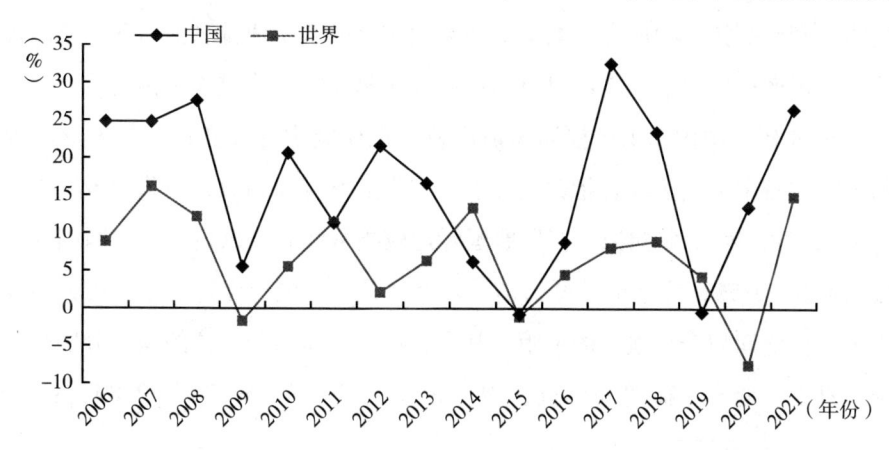

图2 2006~2021年中国与世界知识产权服务贸易总额增长率对比

资料来源：联合国贸易和发展会议（UNCTAD）数据库。

肺炎疫情的冲击，服务贸易的发展也受到波及，世界知识产权服务贸易总额在2020年下降7.47%，中国在2019年下降0.46%。世界知识产权服务贸易由于体量过大等原因，相比中国知识产权服务贸易变化更为平稳且有一定滞后性，如在2017年中国知识产权服务贸易总额和在2018年世界知识产权服务贸易总额都出现了短期内的小峰值，但中国的增长率高达32.57%，世界知识产权服务贸易总额的增长率仅为8.12%。再比如中国知识产权服务贸易总额增长率的下降出现在2011年和2019年，对应的世界知识产权服务贸易总额增长率下降出现在2012年和2020年。因此，中国知识产权服务贸易增长率在大多数情况下高于世界知识产权服务贸易增长率，且两者大致趋势一致。

（二）中国知识产权创造能力显著增强

国家知识产权局知识产权发展研究中心在2022年12月发布了《2022年中国知识产权发展状况评价报告》，报告采用国际比较指数反映我国在参与评价的49个样本国家中知识产权国际竞争力的发展状况，其由二级指标发展环境指数、产出能力指数和市场价值指数加权计算而得。发展环境指数由研发投入强度、专利审查员平均结案量、加入知识产权国际条约数量等指标构成，产出能力指数由每亿美元GDP发明专利有效量、涉及海外申请的发明专利族等指标构成，市场价值指数由国际品牌价值排名前100企业的占比、知识产权使用费年进出口总额占服务贸易总额的比重等指标构成。[①]

2014年，中国知识产权局知识产权发展研究中心在知识产权发展状况的国际比较中运用的综合指数是知识产权发展状况总指数，而我国该项得分仅为55.38。2022年知识产权发展国际比较指数测算结果显示，中国国际比较指数为79.56，较上年增长0.67，排第8位，同上年保持一致，极大地缩小了与传统知识产权强国的差距。其中，在该年排名前5位的国家分别是美国、日本、瑞士、荷兰和韩国，得分依次为89.79、86.35、82.89、82.59

[①] 《2022年中国知识产权发展状况评价报告》，国家知识产权局网站，2022年12月28日，https://www.cnipa.gov.cn/art/2022/12/28/art_88_181042.html。

和82.55（见表1）。此外，2022年中国知识产权发展环境指数得分为83.07，排第8位；产出能力指数得分为81.21，排第5位；市场价值指数得分为74.40，排第10位。各分项得分较上年都有一定增长，且均进入世界前10位。因此，可以认为我国知识产权综合竞争力稳步提升，知识产权服务贸易国际地位有所上升，知识产权强国建设取得明显成效。

表1　2021~2022年全球排名前20的国家知识产权服务贸易国际比较指数得分

2022年位次	国家	2022年国际比较指数得分	2021年国际比较指数得分
1	美国	89.79	88.51
2	日本	86.35	85.47
3	瑞士	82.89	82.73
4	荷兰	82.59	82.33
5	韩国	82.55	81.96
6	法国	80.01	79.64
7	德国	79.94	79.46
8	中国	79.56	78.89
9	英国	79.32	78.60
10	瑞典	78.88	77.83
11	新西兰	78.16	77.30
12	加拿大	77.84	77.10
13	以色列	77.80	77.42
14	澳大利亚	77.67	76.71
15	俄罗斯	77.42	76.38
16	芬兰	77.39	77.02
17	冰岛	77.04	74.54
18	奥地利	76.08	75.81
19	新加坡	75.78	75.48
20	意大利	75.73	75.01

资料来源：《2022年中国知识产权发展状况评价报告》。

（三）中国知识产权服务贸易长期呈逆差状态

2015~2022年，中国知识产权服务贸易始终保持逆差状态，且逆差有扩大趋势（见图3）。2015年我国知识产权服务贸易逆差为1301.61亿元，2022年知识产权服务贸易逆差为2094.18亿元，增长了792.57亿元。其主要原因是我国知识产权服务贸易进口额的增长速度远超出口额。2018年贸易逆差为1978.15亿元，2019年贸易逆差为1913.95亿元，相差不大的原因是那段时间世界经济增速大幅下滑，加之特朗普政府推行单边主义和贸易保护主义，严重影响了全球正常的投资贸易往来。2022年知识产权服务贸易出口额增加91.34亿元，进口额减少208.0亿元，贸易逆差为2094.18亿元，比上年减少了299.34亿元，贸易逆差有所下降的原因是2022年受疫情反复、俄乌冲突持续、全球通胀高位运行等因素影响，全球经济发展受挫。在知识产权服务贸易出口额未出现过大波动的情况下，知识产权服务贸易进口额出现大幅下降，进而导致贸易逆差减少。综合来看，我国知识产权服务贸易逆差呈扩大态势，这在一定程度上反映了我国知识产权服务贸易国际竞争力不强的事实，如何提升我国知识产权服务贸易的国际竞争力、如何进一步建设知识产权强国是值得深思的问题。

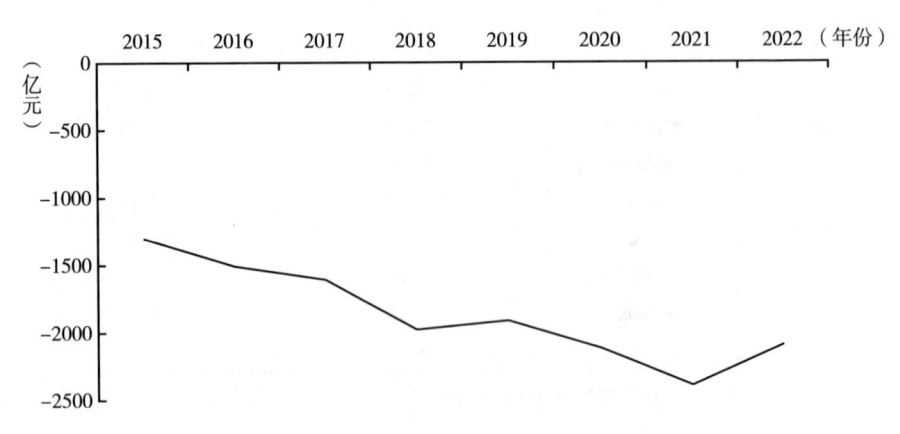

图3 2015~2022年中国知识产权服务贸易进出口差额

资料来源：国家外汇管理局。

（四）中国知识产权服务贸易规模较小

1. 中国知识产权服务贸易总额占中国服务贸易总额的比重不高

商务部商务数据中心的统计数据显示，2022年中国服务贸易细分行业进出口比重由高到低依次是运输，其他商业服务，旅行，电信、计算机和信息服务，知识产权使用费，建筑，保险和养老金服务，加工服务，维护和维修服务，金融服务，别处未提及的政府服务，个人、文化和娱乐服务。其中，知识产权使用费排第5位。运输进出口占比为35.28%，旅行占比为14.31%，知识产权使用费仅占6.49%（见图4）。知识产权使用费在中国服务贸易出口中排第6位，占比为3.13%，运输和其他商业服务占比分别为34.17%和23.53%（见图5）。知识产权使用费在中国服务贸易进口中排第4位，占比为9.55%，运输和旅游占比分别为36.30%和25.31%（见图6）。可以看出，不论是出口，还是进口，我国知识产权服务贸易在服务贸易中所

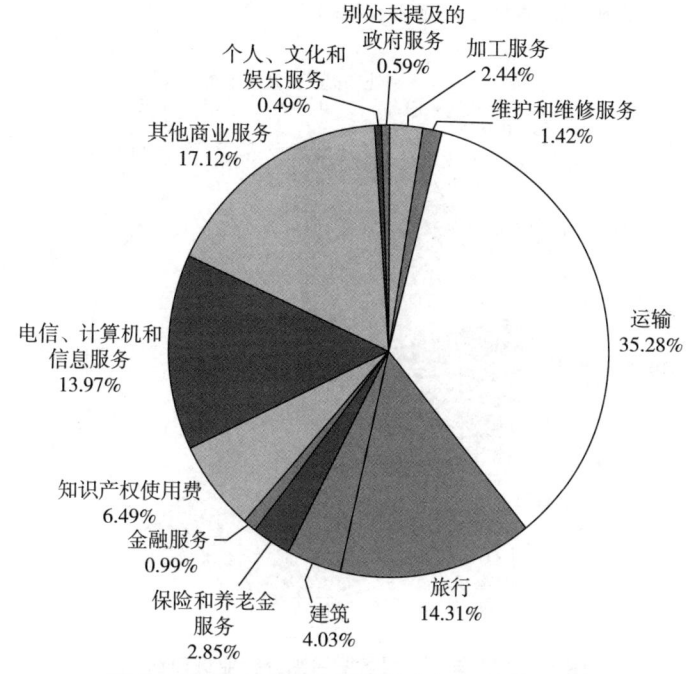

图4　2022年中国服务贸易细分行业进出口结构

资料来源：国家商务部商务数据中心。

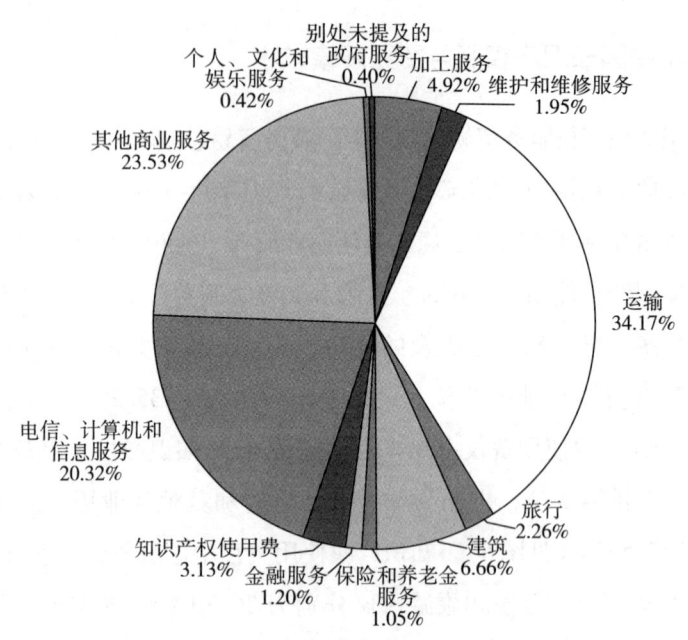

图 5　2022 年中国服务贸易细分行业出口结构

资料来源：国家商务部商务数据中心。

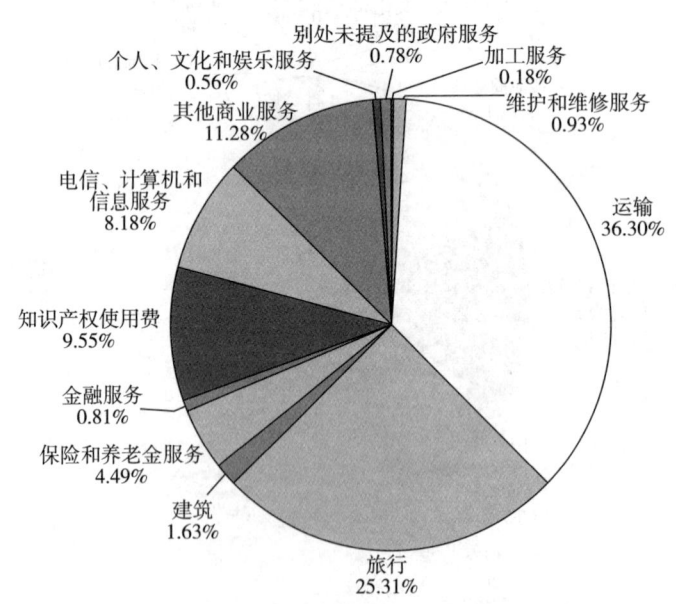

图 6　2022 年中国服务贸易细分行业进口结构

资料来源：国家商务部商务数据中心。

占份额都很小,与发达国家相距甚远,还有很大的进步空间。

2. 中国知识产权服务贸易总额占世界知识产权服务贸易总额的比重不高

从贸易总额来看,世界知识产权服务贸易和中国知识产权服务贸易均在2005~2021年呈现稳定上升趋势。2020年受疫情影响,世界知识产权服务贸易总额从2019年的921690.00亿美元下降到2020年的852882.63亿美元,中国知识产权服务贸易总额从2019年的40972.07亿美元上升至2020年的46508.48亿美元(见图7)。近10年中国知识产权服务贸易总额持续增长,在世界知识产权服务贸易总额中的占比从2005年的1.43%上升到2021年的6.00%,但这一比重在世界范围内并不算大,尤其是与发达国家相比。以2021年为例,知识产权服务贸易出口额排名前三的国家分别是美国、德国和日本,其在世界市场中所占份额分别是28.74%、13.50%和11.11%,所占份额之和为53.35%,仅三国的知识产权服务贸易出口额就占了世界市场一半以上的份额(见图8)。中国的知识产权服务贸易出口额排第9位,占比为2.71%。而在进口贸易额中,排名前三的国家分别是爱尔兰、中国和美国,占比分别为26.15%、9.21%和8.52%,占比之和为43.88%(见图9)。中国的知识产权服

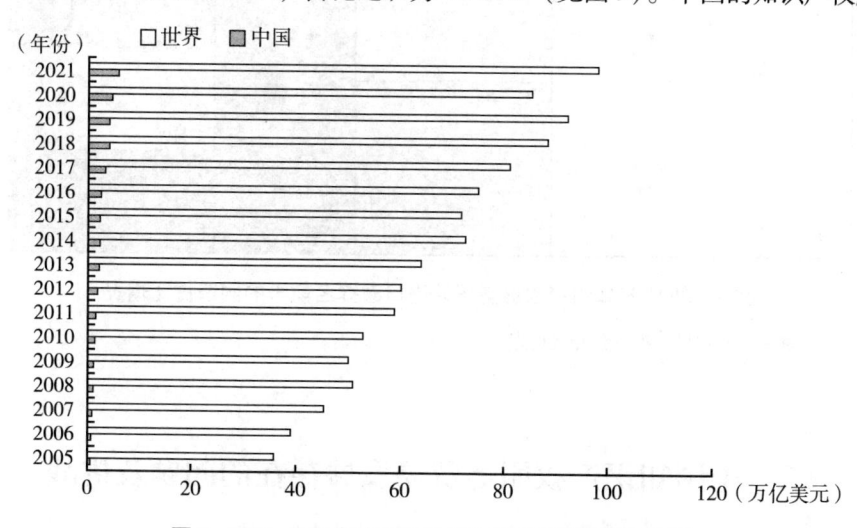

图7 2005~2021年中国与世界知识产权服务贸易总额

资料来源:联合国贸易和发展会议(UNCTAD)数据库。

务贸易进口额排名第二,但其出口额仅排第9位,知识产权服务贸易存在较大逆差,这表明中国的知识产权服务贸易还有巨大的发展潜力。

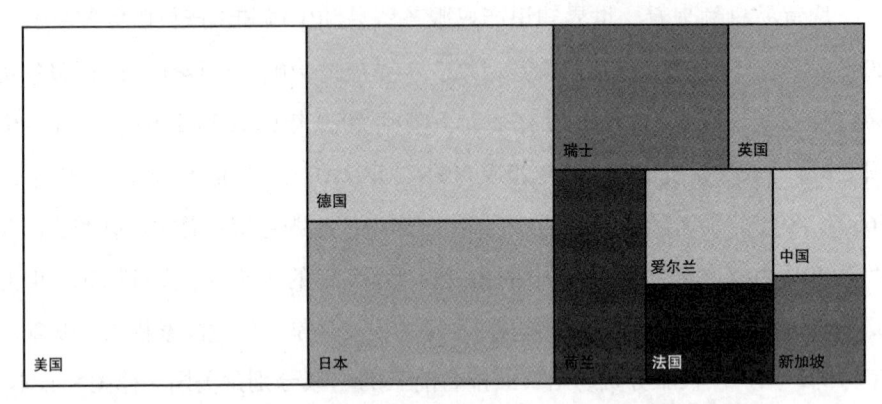

图8 2021年知识产权服务贸易出口额排名前十的国家占比情况

资料来源:世界银行公开数据库。

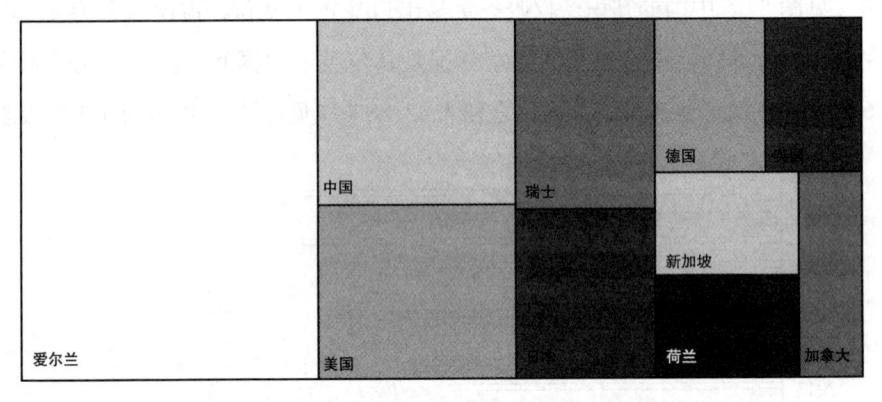

图9 2021年知识产权服务贸易进口额排名前十的国家占比情况

资料来源:世界银行公开数据库。

二 中国知识产权服务贸易发展存在的问题及挑战

我国科技创新能力不断提升,同时,国际环境复杂多变、经济下行的压力也为当前我国知识产权服务贸易的健康发展提出了新的挑战。

（一）知识产权服务供给质量不高影响了知识产权服务贸易的发展

世界知识产权组织（WIPO）发布的《2022年世界知识产权指标报告》显示，[①] 2021年全球专利申请共340万件，其中，159万件属于中国，占总数的近一半，高居世界首位，且与其他国家拉开较大差距。在有效专利申请方面，中国的有效专利数量超越美国，总量达360万件，成为2021年有效专利数量第一大管辖区。在商标申请方面，我国的申请数量也位居第一，按类统计后总量约950万件。除此之外，在有效工业品外观设计、有效地理标志数量等方面，中国也稳居榜首。

显而易见的是，中国已成为毫无争议的知识产权创造大国。但大国并不等于强国，我国离建成知识产权强国还有相当距离。知识产权的繁荣发展并没有直接带来我国知识产权服务贸易的飞速进步，究其原因，是因为我国知识产权虽量大，但质未必优。

一方面，从知识产权结构布局来看，我国专利技术主要集中在数字通信、电信、计算机、管理信息技术等领域，且在全球处于领先地位，但对生物、化学、环境工程等领域重视不足，这导致我国技术专业化程度远高于知识产权强国，但技术多元化程度较低，产业链不完善，更容易受到不利的外部因素的影响。世界知识产权组织数据显示，与美国、日本、德国等知识产权强国相比，我国国际专利技术集中分布在数字通信、视听技术、其他消费品等领域，而在生物技术、制药、医学技术、食品化学、基本材料化学、测量等领域存在体量不大、重视不足等问题。

另一方面，我国知识产权服务贸易的蓬勃兴起与国家知识产权扶持政策的大力引导密不可分，也正因如此，我国知识产权质量参差不齐，在发展过程中存在质量不高的知识产权服务供给。大多数企业依托国际化经营战略，根据企业自身的发展需求和技术研发的比较优势进行国际专利布局，在海外

[①] WIPO（World Intellectual Property Organization），"World Intellectual Property Indicators 2022，" 2022, https：//www.wipo.int/publications/en/details.jsp?id=4632&plang=EN.

申请相关知识产权认证。但存在部分企业蓄意申请低质量专利的情况，其目的是享受国家补贴政策或资助优惠等，这种行为极大地破坏了市场运营的正常秩序，导致我国知识产权服务贸易的质量下降。当给定产品价格，企业生产的产品质量越高时，对该产品的进口需求将越大，进一步地，对该产品的附加产品、延伸产品、互补产品等的进口需求量也有可能扩大。因此，我国知识产权服务贸易出口额始终难以有较大提升也印证了我国知识产权服务贸易质量有待提高。截至2022年，不论是产业创新发展规划、科技创新平台建设，还是企业科创版上市条件，我国大部分评估指标都以专利数量为主要标准，而缺少对产品质量的衡量，导致企业更加注重研发专利的件数，却没有足够的动力来进行高品质的研发和应用。质量欠佳使我国在知识产权服务贸易进出口中处于不利地位，进而导致整体国际竞争力不强。

（二）知识产权服务贸易相关专业人才储备严重不足

在我国知识产权服务贸易的发展过程中，人才是最重要的资源之一。高等教育人力资本的提升对于新兴服务贸易发展具有积极作用，其中知识产权服务贸易便是最典型的行业。因此，对于知识产权服务贸易高端人才，各国都采取积极的引进措施。然而，不同国家在薪资待遇、福利水平、技术水平和科研平台等方面存在较为显著的差异，并且人才培养支出、教育费用投入和人才所受的教育水平之间也存在较大差距，同时欠发达国家的人才资源往往流向发达国家，从而产生了大量的人力资本外流，这些都导致全球知识产权人才资源分布不均。发达国家作为创新等智力资源密集的区域，成为知识产权服务贸易的重要增长极，并因此在知识产权服务贸易规则和标准制定上掌握主动权，自然而然成为知识产权强国，甚至导致知识产权强国和弱国的差距越来越大。

目前，在相关人才数量和质量方面，我国与知识产权强国之间仍存在较大差距。一方面，我国知识产权研发人才不足，研发是专利布局的基础，研发人才直接决定了知识产权服务贸易能否顺利开展。另一方面，我国在培养知识产权服务贸易人才方面任重道远。一名出色的知识产权服务贸易代理人才，除了要精通知识产权相关法律知识之外，还要具备专业素养和市场开拓能力，要擅长与知识产权权利人和需求方进行沟通，可以及时把握各种资讯和市场机遇，并对其进行整合。综合起来，精通知识产权相关法律法规、懂得外语、熟练运用市场推广及商业谈判等技能的复合型人才最为紧缺，但当前我国还尚未具有完整的知识产权服务贸易代理职业教育体系，知识产权服务贸易人才有巨大缺口。

如何培养高端知识产权相关人才，如何促进知识产权海外人才"回流"，加快我国知识产权服务贸易高质量发展，提升我国知识产权服务贸易的国际竞争力，成为摆在行业，甚至是国家面前的一项迫切需要解决的难题。

（三）相关产业支撑性不足，知识产权服务贸易盈利能力较弱

与知识产权服务贸易直接相关的产业是知识产权服务业，其他相关产业包括知识产权服务贸易代理行业、出版印刷行业等。《2022年全国知识产权服务业统计调查报告》[1] 显示，截至2021年末，我国知识产权服务机构共有8.4万家，相关从业人员达92.8万人，营业收入超过2600亿元，较上年同期增加15.6%。同年，作为家电制造大国，我国家电行业主营业务收入达1.73万亿元。知识产权服务业营业收入仅为我国家电行业的1/6~1/7，这足以说明我国知识产权服务业和知识产权服务贸易还有很大的发展空间。

知识产权并不只是一项法律意义上的权利，在知识经济兴起的大背景下，知识产权本身就是一种财富和资产，商品化后的知识产权，可以以许可、转让、出售等方式经营运作，从而实现价值的多次增值。知识经济的典型特征是技术创新驱动经济发展，因此知识产权经济效用如何实现的问题是知识产权保护的原则性问题，无法被转化成经济效益的知识产权何谈保护的价值。大量智力成果能够被创造并被转化为经济效益，有很大一部分原因是

---

[1] 《2022年全国知识产权服务业统计调查报告》，国家知识产权局网站，2022年12月28日，https：//www.cnipa.gov.cn/art/2022/12/28/art_88_181038.html。

知识产权服务贸易代理机构。知识产权服务贸易代理机构作为知识产权供方和需方的中介组织，可以通过规模经济节省知识产权服务贸易的内在交易成本，其重要性不言而喻。但是现在，在国内，大部分知识产权服务贸易代理机构无法提供诉讼代理、调解版权争议等专业的知识产权服务，只能提供一些基础性服务，如版权法律咨询、代理收转版权使用费和图书版权代理等，而可以为版权人拓展市场的更是寥寥无几。因此，知识产权服务贸易代理机构的经济效益普遍不容乐观。

除此之外，我国知识产权服务贸易盈利能力不强的另一个重要原因是我国知识产权服务贸易缺乏具有国际影响力的品牌。《2022年全国知识产权服务业统计调查报告》显示，截至2021年底，成立时间在5年以内的知识产权服务机构占比为55.7%，成立时间不足3年的新生机构约2.2万家，占全部机构的26.8%。由此可见，一方面，知识产权服务业在我国仍是个新兴产业，形成品牌效应还需要一定的沉淀和积累。另一方面，我国知识产权服务企业规模普遍较小，以中小微企业为主，品牌意识和品牌建设能力不足。

三 促进我国知识产权服务贸易进一步发展的对策建议

（一）以创新驱动发展战略为核心，引领我国知识产权服务贸易高质量发展

推动知识产权服务贸易高质量发展的关键是提升知识产权服务贸易的产品质量，加大对知识产权服务贸易发展的支持力度。稳步扩大对外开放，充分调动企业积极性，以企业为主体，以市场为导向，增强质量意识，强化知识产权创造和储备的质量导向和完善质量考核体系，尤其是关键核心技术的创造与储备，以质量指标考核代替现有的数量指标考核。我国要想建设成为知识产权贸易强国还有很长的路要走，下一步需要以创新驱动发展战略为核心，加快实施驱动发展战略，发挥区位优势，加快经济结构转型，更新发展

理念，推动我国向可持续发展的创新型经济体的方向迈进。

挖掘国际市场对知识产权的多样化需求，同时提高对国外知识产权的战略布局和保护能力，并对专利技术市场需求的差异进行全面考量，找准国外市场的需求。为提升我国知识产权服务贸易的国际竞争力，应重视并积极利用科技创新成果对知识产权服务贸易的正向引导效果，深入贯彻实施创新驱动发展战略，加大科技创新的激励力度，加大科技研发投入，同时还要重视对科研人员和高学历人才的培养，强化政产学研的互动与合作，从而提高科研产出能力。要积极在高新技术产业、战略性新兴产业等领域争取国际先发优势，培育知识密集型、资本密集型、资源密集型产业中的知识产权服务贸易，加大对技术研发的投资，深度挖掘科研成果产出的潜能，提高科技成果的有效登记量，加快实现科技成果向现实生产力的高效转化，从而提高知识产权服务贸易的国际竞争力和综合实力。

（二）壮大知识产权服务人才队伍，培养知识产权服务贸易专业高端人才

知识产权服务贸易的快速发展离不开专业人才的储备，无论是研发人才还是贸易复合型人才，都是当下我国知识产权服务贸易急需的新鲜力量。必须努力做好知识产权服务贸易人才的培养工作，出台相关人才引进和支持政策，扶持创新人才，保证知识产权人才的数量和质量。从整合国内各地优势资源、优化人才引进渠道、加强人才国际化培养、建立知识产权保护人才库等方面入手，充分发挥政府部门在人才引进和教育方面的作用，建立知识产权保护人才激励机制，畅通人才引进通道。

一方面，要加强学校专业教育。大力完善相关培训体系，鼓励高校增设知识产权服务贸易相关专业，开设相关课程；领导干部、党政机关、政府单位等应加强知识产权保护及管理意识。另一方面，要补齐社会培训短板。开展知识产权服务贸易从业人员岗前培训，开展不同种类知识产权服务贸易培训活动，提升职业道德、职业能力，推动产业规范化、标准化发展。除此之外，还要建立完善的人才培养机制和人才报酬激励机制，加快构建知识产权

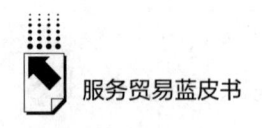

服务贸易高端人才引进体系，不断完善知识产权领军人才和骨干人才评选标准，构建高端知识产权服务贸易人才的能力评价体系，建立知识产权服务贸易高端人才数据库，推动知识产权服务贸易人才列入各级人才政策，加大政策引导和财政支持力度。

（三）增强相关产业支撑能力，激发知识产权服务发展新动能

完善知识产权法律制度和知识产权经济效用实现制度，拓宽知识产权服务贸易代理机构服务范围、多样化盈利渠道，积极采用新的商业模式，挖掘科技创新潜力，形成自主知识产权服务，并进一步增强将知识产权转化为生产力的能力。将涉及版权、商标、专利、商业秘密等主要知识产权服务贸易代理机构进行整合，做大做强知识产权服务贸易代理机构。明晰主管部门职责，完善与知识产权服务贸易代理机构相关的法律法规。通过税赋减免、财政资助和人员培训等优惠政策对相关产业产生正向激励，进一步提升科技成果转化率，发挥知识产权服务贸易对全球价值链的提升作用，增加服务贸易收益。发挥知识产权对全球价值链提升的重要价值，通过核心专利技术维持企业竞争优势，要求企业将知识产权作为重要发展战略，加大对专利技术的研发和转化投入，进而提高知识产权的运用率，通过积极开展多边创新合作，尤其是要加强与共建"一带一路"国家的合作与交流，抓住机遇，提升我国在全球价值链中的地位。

（四）打造知识产权服务国际品牌，实现高质量可持续发展

加强品牌发展的顶层设计，建立协调推进机制，将品牌发展与质量管理融入企业发展整体布局。在财政、税收等方面制定支持知识产权服务品牌发展的相关政策，建立起强大的政策引导机制，促进品牌发展与创新驱动的深度融合。为品牌发展营造良好的生态环境，将创造高质量知识产权作为切入点，引导企业以提升知识产权服务质量和经济效益为立足点。培育中国知识产权服务品牌，扩大中国品牌知名度及影响力，积累口碑、赢得市场信任，增强知识产权自主品牌的国际话语权。加强国际品牌管理，推进知识产权品

牌建设，实施知识产权强国战略。

要深化各领域改革，加大对知识产权的保护力度，积极吸引全球智力资源，促进我国技术进步，同时，加大自主创新力度，在核心关键技术领域取得突破，打造自主品牌，提升核心知识产权比重，提高知识产权服务供给体系的质量和效率。塑造合乎法规、拥有公众好感、生存能力强、稳定性及可信度高的国际品牌，引导知识产权服务机构向专业化、市场化、国际化、品牌化方向发展，提升服务质量和服务专业度，最终打造出一批具有国际影响力和品牌号召力的知识产权代理服务、运营服务、法律服务、信息服务等专业机构。

参考文献

代中强：《我国知识产权贸易竞争力分析及发展对策》，《国际贸易问题》2007年第8期。

刘菊芳：《发展知识产权服务业的关键问题与政策研究》，《知识产权》2012年第5期。

阚大学、吕连菊：《我国服务贸易与不同层次人力资本关系的实证研究》，《世界贸易组织动态与研究》2013年第5期。

宋林、张永旺：《贸易摩擦背景下我国发展知识产权贸易的对策研究》，《国际贸易》2018年第8期。

崔艳新：《中美知识产权服务贸易发展战略研究》，《国际贸易》2019年第4期。

王晓东：《创新驱动背景下我国知识产权贸易发展路径分析》，《特区经济》2019年第10期。

樊海潮、李亚波、张丽娜：《进口产品种类、质量与企业出口产品价格》，《世界经济》2020年第5期。

牛士华：《新形势下我国知识产权贸易竞争力提升研究》，《对外经贸实务》2020年第6期。

姜云飞：《荆棘在途的世界经济：新挑战、新趋势、新动力——2023年世界经济分析报告》，《世界经济研究》2023年第1期。

B.8 中国语言服务出口现状分析与建议[*]

王立非 李昭[**]

摘 要: 从国际环境看,全球语言服务领域不断扩展,欧美的语言服务产值和企业仍处于垄断地位,亚洲为正在崛起的新兴市场。从国内环境看,我国新近出台了一系列鼓励和促进语言服务产业发展和语言服务出口的政策和措施,全国语言服务市场克服疫情带来的影响,呈现不断增长的趋势。京津冀、长三角、粤港澳大湾区和海南自贸港语言服务业规模增长居全国领先地位。数据分析显示,我国语言服务出口规模总体较小,四大重点经济区域的语言服务出口规模虽然领先,但海外市场份额较小,出口潜力巨大。根据我国语言服务出口的现状和特点,建议加大政府支持力度,加强语言服务出口的规范化和标准化建设,拓展语言服务出口领域和对象,加强与国际语言服务市场的联系和合作,加强海外市场营销和品牌建设,提高语言服务出口人才培养和技术水平,注重服务出口体验和用户反馈。

关键词: 语言服务出口 语言服务 服务贸易

---

[*] 本报告为2020年北京市社会科学基金重点项目"'一带一路'语言服务便利度测量模型构建与应用"(项目编号:20YYA002)和2022年北京语言大学校级重大专项暨中央高校基本科研业务费专项资金资助项目"国家应急语言教育体系构建研究"(项目编号:22ZDY01)的阶段性成果。

[**] 王立非,博士,北京语言大学高级翻译学院教授,博士生导师,国际语言服务研究院院长,国家语言服务出口基地首席专家,主要研究方向为语言教育、商务英语、语言服务;李昭,北京语言大学外国语学部国际语言服务专业博士生,河北师范大学外语教学部讲师,主要研究方向为语言教育、商务英语、语言服务。

引　言

（一）我国服务进出口概况

商务部2022年统计数据显示，在中美贸易摩擦、新冠疫情等多重不利因素影响下，我国服务进出口呈现以下特点：一是我国全年服务进出口总额达59801.9亿元，同比增长12.9%。其中，服务出口额为28522.4亿元，增长12.1%；进口额为31279.5亿元，增长13.5%；逆差为2757.1亿元。[①] 二是服务贸易结构持续优化，知识密集型服务进出口额占服务进出口总额的比重持续稳定在四成以上，2022年知识密集型服务进出口额为25068.5亿元，增长7.8%。其中，知识密集型服务出口额为14160.8亿元，增长12.2%，出口增长较快的领域是知识产权使用费，电信、计算机和信息服务，分别增长17.5%和13.0%；知识密集型服务进口额为10907.7亿元，增长2.6%，进口增速较快的领域是保险服务业，增速达35.8%。未来，以知识密集、技术密集为主要特点的新兴服务贸易在服务贸易中的占比将不断提升。三是国家将积极支持和鼓励包括地理信息、中医药、数字服务、知识产权、语言服务等在内的服务业新业态。2022年，我国把语言服务业列入《鼓励外商投资产业目录（2022年版）》，批准一批特色服务出口基地（语言服务），加强政策引导，使其在合法、有序、安全的前提下做大做强，培育中国服务出口新动能。

（二）语言服务出口成为服务出口的增长点

语言服务出口是一种知识和技术密集型服务出口新业态，在新兴服务贸易中占有一定比重，指一国的语言服务企业或个人向其他国家提供的语言服务，包括口笔译、本地化、语言教学、语言咨询等服务，通常是由专业化的

[①] 《商务部：2022年我国服务进出口总额59801.9亿元 同比增长12.9%》，国务院新闻办公室网站，2023年1月30日，http://www.scio.gov.cn/xwfbh/xwbfbh/wqfbh/49421/49554/xgbd49561/document/1735983/1735983.htm。

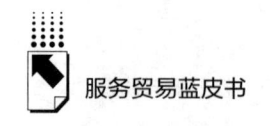

语言服务提供商提供，语言服务企业通过与海外客户的联系，使不同国家的人们能够通过跨境语言服务开展经济、文化、科技等各种形式的交流。

我国的语言服务出口额不断增长，市场规模不断扩大，在全球化和信息化的背景下语言服务变得越来越重要。全球化加速和信息技术的发展为跨境语言服务提供了更便捷和更高效的方式。语言服务出口的需求量也在不断增加。语言服务出口可以促进国际贸易、文化交流和知识共享，对推动全球经济和文化发展具有重要作用。同时，语言服务出口也是一种高附加值的服务，对提高国家的服务贸易比重和经济效益具有重要意义。

国际化战略是语言服务企业在全球化背景下进行市场扩张和业务拓展的重要策略之一。语言服务出口作为国际化战略的一部分，可以帮助语言服务企业进入新的语言和文化市场，提高语言服务企业在国际市场上的竞争力。一是可以帮助企业增加收入。通过提供口笔译、本地化、语言咨询等服务，企业可以在满足客户在国际化过程中的语言和文化需求的同时，获得相应的报酬。二是可以提高企业的品牌价值。通过提供高质量的语言服务，企业可以树立良好的品牌形象和声誉，吸引更多的客户和合作伙伴。三是可以促进国际交流。帮助不同国家和地区的人们有效交流，促进文化交流和合作。四是可以推动技术发展。随着翻译技术和语言处理技术的不断进步，语言服务出口也将迎来新的技术应用和发展机遇，从而推动整个行业的技术创新和进步。

但不可否认，我国的语言服务出口与金融、知识产权等其他服务出口相比规模还较小，与欧美发达国家（地区）相比，竞争力也较弱，还有很大的提升空间。2022年，我国已出台相关政策和措施促进语言服务出口，全面推动语言服务出口高质量发展。

一 我国语言服务出口的国际环境分析

（一）全球语言服务领域变化分析

全球语言服务的核心领域是翻译服务，主要是口译和笔译服务。由于信息技术快速发展，语言服务产生了机器翻译语言技术、语言资源、语言投融资等新兴领域。

1. 全球语言服务的核心领域

语言服务包括翻译服务、语言技术服务、语言项目投资、语言培训等。美国CSA语言服务咨询公司列出的语言服务类别分为笔译与本地化、口译、多媒体服务、增值服务四类，包括语言直接相关服务和语言间接相关服务。语言直接相关服务为翻译服务，是语言服务最主要和最核心的业务，是翻译公司主要的营收来源。语言间接相关服务包括多媒体服务和增值服务两类，前者涉及语音、文字与技术的结合，后者是对语言服务的管理、技术优化和国际化（见表1）。

表1 语言服务核心领域

服务类别	服务内容	服务类别	服务内容
笔译与本地化	笔译 创译 译后编辑 软件本地化 网站本地化 游戏本地化 移动应用程序本地化	多媒体服务	配音、旁白、字幕、解说 转录 多媒体
口译	现场口译 电话口译 会议口译 视频口译 远程同声传译 机器口译	增值服务	国际化 桌面排版 项目管理 国际测试、质保 搜索引擎优化

资料来源：蒙永业、王立非编译《全球语言服务市场研究报告》，对外经济贸易大学出版社，2023。

2. 全球语言服务的新兴领域

随着人工智能、神经网络翻译等技术的发展创新，语言服务企业开始在提升核心服务质量的基础上，探索更多新兴服务领域，为客户提供更多高质、高效、定制化的服务。这些新兴领域可分为辅助服务和语言技术两大类，辅助服务包括本地化与国际化营销服务、内容服务、语言文化培训服务等，语言技术服务包括交付工具研发、工作流程管理系统开发、影音工具技术创新等（见表2）。

表2 语言服务新兴领域

服务类别	服务内容
辅助服务	人力外包和招聘 语言文化培训 营销服务：品牌分析、市场研究、社交媒体支持、广告推广、数据分析 内容服务：内容管理、内容扩充、文本分析、创作、应用程序开发、呼叫中心服务 专业服务：非语言技术、单语转录、文件处理、法律合规、一般咨询
语言技术	语言服务交付工具：术语管理、翻译记忆、机器翻译、口译工具、售后质保、业务和工作流程管理系统 内容创作与发布：内容管理系统、创作辅助、自动内容扩充、连接器、影音工具（配音、字幕）

资料来源：蒙永业、王立非编译《全球语言服务市场研究报告》，对外经济贸易大学出版社，2023。

（二）全球语言服务市场特点分析

1. 全球语言服务市场总产值

自2009年以来，全球语言服务市场保持稳定增长态势，全球语言服务产值年均复合增长率（CAGR）为7.8%，这一速度超过总体经济增长速度。[①] 2020~2021年受新冠疫情影响，全球语言服务行业规模增长有所放缓，产值分别为460.9亿美元和492.8亿美元（见图1）。预计2022年将增长至530亿美元，增长率将超过7.5%。其中，欧盟语言服务业产值约占全球的49%，美国语言服务业产值占39.32%，亚太各国占10.54%，非洲占比最小，仅为0.07%。[②]

[①] CSA Research, "2020 Rankings of Largest LSPs in the World," https://insights.csa-research.com/reportaction/305013150/Marketing.

[②] CSA Research, "2021 Language Services and Technology Market Growth Scenarios," https://csa-research.com/Blogs-Events/CSA-in-the-Media/Press-Releases/2021-Language-Services-Market.

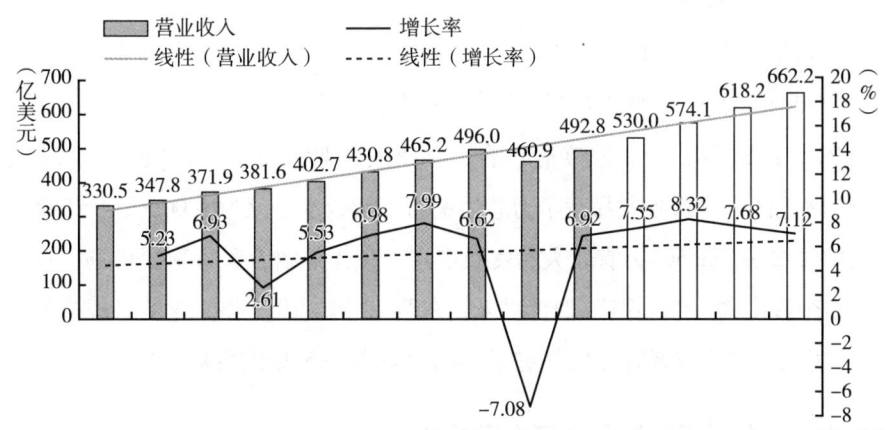

图1　2012~2025年全球语言服务市场营业收入及增速

资料来源：蒙永业、王立非编译《全球语言服务市场报告》，对外经济贸易大学出版社，2023。

2. 欧美语言服务市场产值

欧盟语言服务市场产值一直全球领先，约占全球市场的49%。据统计，2021年欧盟语言服务市场产值达到241.57亿美元。北欧地区语言服务企业产值约占欧盟语言服务企业总产值的60%，北欧地区语言服务企业的平均产值约为20.7亿美元。2021年，英国如文思公司（RWS Holdings）以9.73亿美元的年收入稳居世界语言服务企业百强榜首。[①]

美国的语言服务市场产值在全球位居第二，占全球市场的39.32%，2021年产值达到193.79亿美元，美国语言服务行业平均产值为28.17亿美元，单个企业平均产值为1.17亿美元。2019~2020年世界语言服务百强企业榜单前3名均为美国企业，2020年3家企业的产值合计高达24.8亿美元。美国的TransPerfect公司拥有4342名员工，美国的LanguageLine Solutions公司的全职员工数量高达10500人，该公司在世界语言服务百强

---

① 蒙永业、王立非编译《全球语言服务市场报告》，对外经济贸易大学出版社，2023。

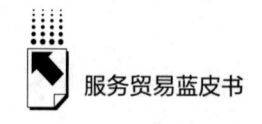

企业榜单中位列第一。[①]

3.亚洲语言服务市场产值

亚洲为新兴语言服务市场，其语言服务市场产值在全球占比较小，为10.54%。2021年，受新冠疫情影响，亚洲语言服务市场总产值为51.92美元。[②] 该地区语言服务贸易竞争力总体偏弱，指数水平仅为1.00，远低于全球平均指数水平（2.56），有较大的发展空间。东盟是语言服务新兴市场，特别是自中国提出"一带一路"倡议以来，东盟10国的语言和文化贸易规模不断增长，RCEP[③]的签署有力地促进了亚洲语言服务市场的发展。

（三）全球语言服务市场发展趋势

随着全球经济发展和文化交流加深，语言服务市场快速发展，受益于跨境贸易、旅游、移民等领域对多语种服务需求的增长，全球语言服务市场规模将在未来几年内保持高速增长态势。同时，随着机器翻译、神经网络、自然语言处理、云计算、人工智能等技术的发展与创新，语言服务市场将不断向数字化、智能化、自动化的方向发展。技术进步推动市场规模扩大的同时，将促使语言服务模式更趋多样化。语言服务企业需要探索更高效的方式，通过整合资源，将人工与技术相结合，为客户提供灵活、定制、全球化的"一站式"语言服务，以提升企业的竞争力。

市场规模的扩大和服务模式的多样化将加剧全球语言服务市场竞争。科技的进步将打破语言服务企业的地域限制，为企业提供新的机遇与挑战。同时，随着更多曾经聚焦本土的语言服务企业走向国际舞台，语言服务市场对全球范围内统一标准和规范的呼声越来越大，国际语言服务标准化和规范化进程将加快，以提高语言服务质量、保障各参与主体的权益。

[①] 任杰、王立非：《长三角区域语言服务竞争力指数评价与分析》，《语言文字应用》2022年第2期。

[②] 王立非、金钰珏、栗洁歆：《语言服务竞争力评价指标体系构建与验证研究》，《中国翻译》2022年第2期。

[③] RCEP：《区域全面经济伙伴关系协定》（Regional Comprehensive Economic Partnership）。

二 我国语言服务出口的国内环境分析

（一）我国语言服务出口的政策环境分析

1. 语言服务产业列入《鼓励外商投资产业目录》

促进语言服务出口的第一个政策措施是国家发改委、商务部于2022年10月28日发布的《鼓励外商投资产业目录（2022年版）》（以下简称《目录》），该《目录》首次将"语言服务产业"纳入其中。语言服务产业被列为第460条，包括翻译、本地化服务、语言技术开发应用、语言资源服务等，隶属租赁与商务服务业。该项举措对鼓励外商投资语言服务产业、推进服务业扩大开放、促进来华投资增长、助力我国语言服务产业高质量发展意义重大。语言服务产业是全球化时代重要的基础性支撑产业，是讲好"中国故事"、推动中华文化"走出去"必不可少的媒介，是推动对外贸易，特别是文化贸易高质量发展的重要支撑，是培育国际经贸合作和竞争新优势的有力途径和抓手。

从翻译业务来看，翻译和本地化作为语言服务产业的核心支柱，在引入资本的同时，势必会吸收更多值得借鉴的技术、标准、管理制度等，从而提升语言服务企业整体水平，增强语言服务的国际竞争力。例如，参照ISO27001信息安全标准认证、ISO17100国际翻译质量标准认证、ISO9001质量管理体系认证、EN15038欧洲翻译服务标准等，制定相应生产流程和管理体系，提升服务、质量以及管理的标准化水平，目前"中小企业数量多、业务规模小、服务质量参差不齐"的局面将得到改变。以更大的企业规模、更高的业务水平打造"中国服务"品牌，提升"中国服务"的品牌竞争力，深度参与国际语言服务市场竞争，提升我国语言服务国际话语权。

从语言技术来看，目前语言技术开发应用主要侧重机器翻译和计算机辅助翻译领域，但随着语言技术开发应用能力的增强，语言技术将赋能各行

135

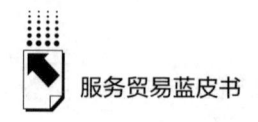

业，满足各行业对多语种信息处理的需求，成为创新发展的"利器"。面向人工智能、大数据、云计算、区块链等技术的语言服务将形成全新的产业生态，进入"数字+"和"语言智能+"时代。语言服务产业进入《目录》、外商投资增加，将引发国际市场对语言服务产业的关注和技术创新，带来语言服务技术人才需求的增长。

从语言资源服务来看，语言资源指以语言文字为主要内容的人力、知识、信息、符号、作品、产品及其集合，例如语料库、语言数据库、术语库、翻译记忆库、文本资源库、语言资产库、语言专家库等。语言资源服务由语言人力资源服务、语言信息资源服务、语言内容资源服务、语言数据资源服务、语言技术资源服务构成。数字时代和数字社会高度依赖语言资源服务，语言资源的作用不断凸显。语言资源服务领域将成为外国投资的一个重点和热点领域。我国语言服务企业将面临来自国外的机遇、挑战和激烈的竞争。

从语言服务人才培养来看，语言服务产业进入《目录》将激发社会对语言服务人才的需求与重视，推进语言服务学科建设，加大各语种人才培养力度和培养模式创新，激励企业与高校合作完善产学研协同培养机制，鼓励企业与高校共建语言服务实训基地，全方位提高语言服务人才的实践能力，培养更多具有国际视野、契合市场需求的高素质、复合型多语种服务人才，从而吸引更多资本和推动技术创新。

2. 国家批准成立特色服务出口基地（语言服务）

促进语言服务出口的第二个政策措施是2022年3月15日商务部等7部门发布的《专业类特色服务出口基地名单》，首次批准14家企事业单位和园区为语言服务出口基地。语言服务是服务贸易的重要组成部分。

目前，国家扶持语言服务产业的相关政策正在制定，尚未出台，但对其他相关领域的扶持政策同样让语言服务行业和企业从中受益。例如，由商务部、中宣部等5部门共同认定的"国家文化出口重点企业"和"重点文化出口项目"，这意味着将有越来越多的语言服务企业获得国家资助。国家出版业"走出去"的重要工程——"丝路书香工程"的"重点翻译资助项目"数量逐年上升，覆盖了"一带一路"的几十个常用语种。工信部公示的《大数据产业发展试点示范项目》，也出现了语言服务企业的名称和语言相关的大数据开发项目。同时，语言服务产业战略重要性开始显现，在对外开放和"一带一路"倡议的大背景下，语言服务业开始更多地参与国家战略项目。

国家首次批准成立语言服务出口基地，旨在进一步促进语言服务产业发展，扩大语言服务出口规模，提升国家语言服务能力。这将推动我国文化服务贸易的整体发展，根据国家外汇管理局的数据，2009~2021年，我国文化服务进出口规模由177亿美元增长至1244亿美元。[①] 同时，文化服务进出口规模的扩大也会促使更多"走出去"企业增加对语言服务的需求，2025年我国对外贸易进出口总额将达到90572亿美元，需要的语言服务体量将达到8861.14亿美元，[②] 语言服务出口基地的设立将为更多出口企业提供平台和支持，通过高质量语言服务助力我国整体服务业出口水平的提升。

语言服务出口基地的建设将促进就业和人才培养，随着数字经济的发展，各行业对数字语言服务的需求不断攀升。新零售领域、智能汽车领域、能源及制造领域等重点行业的数字化转型离不开数字语言服务，从业人员数字语言服务能力提升、高质量数字语言服务人才的培养迫在眉睫。

3. 语言服务技术列入《中国禁止出口限制出口技术目录》

商务部和工信部于2021年公布《中国禁止出口限制出口技术目录》，对我国的语言服务技术和知识产权进行保护。《中国禁止出口限制出口技术目录》第96条计算机服务业领域（编号为2161010X）规定以下19项信息处理技术为限制出口，包括智能汉字语音开发工具技术，字符式汉字显示控

---

① 《2021年中国国际收支报告｜我国文化服务进出口规模突破千亿美元》，国家外汇管理局网站，2022年4月2日，http://www.safe.gov.cn/dalian/2022/0402/1538.html。
② 王立非、任杰：《2017~2022年中国语言服务行业国际竞争力评价与分析》，载李小牧、李嘉珊主编《服务贸易蓝皮书：中国国际服务贸易发展报告（2022）》，社会科学文献出版社，2022。

制器的设计、制造工艺，计算机中文系统的核心关键技术，工程图纸计算机辅助设计（CAD）及档案管理系统光栅/矢量混合信息处理方法，中文平台技术（中文处理核心技术），信息存取加、解密技术，中译外翻译技术，少数民族语言处理技术，汉语及少数民族语言的语音识别技术，汉字压缩、还原技术，印刷体汉字识别技术、程序结构、主要算法和源程序，Videotex（可视图文）系统的汉字处理技术及网间控制技术，具有交互和自学习功能的脱机手写汉字识别系统及方法，用于计算机汉字输入识别方法中的手写体样张、印刷体样张以及汉语语料库，汉字识别的特征抽取方法和实现文本切分技术的源程序，汉语及少数民族语言的语音合成技术，汉语及少数民族语言的人工智能交互界面技术，汉语及少数民族语言的智能阅卷技术，基于数据分析的个性化信息推送服务技术。

语言服务涉及信息安全和国家安全，直接关系语言文字安全、语言资源安全和语言技术安全。《中国禁止出口限制出口技术目录》的出台将有力地促进机器翻译系统、语料库、术语库等中文信息处理和中译外翻译技术发展，牢牢掌握汉语、民族语言、汉外机器翻译等语言重器，确保我国领先的中文信息技术、中译外机器翻译技术等始终服务于中国的发展战略和发展利益。

（二）我国语言服务出口的产业环境分析

1. 我国语言服务市场产值

统计显示，2022年，我国语言服务市场产值超过2125亿元，其中，以语言服务为主营业务的企业产值占50.64%，23.75%的产值由含有语言服务的各类企业贡献；25.62%的产值由外商投资的语言服务企业贡献。按照过去20年语言服务产业发展趋势，到2025年，我国语言服务市场规模大约可达10363.8亿元，市场潜力巨大。[①] 语言服务市场包括机器翻译、语音识

[①] 北京语言大学国际语言服务研究院课题组根据2022年国家市场监督管理总局企业注册信息数据库的数据统计和计算而得。

别、语义和文本自动处理、术语库、语料库和语言资源管理、语言智能科技产品、游戏动漫产品和服务、网络文学出海、网络社交媒体、全球资讯产业、视听本地化、言语健康医疗、涉外知识产权保护、国际版权贸易、跨境社交电子商务等。

2. 我国语言服务企业数量

统计显示，2022年，我国以语言服务为主营业务的企业超过5.4万家，占全国语言服务企业总数的4.40%；含语言服务的企业有95万余家，占比达到76.69%；外商投资的语言服务企业有23万余家，占比为18.91%，企业总数超过124万家（见表3）。

表3 2022年我国语言服务企业情况

企业类型	数量（家）	产值（万元）	数量占比（%）	营收贡献率（%）
以语言服务为主营业务的企业	54681	10762750	4.40	100.0
含语言服务的企业	952878	5047489	76.69	2.0
外商投资的语言服务企业	235000	5444677	18.91	0.5
合计	1242559	21254916	100.00	

资料来源：根据国家市场监督管理总局企业注册信息数据库统计和计算而得。

（三）四大重点经济区域语言服务出口环境分析

1. 京津冀区域语言服务市场规模

统计显示，2021年，京津冀区域语言服务企业产值为79.7332亿元，约占全国语言服务市场总值的22.4%。平均产值达到26.5780亿元，其中，北京以67.4864亿元名列第一，远超天津和河北，河北和天津位列第二和第三，语言服务企业产值分别为6.2978亿元和5.9490亿元（见图2）。①

统计显示，2021年京津冀地区服务业增加值同比增长2.5%，其中，北京服务业增加值同比增长3.3%，天津增长1.5%，河北增长2.8%。根据京

---

① 资料来源：北京语言大学国际语言服务研究院数据库。

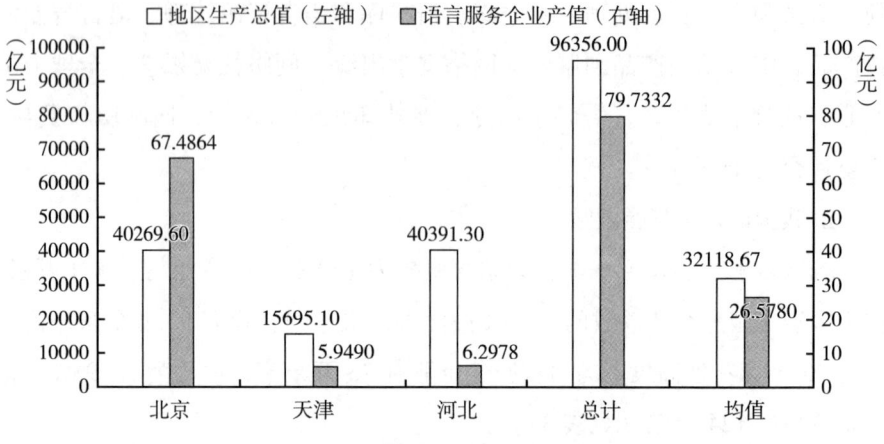

```
（亿元）
100000              地区生产总值（左轴）    语言服务企业产值（右轴）              100 （亿元）
 90000                                   96356.00                              90
 80000                                           79.7332                       80
 70000        67.4864                                                          70
 60000                                                                         60
 50000                                                                         50
 40000  40269.60              40391.30                                         40
 30000                                                    32118.67             30
 20000         15695.10                                          26.5780       20
 10000                5.9490         6.2978                                    10
     0                                                                          0
          北京         天津         河北         总计         均值
```

图 2　2021 年京津冀区域语言服务市场规模

资料来源：国家工商总局企业注册数据库。

津冀服务业增加值的增长率推算，3 年后京津冀语言服务市场规模可达 254.465 亿元，其中，北京的语言服务市场规模可增长至 216.115 亿元，河北可增长至 19.965 亿元，天津可增长至 18.385 亿元。①

2. 长三角区域语言服务市场规模

统计显示，2021 年，长三角区域语言服务市场规模为 98.1521 亿元，平均产值为 24.5380 亿元，占全国语言服务市场的 32.59%。其中，江苏为 55.7460 亿元，在长三角区域语言服务产值中领先，占全国语言服务市场的 18.51%；上海为 31.8045 亿元，位居第二，占全国语言服务市场的 10.56%；浙江为 7.7608 亿元，安徽为 2.8408 亿元，分别占全国语言服务市场的 2.58%和 0.94%（见图 3）。

2021 年，长三角区域服务业增加值同比增长 8.29%，上海服务业增加值同比增长 12.50%，江苏同比增长 7.57%，浙江同比增长 7.60%，安徽同比增长 2.50%。按 8.29%的平均增长率计算，未来 3 年长三角区域语言服务市场总值可达 382.3 元，其中，上海的语言服务市场产值可增长至

---

① 资料来源：北京语言大学国际语言服务研究院数据库。

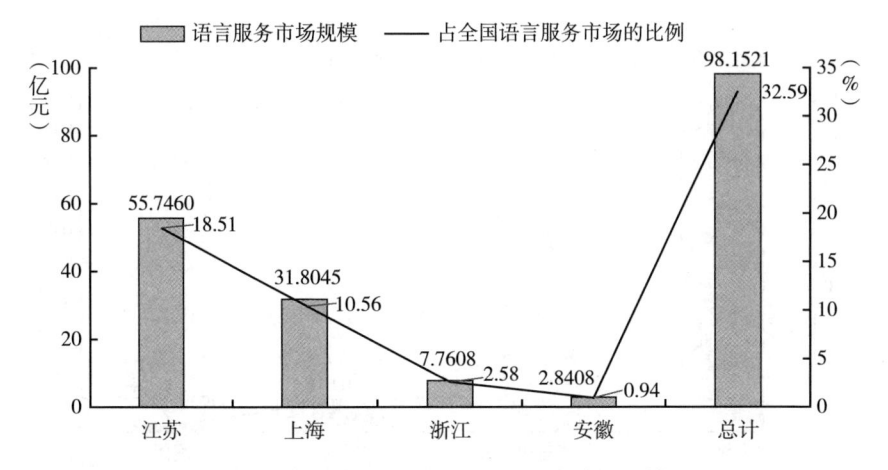

中国语言服务出口现状分析与建议

图3 2021年长三角区域语言服务市场规模

资料来源：北京语言大学国际语言服务研究院数据库。

136.2亿元，江苏预计增长至208.1亿元，浙江预计增长至28.8亿元，安徽预计增长至9.2亿元。

3. 粤港澳大湾区语言服务市场规模

统计显示，2021年，粤港澳大湾区地区生产总值超过12.4万亿元。根据测算，2022年粤港澳大湾区语言服务产值为124.5983亿元，平均产值达到41.5328亿元，占全国语言服务总产值的28.49%，占粤港澳大湾区地区生产总值的0.09%。其中，大湾区内广东9市的语言服务产值达到108.5233亿元，占大湾区地区生产总值的0.08%；香港的语言服务总产值为13.6100亿元，占大湾区地区生产总值的0.01%；澳门的语言服务产值为2.4650亿元，占大湾区地区生产总值的0.002%（见图4）。

2021年，大湾区粤港两地的服务业平均增加值为6.26%，其中，广东服务业增加值同比增长6.80%，香港同比增长5.73%，澳门的服务业因疫情出现负增长，但2023年澳门的服务业呈现较快增长的势头。2023年，粤港澳大湾区语言服务市场规模增速预计将达到6.26%，大湾区的语言服务产值可达到132.911亿元。

2023~2025年粤港澳大湾区语言服务市场总规模预计可达到436.067亿

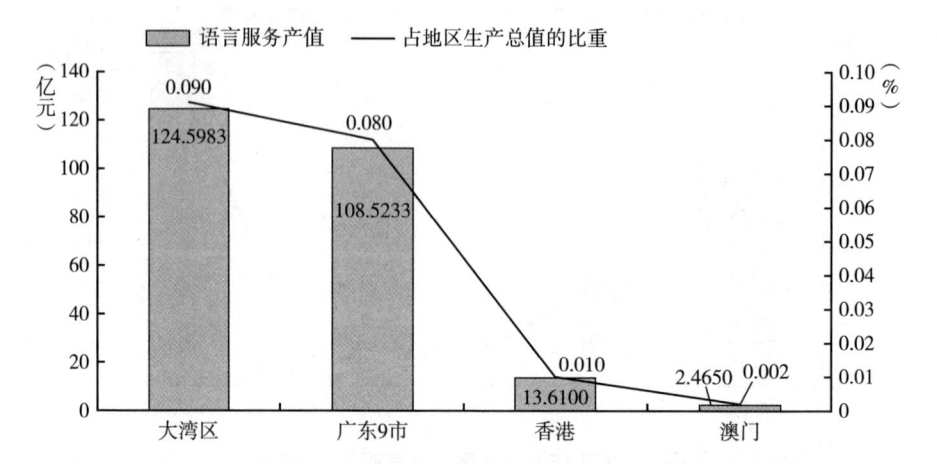

图 4　2021 年粤港澳大湾区语言服务产值及占地区生产总值的比重

资料来源：北京语言大学国际语言服务研究院数据库。

元，大湾区内广东 9 市的语言服务产值预计可达到 382.226 亿元，香港可达 45.680 亿元，澳门可达 8.161 亿元。可以预见，粤港澳大湾区的语言服务产业将在"十四五"期间迎来发展的黄金期。

4. 海南自贸港语言服务市场规模

统计显示，2021 年海南语言服务产值为 23.81 亿元，占全国语言服务总产值的 1.12%。其中，以语言服务为主营业务的企业产值为 5.55 亿元，含语言服务的企业产值为 9.33 亿元，外商投资的语言服务企业产值为 8.93 亿元（见图 5）。

2022 年，海南自贸港的语言服务相关企业有 11740 家，占全国语言服务企业总数的 0.94%，其中以语言服务为主营业务的企业有 486 家，含语言服务的企业有 8695 家，外商投资的语言服务企业有 2559 家，从业人员有 51648 人。根据中央的安排，海南自贸港于 2022 年底实行封关运行，目标是建成全球最大的货物、服务、人员流动的自由贸易港。按这个目标，海南的语言服务企业数量和从业人数都远远不够，还有很大的发展空间，特别是面向技术创新和技术贸易的智能语言服务。

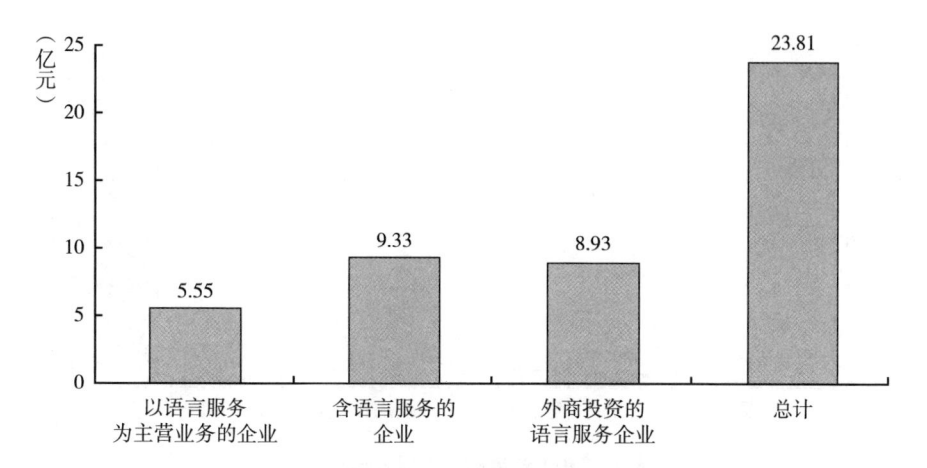

图 5　2021 年海南自贸港语言服务市场规模

资料来源：北京语言大学国际语言服务研究院数据库。

三　我国语言服务出口分析

（一）我国语言服务出口规模分析

2021 年，我国语言服务出口规模达 63.765 亿元，四大重点经济区域语言服务出口规模为 8.975 亿元，其中京津冀区域语言服务出口规模为 1.594 亿元、长三角区域为 2.930 亿元、粤港澳大湾区为 3.737 亿元、海南自贸港为 0.714 亿元，四大重点经济区域语言服务出口额合计占比为 14.08%（见图 6）。

（二）我国四大重点经济区域语言服务出口特点分析

1. 京津冀区域语言服务出口分析

统计显示，2021 年，京津冀区域的语言服务出口额为 1.594 亿元，占京津冀语言服务产值的 2% 左右。其中，北京的语言服务出口额最高，达 1.349 亿元。河北和天津的语言服务出口额较为接近，规模较小，分别为

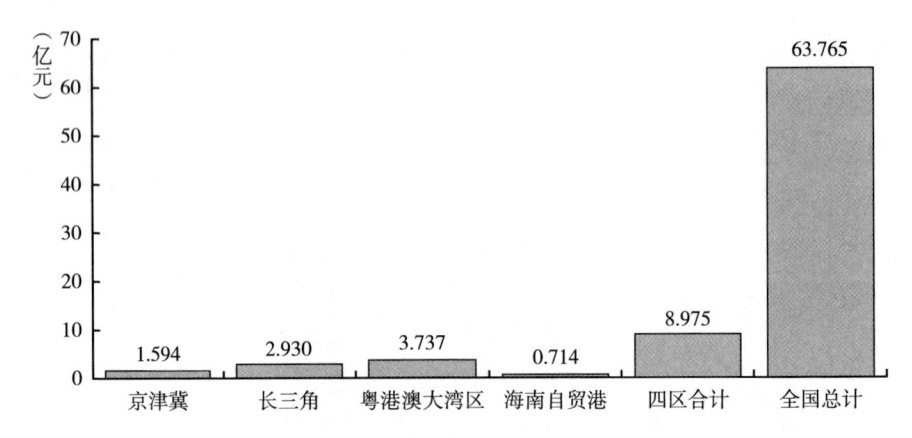

图 6　2021 年我国语言服务出口规模

资料来源：北京语言大学国际语言服务研究院数据库。

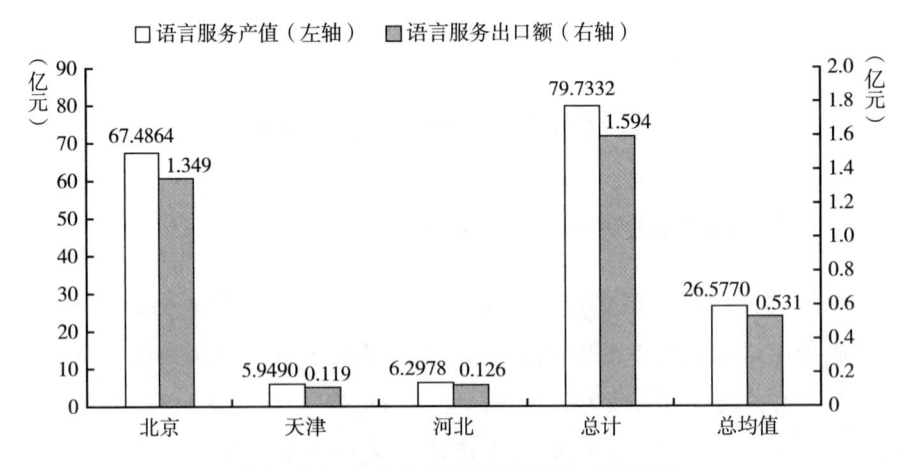

图 7　2021 年京津冀区域语言服务出口规模

资料来源：北京语言大学国际语言服务研究院数据库。

0.126 亿元和 0.119 亿元。①

总体来看，京津冀语言服务出口规模较小，还有很大的提升空间。京津冀应抢抓京津冀一体化建设，以及北京"四个中心"和"两区"建设的机

---

① 王立非、栗洁歆：《京津冀语言服务竞争力评价与分析》，《北京翻译》2023 第 1 期。

遇，充分利用国家扩大服务业开放的相关政策①，进一步提升服务业开放水平，大力拓展海外市场。

2. 长三角区域语言服务出口分析

统计显示，2021 年，长三角区域的语言服务出口额为 2.93 亿元，占长三角区域语言服务产值的 3%。其中，江苏语言服务出口额位居长三角之首，为 1.67 亿元，占长三角语言服务出口额的 57%；其次为上海，出口额达 0.95 亿元，占比 32%；浙江和安徽语言服务出口额分别为 0.23 亿元和 0.08 亿元（见图 8）。② 总体来看，长三角区域的语言服务出口额仅次于粤港澳大湾区，在全国领先。长三角区域一体化发展具有独特的产业和区位优势，语言服务出口潜力较大。

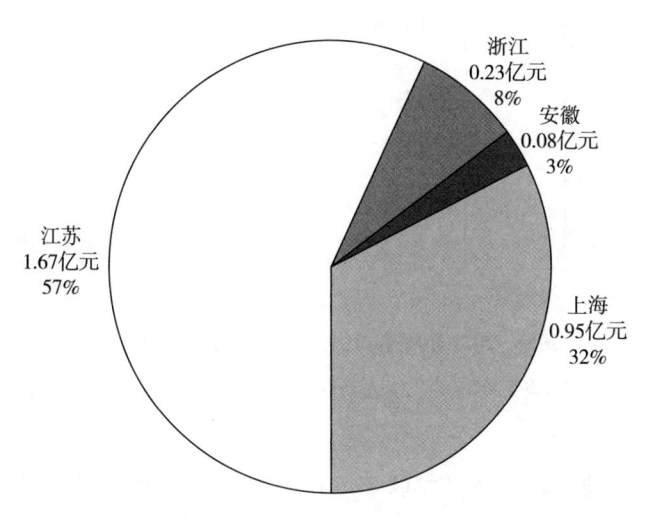

图 8　2021 年长三角区域各省市语言服务出口规模及占比

资料来源：北京语言大学国际语言服务研究院数据库。

---

① 《国务院关于深化北京市新一轮服务业扩大开放综合试点建设国家服务业扩大开放综合示范区工作方案的批复》（国函〔2020〕123 号），《国务院关于同意在天津、上海、海南、重庆开展服务业扩大开放综合试点的批复》（国函〔2021〕37 号），《国务院关于同意在沈阳等 6 个城市开展服务业扩大开放综合试点的批复》（国函〔2022〕135 号）。
② 任杰、王立非：《长三角区域语言服务竞争力指数评价与分析》，《语言文字应用》2022 年第 2 期。

3. 粤港澳大湾区语言服务出口分析

统计显示，2021 年，粤港澳大湾区的语言服务出口额为 3.737 亿元，约占大湾区语言服务总产值的 3%。广东 9 市的语言服务出口额在粤港澳大湾区遥遥领先，为 3.256 亿元，约占大湾区语言服务出口额的 87.13%；港澳的语言服务出口规模较小，分别为 0.408 亿元和 0.073 亿元，合计占粤港澳大湾区语言服务出口额的 12.87%（见图 9）。可以看出，粤港澳大湾区的语言服务出口竞争力仍有较大提升空间。

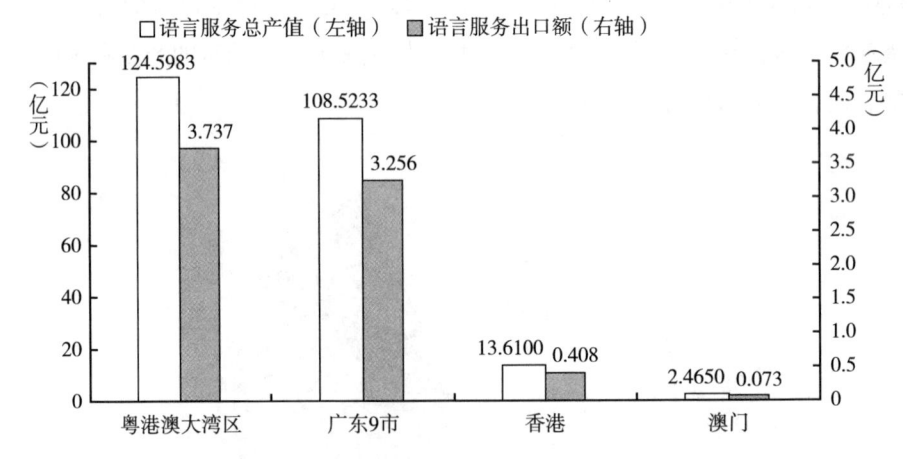

图 9 2021 年粤港澳大湾区语言服务出口规模

资料来源：北京语言大学国际语言服务研究院数据库。

2022 年，商务部最新出台鼓励语言服务产业发展的相关政策，给粤港澳大湾区扩大语言服务海外市场规模和鼓励更多语言服务企业"走出去"带来机遇，同时提出了更高要求。粤港澳大湾区应按照《粤港澳大湾区发展规划纲要》的指引①，充分利用深度开放带来的便利和优势，推动全方位主动开放和语言服务业扩大开放，发挥"一国两制"的制度优势，以及深

---

① 《粤港澳大湾区发展规划纲要》提出的七项重点任务都与语言服务出口密切相关：建设国际科技创新中心、加快基础设施互联互通、构建具有国际竞争力的现代产业体系、推进生态文明建设、建设宜居宜业宜游的优质生活圈、紧密合作共同参与"一带一路"建设和共建粤港澳合作发展平台。

圳中国特色社会主义先行示范区的带动作用，加快推动语言服务产业发展的体制机制创新和数字化转型，探索中国特色的语言服务。

4. 海南自贸港语言服务出口分析

2021年，海南自贸港的语言服务出口额为0.71亿元，其中，以语言服务为主营业务的企业出口额为0.16亿元、含语言服务的企业出口额为0.27亿元、外商投资的语言服务企业出口额为0.28亿元（见图10）。语言服务企业总数达到11740家，其中，个体工商户和私营企业占比在90%以上，合资企业和外资企业较少，小微企业居多，集中分布在海口和三亚，难以满足自贸港建设的需求。

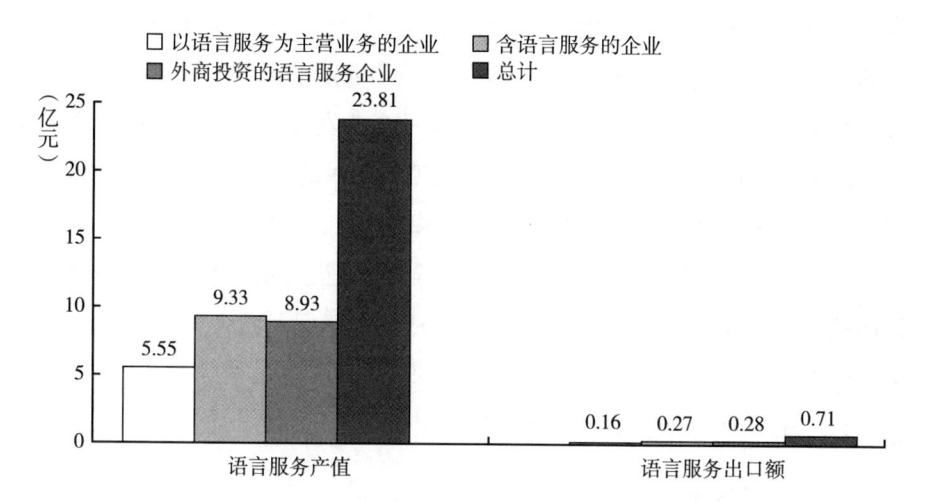

图10 2021年海南自贸港语言服务出口规模

资料来源：北京语言大学国际语言服务研究院数据库。

海南自贸港的语言服务产业与京津冀、长三角、粤港澳大湾区相比，基础较为薄弱，发展潜力大。海南自贸港可充分利用国家出台的各种优惠政策和措施①，加大引育力度，把国内的优质语言服务企业引入海南，同时，加快培育本省的语言服务企业，助力海南语言服务产业发展，扩大海南语言服

---

① 2018~2021年，党中央和国务院连续颁布了5个海南自由贸易港建设的相关文件和法律法规：《国务院关于支持海南全面深化改革开放的指导意见》《中华人民共和国海南自由贸易港法》《海南自由贸易港建设总体方案》《关于推进海南自由贸易港贸易自由化便利化若干措施的通知》《海南自由贸易港跨境服务贸易特别管理措施（负面清单）》（2021版）。

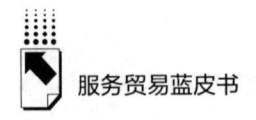

务出口规模，改善海南自贸港的国际营商环境，服务海南自贸港高质量发展。2022年，海南省率先在全国成立第一家营商环境建设厅，包括语言服务在内的海南服务业将迎来营商环境的巨大变化。

四 扩大我国语言服务出口的建议

本报告定义了语言服务出口的概念，基于翔实的数据，分析了我国语言服务出口的国际产业发展环境和国内产业发展环境。从国际环境看，全球语言服务领域不断扩展，欧美的语言服务产值和企业仍处于全球垄断地位，亚洲的语言服务市场规模虽然较小，但正在成为崛起的新兴市场。从国内环境看，政策层面，我国为鼓励和促进语言服务产业发展，出台了一系列政策和措施；市场层面，全国语言服务市场克服疫情带来的影响，呈现增长的趋势，2022年，我国语言服务市场总产值超过2125亿元。京津冀、长三角、粤港澳大湾区和海南自贸港语言服务市场产值居全国领先地位，达到326.2936亿元。我国的语言服务出口规模总体较小，为63.765亿元。四大重点经济区域的语言服务出口规模虽然领先，为8.975亿元，占全国语言服务出口额的14.08%，但海外市场占有率较小，出口潜力巨大。

（一）面临挑战

我国语言服务出口业务发展迅速，但仍存在一些问题和挑战。一是我国语言服务企业规模和服务质量参差不齐，部分企业缺乏专业化的服务能力和标准化的管理体系，服务质量不稳定，影响语言服务"走出去"。二是目前我国的语言服务技术水平仍需提高，国际市场对语音识别、机器翻译、自然语言处理等技术的要求越来越高，我国的语言服务企业需要不断探索技术与人力的平衡，提高质量、降低成本，同时不断研发具有中国特色的语言服务技术，推动科技创新与落地。三是目前我国语言服务行业仍缺乏完善的质量评估标准与体系，导致服务定价和质量难以满足客户需求，影响整体语言服务行业的发展和国际竞争力的提升。四是目前我国依然缺乏高质量的语言服务人才，尤其是具有国际视野、能够管理和运营出口事务的语言服务人才。标准化培训体系和职业发展路径的匮乏，阻碍了中国语言服务贸易的进一步发展壮大。五是全球语言服务市场竞争越发激烈，我国语言服务企业在价格、质量、技术创新、行业标准、人才培养等方面均面临挑战，需不断开拓创新，只有这样才能在国际市场占据一席之地，打造中国语言服务品牌。

（二）发展建议

1. 制定语言服务出口评价体系

目前国内尚未建立起完善的语言服务出口评价标准和指标体系，建议从以下几个维度开展语言服务出口能力评价，推进语言服务出口稳步发展。

一是语言服务市场份额。通过比较语言服务出口企业在目标市场的份额，以及与竞争对手进行对比，测量企业在语言服务市场中的竞争力。

二是语言服务成本。通过比较语言服务出口企业与竞争对手在生产成本、人工成本、物流成本等方面的差异，衡量语言服务竞争力。

三是语言服务质量。通过客户反馈、专业评估机构的评估或翻译人员的评估等方式，测评语言服务质量。

四是语言服务产品多样性。通过比较语言服务出口企业的产品范围、服务种类等与竞争对手的差异，测量产品多样性。

五是语言服务创新能力。通过比较企业在技术创新、产品创新、管理创新等方面的投入和成果，以及与竞争对手在这些方面的差异来衡量其创新能力。

六是语言服务行业声誉。通过比较语言服务出口企业的行业知名度、品牌形象、专业认证等，测量行业声誉和企业影响力。

2. 找准语言服务出口发力点

一是建议政府加大支持力度，通过制定相关政策、提供优惠税收、提供融资支持等方式来促进和扶持语言服务出口。

二是建议加强语言服务出口的规范化和标准化建设，提高服务出口质量和水平。这是扩大出口的基础和保障，也是提升国际竞争力的关键。

三是建议拓展语言服务出口领域和对象，适应国际市场需求的多样性和

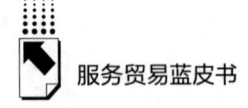

个性化。可以通过语言服务形式、语言服务内容、语言服务对象等方面的创新来满足海外市场的不同需求，提高语言服务企业的国际竞争力。

四是建议加强语言服务企业与国际语言服务市场的联系和合作，提高海外信息透明度和可靠性。可以通过开展语言服务出口市场调研、参加国际展会、建立国际合作伙伴关系等方式来加强语言服务企业与国际市场的联系和合作。积极参与国际合作和项目合作，拓宽合作渠道，实现资源共享和优势互补，提高语言服务水平和降低语言服务出口成本。

五是建议加强海外市场营销和品牌建设，通过开展海外市场推广、提高跨境网络营销能力、参加国际赛事等方式提高语言服务企业品牌海外知名度和美誉度，提高国际市场的认可度和信任度。

六是建议提高语言服务出口人才培养和技术水平，通过加大人才培养和引进力度、加大科技创新投入等方式来提高语言服务出口企业的创新能力和竞争力。

七是建议注重服务出口体验和用户反馈，通过建立完善的客户服务体系、开展语言服务满意度调查等方式来提高语言服务出口体验和用户满意度，树立良好的口碑，吸引更多国际客户和订单。

结　语

语言服务出口是我国服务出口的支撑产业，是讲好"中国故事"、推动中华文化"走出去"必不可少的媒介，是推动对外贸易，特别是文化贸易高质量发展的重要基础，是促进国际经贸合作和培育竞争新优势的有力途径和抓手。推进语言服务业扩大开放，培育语言服务出口新动能，应始终坚持中国式现代化，坚持服务更高水平的对外开放。加快语言服务产业化进程，提升语言服务国际化水平，构建语言服务新发展格局，让语言服务业在全面建设社会主义现代化国家、实现第二个百年奋斗目标的进程中发挥重要作用。

B.9
中国中医药服务贸易发展现状、问题与建议

柳燕 高滢*

摘　要： 中医药服务贸易是中医药传承创新发展的重要内容，大力推动其国际化进程是中医药高质量"走出去"的必要条件。当前，我国中医药服务贸易经过多年探索，已初具规模，发展涵盖了跨境支付、境外消费、商业存在、自然人流动四种类型，主要以中医药教育服务贸易、中医药科技服务贸易、中医药文化旅游服务贸易三大形式呈现。然而，研究发现，当前我国中医药服务贸易仍存在诸多问题，包括覆盖区域单一、营收能力不强、国外政策法规标准限制、人才短缺、文化传播能力不足、管理机制不合理等，阻碍其国际化进程。未来，需双管齐下，从贸易的主体和政策两端出发，鼓励服务贸易形式多元化，积极利用数字技术优化中医药服务贸易政策环境，推动中医药服务贸易迈上新台阶。

关键词： 中医药服务贸易　中医药教育服务贸易　中医药科技服务贸易　中医药文化旅游服务贸易

服务贸易是国际贸易的重要组成部分和国际经贸合作的重要领域，在构建新发展格局中发挥着重要作用。中医药是我国重要的卫生、经济、科技、

---

* 柳燕，中国医药保健品进出口商会中药部副主任，主要研究方向为中医药国际化贸易与产业促进；高滢，中国医药保健品进出口商会中药部职员，主要研究方向为中医药贸易。

文化和生态资源,其贸易是中药药品、药材、医学技术服务实现国际化发展的重要途径,传承创新发展中医药是新时代中国特色社会主义事业的重要内容。随着我国综合国力和国际地位的日渐提升,在与世界各国深度交流合作的过程中,中医药伴随国际经贸往来和文化融合走向了世界。然而,中医药的国际化进程并非一帆风顺,目前仍以出口传统药材为主,亟须开发更多国际贸易形式解决中医药"走出去"难题。在此背景下,国家提出了中医药服务贸易的概念。

一 中医药服务贸易的概念

商务部和国家中医药管理局将中医药服务贸易定义为"一个国家或地区与另一个国家或地区进行的以中医药服务为内容的国际贸易"[1],但目前中医药服务贸易的概念在《服务贸易总协定》(GATS)中并没有明确的规定,其分类、归属仍存有争议。中医药服务贸易是全产业的集合出口,具体来说,中医药服务贸易的内容包括医疗服务、教育服务、科技服务、商务服务、文化娱乐服务以及其他类型服务。国内学者普遍认为,GATS 将国际服务贸易分为跨境交付、境外消费、商业存在、自然人流动四种类型,我国中医药服务贸易可以此为依据,同样分为四种模式。[2] 一是跨境支付:中医药相关的商务服务跨境,如通过远程控制来实现中医药跨国认证、远程教育、远程诊疗、国际保健养生咨询等。二是境外消费:和中医药相关的教育、旅游、文化、娱乐、体育等服务的实体或自然人跨境消费,如国外居民到中国的中医药教育机构或中医院进行学习与培训,到中国参与康复保健旅游项目或就医等。三是商业存在:我国境内和中医药相关的教育、生产、贸易、商务等个人或经济实体到境外构建经济实体,为当地居民提供

---

[1] 《我国中医药服务贸易的基本情况》,国家中医药管理局网站,2012年6月26日,http://www.natcm.gov.cn/guohesi/gongzuodongtai/2018-03-24/3773.html。

[2] 胡凡、王秀兰:《中国中医药服务贸易政策研究》,复旦大学出版社,2018;张坤:《我国中医药服务贸易发展的现状、问题与策略》,《价格月刊》2021年5期。

中医药服务。四是自然人流动：我国境内的法人或机构派出自然人到国外从事和中医药服务相关的医疗、保健、教育、生产、科研、贸易等各项活动。

当前，中医药服务贸易主要依靠中国文化在世界范围内的传播带动。作为我国新兴的国际服务贸易类型，中医药服务贸易可将中医药衍生产品多、科技含量高、应用范围广、附加值大等特点与服务贸易相结合，这样既能优化我国服务贸易体系、提升我国服务贸易发展水平，又能为中医药"走出去"开辟新的路径，将我国从一个中药原材料出口国变为中医药服务出口国，增加我国服务贸易出口类型，提高国际竞争力。

二 新阶段中医药服务贸易加快发展的可行性

（一）国家支持中医药服务贸易发展的相关政策

党的十八大以来，以习近平同志为核心的党中央把中医药工作摆在更加突出的位置，"十四五"时期，国家先后出台了一系列支持性政策文件，旨在加快中医药国际化进程，促进中医药服务贸易发展。

2021年1月，国务院办公厅印发的《关于加快中医药特色发展若干政策措施》提出，实施中医药开放发展工程。鼓励和支持社会力量采取市场化方式，与有合作潜力和意愿的国家共同建设一批友好中医医院、中医药产业园。[1]

2021年10月，商务部等24部门印发的《"十四五"服务贸易发展规划》指出，促进中医药服务贸易健康发展。加强传统医学领域的政策法规、人员资质、产品注册、市场准入、质量监管等方面的国际交流合作，为中医药走向世界搭建平台。吸引境外消费者来华接受中医药医疗保健、教育培

---

[1] 《关于加快中医药特色发展的若干政策措施》，中国政府网，2021年1月22日，https://www.gov.cn/zhengce/content/2021-02/09/content_5586278.htm。

训、文化体验。①

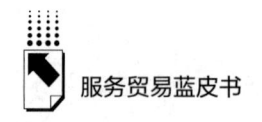

2021年12月，国家中医药管理局推进"一带一路"建设工作领导小组办公室印发《推进中医药高质量融入共建"一带一路"发展规划（2021—2025年）》，鼓励中医药机构到海外开办中医医院、连锁诊所和中医养生保健机构。加强中医药服务贸易对外整体宣传和推介。加快中医药服务与旅游、森林康养等产业的融合发展，吸引境内外消费者，带动国内健康服务业发展。鼓励海外患者来华接受中医药服务，依法依规为相关人员提供签证便利。②

2022年3月国务院办公厅印发《"十四五"中医药发展规划》，指出要大力发展中医药服务贸易，高质量建设国家中医药服务出口基地。推动中医药海外本土化发展，促进产业协作和国际贸易。③

2023年2月国务院办公厅印发《中医药振兴发展重大工程实施方案》，提出高质量建设中医药服务出口基地，探索中医药服务出口新业态新模式，培育中医药服务国际知名品牌。巩固中医医疗保健、教育培训等传统服务贸易优势，发展"互联网+中医药贸易"。④

新冠疫情期间，中医药为新冠疫情防控做出了重大贡献，中医药防病治病的作用得到了充分彰显，党和国家对中医药给予了高度的信任与认可。

（二）中医药国际影响力日渐提升

得益于我国国际影响力的持续提升和国家的大力扶持，中医药正加快"走出去"的步伐。目前，中医药已传播至196个国家和地区，有29个国

---

① 《商务部等24部门关于印发〈"十四五"服务贸易发展规划〉的通知》，中国政府网，2021年10月27日，https://www.gov.cn/zhengce/zhengceku/2021-10/27/content_5645150.htm。
② 《推进中医药高质量融入共建"一带一路"发展规划（2021—2025年）》，中国政府网，2022年1月15日，https://www.gov.cn/zhengce/zhengceku/2022-01/15/content_5668349.htm。
③ 《国务院办公厅关于印发"十四五"中医药发展规划的通知》，中国政府网，2022年3月29日，https://www.gov.cn/zhengce/content/2022-03/29/content_5682255.htm。
④ 《中医药振兴发展重大工程实施方案》，中国政府网，2023年2月10日，https://www.gov.cn/zhengce/content/2023-02/28/content_5743680.htm?dzb=true。

家和地区出台了传统医学法律法规。我国与40余个国家、地区和国际组织签署了中医药合作协议，中医药内容被纳入16个自由贸易协定。[1] 海关统计显示，2021年，我国中药贸易进出口总额为77.41亿美元，同比增长19.1%。其中，出口额为50.01亿美元，同比增长16.5%；进口额为27.40亿美元，同比增长24.1%。[2]

据世界卫生组织统计，目前有103个会员国认可使用针灸，18个会员国将针灸纳入医疗保险体系，全球有超过1/3的人口接受过中药、针灸、推拿等中医药特色诊疗服务。全球有30多个国家和地区开办了数百所中医药院校，培养本土化中医药人才。我国已在海外建设30个较高质量的中医药中心，国家批准了两批共31家国家中医药服务出口基地，[3] 为打造"中医药服务"品牌奠定基础。

此外，在中国向亚洲、非洲、拉丁美洲派遣的70多个国家医疗队中，中医药人员约占医务人员总数的10%。援外医疗队采用中药、针灸、推拿以及中西医结合方法治疗了不少疑难杂症，得到受援国政府和人民的充分肯定。

（三）中医药货物贸易发展趋势

我国是全球最大的传统医药市场，中医药在中国医药健康产业中占据重要地位，市场需求旺盛，加之2020~2022年全球疫情蔓延，中医药在新冠肺炎治疗中发挥了重要作用，进一步刺激了国内外中医药的需求，带动了中医药进出口总额的增加。2018~2022年，中医药进出口总额从56.89亿美元持续增长至85.71亿美元，年均复合增长率达到10.79%；

---

[1] 《国家卫健委举行新闻发布会 中医药已传播至196个国家和地区》，人民网，2022年9月24日，http://paper.people.com.cn/rmrbhwb/html/2022-09/24/content_25941255.htm。

[2] 《中国药协会：一批中成药以治疗药品身份在海外注册上市》，中国中医药报网站，2022年6月22日，http://paper.cntcm.com.cn/bz/html/index.html?date=2022-06-22&cid=1。

[3] 《中国的中医药》，中华人民共和国国务院新闻办公室网站，2016年12月6日，http://www.scio.gov.cn/ztk/dtzt/34102/35624/35633/Document/1534702/1534702.htm。

与此同时，进出口数量也从50.32万吨持续扩大到80.26万吨，年均复合增长率为12.38%（见图1）。

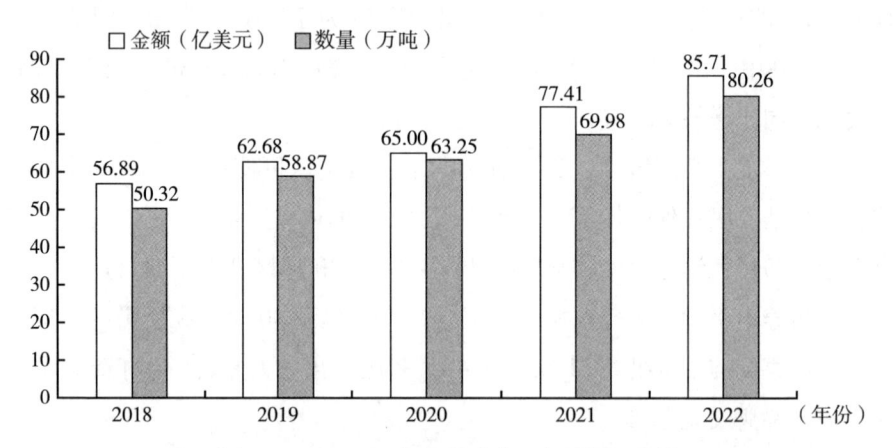

图1　2018~2022年中药进出口贸易额及数量

年份	金额（亿美元）	数量（万吨）
2018	56.89	50.32
2019	62.68	58.87
2020	65.00	63.25
2021	77.41	69.98
2022	85.71	80.26

资料来源：根据中华人民共和国海关总署海关统计数据在线查询平台按中药类商品进出口编码查询所得数据整理而得。

1. 进口

与出口规模相比，我国中药进口规模相对较小。2018~2022年，我国中药进口额总体呈上升趋势，从2018年的17.74亿美元增长到2022年的28.80亿美元，年均复合增长率为12.88%。除2020年中药进口额有小幅下降外，其余年份均实现正增长（见表1）。

表1　2018~2022年中药进口额及增速

单位：亿美元，%

年份	进口额	增速
2018	17.74	18.01
2019	22.44	26.49
2020	22.07	-1.65
2021	27.40	24.15
2022	28.80	5.11

资料来源：根据中华人民共和国海关总署海关统计数据在线查询平台按中药类商品进出口编码查询所得数据整理而得。

2018~2022年，我国中药的进口数量持续增加，从17.05万吨增长到38.43万吨，尤其是2021年以来，每年进口数量均保持两位数的增速（见表2）。

表2　2018~2022年中药进口数量

单位：万吨，%

年份	进口数量	增速
2018	17.05	1.89
2019	24.33	42.70
2020	23.07	-5.18
2021	31.36	35.93
2022	38.43	22.54

资料来源：根据中华人民共和国海关总署海关统计数据在线查询平台按中药类商品进出口编码查询所得数据整理而得。

从细分领域来看，2018~2022年保健品和中药材及饮片的进口额持续增长，分别从4.57亿美元和1.73亿美元增长到10.54亿美元和6.14亿美元。植物提取物和中成药的进口额则呈现波动态势，2018年和2022年的进口额差别不大（见表3）。

表3　2018~2022年中药类产品进口额

单位：亿美元

分类	2018年	2019年	2020年	2021年	2022年
保健品	4.57	5.64	8.10	8.77	10.54
植物提取物	7.41	10.38	7.86	9.63	7.84
中成药	4.03	3.93	2.90	3.61	4.28
中药材及饮片	1.73	2.49	3.22	5.40	6.14

资料来源：根据中华人民共和国海关总署海关统计数据在线查询平台按中药类商品进出口编码查询所得数据整理而得。

2. 出口

2018~2022年，我国中药出口额呈持续增长态势，从2018年的39.15

亿美元增长到 2022 年的 56.90 亿美元，年均复合增长率为 9.80%，尤其是 2021 年和 2022 年，增速都达到了两位数（见表 4）。

表 4　2018~2022 年中药出口额

单位：亿美元，%

年份	出口额	增速
2018	39.15	7.20
2019	40.24	2.78
2020	42.92	6.66
2021	50.01	16.52
2022	56.90	13.78

资料来源：根据中华人民共和国海关总署海关统计数据在线查询平台按中药类商品编码查询所得数据整理而得。

从数量上看，2018~2022 年我国中药出口数量呈波动上升趋势，从 2018 年的 33.27 万吨增长到 2022 年的 41.82 万吨，除 2018 年和 2021 年的出口数量有小幅下降外，其余年份均实现了正增长（见表 5）。

表 5　2018~2022 年中药出口数量

单位：万吨，%

年份	出口数量	增速
2018	33.27	-8.06
2019	34.54	3.82
2020	40.18	16.33
2021	38.62	-3.88
2022	41.82	8.29

资料来源：根据中华人民共和国海关总署海关统计数据在线查询平台按中药类商品编码查询所得数据整理而得。

从细分领域来看，在出口额方面，植物提取物和中药材及饮片都实现了持续的增长，分别从 2018 年的 23.55 亿美元和 10.41 亿美元增长到 2022 年的 35.28 亿美元和 14.02 亿美元。保健品和中成药虽在某些年份有所波动，但总体同样呈现了增长态势（见表 6）。

表6 2018~2022年中药类产品出口额

单位：亿美元

分类	2018年	2019年	2020年	2021年	2022年
保健品	2.56	2.54	2.64	3.12	3.82
植物提取物	23.55	23.60	24.45	30.29	35.28
中成药	2.63	2.63	2.61	3.07	3.80
中药材及饮片	10.41	11.48	13.23	13.53	14.02

资料来源：根据中华人民共和国海关总署海关统计数据在线查询平台按中药类商品编码查询所得数据整理而得。

中医药货物贸易的快速发展是中医药国际化进程持续推进的具体表现，同时反映出中医药服务贸易发展略微滞后。因此，大力促进中医药服务贸易内容的纵向延伸和领域的横向开拓是当前促进我国中医药高质量健康发展和进一步"走出去"的重要任务。

三 我国中医药服务贸易现状和存在的问题

（一）两批基地突围，夯实基础

2019年4月，《商务部办公厅 国家中医药管理局办公室关于开展中医药服务出口基地建设工作的通知》（以下简称《通知》）发布，提出建设一批以出口为导向、具有较强辐射带动作用的国家中医药服务出口基地，形成一批中医药服务世界知名品牌。在国家中医药管理局与商务部的共同遴选下，产生了首批17家中医药服务出口基地，包括公立医院、民营医院、中医药大学和企业。[①] 此外，《通知》规定，基地评审每两年组织一次，同时对原基地进行复审，复审不合格将取消资格。

---

① 《商务部、国家中医药局等7部门联合印发通知：支持国家中医药服务出口基地发展》，中国政府网，2021年6月28日，http://www.gov.cn/xinwen/2021-06-28/content_5621232.htm。

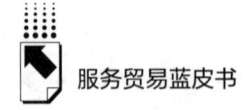

2021年5月，商务部、国家中医药管理局等7部门联合印发了《关于支持国家中医药服务出口基地高质量发展若干措施的通知》，明确中医药服务出口基地是以中医药相关医疗保健、教育培训、科研、产业和文化等领域服务出口为特色的中医药企事业机构，是实现中医药服务出口的重要力量；并且从完善体制机制、创新支持政策、提升便利化水平、拓展国际合作空间、加强人才培养和激励5个方面提出18条具体政策措施，支持国家中医药服务出口基地大力发展中医药服务贸易，推动中医药服务走向世界。[①] 由此，第一批基地的复审及第二批基地的遴选工作展开。在17个参与复审的基地中，6个被评为优秀，11个被评为良好；全国共39家单位申报第二批国家中医药服务出口基地，最终有14家基地入围。[②]

两批国家中医药服务出口基地的成功突围是近年来我国中医药服务贸易发展的重要成果，同时为我国中医药服务贸易进一步拓宽服务领域、丰富服务形式、提高服务质量夯实了基础，对加快中医药国际化进程、促进我国服务贸易结构优化具有重要意义。

（二）中医药服务贸易现状

1. 中医药教育服务贸易

中医药教育服务贸易是指国与国之间主要出于经济目的而进行的中医药教育服务输入与输出，形式包括远程教育、学历教育、技能培训及继续教育等。

以来华留学为例，加入世贸组织以来，高等中医药院校留学生数量逐年增加，2016年超过2000人，2018年达到2638人。此外，我国还拓展了中医研习班、进修、培训等一系列教育服务模式。[③] 然而，2019年，全国高等

[①] 《商务部、国家中医药局等7部门联合印发通知：支持国家中医药服务出口基地发展》，中国政府网，2021年6月28日，http://www.gov.cn/xinwen/2021-06/28/content_5621232.htm。

[②] 《第二批特色服务出口基地（中医药）名单公告》，中华人民共和国商务部网站，2022年3月12日，http://fms.mofcom.gov.cn/article/jingjidongtai/202203/20220303284514.shtml。

[③] 吴幼华：《我国中医药服务贸易发展的现状、问题与策略》，《对外经贸实务》2020年第3期。

中医药院校招收外国留学生总数为2215人，同比减少16%；① 2022年公布的《2020年中医药事业发展统计提要报告》显示，2020年全国高等中医药院校招收外国留学生总数为1164人，在校留学生数为8187人，当年毕（结）业生数为1702人，授予学位数为819人；分别比2019年减少1051人、590人、641人、110人，降幅分别为47.4%、6.7%、27.4%、11.8%。②

2. 中医药科技服务贸易

胡凡和王秀兰将中医药科技服务贸易定义为"利用中医药理论、经验、资源、技术和知识，在境内外为境外消费者提供的服务，主要包括知识产权应用、科技咨询、学术交流、科研联合和科研外包等"。③

21世纪以来，国内外对中医药学术研究越发重视，学术交流活动频繁举行，国际中医药刊物和专著数量持续增加，国际科研合作范围不断扩大。以中医药海外中心为例，自2015年以来，由国家中医药管理局申请、财政部批准设立的中医药国际合作专项，已支持了4批近40个"一带一路"中医药海外中心建设。在中医诊所方面，截止到2020年，英国有3000个中医诊所，荷兰有1600个中医诊所，加拿大有3000个中医诊所，澳大利亚有4000个中医诊所，巴西、法国、越南、美国、韩国等均在政府开设的西医院中设置了针灸科室。④

3. 中医药文化旅游服务贸易

2000年，王景明、王景和发表的《对中医药旅游的思考和探索》中提出了"中医药旅游"的概念，将其定义为"是一种探索性的、尚未被开发和享用的、集旅游与中医药为一体的交融性产业，是中医药的延伸和旅游业的扩展"。⑤当前，国内学者依据旅游的目的，将中医药旅游分为四个类型，

---

① 《2019年中医药事业发展统计提要报告》，国家中医药管理局网站，2021年1月15日，http://www.natcm.gov.cn/guicaisi/zhengcewenjian/2021-01-15/19555.html。
② 《2020年中医药事业发展统计提要报告》，国家中医药管理局网站，2022年1月20日，http://www.natcm.gov.cn/guicaisi/gongzuodongtai/2022-01-20/24293.html。
③ 胡凡、王秀兰：《中国中医药服务贸易政策研究》，复旦大学出版社，2018。
④ 张坤：《我国中医药服务贸易发展的现状、问题与策略》，《价格月刊》2021年第5期。
⑤ 王景明、王景和：《对中医药旅游的思考和探索》，《经济问题探索》2000年第8期。

分别是诊病型、观光型、保健型、购物型。[1]

以素有"天然药库""养生天堂"之称的旅游大省——海南为例，近年来，海南中医药产业链不断延伸，"中医药+康养"走上产业化发展之路，并逐步走向世界。2016年初，三亚市中医院旗下的三亚国际友好中医疗养院正式开业；2018~2019年，三亚分别邀请沙特阿拉伯王国亲王马塔布、阿盟驻华大使等前来体验中医疗养；2019年，海口市中医院用传统的中医药技法接待泰国、尼泊尔两国的高校校长团；2019年在琼海市成立的博鳌超级中医院已组织接待了俄罗斯、美国、英国等20多个国家的外宾。[2] 此外，海南还组织省内中医医疗机构赴俄罗斯等开展中医健康旅游产品推介活动。[3]

（三）中医药服务贸易存在的共性难题

1. 服务贸易覆盖区域单一

以两批服务贸易基地为例，无论是采取境外支付、境外消费、商业存在还是自然人移动的方式，其覆盖区域集中在亚洲国家和地区，比如泰国、日本、新加坡、中国香港、中国澳门等，其次是欧盟国家，如德国、波兰、法国等。对于美洲国家、亚洲欠发达国家、非洲国家覆盖相对较少。

2. 服务贸易对运营单位贡献不足

根据对两批基地申报材料的统计，基地的运营主体主要有三类，分别是大学、医院、企业，能给运营主体带来收益的服务项目，大学主要是留学生教育，医院主要是线上线下医疗服务，企业主要是中医药服务贸易带来的商品贸易收入。绝大多数中医药服务贸易基地年营业收入都在1000万元以下，对运营单位收入的贡献率较低，在运营单位增加收入方面发挥的作用非常有

---

[1] 胡凡、王秀兰：《中国中医药服务贸易政策研究》，复旦大学出版社，2018。
[2] 《海南："中医药+康养"产业探出新路走向世界》，中国服务贸易指南网，2022年10月19日，http://tradeinservices.mofcom.gov.cn/article/news/gnxw/202210/140040.html。
[3] 《海南："中医药+康养"产业探出新路走向世界》，经济参考报网站，2022年10月19日，http://www.ce.cn/cysc/yy/hydt/202210/19/t20221019_38181210.shtml。

限，不足以激发运营单位的内在动力。所以，运营单位开展基地建设，更多是政府支持或公益需求。

3. 国外政策法规标准限制

不同国家对中医药的认可度不尽相同，虽然有的国家赋予了中医药合法地位，但是对中医药服务贸易设定了各种法规和标准限制，这些法规和标准很多都是参考现代西医的模式设置的，这种生搬硬套式的管理模式成为中医药"走出去"不得不跨越的障碍。

以欧盟为例，虽然早在2004年欧盟就发布了《欧盟传统植物药注册指令》，该文件指出只要有30年以上应用历史和15年以上欧盟成员使用历史，就可免临床试验进行注册。但实际上，中成药以药品身份进入欧盟还面临诸多困难，即便是简易注册，中国企业也需要花费数千万元和多年时间才能完成注册。以天士力在荷兰注册的丹参胶囊为例，即便有在美国FDA[①]复方丹参滴丸的研发经验以及符合欧美软硬件体系的cGMP[②]车间，在欧盟上市成功的花费仍高达1000万元。地奥心血康从2006年开始开展欧盟注册研究，2008年向荷兰提交注册申请，2012年才获得荷兰官方批准通过。这样的资金和时间投入，令很多中医药企业望而却步。

4. 人才短缺问题

中医药"走出去"离不开复合型中医药人才的支撑。中医药在传播过程中带有浓厚的中华传统文化色彩，有着复杂的文化语境，不仅会遭遇来自西方现代医学的挑战，也会面临如印度医学文化、阿拉伯医学文化等各国当地传统文化的冲击。因此，需要培养一批本领过硬的中医药跨文化传播专业人才，这种人才既需要对中医药文化有深厚的了解，还要熟练掌握外语，熟知国外的文化习俗，能结合国外的文化背景，将中医药文化以国外受众喜闻乐见的方式传播出去。目前这样的复合型人才，对很多中医药服务贸易基地而言，都存在不同程度的紧缺问题。

---

① FDA：食品药品监督管理局（Food and Drug Administration）。
② cGMP：动态药品生产管理规范（Current Good Manufacture Practices）。

5. 中医药文化传播能力有待提升

新冠疫情发生以来，中医药的防病治病优势得到了突出展现，得益于疫情快速得到控制，中国快速恢复生产，医疗产品大量走出国门，支持世界抗疫。与此同时，一些国家在各类媒体平台利用多种手段对中国展开舆论攻势，使全球舆论交锋日益激烈。目前，国际局势空前复杂，在此背景下，中医药文化全球传播面临经济、政治、文化等多重因素的巨大挑战。接下来，如何提高中医药文化的传播能力、扩大传播规模、搭建传播平台、掌握传播话语权，是人们亟须思考的重要内容。

一方面，当前的中医药文化全球传播过于依赖政府推动，未能充分发挥社会各方力量，如医院、高校、企业等的主动性。传播主体有限导致中医药文化传播更多依赖传统媒体，没有充分应用新媒体、融媒体，传播范围有限和传播效果不够理想。另一方面，中医药文化传播平台建设还不够，传播效果仍十分有限，中医药在 Facebook、Twitter 等国外新媒体平台展现不够，各种类型的账号数量较少，缺少一批有较大流量和影响力的中医药类账号。

6. 中医药服务贸易管理机制有待完善

目前，我国对中医药服务贸易的管理模式和监管方式无法完全适应服务贸易的发展趋势，也难以适应数字贸易、跨境电子商务、跨境医疗、跨境教育、医疗旅游等新业态的发展需求。此外，在商务服务、文化、电子商务、物流等具有跨界性、综合性、混业性的服务贸易领域，经常存在多个部门监管、政出多门的情况，给中医药服务贸易出口基地运营单位带来困惑。另外，关于服务贸易的出口免税或退税政策有待进一步完善，投资、通关、外汇管理等的便利化水平有待提升。

四 中医药服务贸易发展对策建议

中国经济的持续发展为中医药服务贸易的持续发展提供了基本保障，中国服务贸易规模的稳步扩大有助于中医药服务贸易的拓展，遍布全球的华人华侨更是为中医药服务贸易架起了桥梁。目前，我国的中医药服务贸易在形式、内容、产品、领域等方面较为丰富，为其未来的发展打下了坚实的基础。得益于党和政府对中医药产业和事业的高度重视，一系列支持政策的出台为中医药服务贸易的发展创造了较好的政策环境。

此外，新冠疫情客观上也为中医药"走出去"提供了机遇。2022年4月，《世界卫生组织中医药救治新冠肺炎专家评估会报告》（WHO Expert Meeting on Evaluation of Traditional Chinese Medicine in the Treatment of COVID-19）正式发布，充分肯定了中医药治疗新冠肺炎的安全性、有效性，鼓励成员国考虑用中国的中西医结合模式应对疫情。[①] 中医药服务贸易迎来历史性的发展战略机遇期。

针对目前中医药服务贸易存在的问题，我们需要双管齐下，从贸易的主体和政策两端出发，共同推动中医药服务贸易迈上新台阶。

（一）鼓励服务贸易形式多元化

我国中医药服务贸易分为跨境交付、境外消费、商业存在和自然人移动四种模式。但是，从目前来看，四种模式未能充分展开，建议探索多元化的中医药服务贸易形式。

以商业存在模式为例，很多基地的海外商业存在仅体现为在海外开设中医诊所或子公司。海外商业存在的多种业务范围还有待拓展，比如传统医药海外仓服务、批发零售业务、医药注册代理服务等。尤其是对于很多有中药产品出口需求的企业而言，如果"单打独斗"，以自身实力开展海外中药注册，可能需要更多的时间和金钱投入。但是对已经成功在海外注册，且在海外有商业存在的企业而言，其在海外开展中药产品注册代理或外包服务有较大优势，不仅能帮助国内中药企业"走出去"，还能拓宽企业的收入来源。

（二）积极利用数字技术

谢荣军等学者认为，我国在境外开设药店、诊所、中医院等中医药服务机

---

① WHO, "WHO Expert Meeting on Evaluation of Traditional Chinese Medicine in the Treatment of COVID-19," April, 2022.

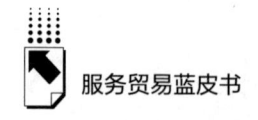

构往往需要经过各国的层层审批,且经营范围、股权受到严格要求。而数字技术使远程跨境看诊成为可能,可使中医药服务突破国外市场准入壁垒。①

《推进中医药高质量融入共建"一带一路"发展规划（2021—2025年）》明确指出"提升产业数字化水平。全面提升互联网+中医药跨境服务能力,大力发展远程医疗和远程教育等跨境支付类服务贸易,推动开展中医药跨境电子商务,引导跨境电商进行中医药产品推广。以数字技术推动中医药共享发展"。② 据此,可建设国家级中医药文化传播平台,充分利用数字语音、全景影像、三维影像以及虚拟现实、增强现实等技术手段,形成特色突出的中医药文化传播、展示体系,向世界讲好中医药故事。

(三)优化中医药服务贸易政策环境

积极的政策环境对促进一个产业的发展至关重要。政府可以积极鼓励中医药服务贸易基地与中医药领军企业合作,在国外设立中医药中心或其他形式的商业存在,实现中医药服务贸易和商品贸易的发展。加强中医药服务贸易公共服务平台建设,鼓励国内中医药服务贸易和货物贸易相关机构接入境外互联网或手机 App,通过互联网了解国外有关资讯,为中国的中医药发声。

同时,国家层面在开展自贸区谈判、签订双边自贸协定或经贸合作备忘录时,可把中医药服务贸易和商品贸易便利化作为其中必要的内容,减少中医药"走出去"的政策和标准等壁垒。

---

① 谢荣军、袁永友、王玉婷:《数字技术对中医药产业服务贸易转型升级与创新的影响》,《税务与经济》2022年第5期。
② 《国家中医药管理局 推进"一带一路"建设工作领导小组办公室关于印发〈推进中医药高质量融入共建"一带一路"发展规划（2021—2025年）〉的通知》,国家中医药管理局网站,2021年12月31日,http://www.natcm.gov.cn/guohesi/zhengcewenjian/2022-01-15/24182.html。

B.10
中国旅游服务贸易发展报告

王海文 王振翰*

摘　要： 2022年，新冠疫情对我国旅游服务贸易产生了一定的影响，出入境游人数有所减少。乡村振兴催生文旅新业态、冰雪旅游热度不断高涨、一线及新一线城市因其成熟的旅游服务体系而保持较高的旅游景气度、数字旅游初具规模等为我国旅游服务贸易增添了亮色。总体来看，我国旅游服务贸易应对突发事件能力仍需加强、数字技术应用方式尚不成熟、国际化水平亟须提升、专业旅游人才储备不足等问题较为突出。随着疫情防控政策优化以及社会秩序逐步恢复，民众出行需求将急剧增加，文旅产业加快发展，数字旅游、智慧旅游持续升温，文旅新业态加速崛起，为我国旅游服务贸易发展新格局的构建以及国际化水平提升创造了机遇。为此，我国应建立健全旅游应急管理机制，加强数字治理能力，加快打造国际知名文旅品牌，持续增加高素质复合型人才供给。

关键词： 旅游服务贸易　数字文旅　文旅新业态

2022年，全国疫情呈现"多点散发"特征，防控形势严峻复杂，旅游服务贸易受到极大影响。在疫情防控措施不断优化的背景下，我国旅游服务贸易进入复苏发展的新阶段。全面分析2022年我国旅游服务贸易发展现状、

---

* 王海文，北京第二外国语学院教授、首都国际服务贸易与文化贸易研究基地研究员、经济学院副院长，主要研究方向为国际文化贸易、国际服务贸易；王振翰，北京第二外国语学院中国服务贸易研究院2022级硕士研究生，主要研究方向为国际文化贸易。

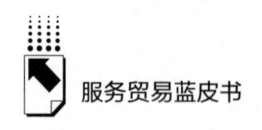

存在问题以及发展趋势，并提出对策建议，对促进旅游服务贸易全面复苏和高质量发展具有重要意义。

一 中国旅游服务贸易发展现状

（一）疫情对旅游服务贸易发展产生一定影响

2022年，疫情影响持续，居民跨省和跨国流动受到极大限制，旅游需求难以得到满足。2022年，国内旅游总人次为25.30亿人，比上年同期减少7.16亿人，同比下降22.1%，恢复至疫情前的42.1%。国内旅游收入为2.04万亿元，比上年减少0.87万亿元，同比下降29.90%（见图1），恢复至疫情前约30%，为疫情以来的最低点。而2022年出境旅游人数达4630万人次，同比下降4.8%，仅恢复至疫情前的15.5%。以2019年为基准，2022年我国出境旅游人数累计减少4亿人次以上，出境游客境外消费支出累计减少3400亿~4300亿美元。旅行社出境旅游营业收入累计减少约6000亿元，出境旅游营业利润累计减少约260亿元。[1]

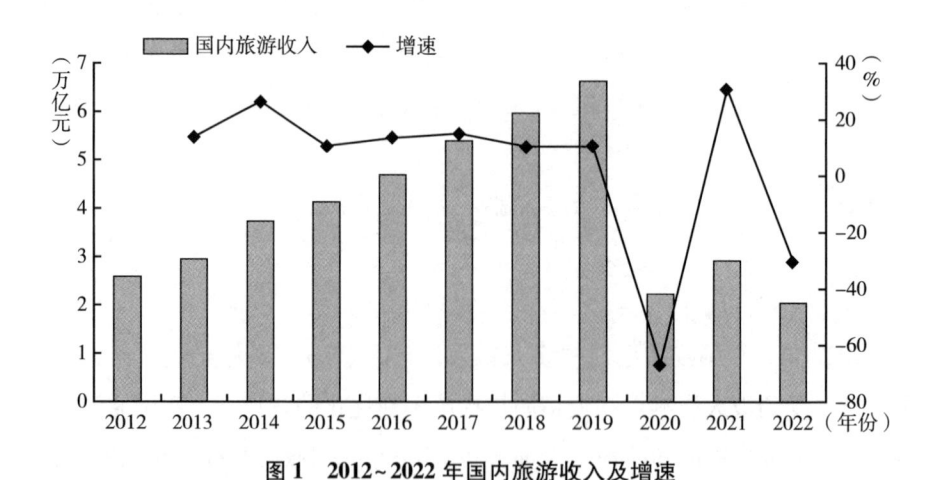

图1　2012~2022年国内旅游收入及增速

资料来源：国家统计局。

---

[1] 中国旅游研究院：《2022年中国旅游经济运行分析与2023年发展预测》，2023。

（二）乡村振兴催生文旅新业态

在促进出入境尤其是入境旅游发展的过程中，乡村振兴以及乡村旅游不仅为国际旅游服务贸易提供了强劲动力，也开辟了广阔空间。2018年，国务院发布《乡村振兴战略规划（2018—2022年）》，提出在利用乡村特色资源发展乡村旅游产业的同时，融入科技、人文等元素发展旅游新业态。2021年《中共中央　国务院关于全面推进乡村振兴加快农业农村现代化的意见》提出完善相关配套设施，推进农村一二三产业融合发展，全面推进乡村振兴。2022年《关于推动文化产业赋能乡村振兴的意见》提出推动相关文化业态与乡村旅游深度融合，发展民间文化艺术研学游、体验游，促进产业链深度融合的同时，为乡村旅游可持续发展助力。乡村振兴战略的提出不仅将大大提升农村地区人民的幸福感，更为促进我国入境旅游市场繁荣夯实基础。未来，休闲农场、乡村营地等文旅新业态趋于成熟，我国田园风光将成为吸引外国游客的新亮点。

（三）冰雪旅游热度高涨

自2015年北京成功申办冬奥会以来，我国实现了"带动三亿人参与冰雪运动"的目标，这为冰雪旅游发展打下了坚实的市场基础。2016年3月，习近平总书记提出了"冰天雪地也是金山银山"发展理念，[1] 人们对冰雪娱乐项目的认知不断深化，冰雪旅游相关行业借势快速发展，冰雪旅游高质量发展新篇章由此展开。数据显示，除受疫情影响较大的2019~2020年冰雪季外，2016~2022年冰雪旅游人数及收入均不断上升。2021~2022年冰雪季，我国冰雪休闲旅游人数为3.44亿人次，同比增长35.43%，冰雪旅游收入为4740亿元，同比增长21.54%，2021~2022年冰雪季的冰雪旅游人数和收入分别为2016~2017年冰雪季的2.02倍和1.76倍（见图2和图3）。[2] 此

---

[1]《"冰天雪地也是金山银山"的辩证思想》，中国共产党新闻网，2016年10月10日，http://theory.people.com.cn/n1/2016/1010/c49150-28764198.html。

[2] 文化和旅游部数据中心：《中国冰雪旅游消费大数据报告（2023）》，2023。

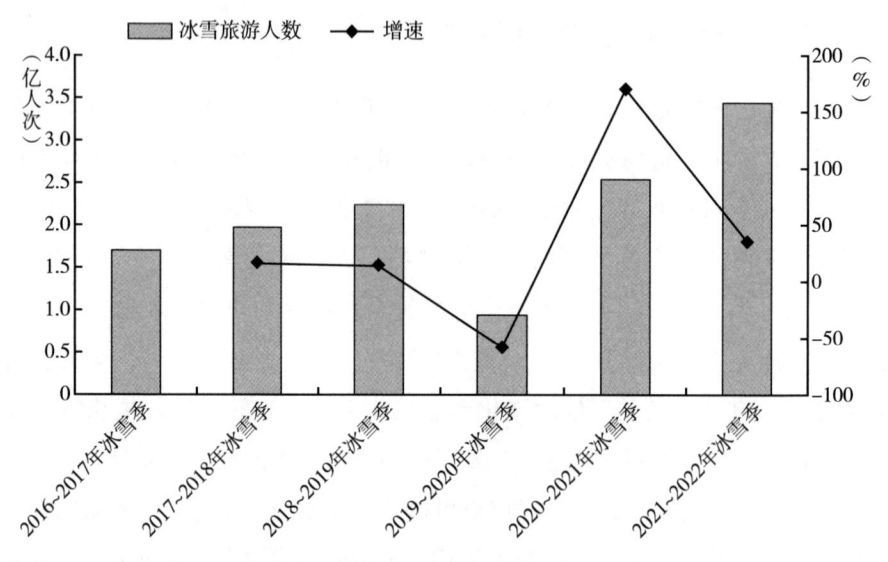

图 2 2016~2022 年我国冰雪旅游人数

资料来源：文化和旅游部。

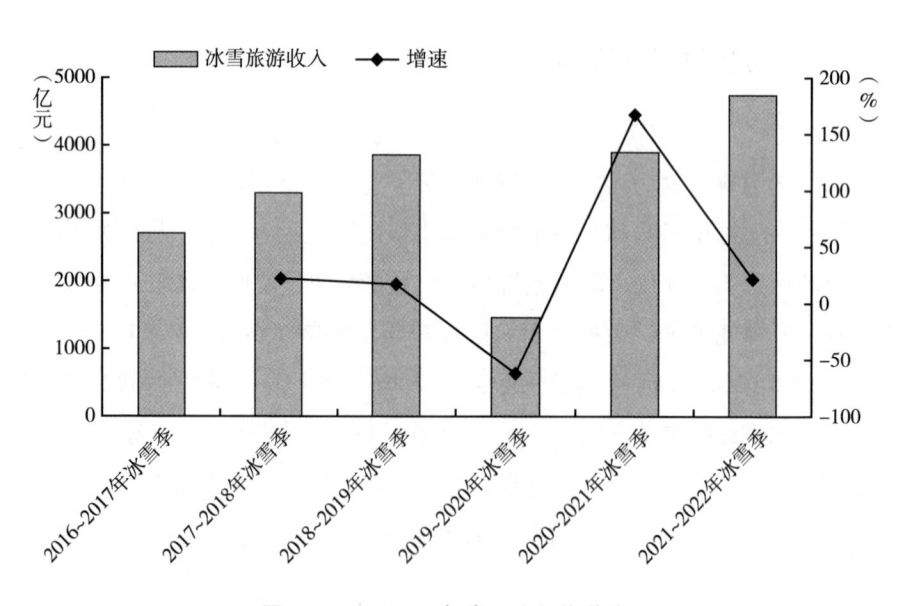

图 3 2016~2022 年我国冰雪旅游收入

资料来源：文化和旅游部。

外，2022年冬奥会的成功举办也将我国盛大的冰雪产业带入国际视野，有力推动了我国冰雪度假模式走向世界。为有效利用北京冬奥会契机促进我国冰雪旅游国际化，文化和旅游部、国家体育总局早在2022年1月26日就公布了首批国家级滑雪旅游度假地名单，依托高水平的滑雪运动设施和高品质的旅游度假服务来打造世界知名的滑雪旅游地，进而形成具有中国文化特色的冰雪旅游度假体系。

（四）一线及新一线城市保持较高旅游景气度

2022年，在我国游市场中，一线及新一线城市为其中最受欢迎的目的地。从排名前30的旅游目的地和客源地名单来看，重庆、北京、上海、广州、成都等地旅游景气度较高，为热门旅游目的地（见表1）。此外，根据携程与万事达卡联合发布的《2019中国跨境旅游消费报告》，我国入境游消费城市榜单排名前10位的城市均为一线及新一线城市。究其原因，上述城市能够有效利用和不断挖掘旅游资源，配套设施建设相对完善，从而形成一条高效的旅游服务供给链，为游客带来良好的旅游体验。随着我国社会生活秩序的逐步恢复，一线及新一线城市将进一步推进旅游产业升级优化，加大旅游服务有效供给，提升旅游服务国际化水平，成为推动我国入境游市场复苏的重要动力。

表1 2022年全国城市旅游目的地和客源地排名

排名	目的地	客源地	排名	目的地	客源地
1	重庆市	北京市	10	长沙市	杭州市
2	北京市	重庆市	11	杭州市	郑州市
3	成都市	上海市	12	南京市	长沙市
4	上海市	成都市	13	昆明市	石家庄市
5	广州市	广州市	14	深圳市	哈尔滨市
6	武汉市	武汉市	15	合肥市	南京市
7	西安市	天津市	16	长春市	合肥市
8	郑州市	西安市	17	石家庄市	沈阳市
9	天津市	深圳市	18	哈尔滨市	长春市

续表

排名	目的地	客源地	排名	目的地	客源地
19	南宁市	临沂市	25	青岛市	青岛市
20	沈阳市	昆明市	26	邯郸市	南阳市
21	苏州市	苏州市	27	潍坊市	潍坊市
22	贵阳市	邯郸市	28	福州市	徐州市
23	济南市	南宁市	29	徐州市	贵阳市
24	临沂市	济南市	30	佛山市	福州市

资料来源：中国旅游研究院《2022年中国旅游经济运行分析与2023年发展预测》。

（五）相关政策密集出台助力旅游市场复苏

2022年，国家密集出台旅游业相关政策，为旅游业复苏及进一步发展构筑新引擎。2022年，国务院印发《"十四五"旅游业发展规划》，在总结"十三五"旅游业发展成就的同时，分析了"十四五"旅游业面临的发展机遇和挑战，并提出"十四五"时期旅游业发展目标。在入境游方面，《"十四五"旅游业发展规划》指出，到2025年，文化和旅游实现深度融合，建设一批富有文化底蕴的世界级旅游景区和度假区，打造一批文化特色鲜明的国家级旅游休闲城市和街区；到2035年，以国家文化公园、世界级旅游景区和度假区、国家级旅游休闲城市和街区等为代表的优质旅游供给更加丰富，旅游业综合功能全面发挥，整体实力和竞争力大幅提升，基本建成世界旅游强国。可以看出，该规划既是旅游业全面发展的指引和导向，也是推动旅游业高质量发展的重要动力。

为全面贯彻乡村振兴战略、以文化产业赋能乡村经济社会发展，文化和旅游部等6部门联合印发了《关于推动文化产业赋能乡村振兴的意见》。发展文化产业不仅有利于乡村全方位、高质量发展，更为周边游、乡村游相关产业升级赋予新动能。此外，国务院、文化和旅游部等相关部门颁布大量纾困政策，如《扎实稳住经济的一揽子政策措施》《关于促进服务业领域困难行业恢复发展的若干政策》《关于抓好促进旅游业恢复发展纾困扶持政策贯彻落实工作的通知》等文件，以支持和帮扶困难旅游企业，推动旅游业复苏和产业创新发展。据统计，2022年1月1日至11月25日，国务院及相关部门共发布了40个与旅游发展密切相关的政策文件。[①]

（六）数字文旅初具规模

数字文旅指以数字化的知识和信息为关键生产要素，以现代信息网络为重要载体，以信息通信技术的有效使用为效率提升、质量提升和结构优化的重要推动力的一系列文化旅游经济活动。数字文旅几乎不受环境和时空限制，兼具低成本、强互动、高安全性的优势，是科技进步促进产业升级的表现。它通过连接线上线下业务、运用互联网商业变现等模式，提升旅游目的地的社交化与互动化水平，成为促进旅游发展的重要动力。随着我国5G、区块链等数字技术的快速发展和数字平台的优化，我国数字文旅规模迅速扩大。截止到2021年8月底，中国数字文旅相关企业数量达到25380家，2021年中国数字文旅企业数量约为28000家，预计2022年中国数字文旅企业数量将达到33500家。2021年中国数字文旅市场规模达8157.8亿元，较2020年增加了1178.1亿元，同比增长16.9%，预计2022年中国数字文旅市场规模将达到9698.1亿元。[②]

二 中国旅游服务贸易发展面临的问题

（一）应对突发事件能力仍需加强

新冠疫情发生以来，全球旅游业遭受重创，恢复进程明显滞后于其他行业。我国作为旅游大国，旅游业受到的冲击在各行业中格外显著，表现为旅

---

① 中国旅游研究院：《2022年中国旅游经济运行分析与2023年发展预测》，2023。
② 共研产业研究院：《2022~2028年中国数字文旅市场全景调查与战略咨询报告》，2021。

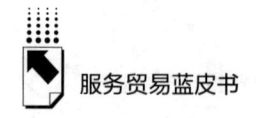

游从业人员收入锐减、旅游人次大幅减少。在全球化持续深化以及百年未有之大变局背景下，各种突发事件发生的概率以及影响力都在增大，对旅游服务贸易的影响也必将增强。因此，应对突发事件能力仍需加强，不仅是政府、企业，旅游业利益相关者都应加强风险应对意识，提升处置和应对能力。

（二）数字技术应用方式尚不成熟

目前，许多旅游产品以数字技术为手段进行开发、宣传，以此吸引游客，这的确是一种发展趋势。但需要注意的是，数字文旅产业的核心仍是内容生产，必须以文化创意为内核。一些企业在将数字技术与文旅内容融合时，往往存在公式化、模板化现象，导致数字表现形式与其核心内容并不契合，甚至出现形式高于内容的现象。此外，部分数字文旅产品的内容不完善，或者现有的数字基础设施难以支撑产品需求，导致数字文旅内容生产开发后存在利用率不高的问题。少量文旅企业以数字技术为噱头，开发出一些华而不实的产品，不仅降低游客体验感，也不利于文化的有效传播。

（三）国际化水平亟待提升

在经济全球化以及构建人类命运共同体的背景下，我国旅游服务贸易国际化水平的提升显得更加紧迫。我国是旅游大国，但并非旅游强国。2022年，我国国内旅游人次为25.30亿人，但出入境旅游人次只有4630万人次。即使在未发生疫情的2019年，出入境旅游人次也仅为国内旅游人次的2.6%，[1] 这表明我国旅游业国际化水平有待进一步提升。加快我国旅游业国际化进程刻不容缓。

（四）专业化旅游人才储备不足

随着大众旅游的发展，对旅游人才的需求不断增长，从业人员数量相应

---

[1] 国家统计局官网，https://data.stats.gov.cn/easyquery.htm?cn=C01。

增加。但从总体来看，旅游业人才的供需矛盾还比较突出，结构有待进一步优化。数据显示，我国旅游专业本科毕业生初次就业选择旅游业的仅占20%~30%，而稳定率为10%~20%。[①] 其原因主要有以下几个方面：一是受疫情、季节等因素影响，旅游业的萧条期和旺盛期分割明显，导致许多从业人员在萧条期选择离开旅游业，从而造成人才流失；二是旅游人才培养相对于旅游业发展具有一定的滞后性；三是旅游业的职位多属于中低端服务业，工作收入与从业者的期望不匹配。此外，我国旅游从业人员受教育水平不高，知识结构较为单一，整体素质有待提高。

三 中国旅游服务贸易发展趋势

（一）出行需求急剧增加

随着防疫政策的调整，我国社会生活逐步恢复正常，大众出行需求迅速增加。携程数据显示，2022年12月7日至18日，目的地为海南的机票预订量环比增长68%，酒店预订量增长63%，租车预订量增长88%。跨境限制解除后，中国澳门、中国香港、日本、泰国、韩国、美国、新加坡等多个疫情前大热的出境游目的地，在2023年春节时段的搜索热度开始显著增长，春节期间出境游整体订单同比增长640%，跨境机票订单同比增长超过4倍。[②] 预计2023年，国内旅游人数可达45.5亿人次，同比增长80%，约恢复至2019年的76%。实现国内旅游收入约4万亿元，同比增长95%，约恢复至2019年的71%。全年出入境游客人数有望超9000万人次，恢复至疫情前的31.5%。[③] 随着我国国际影响力的不断提升，目前对我国实施落地签的国家达到43个。

---

① 中国文化旅游人才暨人力资源产业发展峰会：《2021大峨眉旅游人才发展白皮书》，2021。
② 携程：《2023年春节旅游总结报告》，2023。
③ 中国旅游研究院：《2022年中国旅游经济运行分析与2023年发展预测》，2023。

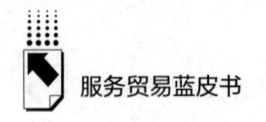

（二）文旅产业加快发展

2023年是全面贯彻党的二十大精神的开局之年，"全力拼经济"成为各地年度工作任务的"重中之重"，重振旅游经济亦成为各地稳增长、扩内需、强信心的"必选动作"。"十四五"期间，我国大部分省份均已发布地区文旅行业的发展要点及目标，且多涉及入境游市场发展，例如，北京市提出要率先实现文化和旅游高质量发展，世界文化名城和世界旅游目的地城市建设取得重大进展，文化铸魂、文化赋能和旅游为民、旅游带动作用全面凸显，2025年旅游业总收入达到9000亿元；[1] 海南省将建设成为国家文化和旅游高质量融合发展先行区、国家对外文化贸易基地、"一带一路"国际文化交流基地、世界文化艺术品交易基地和展示中华传统文化、彰显中国文化自信的重要窗口。[2] 2021年9月至2023年2月，共有24个省（区、市）发布了33个文旅行业"十四五"规划及相关政策，[3] 为地区文旅行业发展指明了方向。随着我国逐步向世界旅游强国迈进，未来各省（区、市）将陆续出台更多文旅政策，各地文旅产业将加快发展。

（三）数字旅游、智慧旅游继续升温

近年来，数字技术快速发展，逐渐成为一国发展的关键动能。党的二十大对加快建设数字中国做出重要部署。习近平总书记强调，要站在统筹中华民族伟大复兴战略全局和世界百年未有之大变局的高度，统筹国内国际两个大局、发展安全两件大事，充分发挥海量数据和丰富应用场景优势，不断做

---

[1] 《北京市"十四五"时期文化和旅游发展规划》，北京市发展和改革委员会网站，2021年9月8日，http://fgw.beijing.gov.cn/fgwzwgk/zcgk/ghjhwb/wnjh/202205/t20220517_2711983.htm。

[2] 《海南省人民政府办公厅关于印发〈海南省"十四五"旅游文化广电体育发展规划〉的通知》，海南省人民政府网站，2021年7月9日，https://www.hainan.gov.cn/hainan/qjcqhghqw/202107/1f7f08bb1d284c5891969263458b8f62.shtml。

[3] 前瞻产业研究院：《2023~2028年中国文旅融合行业市场前景预测与投资战略规划分析报告》，2023。

强做优做大我国数字经济。① 2023年，中共中央、国务院印发《数字中国建设整体布局规划》，将发展数字经济的重要性提升到新高度。未来，旅游业将进一步与元宇宙等新兴技术融合发展，不仅通过VR、AR等技术实现景区项目的宣传和推广，还将利用元宇宙多维的数字虚拟环境、开放式的文创生态、独一无二的数字资源，构建一个可广泛存在并自由发展的旅游虚拟世界。目前，中国首个未来景区样板——西溪国家湿地公园把"科技+生态旅游"作为未来景区建设规划战略，其中智慧票务、智慧导览、智慧景区大脑都率先在此落地，最终实现景区智能管理和数字化经营。可见，在新一轮科技革命和产业变革的浪潮中，旅游业通过科技赋能实现高质量发展已成为必然趋势。

（四）文旅新业态加速崛起

在推动我国经济由高速增长转向高质量增长的背景下，传统文旅产业的瓶颈和短板开始显现，因此通过与相关产业的创新融合培育文旅新业态，加快文旅产业升级，以新业态赋能文旅产业变革，为文旅产业不断开辟新的发展空间。

如果说以历史文化资源为依托的旅游开发是文旅产业1.0时代，那么现阶段则是以创意、科技为驱动的文旅2.0时代。在文旅2.0时代，文旅发展动能增强，新型特色小镇、康养主题旅游、演艺旅游、主题公园、数字文创、冰雪旅游、工业旅游等新兴业态蓬勃发展。此外，文旅产业的灵活性让业态的融合更高效、更切合实际。"文旅+研学""文旅+游戏""文旅+文创""文旅+教育""文旅+体育""文旅+农业"等不同融合方式在全国的布局加快形成，成为文旅产业布局的关键。未来，随着消费升级和新一代消费主力的崛起，人们对文旅产品将产生更多层次的需求，夜间经济、沉浸式经济、国潮经济、跨界经济等新经济模式将不断涌现。

---

① 《关于数字经济发展情况的报告》，中国政府网，2022年11月28日，https：//www.gov.cn/xinwen/2022-11/28/content_ 5729249. htm。

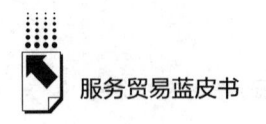

四 促进中国旅游服务贸易发展的对策建议

(一)持续优化健全应急管理机制

通过政府与企业的合作建立高效全面的应急管理机制,推动文旅业安全、有序发展。一是提升文旅业治理水平,构建基于突发事件的现代文化旅游治理体系,实现文旅和应急等部门联动合作,文旅企业联防联控管理,居民和游客予以监督支持;二是加大危机背景下文旅政策对行业发展的支持力度,实事求是地评估企业运营环境,重点帮助中小企业纾解资金运转等问题,在危机后推动行业复苏;三是增强数据在文旅业的应用性和支撑性,推动实现政府与企业、企业与企业的数据共享,鼓励企业通过自生成数据、物联数据、采买数据等进行大数据建模分析,及时发现风险漏洞;四是适时开展行业心理辅导,通过谈话、团建、讲座等多种方式提升从业人员抗压能力,助其在应急事件中能够实现自我疏解;五是借鉴国内外相关经验,分类分级从政府、市场主体等不同角度编制文旅业应急处理指南,为文旅业应对地质灾害、极端天气、暴力犯罪等各类突发事件提供参考和遵循。

(二)加强数字治理能力

推动数字技术与旅游业的创新融合,不断优化现有模式,深入挖掘元宇宙、区块链等高新数字技术在旅游业的应用潜力,开拓旅游新业态。丰富数字旅游产品和服务供给,通过数字技术丰富旅游资源、提升旅游服务质量。借鉴国内外先进经验,完善数字技术相关法律法规,加强旅游业数字平台监管,规范数字文旅发展。鼓励以旅游业龙头企业为主的各市场主体共同创新数字应用范式,共享数字应用经验,培育旅游业在数字领域的自我革新能力。加强大数据分析,及时获取游客使用体验、浏览历史、依赖度等关键指标数据,充分利用各类分析工具。立足市场需求,依据数字旅游产品类型结构、要素结构、时间结构等调整产品供给，根据市场需求变化，提供个性化、多样化、品质化的旅游产品。

（三）加快打造国际知名文旅品牌

"十四五"规划已对"文化和旅游融合发展"进行了系统的布局，提出坚持以文塑旅、以旅彰文，打造独具魅力的中华文化旅游体验。同时，要加强区域旅游品牌和服务整合，建设一批富有文化底蕴的世界级旅游景区和度假区，打造一批文化特色鲜明的国家级旅游休闲城市和街区。为此，各地方政府应深入挖掘本地特色，加快推动文化资源转化为旅游产品，提高旅游业服务质量。充分考量传统文化与历史古迹在旅游业发展中的角色定位，在保证经济效益的条件下尽量降低古镇等文化景区的商业化水平，防止景区建设"模板化"。景区服务应与国际接轨，增加和提升旅客服务设施的种类和质量，实现景点讲解的智能化和多语种化。国家应加大国际宣传力度，各驻外使馆适时举办中华文化和旅游活动，以我国丰富的旅游资源和文化特色吸引更多国外游客。

此外，需大力培育国际一流的跨国旅游服务公司。国家应出台相关政策予以支持，在跨国旅游服务公司创办初期采取一定的保护措施，待企业实现盈利后实施市场化管理。在培育跨国旅游服务公司时应充分考虑我国国情和国际定位，深入学习借鉴国际先进管理经验，实现"旅游内容特色化，旅游服务国际化"。

（四）增加高素质复合型人才供给

《"十四五"旅游业发展规划》明确提出，健全适合红色旅游、乡村旅游等发展特征和需要的从业人员培训机制，加大旅游业领军人才、急需紧缺人才和新技术、新业态人才培养力度，打造一支与旅游业发展相适应的高素质人才队伍。目前，国际环境复杂严峻，以大数据、人工智能、云计算、物联网等新技术为发展方向的信息化浪潮已蓬勃兴起，正在促进产业优化升级，引领产业变革。在"旅游+""+旅游"高质量发展的趋势下，新业态、新场景、新模式不断涌现。因此，培养高素质复合型人才是推动旅游业高质量发展的必然选择。在此背景下，高校应加快旅游学科创新改革，建立多学科交叉人才培养机制，将理论学习与社会实践相结合、学科创新与多学科协同创新相结合，为提高学生的多学科交叉创新能力和综合素质提供保障，培育复合型、创新型旅游人才。

参考文献

张玉蓉、蔡雨坤：《数字文旅产业高质量发展的契机、挑战与对策研究》，《出版广角》2022年第7期。

张鹏杨、郑婷、黄艳梅：《实现从经济功能向综合功能转变促进旅游业高质量发展》，《宏观经济管理》2022第7期。

马晓芬、戴斌：《旅游人才高质量培养的新时代课题》，《旅游学刊》2022年第8期。

李君轶、贺哲：《以学科交叉推动旅游复合型创新型人才培养》，《旅游学刊》2022年第8期。

B.11 中国娱乐、文化与体育服务贸易发展报告

李嘉珊 刘霞 张雨晴 *

摘 要： 我国已经进入新发展阶段，发展娱乐、文化与体育服务贸易对推动中华文化"走出去"、提高中国娱乐、文化与体育服务贸易发展质量、实现文化强国目标有着重要意义。2021年我国娱乐、文化与体育服务贸易规模不断扩大，进出口总额与受新冠疫情影响严重的2020年相比有所回升，进出口结构不断优化，总体发展态势良好。但同时存在娱乐、文化与体育服务贸易持续逆差，在国际竞争中缺乏优势；行业规模较小，产业基础较弱；管理体制不健全等问题。基于此，本报告提出加大对娱乐、文化与体育服务贸易创造性转化的支持力度，扩大娱乐、文化与体育服务行业内需，完善管理体制等对策建议，为我国娱乐、文化与体育服务贸易发展提供参考。

关键词： 娱乐、文化与体育服务 服务贸易 文化政策

---

* 李嘉珊，北京第二外国语学院教授，中国服务贸易研究院常务副院长，首都国际服务贸易与文化贸易研究基地首席专家，主要研究方向为国际文化贸易、国际服务贸易等；刘霞，北京第二外国语学院经济学院副教授，首都国际服务贸易与文化贸易研究基地研究员，主要研究方向为国际文化贸易；张雨晴，北京第二外国语学院中国服务贸易研究院2022级硕士研究生，主要研究方向为国际文化贸易。

随着经济全球化程度的进一步加深，中国文化产业发展十分迅速，文化产业正逐渐成为中国经济发展的关键推动力量，特别是文化服务贸易，其规模不断扩大。2022年中共中央办公厅、国务院办公厅印发的《"十四五"文化发展规划》指出，文化是国家和民族之魂，也是国家治理之魂。没有社会主义文化繁荣发展，就没有社会主义现代化。在此背景下，不断扩大娱乐、文化与体育服务贸易规模，同时不断提高服务贸易发展质量，可以更好地满足人民群众日益增长的娱乐、文化与体育服务消费需求，并将为促进形成以国内服务贸易大循环为主体、国内与国际双循环相互促进的新发展格局做出更大贡献。因此，分析我国娱乐、文化与体育服务贸易的发展现状、存在的问题，并针对这些问题提出相应的对策建议，对进一步推动社会主义文化繁荣兴盛以及建设社会主义文化强国有着十分重要的意义。

一 中国娱乐、文化与体育服务贸易发展概况

娱乐、文化与体育服务贸易是我国服务贸易的重要组成部分，近年来，我国娱乐、文化与体育服务业发展得到政策的大力支持，娱乐、文化与体育服务贸易规模快速增长。[①]

（一）中国娱乐、文化与体育服务相关政策进一步完善

近年来，我国经济发展逐步构建起以国内大循环为主体、国内国际双循环相互促进的新发展格局，新发展格局可以有效地促进娱乐、文化与体

[①] 因数据可获得性，业内常用个人、文化和娱乐服务贸易规模来对中国娱乐、文化与体育服务贸易规模进行分析。在《中国统计年鉴》中，"服务进出口分类金额表"按照国际货币基金组织发布的《国际收支和国际头寸手册》（第六版）统计标准，将个人、文化和娱乐服务分成视听和相关服务与其他个人、文化和娱乐服务，其中其他个人、文化和娱乐服务包括与博物馆以及其他文化、体育、博彩和娱乐活动相关的服务。根据该统计范畴，个人、文化和娱乐服务统计包括娱乐、文化与体育服务。

育服务领域的供给侧结构性改革，为娱乐、文化与体育服务业的进一步发展奠定基础。"双循环"格局以扩大内需为战略基点，通过不断扩大优质内容供给，以服务国内市场为导向，创造新兴需求，以国内娱乐、文化与体育服务消费侧的需求推动供给侧的改革，进而影响中国娱乐、文化与体育服务的对外贸易。如在电影公共服务方面，2021年国家电影局发布《"十四五"中国电影发展规划》，明确中国电影转向高质量发展阶段，进一步提高国产电影制作效率与质量，完善中国电影生产管理体系，提升电影技术能力，提升影视服务质量，增强中国电影的全球影响力，助力影视强国建设。在旅游服务方面，2022年中共中央、国务院印发的《扩大内需战略规划纲要（2022—2035年）》（以下简称《纲要》），指出要扩大文化和旅游消费，完善文化产业和市场体系，推进优质文化资源开发，以推动中华优秀传统文化的创造性转化。鼓励文化文物单位依托馆藏文化资源开发各类文化创意产品，增加优质文化产品和服务供给。同时注重促进群众体育消费。在体育服务方面，《纲要》重点指出要深入实施全民健身战略，加强国家步道体系与体育公园建设。以足球、篮球等职业运动为重点，提高体育赛事的品质和大众观感，推动竞技表演领域扩容升级。此外，对于冰雪运动，要优化其区域布局，推动冰雪运动"南展西扩东进"，带动群众"喜冰乐雪"。

此外，国家有关政策高度重视数字娱乐、文化与体育服务业的发展，2022年《纲要》明确提出要深入发展在线文娱，鼓励传统线下文化娱乐业态线上化，支持打造数字精品内容和新兴数字资源传播平台。同时，鼓励发展智慧旅游、智慧广电、智能体育。2022年中共中央办公厅、国务院办公厅印发的《"十四五"文化发展规划》指出要加快发展数字出版、数字影视、数字演播、数字艺术、数字印刷、数字创意、数字动漫、数字娱乐、高新视频等新型文化业态，改造提升传统文化业态，促进结构调整和优化升级。并且重点引导和鼓励文化企业运用大数据、5G、云计算、人工智能、区块链、超高清等新技术改造提升产业链，促进内容生产和传播手段现代化，重塑文化发展模式。商务部等27部门于2022年7月20日印发的《关于推进对外文化贸易高质量发展的意见》提出了提升文化贸易数字化水平、加强国家文化出口基地建设、鼓励数字文化平台国际化发展、创新发展数字内容加工业务等重要举措。因此，各项政策的出台为未来中国娱乐、文化与体育服务贸易的高质量发展奠定了重要基础。

（二）中国娱乐、文化与体育服务贸易规模保持平稳

因数据的可获得性，本报告通过2017~2021年我国个人、文化和娱乐服务贸易情况（见图1），来分析娱乐、文化与体育服务贸易规模。首先，进出口总额整体呈现波动上升态势。2017~2019年中国个人、文化和娱乐服务贸易进出口总额表现为平稳上升的趋势，由2017年的35亿美元增加至2019年的53亿美元，增加了18亿美元，增长率达51.4%。2019~2021年虽然受到新冠疫情的影响进出口总额有所波动，但整体来看，进出口总额相对平稳。2020年，进出口总额出现小幅下降，下降至43亿美元，同比下降18.9%。2021年中国个人、文化和娱乐服务贸易进出口总额有所回升，增加至52亿美元，同比上升20.9%。其次，出口额呈现稳步上升态势。2017~2021年中国个人、文化和娱乐服务贸易出口额由8亿美元增长至19亿美元，增长了137.5%。基于以上数据，本报告认为，2021年中国娱乐、文化与体育服务贸易额也会大幅增加，随着全球放宽疫情管控，中国娱乐、文化与体育服务贸易将迎来进一步发展。

如图2所示，2017~2019年中国个人、文化和娱乐服务贸易进出口总额占中国服务贸易进出口总额的比重呈现稳步上升态势，由0.50%增长至0.68%。由于受到新冠疫情影响，2020年占比出现小幅下滑，下降至0.65%。2021年，中国个人、文化和娱乐服务贸易进出口总额占中国服务贸易进出口总额的比重为0.63%，仍处于下行区间，维持下滑态势。总体来看，2021年中国个人、文化和娱乐服务贸易进出口总额、出口额以及进口额增长率分别为19.7%、43.9%以及8.6%，但是其在服务贸易中的占比却呈下降态势。基于以上数据，本报告认为中国娱乐、文化与体育服务贸易发展态势将与中国个人、文化和娱乐服务贸易发展态势保持一

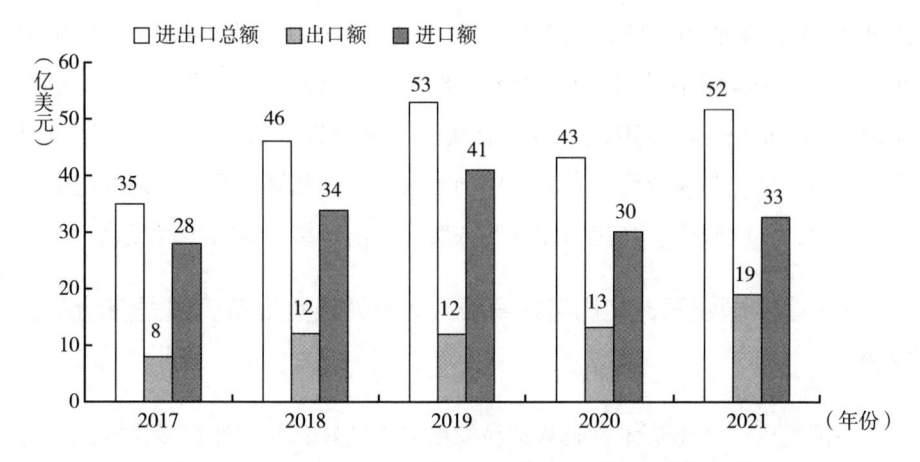

图1 2017~2021年中国个人、文化和娱乐服务贸易规模

资料来源：2018~2022年《中国统计年鉴》。

致，在服务贸易中的占比也呈下降趋势，中国娱乐、文化与体育服务贸易还有很大的发展空间。

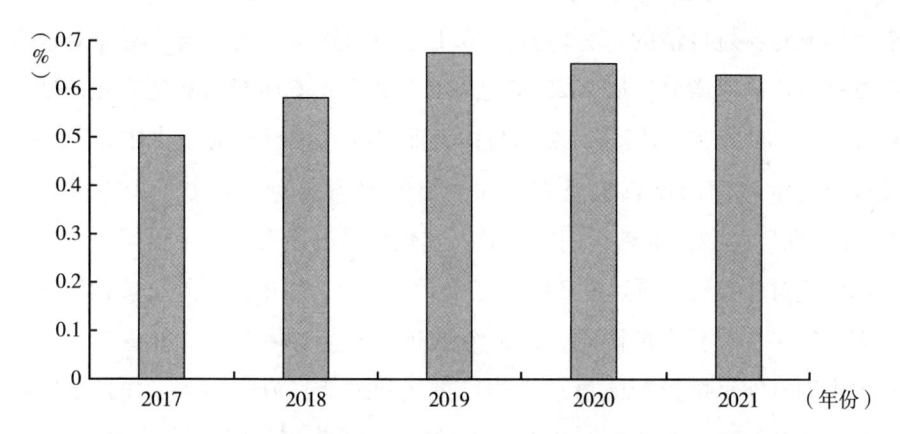

图2 2017~2021年中国个人、文化和娱乐服务贸易进出口总额占中国服务贸易进出口总额的比重

资料来源：2018~2022年《中国统计年鉴》。

进出口结构仍不均衡但有所优化，2021年个人、文化和娱乐服务贸易出口额达19.0亿美元，占进出口总额的36.75%，进口额达32.7亿美元，占进出口总额的63.25%；但出口额占比由2020年的30.56%上升至36.75%，进口额占比由2020年的69.68%下降至63.25%，进出口逆差也由2020年的16.9亿美元缩减至13.7亿美元。基于以上数据，本报告认为因中国娱乐、文化与体育服务贸易与中国个人、文化和娱乐服务贸易的进出口结构相似，中国娱乐、文化与体育服务贸易进出口结构也将实现优化。

（三）中国娱乐、文化与体育服务业对外直接投资流量呈波动发展趋势

中国娱乐、文化与体育服务贸易发展势头良好，而对外直接投资流量仍呈现波动发展态势（见图3）。根据《中国统计年鉴》数据，2012~2016年中国娱乐、文化与体育业对外直接投资流量呈现逐渐增加的态势，从1.96亿美元逐步增加至38.69亿美元。2017年娱乐、文化与体育业对外直接投资流量大幅下降93.2%，2018年又有所回升。2020年，由于新冠疫情的影响，中国娱乐、文化与体育业对外直接投资流量下降至-21.3亿美元。[①] 而随着国家对新冠疫情的有力防控，2021年中国娱乐、文化与体育业对外直接投资流量迅速增加，从2020年的-21.3亿美元增加至0.9亿美元，增长104.2%。同时，中国娱乐、文化与体育业对外直接投资流量占中国对外直接投资流量总额的比重也呈现较为明显的波动式变化趋势。2016年，在"一带一路"倡议的推动作用下，对外文化贸易迅速发展，中国娱乐、文化与体育业对外投资流量达到38.69亿美元的峰值，占中国对外直接投资流量总额的1.97%。受疫情影响，2020年娱乐、文化与体育业对外直接投资流量占中国对外直接投资流量总额的比重达到最低，为-1.4%，并且中国娱乐、文化与体育业对外直接投资流量占中国对外直接投资流量总额的比重仅有2015年和2016年超过了1%。因此，未来中国在娱乐、文化与体育业对外直接投资方面仍有很大的发展空间。

---

① 当期对外直接投资流量等于当期对外直接投资总额减去当期境外企业对境内投资者的反向投资。2020年当期对外直接投资总额大于当期境外企业对境内投资者的反向投资，因此为负值。

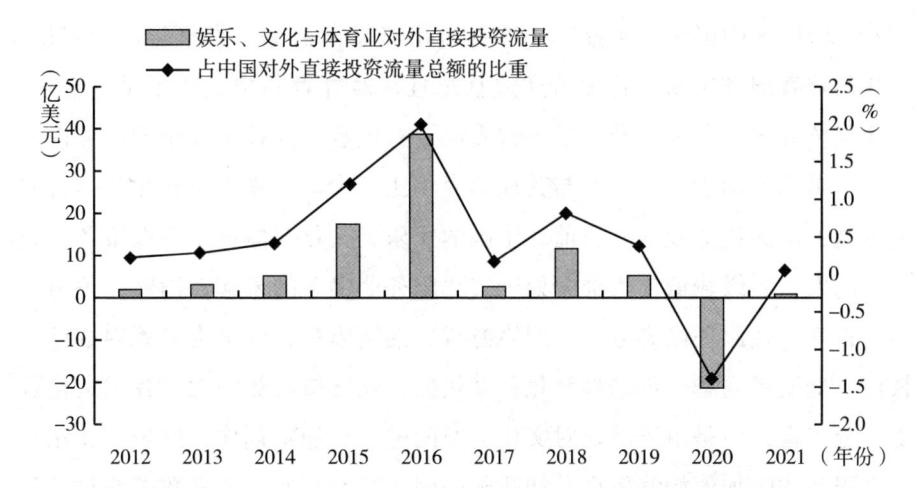

图3　2012~2021年中国娱乐、文化与体育业对外直接投资流量及其占比

资料来源：2013~2022年《中国统计年鉴》。

二　中国娱乐、文化与体育服务贸易现阶段存在的问题

在中国有关政策的大力支持下，中国娱乐、文化与体育服务贸易呈现平稳有序的发展态势。未来伴随数字技术的快速发展，数字文化服务贸易将为娱乐、文化与体育服务的国际化发展提供更好的机遇和平台。尽管如此，中国娱乐、文化与体育服务贸易在中国服务贸易中的比重仍然较小，未来娱乐、文化与体育服务贸易的发展仍存在一定的困难和问题。

（一）娱乐、文化与体育服务贸易保持逆差状态，在国际竞争中缺乏优势

根据2020~2022年《中国统计年鉴》服务进出口分类金额中的个人、文化和娱乐服务贸易数据，尽管2019~2021年中国个人、文化和娱乐服务贸易逆差呈现缩小的趋势，由2020年的16.9亿美元缩减至2021年的13.7亿美元，但从整体上看逆差仍然较大。基于以上数据，且参考

2020~2022《中国统计年鉴》中服务进出口总额数据，本报告认为娱乐、文化与体育服务贸易也将保持逆差状态且在对外贸易中优势不足。娱乐、文化与体育服务贸易高质量发展首先需要有创意、高技术含量的服务内容以及知名品牌的影响力，而与其他国家相比，中国的娱乐、文化与体育服务在这方面的优势较弱。目前，中国的娱乐、文化与体育服务在服务业链条上的发展层级较低，大部分处于文化服务业链条的末端，国际竞争力较弱。首先，在服务内容方面，网络游戏、网络影视、网络直播等内容存在模仿、低质等问题，创造性转化程度较低，缺乏核心竞争力。我国文化资源十分丰富，但是由于缺乏对文化资源的进一步加工创作，娱乐、文化与体育服务的附加值始终较低。如我国的网络游戏行业，大多数游戏只是简单的复制加工，游戏厂商急于追求利益而缺乏对其中蕴含的文化价值的关注，这导致国外对中国游戏的接受度不高，进而陷入恶性循环，使我国网络游戏出口越发困难。其次，在技术方面，科技可以在很大程度上提升文化要素的附加值，但目前中国利用技术将文化要素转化为高知识技术含量的文化服务的能力还较弱，这使得服务附加值进一步降低。最后，在品牌影响力方面，中国仍缺乏具有竞争力的知名品牌，且中国的自主知识产权意识较薄弱。现如今中国的娱乐、文化与体育服务需求还有待进一步挖掘。此外，一些国家有着许多贸易竞争壁垒，如服务业市场准入限制、文化传播限制、数据跨境流动限制等，也会限制中国娱乐、文化与体育服务贸易。以上原因均造成了我国娱乐、文化与体育服务业难以在国际竞争中取得优势。

（二）娱乐、文化与体育服务业规模较小，产业基础较弱

中国娱乐、文化与体育服务业规模较小、产业基础较弱，根据世界贸易组织统计数据，2021年美国个人、文化和娱乐服务进出口总额为522亿美元，而同年中国的个人、文化和娱乐服务进出口总额仅为52亿美元。基于此数据，本报告推测，2021年中国娱乐、文化与体育服务业规模也将小于美国，规模有待提升。只有娱乐、文化与体育服务业拥有雄厚的产业基础，

才能支撑娱乐、文化与体育服务走向国际市场。以英国、美国等文化服务贸易强国为例，其国内的文化服务产业背景均十分深厚，而根据国家统计局相关数据，2021年中国体育服务业增加值为8576亿元，占GDP的比重为0.75%，文化服务业增加值为33508亿元，占GDP的比重为2.91%。我国娱乐、文化与体育服务业产业基础较薄弱，但这也意味着我国娱乐、文化与体育服务业具有较大的发展空间。并且从企业的发展状况来看，我国与文化服务贸易强国相比，大部分娱乐、文化与体育企业规模较小。美国有许多世界知名的文化品牌，如迪士尼、百老汇、好莱坞等。中国娱乐、文化与体育服务业发展薄弱的问题仍需进一步关注。

（三）娱乐、文化与体育服务业管理体制不健全，对外贸易发展面临较大阻碍

中国娱乐、文化与体育服务贸易的发展水平仍然较低。中国娱乐、文化与体育服务对外开放水平仍然有待提升，对内管控程度仍需提高。首先，改革开放以来，特别是加入世界贸易组织后，中国通过协议开放和自主开放在服务业开放方面取得了很大成效，名义上的服务业市场准入水平位居发展中国家前列，实际开放程度却比较低。这会造成娱乐、文化与体育服务业缺乏竞争优势，进而造成持续发展动力不足。其次，管制过多、行政僵化等也是外资进入中国文化服务业的阻力。外资企业在地方进行行政审批以及牌照获取等方面也存在困难。再者，由于中国娱乐、文化与体育服务创新性不足，且与科技融合程度不高，难以与英国、美国等文化服务贸易强国进行竞争。国外文化服务企业进入中国后，会在一定程度上占领中国市场。使我国的娱乐、文化与体育服务业发展以及对外贸易发展受到较大阻碍。此外，中国娱乐、文化与体育服务业的法律保障体系尚未完善，版权保护力度不足，版权所有者的利益难以得到保障，导致正版逐渐退出市场，并陷入恶性循环。最后，由于各国版权保护的法律制度存在较大差异，许多国家还没有形成较为完善的版权保护法律体系，这会进一步加大中国娱乐、文化与体育服务出口的风险。

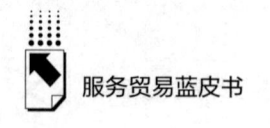

三 中国娱乐、文化与体育服务贸易发展对策

针对中国娱乐、文化与体育服务贸易存在的缺乏竞争优势、行业规模较小、产业基础较薄弱以及管理体制不健全等问题，本报告提出以下几点对策建议。

（一）加大对中国娱乐、文化与体育服务创造性转化的支持力度

政府应加大对娱乐、文化与体育服务贸易创新的技术投入。首先，支持企业开发新的服务产品、服务技术等，提高服务贸易的创新能力。通过技术创新来增强我国娱乐、文化与体育服务贸易的竞争力，提高娱乐、文化与体育服务质量，满足国际市场的需求。其次，将科技创新与文化创新相结合，从而实现文化创意与科技创新的融合。同时注重数字技术与文化服务的融合发展。加强高等院校、科研机构与文化企业的合作，进一步提升科技成果转化能力与水平。重视传统文化资源的传承创新。促进数字技术在中国传统文化要素上的创新型应用，如美国电影中使用了大量来自不同国家的文化要素，美国能够将各种技术用于加工各国文化要素，以此增强自身文化服务贸易的竞争优势。另外，我国经济正由高速发展转向高质量发展，我国要加快建设具有自主知识产权的知名文化品牌，进一步提升其在国际文化市场中的竞争力。最后，在数字技术快速发展并赋能文化服务业的大背景下，借助数字技术以及网络平台来建设国际文化交流平台，并将文化服务贸易行业各个环节连接起来，形成一个链条体系，进而提升中国文化品牌的知名度与竞争力。

（二）通过扩大内需发展娱乐、文化与体育服务业，提高娱乐、文化与体育服务贸易竞争力

我国"双循环"格局以扩大内需为战略基点，通过不断扩大优质内容

供给，以服务国内市场为导向，着力扩大国内需求，以国内娱乐、文化与体育服务消费侧的需求推动供给侧的改革。因此，要推动娱乐、文化与体育服务业融入"双循环"新发展格局。通过加快国内市场的发展来促进文化服务贸易的高质量发展。首先，深化国内娱乐、文化与体育服务需求侧的改革，特别是在数字经济赋能文化服务业发展的大背景下，进一步释放国内市场的消费潜力。我国娱乐、文化与体育服务业规模进一步扩大，激发国内娱乐、文化与体育服务市场潜力，进而促进国内文化品牌的发展，增强娱乐、文化与体育服务对外贸易竞争力。其次，推动娱乐、文化与体育服务业供给侧改革，营造良好的市场环境，进一步提高娱乐、文化与体育服务的质量，增强我国娱乐、文化与体育服务对外贸易竞争力。最后，鼓励我国相关企业探究国际市场对娱乐、文化与体育服务的需求，并借鉴优秀国际企业的管理经验，增强娱乐、文化与体育服务对外贸易竞争力。

（三）完善我国娱乐、文化与体育服务贸易相关政策法规及管理体制

首先，在政策方面，应加强对娱乐、文化与体育服务领域的扶持，在保持我国文化服务贸易规模不断扩大以及贸易结构不断优化的前提下，给文化企业营造良好的政策环境。对于有"走出去"潜力的创新型文化企业，要注重其版权保护，通过完善数字文化等新兴领域的立法、完善文化产业的法律和监管体系来切实加大知识产权的保护力度，以免其陷入盗版驱逐正版的恶性循环。也要加快建立专项资金支持制度，完善娱乐、文化与体育服务业资金支持体系，为其准备充足的发展资金，加快娱乐、文化与体育服务业发展，以增强其国际贸易竞争力。其次，建立科学的组织管理机制以促进娱乐、文化与体育服务业发展，如设立与发展计划制定、财政资金支持、市场开发等相关的组织机构。这些不同职能部门的设立可以促进我国娱乐、文化与体育服务业发展。韩国在这方面做得比较好。例如，韩国政府设立文化产业局来主管文化产业，设立文化产业振兴委员会来制定文化产业政策和发展计划，设立文化产业振兴院来扶持文化产业。对于游戏产业，韩国政府通过

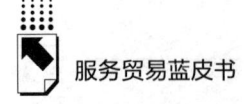

设立游戏综合支援中心来主管游戏产业政策和规划，设立游戏技术开发支援中心进行游戏产业园区建设和管理，建立游戏技术开发中心从事游戏产业技术开发。对于卡通形象业，韩国政府设立卡通形象产业协会来进行市场开发与创作。最后，加大开放力度，自改革开放以来，我国娱乐、文化与体育服务业迅速发展，开放对促进我国娱乐、文化与体育服务贸易成效卓著。政府应加强对娱乐、文化与体育服务贸易领域规则的研究。通过制度创新来优化娱乐、文化与体育服务的发展环境。同时，要对文化服务贸易领域的政策与规则进行更深入、全面的研究，进一步推动贸易规则等制度的开放。

参考文献

冯毅、石瀚文：《我国文化服务贸易发展现状、问题与对策》，《国际贸易》2017年第6期。

葛继宏、叶森：《我国对外文化贸易发展研究：现状、问题与对策》，《浙江社会科学》2022年第12期。

何传添、梁晓君、周燕萍：《中国文化贸易发展现状、问题与对策建议》，《国际贸易》2022年第1期。

李俊、付鑫、张威：《中国服务业开放与服务贸易协同发展：成效、问题与对策》，《国际经济合作》2023年第1期。

来有为、陈红娜：《以扩大开放提高我国服务业发展质量和国际竞争力》，《管理世界》2017年第5期。

魏鹏举、戴俊骋、魏西笑：《中国文化贸易的结构、问题与建议》，《山东社会科学》2017年第10期。

专题研究篇

Special Research Reports

B.12
全球绿色转型发展背景下中国国际服务贸易高质量发展路径研究

王佳林[*]

摘　要： 近年来，各国密集出台绿色转型发展规划及配套措施，全球绿色转型发展进程加速推进，对国际服务贸易发展格局的影响逐步显现、越发明显。我国作为全球第二大国际服务贸易主体，要深刻认识当前外部发展环境深刻变化的机遇期和内部发展动能转换的换挡期，抓住厚植发展优势的窗口期，用好历史文化红利、改革发展制度红利、宏观政策红利，聚焦绿色转型发展的新形势、新需求、新动向，全力做好知识沉

---

[*] 王佳林，中央财经大学财政学博士，原中国银行保险监督管理委员会博士后工作站、北京大学经济学院博士后流动站联合博士后，现就职于中信百信银行，主要研究方向为宏观经济发展与政策、财税改革与发展、金融市场前沿动态和热点、国际贸易创新发展。

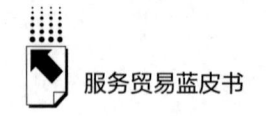

淀和转化、政策引导和支持、金融赋能和服务、标杆性企业建设和培育，持续打造中国国际服务贸易发展的新优势、新动能。国际服务贸易企业要积极拥抱绿色转型发展，主动思变、求变，聚焦新需求、新变化，加快产品创新和服务开发。同时，稳步推进自身的绿色转型发展，注重用好国内智库资源，引外智为内能。

关键词： 绿色发展　国际服务贸易　行业转型

2023年4月25日，欧盟理事会投票通过碳边境调节机制（CBAM），明确CBAM将于2023年10月启动，2026年正式实施，2034年全面运行，这意味着全球首个碳排放关税机制即将落地。同时，这也标志着全球绿色转型发展将迈入一个全新的阶段，以碳关税等为主体的绿色关税机制将成为影响全球贸易发展的重要因素。从短期来看，全球货物贸易将会受到最为直接的影响，不仅货物定价、物流成本、运输方式本身将会发生明显的改变，甚至可以预期的是，货物的生产链及其上游的产业链、供应链，也将迎来市场格局的重构和调整。但是从中长期来看，这种贸易环节关键因素改变对全球服务贸易造成的影响可能会更为深远和多元。由于服务贸易因货物贸易而起，随货物贸易而兴，伴货物贸易而变，不仅服务贸易本身会受外部宏观环境的直接影响，而且其发展路径还会受到货物贸易对跨境服务等方面需求深刻调整的间接影响。因此，在绿色转型发展深入推进的宏观发展趋势下，深入思考国际服务贸易发展的应对之策、创新之举、发展之路，不仅具有重要的理论价值，而且具有十分重大的现实意义。当前，全球国际服务贸易市场仍处于绿色转型发展的过渡期，在这个向新阶段迈进的过程中，哪个国家能够下好"先手棋"，抓住发展机遇期，哪个国家就能在未来全球服务贸易竞争中具备更为有利的发展条件，建立更为领先的发展优势。对于我国来说，加快国际服务贸易绿色转型发展步伐，意义尤为重要。数据显示，2022年，我国国际服务贸易进出口总额近6万亿元,已经连续9年稳居全球排名第2位。① 我国国际服务贸易发展何去何从,其影响不仅限于国内,甚至对全球经济社会发展都会产生系统性影响。在新环境、新趋势下,我国服务贸易如何建好发展"护城河"、打造发展新动能、开启发展新篇章,不仅是学界和业界需要深入思考和不断创新探索的一项重大理论和实践课题,更是我国经济社会高质量发展的一个时代课题。

一 国际服务贸易发展的外部环境面临重塑

贸易是国与国之间最古老的经济交流与互动方式之一,有着悠久的历史。随着交通运输和信息通信等方面基础设施建设的不断完善,国际贸易的规模不断加大、种类越发丰富,在一国经济中的地位和作用也越发突出明显。也正因如此,国际贸易成为经济学的重点研究领域,斯密、李嘉图、李斯特、凯恩斯、萨缪尔森、克鲁格曼等著名经济学家在国际贸易的本质、发展模式、产业支撑等方面的研究取得了丰硕的成果,为国际贸易发展打下了坚实的理论基础。这些研究成果经过国际贸易实践的检验和修正,不断完善、丰富,已经形成了一套较为完整的国际贸易理论体系,涵盖了宏观经济影响、中观产业发展、微观企业经营等主要关键领域。国际服务贸易作为国际贸易近年来的新兴领域,虽然在对象、形式等方面有别于传统的货物贸易,但是贸易的本质、内涵等方面仍然与货物贸易保持了较高的一致性,国际贸易理论对于研究当前国际服务贸易面临的新形势、新情况,以及制定可行举措,仍具有较好的理论指导作用,是国际服务贸易研究和实践的重要理论支撑。

回顾国际贸易理论和实践发展历程,虽然市场机制、自由竞争等因素一直被作为推动国际贸易兴盛蓬勃的关键要素,但是由于国际贸易所具有的支柱性地位、战略性作用,各国通常会根据本国经济社会发展的实际,通过退

---

① 《2022年我国服务贸易接近6万亿》,中国经济新闻网,2023年1月31日,https://www.cet.com.cn/cjpd/yw/3316443.shtml。

税免税等税优政策、低利率的信贷政策、财政补贴以及对其国际贸易主导产业上下游的多维政策支持，引导本国国际贸易发展，厚植竞争力，形成差异化的竞争优势。比如说，出口导向型国家会为参与国际贸易的企业提供具有吸引力的税优政策和财政补贴政策。再比如说，德国和美国在历史上都曾经借鉴李斯特的幼稚产业保护理论，以市场准入、关税等政策加大对本国产业的保护力度，培育壮大本土产业，以便更好地参与全球贸易市场竞争。从国际经验来看，国家经济政策这个"看得见的手"对国际贸易的发展具有举足轻重的作用。国家经济政策导向的调整对国际贸易往往会有深层次、长期性的影响，而且会形成较强的区域外溢，并伴随明显的政策反馈效应。从近些年的全球贸易实践和发展趋势来看，国家经济政策的作用还在不断增强。特别是当各国经济政策导向转向一致、目标一致的时候，相似政策同频共振所起到的政策加成效果更为显著。

长期以来，全球各国的经济政策导向大都仅基于本国实际，因此政策方向、步调和节奏千差万别。但是，近年来，随着各国纷纷提出"碳达峰、碳中和"的目标和实施路径，并着手开展实施前的准备工作，全球各国政策取向基本趋于一致，这在全球经济发展史上也并不多见。主要经济体和国家先后将绿色转型发展、绿色经济等内容放在经济政策制定的重要位置，有序推进政策落地，完善配套措施，其影响之大超乎预期。比如，2022年2月14日，欧洲议会正式批准通过了《2035年欧盟新售燃油轿车和小货车零排放协议》，明确要求到2035年实现零排放，这意味着欧盟27国将在2035年停售新的汽油和柴油驱动的轿车、轻型商用车，以及相应的混合动力车和插电式混合动力车型。这一政策为实现降碳减排的目的，对高碳排放产业发展的直接干预，充分表明了欧盟对于打造"绿色经济"的决心。众所周知，汽车行业在欧盟不仅有着悠久的发展历史，而且是经济增长的重要支柱，据统计，欧盟地区汽车保有量超过2.8亿辆，汽车业产值就占到欧盟GDP的7%左右。[①] 在该政策背景

---

① 《［央视财经评论］汽车业产值占欧盟GDP7%左右》，央视影音，https://m.app.cctv.com/vsetv/detail/VSET100156269129/5abf915fd21044c2b4abf4718c7b6d69/index.shtml#0。

下，欧盟地区汽车领域进出口贸易将会有巨大调整，比如，在产品类型方面将由燃油车逐步转向纯电动车，相应的汽车配件体系也将转向服务纯电动车。再比如，考虑到碳边境调节机制对原材料、生产工艺等方面的影响，致力于开拓欧盟汽车市场的汽车制造企业还需要满足相应的碳排放要求，这无异于设定了潜在的市场准入机制。

同样，服务欧盟地区汽车进出口的服务贸易供应商和服务商也将面临全新的市场环境和竞争格局。比如，对于进出口汽车跨境保险服务商来说，最为明显的调整就是保险标的物的改变，保险标的物由传统燃油车变化为纯电动车，业务底层逻辑不得不重建。在传统燃油车领域，经过长期的业务探索和经验沉淀，跨境保险服务商已经对相关的各种主要风险类型有了充足的认识，积累了大量、丰富的风险数据，形成了较为全面的风险管理能力，相应的风险管理体系和业务流程都已经非常成熟，且标准化程度较高。但是在纯电动车领域，由于纯电动车本身发展时间较短，在设计、制造等方面还处于不断更新升级和完善优化的阶段，驱动核心要件与传统燃油车也有着显著差异，其业务风险类型和风险敞口都还有较大的不确定性。这无疑对跨境保险服务商的业务开展提出了全新的挑战。为适应新的保险标的物，跨境保险服务商需要重构业务体系、商业渠道、产品体系、管理体系、科技后台、人才队伍等，整个过程中不仅存在高昂的重建成本和试错成本，前期投入的沉没成本也需要在新业务模式下长时间分摊。面对全新的发展环境，跨境保险服务市场重塑是一种必然，而且重塑的过程之快可能会超过大部分市场主体的想象。

从业务规模和占比来看，跨境保险服务只是国际服务贸易中的一个细微领域，所谓一叶知秋，一个细微领域所面对的外部环境将要发生的变化都如此之大，那么，对于整个全球国际服务贸易市场来说，其外部环境的变化只能用巨变来形容了。而产生巨变的源头就是全球大部分国家采取的绿色转型发展政策。此外，虽然全球大部分国家在绿色转型发展政策方向上保持一致，但是限于各国实际，政策实施的节奏、强度、重点领域仍具有明显的差异。比如说在实现碳中和的目标时间上，德国在多次修正实现碳中和目标的完成时间后,明确提出在 2045 年实现碳中和,但仍领先欧盟地区碳中和实现时限 5 年,领先印度 25 年。[①] 不同区域间的政策差异将会进一步影响不同地区国际服务贸易市场主体之间的竞争。绿色转型发展意向强烈、政策执行力度相对较强国家的市场主体不得不在短期内承担更多的转型成本和制度成本。而绿色转型政策执行力度相对平缓国家的市场主体容易出现在专业技术、人才培养、产品设计、配套体系等方面发展滞后、适配性较差的问题,在全球竞争中,难以满足市场的更高标准需求,可能会失去打造先发优势的机会,在市场格局中被迫趋于边缘化,拉开与具有政策地缘优势同业的发展差距。综合来看,面对全球绿色转型发展大势大潮,国际服务贸易发展外部环境已然开始改变,如何在变化中规避风险、在变化中抓住机遇,是市场内所有主体都需要认真思考的一个关键性问题。

二 国际服务贸易发展的内部驱动面临重构

贸易的前提是存在市场需求,只有出现了稳定、可观且持续增长的市场需求,贸易规模才会不断扩大。但不论是参考绝对优势理论、相对优势理论,再或者是 HO 理论,各国要想通过贸易满足市场需求,在供应侧具备成本优势是必要条件。更低的成本意味着有竞争力的定价,因此,长期以来,在国际服务贸易实践过程中,服务贸易的供应商和服务商都将持续压降综合成本作为巩固扩大现有市场份额、开拓新市场、构建经营"护城河"的关键举措。比如,欧洲国家和美国的大型企业将人工客户业务外包给位于印度的服务供应商,就是通过国家间的人力成本差异,实现综合成本经营压降的经典案例。又比如,欧洲国家的互联网巨头公司将程序开发设计的部分业务外包给位于中国、印度以及南美等国家互联网技术服务商,也是出于成本控

[①] 《默克尔宣布提高德国减排目标,提前至 2045 年实现碳中和》,央视网,2021 年 5 月 8 日,https://news.cctv.com/2021/05/08/ARTIvOOpl6bWo59BJAScq1GW210508.shtml。

制的目的。再比如，在国际货物贸易中提供金融服务的供应商，如摩根、安盛等，凭借更多的网点布局、更雄厚的资金实力、更可靠的风险管理体系，形成的更具价格优势、更便捷和更短交易时间的综合金融服务能力，在竞争中脱颖而出。

随着数字化的出现，通过数字技术重建成本控制体系，成为近年来国际服务贸易供应商和服务商的重中之重。更强大的科技后台支撑力、更智能的管理工具和业务工具等不断推动业务模式、管理模式、经营模式的创新发展。但其本质仍是在现有市场环境和市场竞争下，利用技术手段强化成本控制，成本控制的方向、领域以及类型并没有发生根本性改变。但是在全球绿色转型发展不断加快的背景下，国际服务贸易供应商和服务商的成本控制的内涵和外延都会出现全新的调整，继续维持原有的成本控制体系，继续单纯在该体系内进行制度完善和优化，难以满足国际服务贸易未来发展的新需求。

首先，成本控制的理念将会更新升级。传统成本控制的作用机制是通过更低的商品服务价格、更高的使用效率，降低投入成本，节约运营成本。这是微观经营理念在成本控制体系的直接映射。但是绿色转型发展对于绝大部分市场主体而言，并非主动为之，而是应对外部环境变化的被动之举。对于企业经营而言，将内部经营成本外部化是一种天然冲动。比如，企业将污水、有毒气体等废弃物不经过有效处理直接排放，可以显著降低经营成本。只要环保生态处罚带来的成本低于废弃物处置成本，企业就会存在违法违规的内生冲动。这种情况无法通过市场自身调节改变，以往只能通过加大处罚力度、强化管制能力等方式，抑制企业将生产成本外部化的冲动。但是，绿色转型发展将会全面改变现有的成本控制模式。其政策导向将形成一种社会压力，推动企业自身注重并强化绿色发展，在生产和经营过程中降碳减排，减少对生态环境的破坏。这其实是一种将社会绿色发展成本转向企业内部的过程，是宏观发展理念在成本控制体系的新映射。对于企业来说，其生产经营的外部性将由负转正，这必将推动成本控制的底层逻辑重构，成本控制的维度将增加、内涵将扩大、目标将重调。单纯控制低价格、利用率的方式已

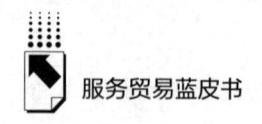

经难以满足成本控制的新需求，以往通过成本比对来选择控制路径的方式面临挑战，对成本转化和成本控制的价值贡献，可能会成为成本控制路径选择的重要指标。

其次，成本控制的范围将会全面扩大。绿色转型发展意味着生产、消费、投资、能源等各个领域都将逐步转向低碳或者零碳方向。这种转变不仅意味着低碳或者零碳产品供应的增加，而且意味着经济社会发展、政策体系构建、企业经营运行的整体转向。对于国际服务贸易供应商或者服务商来说，控碳成本管理能力将是其在新的市场环境下必须具备的新能力。比如，某个已提出绿色转型发展目标的地区，面向全球招标打造一栋发挥降碳减排标杆作用的建筑。在已有成本控制体系的支持下，其国际服务供应商还需要更多考虑以下方面。在建筑方案设计方面，是否在外部设计上参照特斯拉美国工厂在屋顶全面铺设太阳能光伏板或者在整栋建筑外部铺设具有太阳能吸纳能力的新型玻璃外墙，增加绿电使用比例；是否在内部设计综合引入节能控制理念和设备，综合控制用电量、用水量等。在建筑建设方面，是否采用新型绿色建材、新型绿色施工设备，是否采购绿电或者碳信用额度抵消碳排放。在资金运用阶段，是否能够用足用好绿色金融政策。以我国为例，中国人民银行通过货币政策支持工具为商业银行提供的碳排放相关贷款利率为1.75%，该利率远低于一般性贷款加权平均利率。同时，绿色债券、绿色 ABS、绿色信贷等绿色金融工具提供的融资成本都远低于市场平均水平。此外，对建筑投保绿色建筑性能责任保险也可有效降低建筑绿色验收不合格导致的成本损失和重建风险。涉及的相关领域和方面，还有很多，不再一一列举。总体而言，这些新增的内容，是此前成本控制体系不曾涉及的或者很少涉及的领域，需要成本控制体系将这些新情况、新要素纳入成本控制模型，并审慎分析新要素与新要素之间、新要素与传统要素之间的相互作用关系，重建成本控制模型。

最后，成本控制的方式将会转化升级。对于国际服务贸易供应商和服务商来说，数字化的全面兴起大幅降低了贸易过程的综合成本。但是在绿色转型发展的背景下，由于成本控制理念和范围都出现了较为明显的调整，成本控制方式必然也会顺应形势的变化，进行相应调整。以文化贸易中的影视剧作采购交易为例。近年来，通过数字化拍摄技术和图像处理技术，文化贸易企业可以将一些经典的舞台剧、话剧等剧场演出转为影音产品，向消费者呈现身临其境观看的效果。比如，近几年在伦敦上映的舞台剧《战马》，国内就已通过这种方式将其引进。公开放映不仅起到了很好的文化交流作用，同时也形成了较好的商业回报。在常规情况下，成本控制的关键在于企业与产品供应商和产地供应商的价格博弈，博弈结果将决定盈利水平。但在绿色转型发展下，成本控制将完全不同。比如在资本运作方面，影视作品的资本运作在国内已经非常成熟，票房收入的资产证券化可以加快资本回流，提高资本运作效率。但是资产证券化的费用高昂，相应的约束条件较为严格，并非所有的文化贸易企业都能够承受，实际上是通过让渡较高收益达到提高资本运作效率的目的。但在绿色转型发展的社会环境下，绿色经营理念的引入可以帮助文化贸易企业显著降低成本。比如，通过购买绿电或者碳信用额度，冲抵影视播放期间的二氧化碳排放，通过追溯影视剧制作全流程，突出资金、能耗、设备的降碳减排效果，形成绿色品牌。那么在资本运作的过程中，不论是设计相应的绿色资本证券化产品还是引入绿色基金支持，都将以更低的资金成本，实现成本控制的最终目的。可以说，类似的这种方式起到的成本控制作用已经超出了传统成本控制在预算资金使用过程中强化压降支出的效果。从长期来看，围绕绿色转型发展，国际服务贸易的成本控制方式创新还有很长的路要走。

三　我国国际服务贸易的发展优势亟待重建

作为全球国际服务贸易市场的重要主体，我国凭借在文化领域的历史红利、改革发展的制度红利、宏观支持的政策红利，已经在国际服务贸易市场上形成了具有中国特色的综合优势体系。比如，近年来，我国受高等教育就业人数的规模和质量都在持续提高，对于承接信息技术外包和知识流程外包，已经形成了高质量人力优势。再比如，我国通过共建"一带一路"倡

议等政策引导，持续扩大对外直接投资规模，已经在相关国家、相关区域，形成了明显的资金优势。但同时，也要看到，我国在国际服务贸易领域的优势并不牢固。比如，在金融服务领域，我国服务贸易的客群主要集中于中资驻外企业和国内消费者，外资企业和国外消费者占比仍有很大的提高空间，还没有真正形成面向全球企业和消费者提供服务的发展局面。我国服务贸易发展需要加快突破发展制约，寻找新的发展增长点和发力点，加快推动国际服务贸易发展扩面、提质、增效。

随着绿色转型发展全面推进，全球服务贸易市场也将迎来新发展，新的市场格局、商业模式、产品体系、服务类型等都需要各国展开全新研究和探索实践。这意味着在全新的国际服务贸易市场体系下，各国再次站在了同一起跑线上，对于我国国际服务贸易发展来说，既是重大挑战，也是重大机遇。如果我国能够抓住这次市场转型的重大机遇，抢占先机，努力把握竞争的主动权，国际服务贸易发展将迈上新台阶，发展增速和发展质量将进一步提升。综合来看，在绿色转型加快发展和数字化深入融合的背景下，能否建立国际服务贸易的先发竞争优势将主要受以下几个方面的影响。

（一）全力做好知识沉淀和转化

绿色转型发展是一项系统性、持续性的工程，涉及的领域、行业众多，从生产到消费，各个环节都面临转型发展。同时，绿色转型发展又是一种全新的发展模式，需要持续完善和探索实践。如何能够又好、又快、又稳地完成向绿色发展转型，影响的因素很多，但其中最重要的就是建立完备的绿色转型发展知识体系和转化体系。理论是实践的先导，只有正确的理论才能指导实践走在正确的道路上，达到预期的目标。当前，绿色转型发展领域持续提出的新理论和应用实践，比如，ESG评估评级及应用、碳评估碳核算的相关方法和技术、绿色金融相关实践与研究等，已经在政策制定、行业转型、产业升级、企业实践等方面得到迅猛发展和广泛应用，积累了丰富的理论探索和实践经验。这些研究和实践可为我国国际服务贸易绿色转型发展提供重要支持，不仅有助于深入挖掘业务需求，助力产品和服务创新，更重要的是能够助推我国国际服务贸易发展少走弯路、错路，实现跨越式发展。

（二）全力做好政策引导和支持

推陈出新、持续完善是保持产品和服务竞争力的重中之重。但是，创新同时也意味着要跳出舒适圈，意味着面临更大风险。对于从事国际服务贸易的企业来说，其不论是积极承接绿色转型发展中产生的服务贸易需求，创新产品和服务，还是立足自身，对标绿色转型发展要求，加快业务模式转型发展，都需要承担较大的转型风险。绿色转型发展是一项全新的发展模式，没有可以借鉴的路径，需要企业去闯出新的更适合本行业的发展道路。如果只依靠市场机制的优胜劣汰，对于全社会来说，绿色转型发展可能会造成大量的成本浪费和损失。为此，政府需要通过提供更系统、更精准、更有效的政策指导与支持，助力行业和企业最大化地降低损失成本，更好地积累经验。不让试错成为社会性成本损失，而是成为更有价值的社会贡献。具体来说，政策引导和支持应该涵盖知识再教育、技能再培训、政策再指导、业务交流平台搭建、激励性的财税支持等，系统性地降低行业和企业的转型成本，提高其抗风险韧性，增强转型驱动，让政府成为国际服务贸易转型发展的助推器、催化剂和安全阀。

（三）全力做好金融赋能和服务

资金是企业发展的生命线，能够真正让好的战略、好的项目、好的团队发挥作用。如果缺少充足的资金保障，缺少长期、稳定、可持续的资金支持，好的战略将难以部署落地，好的项目将难以推进见效，好的团队将难以保持稳定性和战斗力。对于现代企业经营来说，资金主要来源于两个方面，一方面是自身的经营积累，另一方面是金融支持。做好自身资金积累的重要性不言而喻，这是企业发展的根和本。同时，充分运用金融支持，也是企业实现跨越式发展的重要一招。但引入金融活水，是一项系统性工程，需要建立"政策+市场"的多维体系。在政策支持方面，宏观政策应重点发挥引流和避险的作用。比如，参照碳减排支持工具模式，出台聚焦促进国际服务贸易发展的结构性货币政策支持工具，发挥货币政策的杠杆作用，推动企业获得更低利率、更大规模的信贷支持，提高企业金融服务的获得感。从碳减排支持工具来看，较强的政策激励，可以充分调动金融机构积极性，让企业获得低成本的信贷资金，实现经济价值和社会价值的双赢。为此，可建立专门支持国际服务贸易行业的担保公司，通过提供行业定制化增信、担保等工具，提高行业绿色转型的抗风险能力。在市场方面，可通过提供多种融资途径和多元融资工具，精准对接企业金融需求。比如，可设立国际服务贸易绿色转型发展母基金，以母基金引导建立风格多元、类型丰富的投资基金，满足不同发展阶段企业的资金需求。再比如，可充分利用国内已建立的多层次资本市场的有利条件，重点支持创新型、成长型企业发展，为优质国际服务贸易企业上市建立绿色通道，支持其通过资本市场优化资源配置，强化增长效能，完善资本结构。

（四）全力做好标杆性企业建设和培育

对于全行业来说，加快完成对绿色转型发展路径的探索，具有重要的意义。但在行业转型发展初期，路径探索呈发散状，成功与否具有较大的不确定性。通常情况下，只有通过广泛试错，才有可能形成一条或者数条相对稳定的可行的行业转型路径。综合来看，市场自发的探索与创新并不是最优解。那么要如何更有效率、更低成本地打通转型路径中的难点、堵点呢？关键一点就是要充分发挥规模优势，建立标杆性、示范性企业，由这类企业去做行业绿色转型发展的排头兵、先锋队。这类企业由于规模较大、质量较好，具有较好的信用水平和偿债能力，在融资、发债以及运用各项金融工具方面具有先天优势，可以更好地发挥金融支持作用。同时，在高昂的试错成本面前，较大规模的企业具有更好的弹性，可以避免出现"一试就死"的情况，真正将试错积累经验转化为发展改革的成效，而不是变为行业转型发展过程中的沉没成本。

四 国际服务贸易企业绿色转型的应对之策

（一）积极拥抱绿色转型发展，主动思变、求变

思想是行动的先导，只有思想认识到位，行动才会自觉。当前，新的发展形势、新的市场需求已经越发明朗，作为国际服务贸易市场的主体，企业需要对外部环境的变化保持敏感性，做到与时代同向同行，敏锐把握时代发展的潮流和趋势。不能固守已有的成功经验和发展理念，而要秉持开放的态度，观察时代发展动向。要做好传承，但不是只守住自己的"一亩三分地"，看天吃饭，就万事大吉。要知道，这"一亩三分地"也是整个市场的一部分，当市场变了，这"一亩三分地"也会随之改变。在改变来之前，如果不能做好应对和准备的话，当改变真的来临时，被动求变的成本会极其高昂。

（二）聚焦新需求、新变化，加快产品创新和服务开发

当前，绿色转型发展仍在过渡期，新的市场仍在萌芽发展阶段，新的需求已经产生。但是消费者的习惯和偏好还没有形成，有待培育，产品服务标准还不健全，有待完善。哪家企业先进入市场，先开发出适配的产品服务，先获得消费者认受，哪家企业就可以在新市场上获得先发优势，具备持续开拓市场、占领市场的基础。就当前而言，企业应重点以货物贸易绿色转型发展过程中所需的转型服务为创新切入点，比如，在碳排放评估和核验、ESG咨询、碳信用额度采购等方面，加快开发新产品、新服务，积极对接市场需求，充分运用数字化技术，提质增效，构建客户画像，提高市场响应速度，高质量地提供定制化服务和产品。

（三）稳步推进自身的绿色转型发展

绿色转型发展不仅是市场大势，而且也是企业微观经营的必然趋势。从市场竞争来看，要想真正做到理解市场、理解客户的需求，企业需要自身先

认同、接受绿色发展理念，并将其融入企业经济管理中。从自身发展来看，绿色转型发展代表的是当前最先进的发展理念，是高质量的增长方式，对于企业优化资源配置、聚焦高价值领域、降低综合运营成本具有长期性的正面作用，将为企业经营管理提效增质提供重要的底层支撑。同时，也要看到转型发展意味着管理、业务、人才等多方面的创新变革，企业也要把握好转型节奏，强化过程管理，避免因转型出现的业务断档、服务掉线等情况造成额外的经营损失。

（四）注重用好国内智库资源，引外智为内能

从世界主要经济体正式提出碳达峰、碳中和目标至今，虽然绿色转型发展对生产和消费等领域的影响已初步显现，但是其发展时间尚短，绿色转型发展理念还没有贯穿社会各个层面，受政策时滞影响，转型改革政策还没有传递至市场一线。总体上，市场动向滞后于政策导向。由于各国处于绿色转型发展的同一起跑线上，没有可参照借鉴的经验和模式方法，加强并用好前瞻性研究成果，对于企业发展极为重要。当前，国内相关领域智库已经围绕绿色转型发展对市场发展的影响及作用机制做了大量研究工作，为市场转型进阶奠定了较为扎实的理论研究。这是国内从事国际服务贸易的企业加快推进绿色转型发展的有利条件。企业要深化与相关领域智库的合作，加快将已有的研究积累转化为经营管理、业务模式创新、人才管理变革的实践，充分发挥智库在战略规划、业务设计、教育培训、业务交流等方面作用，实现引智、增智、强智，以智促干，以智促行。

绿色转型发展的时代潮流已成为时代所向、大势所趋。我国国际服务贸易发展只有顺势而为、乘势而上，才能不断取得新的成绩，迈上新台阶，开启高质量发展的新篇章。在时代变局下，从事国际服务贸易的企业，要抢抓当前转型发展的机遇期和窗口期，聚焦市场不断涌现的新需求，创新产品设计，优化产品服务，打造行业领先品牌，在巩固强化先发优势的基础上，积极开拓新市场，在服务国家经济社会发展大局的过程中，实现商业价值和社会价值的共赢。

B.13
中国与共建"一带一路"国家数字贸易发展研究[*]

张 杭　张伟玉[**]

摘　要： 数字贸易代替传统贸易为"一带一路"高质量发展强势注入了新活力，激发了各国数字经济发展的新潜能。当前，中国与共建"一带一路"国家数字贸易合作加速推进，双方合作日趋密切，发展成就日益突出。但是，由于共建"一带一路"国家数字贸易仍然处于初级阶段，数字鸿沟、规则空缺、数字安全等问题仍制约着各国数字贸易合作的深度和广度。对此，本报告建议改善数字基础设施，促进数字技术创新与应用；推动数字治理规则制定，争取数字经济治理主动权；构建数字保护防火墙，降低数字贸易安全风险。

关键词： "一带一路"倡议　数字贸易　国际合作

引　言

2023年是"一带一路"倡议提出10周年。10年来，"一带一路"倡议

---

[*] 本报告为对外经济贸易大学优秀青年学者资助项目（项目编号：20YQ17）、国家社科基金青年项目（项目编号：20CGJ028）成果。

[**] 张杭，北京大学新结构经济学研究院博士研究生，主要研究方向为发展经济学；张伟玉，通讯作者，对外经济贸易大学全球化与中国现代化问题研究所副教授、对外经济贸易大学区域国别研究院东盟国家研究中心研究员、北京市习近平新时代中国特色社会主义思想研究中心特约研究员，主要研究方向为国际政治与经济。

促进了共建"一带一路"国家的深度合作交流，推动了共建国家经济的蓬勃发展，受到了共建国家人民的支持。作为发起国和首倡国，中国与共建"一带一路"国家展开了广泛的经贸合作，截至2022年底，已与150个国家、32个国际组织签署200余份共建"一带一路"合作文件。① 2022年前11个月，中国对共建"一带一路"国家合计进出口12.54万亿元，同比增长20.4%；对共建"一带一路"国家非金融类直接投资达191.6亿美元，同比增长6.5%；对共建"一带一路"国家承包工程完成营业额达719.5亿美元。② 2022年，中欧班列继续保持高位运行，全年开行16562列、运送161.4万标箱，同比分别增长9%和10%。③ 近年来，在中国与共建"一带一路"国家的经贸往来中，数字经济合作越发成为重要的合作板块，数字贸易、数字支付、电子商务等新兴合作领域为共建"一带一路"国家发展注入了新动能。

数字经济是以数字化的知识和信息作为关键生产要素，以数字技术为核心驱动力，以现代信息网络为重要载体，通过数字技术与实体经济深度融合，不断提高数字化、网络化、智能化水平，加速重构经济发展与治理模式的新型经济形态，④ 也是继农业经济、工业经济之后的主要经济形态。第四次工业革命以来，生产投入要素中的数字要素比例大幅上升，数字技术革新促进了社会经济表现的极速变化。数字贸易是全球化和数字经济发展的产物。商务部在《全球服务贸易发展指数报告》中将数字贸易定义为：依托信息网络和数字技术，在跨境、研发、生产、交易、消费活动中产生的，能够以数字订购或数字交互方式实现的货物贸易、服务贸易和跨境数据流动贸易的总和。在传统贸易的基础上，数字贸易一方面借助数字技术将传统贸易

---

① 《国家发展改革委1月份新闻发布会》，中华人民共和国国家发展和改革委员会网站，2023年1月18日，https：//www.ndrc.gov.cn/xwdt/wszb/1yfxwfbh/。
② 《数说共建"一带一路"2022》，中国一带一路网，2022年12月31日，https：//www.yidaiyilu.gov.cn/xwzx/gnxw/299772.htm。
③ 《国家发展改革委1月份新闻发布会》，中华人民共和国国家发展和改革委员会网站，2023年1月18日，https：//www.ndrc.gov.cn/xwdt/wszb/1yfxwfbh/。
④ 中国信息通信研究院：《中国数字经济发展白皮书（2020）》，2020。

中的某些货物贸易和服务贸易转换为数字贸易，另一方面对依托数字技术而生的数据服务、数据管理等商品进行交易。数字贸易对贸易方式、贸易对象、贸易规则等各方面产生了深远影响。

疫情发生后，数字贸易总量迅速上升，日渐成为推动全球经济发展的新引擎。2011~2020 年，全球数字服务贸易复合增长率达 4.4%，显著高于传统服务贸易复合增长率（1.19%）和货物贸易复合增长率（-0.4%）。[①] 2005~2021 年全球数字服务贸易规模整体呈上升趋势，占传统服务贸易总量的比重有所上升，数字贸易在经济中的重要价值进一步凸显。2021 年，全球跨境数字服务贸易逆经济周期上扬，同比增长 14.3%，在总服务贸易中占比达到 63.6%（见图 1）。[②]

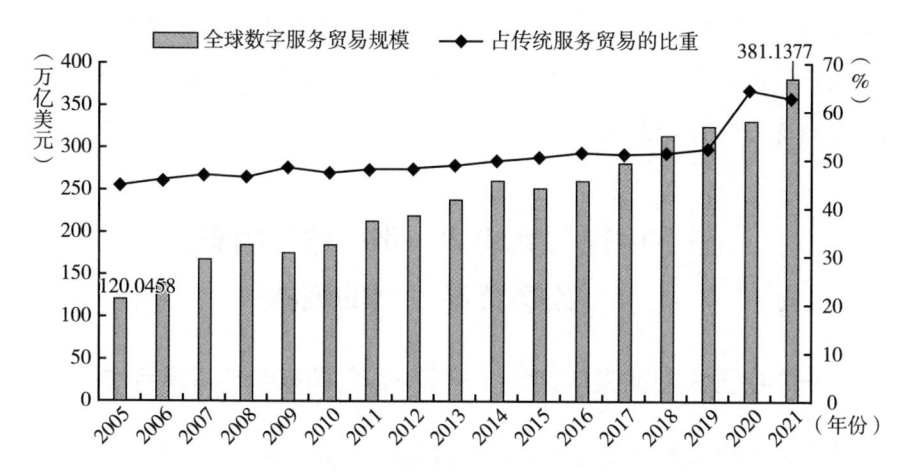

图 1　2005~2021 年全球数字服务贸易规模变化趋势

资料来源：联合国贸易和发展会议（UNCTAD）官网。

共建"一带一路"国家是发展数字经济的重要阵地。2019 年，习近平总书记在第二届"一带一路"国际合作高峰论坛开幕式演讲中强调，"我们要顺应第四次工业革命发展趋势，共同把握数字化、网络化、智能化发展机

---

① 中国信息通信研究院：《全球数字经贸规则年度观察报告（2022）》，2022。
② 中国信息通信研究院：《全球数字治理白皮书（2022）》，2022。

遇，共同探索新技术、新业态、新模式，探寻新的增长动能和发展路径，建设数字丝绸之路、创新丝绸之路"。建设数字丝绸之路离不开数字贸易的发展，数字贸易即基于互联网和互联网技术的国内商业和国际贸易活动，是共建"一带一路"国家发展数字经济的重要领域。疫情发生以来，中国与共建"一带一路"国家的数字贸易合作呈现迅速增长态势，有效刺激了传统贸易的新活力，激发了各国数字经济发展的潜能。

尽管在信息技术快速迭代的背景下，中国与共建"一带一路"国家的数字贸易以极快的速度蓬勃发展，但共建"一带一路"大多数国家数字贸易发展尚处于初期阶段，数字鸿沟、数字贸易治理规则"赤字"、数字安全风险等问题都依旧制约着各国实现数字贸易高质量发展。如何缩小各国数字基础设施及数字技术差异、如何建立统一的数字经贸规则、如何创建安全清朗的数字贸易交易环境成为中国与共建"一带一路"国家推进数字贸易未来发展亟待解决的关键问题。

一 中国与共建"一带一路"国家数字贸易发展的现状

（一）中国大力加强与共建"一带一路"国家数字贸易合作

作为数字经济发展前行国家，中国的数字贸易发展方兴未艾。2005~2021年中国数字服务贸易进出口总额大幅上升，出口占服务总出口比重大幅上升，中国逐渐成了数字服务生产出口国。2021年，中国数字服务进出口总额达3596.9亿美元，同比增长22.4%，其中出口额占服务贸易总出口额的比重达49.7%，进口额占服务贸易总进口额的比重达37.4%（见图2）。而在中国数字贸易发展的进程中，中国十分重视与共建"一带一路"国家建立良好伙伴关系，双方的数字贸易合作成为推动中国数字贸易发展的重要板块。

2017年，习近平总书记在"一带一路"国际合作高峰论坛开幕式上提

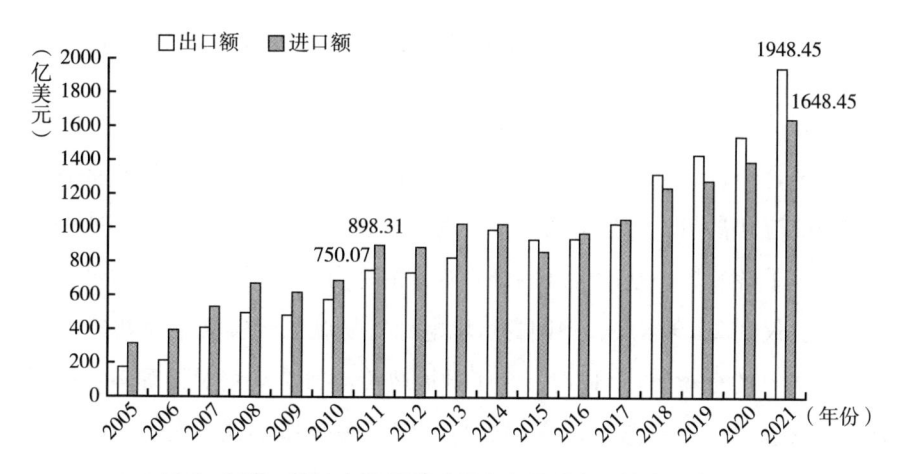

图 2 2005~2021 年中国数字服务贸易进出口额变化趋势

资料来源：联合国贸易和发展会议（UNCTAD）官网。

到"要坚持创新驱动发展，加强在数字经济、人工智能、纳米技术、量子计算机等前沿领域合作，推动大数据、云计算、智慧城市建设，连接成21世纪的数字丝绸之路"①。作为建设数字丝绸之路的重要板块，促进共建"一带一路"国家数字贸易发展受到中国政府的高度重视。2022 年，习近平总书记在第五届中国国际进口博览会开幕式上提到"加快建设强大国内市场，推动货物贸易优化升级，创新服务贸易发展机制，扩大优质产品进口，创建'丝路电商'合作先行区，建设国家服务贸易创新发展示范区，推动贸易创新发展，推进高质量共建'一带一路'"②。在数字化时代背景下，中国推动共建"一带一路"国家从传统贸易向数字贸易转型，保证了"五通"之一贸易畅通实现，有利于消除各国贸易投资壁垒，降低贸易和投资成本，打造命运共同体从而实现互利共赢。

---

① 习近平：《携手推进"一带一路"建设——在"一带一路"国际合作高峰论坛开幕式上的演讲》，《人民日报》2017 年 5 月 15 日。
② 《共创开放繁荣的美好未来——在第五届中国国际进口博览会开幕式上的致辞》，中国政府网，2022 年 11 月 4 日，http://www.gov.cn/xinwen/2022-11/04/content_ 5724715.htm。

（二）共建"一带一路"国家积极与中国开展数字贸易合作

随着"一带一路"倡议的持续推进，中国与共建"一带一路"国家的数字贸易合作日趋密切，建设"数字丝绸之路"倡议也得到越来越多国家的积极响应和参与。为推动数字贸易的快速发展，中国与共建"一带一路"国家克服了各种软硬基础设施困难，双方的努力迅速促成了数字贸易的跳跃式发展。仅到2019年底，中国的跨境电商贸易就已经实现了对共建"一带一路"国家的全覆盖。[1] 同时，为了开展政策沟通、规划对接等多层次领域合作，共建"一带一路"国家积极与中国签署合作协议，截至2022年底，中国与17个共建"一带一路"国家签署了"数字丝绸之路"合作谅解备忘录，与23个共建"一带一路"国家建立了"丝路电商"双边合作机制。[2] 在数字成为重要生产要素后，中国与共建"一带一路"国家积极促进数字经济合作是顺应时代潮流的必然结果，对于各国应对国际分工格局重组、世界经济衰退和经济可持续发展等问题具有深远影响。

（三）中国与共建"一带一路"国家数字贸易发展成就突出

随着"一带一路"倡议的深入推进，中国与东南亚、非洲、中东、南美等新兴市场的数字经济合作力度不断加大，数字贸易领域成为近年来中国与共建"一带一路"国家国际贸易发展最快的领域。从经济成就来看，中国与共建"一带一路"国家的数字贸易交易额正以极快的速度增长，双方日益成为彼此坚实的数字贸易合作伙伴。以可数字化离岸交付服务为例，2021年，中国交付共建"一带一路"国家离岸服务外包执行额达1616亿元，总额仅次于美国，同比增长率达18.7%；以跨境电商出口额为例，仅

---

[1] 柴瑜、王晓泉主编《"一带一路"蓝皮书："一带一路"建设发展报告（2020）》，社会科学文献出版社，2020。
[2] 《华信研究院发布〈"一带一路"数字贸易发展指数报告（2022）〉》，华信研究院网站，2023年2月3日，https://huaxin.phei.com.cn/gain/409.html。

2022年第一季度，中国对共建"一带一路"国家跨境电商出口额就增长了92.7%。①从治理制度成就来看，中国与共建"一带一路"国家为双边数字贸易发展提供了政策支撑，极大地减少了双边合作障碍，增加了双方的信任程度。以中国与东盟合作为例，中国不断创新跨境电商的监管模式，尽全力简化程序并降低关税成本，东盟积极制定《电子商务协议》，为合作国提供更加稳定高效的电子商务合作环境。总结来看，虽然中国与共建"一带一路"国家之间的数字贸易合作尚处于起步阶段，但双方本着恳切的合作态度在短时间内取得了不俗成就。可以预见，数字贸易合作的良好开端将为双方长久的合作共赢奠定坚实基础。

二 中国与共建"一带一路"国家数字贸易发展的特征

（一）数字贸易合作领域集中

中国与共建"一带一路"国家数字贸易合作尚处于起步阶段，合作领域较为集中和单一。从中国与共建"一带一路"国家的数字贸易合作内容来看，目前，双方合作的主要经济形式为跨境电商（"丝路电商"）。跨境电商是数字贸易的重要组成部分，传统贸易主体通过电子商品平台达成交易，进行电子支付结算，极大地提高了交易效率，对冲了疫情下人员接触不便对贸易的负面影响。"丝路电商"是跨境电商合作模式在"一带一路"倡议背景下的特称，作为"十四五"规划纲要中的名词，"丝路电商"立足于"数字丝绸之路"倡议，充分发挥了我国电子商务技术应用、模式创新和市场规模等优势，积极推进了共建"一带一路"国家的电子商务国际合作。疫情发生以来，中国与共建"一带一路"国家在跨境电商发展上取得了瞩目的成绩。近5年，中国跨境电商进出

---

① 徐向梅：《跨境电商拓展外贸发展新空间》，《经济日报》2022年6月13日。

口规模增长近10倍，到2021年，中国跨境电商货物进出口额达1.92万亿元，同比增长18.6%，占进出口总额的4.9%，其中出口额1.39万亿元，增长28.3%。[1]截至2022年，中国设立了130多个跨境电商综合试验区。2021年，新加坡跨境电商平台Shopee的商品交易总额（GMV）达625亿美元，同比增速达76.8%。[2]从政策支持来看，2018年中国政府发文降低跨境电商零售进口商品税率，2021年东盟推动《电子商务协议》生效，力保电子商务合作的顺利进行。从数据来看，仅2022年第一季度，中国对东盟跨境电商出口额就增长了98.5%，对共建"一带一路"国家跨境电商出口额增长了92.7%。[3]中国与共建"一带一路"国家在跨境电商的合作上取得了长足的进步，成为数字贸易合作最为集中的领域。

（二）数字贸易合作区域聚集

中国与共建"一带一路"国家数字贸易合作区域聚集，亚洲国家与我国的合作更为密切，尤其是东盟国家。《"一带一路"数字贸易发展指数报告（2022）》对共建"一带一路"国家数字贸易能力进行了测算，数据显示新加坡与马来西亚是与我国在数字贸易领域进行深度合作的国家，数字贸易指数达271.12与100.92（见表1）。总结新加坡等国与中国发展数字贸易的成功经验发现，传统商贸合作紧密、软硬数字基础设施配套、数字技术发展迅速等要素为两国合作创造了良好的基础和完备的条件。以新加坡为例，第一，中新两国在商贸领域的合作稳定而深入。2022年是中国成为新加坡最大贸易伙伴的第10年，庞大的贸易规模、繁多的贸易种类为传统贸易借助数字技术转化为数字贸易提供了土壤。第二，中新两国拥有良好的数字基础设施和数字技术基础，都有较为先进的网络基础设施，互联网使用率居世

---

[1] 中华人民共和国商务部服务贸易和商贸服务业司：《中国数字贸易发展报告（2021）》，2021。
[2] 博鳌亚洲论坛研究院：《从中国-东盟合作经验看"一带一路"跨境电商发展》，2022。
[3] 徐向梅：《跨境电商拓展外贸发展新空间》，《经济日报》2022年6月13日。

界前列,这些基础性条件保障了数字贸易的正常运行。第三,中新两国为数字贸易发展提供了一系列配套政策支持,新加坡是亚洲出台数字贸易规则最多的国家,中国在发展过程中不断更新构建数字贸易规则体系,双方力克数字贸易的体制机制障碍,为数字贸易蓬勃发展提供制度保障。数字贸易相对于传统贸易,在技术条件、规则制度、数字基础设施等方面都面临着更大的阻力,受到更多的制约。虽然,中国与数字经济条件较为完善的共建"一带一路"国家拥有更为深入的数字贸易合作,但是,未来促进更多的共建"一带一路"国家共同参与数字贸易发展,做大做强数字经济"蛋糕",共享数字经济发展红利是构建数字经济命运共同体的必由之路。

表1 共建"一带一路"国家数字贸易发展指数

国家	数字贸易指数	贸易关系	贸易潜力	贸易基础	贸易环境	贸易风险	贸易水平
新加坡	271.12	80.51	102.02	197.79	137.60	138.10	808.90
马来西亚	100.92	92.82	29.42	135.11	111.83	158.93	102.35
俄罗斯	85.32	83.59	54.19	91.41	114.91	137.05	55.79
越南	83.41	103.08	32.25	135.95	95.95	143.75	29.48
印度	82.13	10.26	145.27	90.63	92.61	138.86	7.58
泰国	79.03	106.67	34.14	98.63	120.49	141.41	17.84
阿联酋	77.26	0.00	57.45	127.93	105.42	154.66	18.17
印度尼西亚	76.16	99.49	40.57	67.31	119.45	137.75	34.84
捷克	70.14	5.64	35.09	124.17	90.81	153.89	20.87

资料来源:《"一带一路"数字贸易发展指数报告(2022)》。

(三)数字贸易合作优势互补

中国与共建"一带一路"国家数字贸易合作呈现优势互补特征。作为数字经济发展大国,中国在数字经济建设经验上有着比较优势,而共建"一带一路"国家则拥有巨大的市场需求和发展潜能。以数字服务贸易中的数字支付技术为例,中国开发了先进的数字支付技术并具有硬件中立特征,能够方便快捷地向不同国家提供技术支持。共建"一带一路"国家对电子支付与普惠金融的需求旺盛，需求一方面来自大部分本国人民缺乏合适的金融工具用于投资和生活，另一方面来自共建"一带一路"国家的企业对于交易融资便利度的追求。中国与共建"一带一路"国家关于数字支付技术在供给侧和需求侧的优势互补成为推动双方数字服务贸易合作的主要动力。从中国与共建"一带一路"国家的大部分合作内容来看，优势互补这一特性在促进双方高效合作上发挥了重大作用。除了互补合作外，如何细化各国差异化特征，形成多边合作共赢的格局是未来深化数字贸易合作的关键。

三 中国与共建"一带一路"国家数字贸易合作面临的挑战

（一）各国数字鸿沟差异较大

数字基础设施、数字技术是数字经济发展的基石，内容涉及5G、人工智能、物联网等新一代信息基础设施和通信技术。共建"一带一路"国家间数字鸿沟是阻碍数字贸易合作推进的首要障碍。从互联网通信基础设施来看，大部分共建"一带一路"国家信息化基础设施极度薄弱，特别是南亚、中亚、北非及大部分东南亚国家，计算机、互联网等普及率很低，这直接影响到依赖于数字技术的数字化产业的发展。图3展示了2021年世界各大洲个人互联网使用率的均值，数据显示，区域间的信息化程度差异较大，非洲及亚洲国家的个人互联网使用率远低于欧洲国家；在非洲，约60%的国家个人互联网使用率低于50%，乌干达等国家个人互联网使用率甚至不足20%。[1] 从数字技术条件来看，多数共建"一带一路"国家面临着数字技术短缺、数字人才缺失的困境，从而无法支持其完成数字经济交易中必要的步骤和环节。以数字支付为例，数字支付通过数字化技术降低交易成本，提高贸易合作效率，是数字贸易合作必不可少的步骤。但大部分共建"一带一

---

[1] Statistics，https：//www.itu.int/en/ITU-D/Statistics/Pages/stat/default.aspx.

路"国家数字支付技术落后，非洲、南亚、中亚及东南亚部分国家的数字技术水平显著低于共建"一带一路"国家数字技术总体平均水平。①

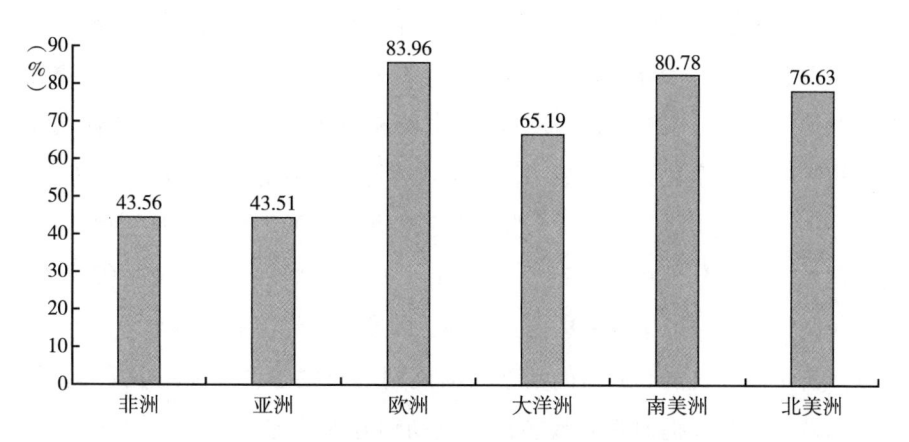

图3 2021年世界各大洲个人互联网使用率均值

资料来源：国际电信联盟（ITU）官网。

（二）数字贸易规则赤字凸显

相较于传统贸易，数字贸易有其独特性。数字贸易在贸易内容、贸易方式上都发生了根本性变化，原本适用于传统贸易的治理规则体系难以完全适用于新兴的数字贸易，其治理规则也因此受到挑战。在贸易活动上，数字贸易催生出大量线上数字服务活动；在贸易方式上，贸易全流程向着智能化、数字化方向发展，各经济主体只需通过数字平台即可完成交易，开展物流、金融等贸易活动，这降低了贸易成本，增加了交易效率；在贸易对象上，贸易不再局限于实体货物和传统服务，贸易范围延伸至信息通信服务、数据要素等新兴数字产品，各国交易内容的复杂性和多样性提升。贸易方式和贸易对象的创新对贸易规则提出了新的要求和挑战。一方面，数字贸易迫切需要关于数字产品标准、税收、准入等内容的统一规则；另一方面，数字贸易对数字技术的使用关乎信息技术的使用、创新与保护规则。

---

① 高疆：《发展"一带一路"数字贸易：机遇、挑战与未来方向》，《国际贸易》2022年第11期。

217

从目前的发展情况看，全球数字贸易治理规则尚未统一，而数字经济发展较为落后的共建"一带一路"国家对于数字贸易规则的讨论则更是"碎片化"。在共建"一带一路"国家中，仅有率先发展数字经济的中国和东盟成员国对数字贸易治理规则有系统讨论。中国致力于倡导数字贸易自由化，在与共建"一带一路"国家签订的自由贸易协定中对于电子商务便利化、数字贸易内容丰富化、跨境数字流动等内容进行了讨论（如中国-格鲁吉亚FTA、中国-毛里求斯FTA）。东盟成员新加坡于2021年与新西兰和智利签署了《数字经济伙伴关系协定》（DEPA），就数字贸易、数字支付等议题进行了规则讨论，兼顾了发展中国家和发达国家数字经济利益诉求。另外，作为强经济主体，美国和欧盟的数字贸易规则对于共建"一带一路"国家产生溢出效应。美国提倡跨境数字自由流动和合作，与新加坡、智利等共建"一带一路"国家签订了《全面与进步跨太平洋伙伴关系协定》（CPTPP），就电子商务定义、范围、关税、交易框架等问题进行了讨论和规定；欧盟强调数字保护制度，致力于促进数字经济企业公平竞争。总体而言，共建"一带一路"国家数字贸易治理规则不仅在内容上仍处于"赤字"阶段，在规则制定上也并不处于具有主动权的有利方。规则空白且制定权被动，势必使共建"一带一路"国家的数字贸易发展产生潜在问题，各方合作的道德风险上升，不利于以统一规则发展保障各方权益的数字贸易活动，也不利于在数字经济全球规则博弈中争取到发展中国家的权益。

（三）数字安全风险威胁加大

数字要素跨境流动是数字贸易交易中不可忽视的经济表现，大量企业信息、个人信息等隐私数据在国与国之间进行流动，这对个人信息保护和公共安全提出了新的挑战。欧盟网络安全局发布的《2022年网络安全威胁全景》显示，2022年各国网络安全屡遭威胁，大量私人信息和政府部门信息遭泄露，虚假信息涌现，混淆视听，[1] 不安全的数字经济环境对数字贸易合作造

---

[1] 中国信息通信研究院：《全球数字治理白皮书（2022）》，2022。

成了巨大威胁。遗憾的是，大部分共建"一带一路"国家保障网络安全方面的能力不足，这为数字贸易快速发展埋下了安全隐患。从图4的数据来看，大部分非洲和南美洲国家网络安全水平指数均值低于总均值。虽然位于亚洲、欧洲的国家网络安全水平指数偏高，但超过一半的经济体未将网络安全议题纳入承诺范畴，数字经济合作存在较高安全风险。数字安全风险的增加使各国数字安全防范意识增强，倒逼数字安全治理规则出台。为了共建安全和谐的"数字丝绸之路"，中国与共建"一带一路"国家进行了一系列努力。2021~2022年，中国和印度尼西亚、泰国签署了有关网络安全合作的谅解备忘录，中国和中亚五国通过了《"中国+中亚五国"数据安全合作倡议》，在共同维护数字安全环境目标上达成了共识；中国连续发布了《中方关于网络主权的立场》《携手构建网络空间命运共同体》等文件，力图与各国建立网络安全领域合作伙伴关系，提高数据安全和个人信心保护合作水平。总体而言，中国与共建"一带一路"国家在抵御数字安全风险上达成了一定共识，但大部分国家关于信息安全的重要性仍然认识不足，同时各国还尚未出台统一规范的规则对该问题进行规制和引导。如何建立安全清朗的数字交易环境、如何维护国家及个人信息安全等问题将是下一步各国发展数字贸易亟待解决的问题。

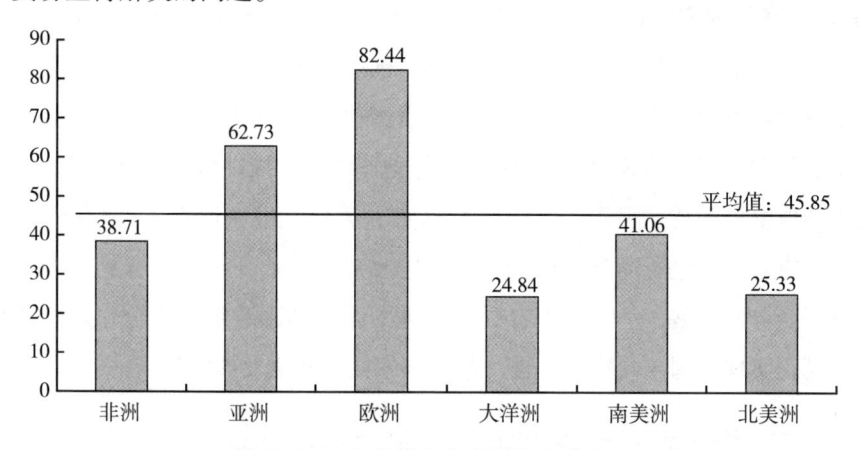

图4 2020年世界各大洲网络安全水平

大洲	网络安全水平指数
非洲	38.71
亚洲	62.73
欧洲	82.44
大洋洲	24.84
南美洲	41.06
北美洲	25.33

平均值：45.85

资料来源：国际电信联盟（ITU）官网。

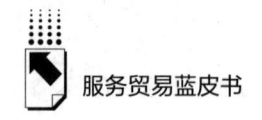

四 中国与共建"一带一路"国家数字贸易高质量发展的政策建议

（一）改善数字基础设施，促进数字技术创新与应用

对于大部分共建"一带一路"国家而言，数字基础不足、数字技术短缺问题已严重制约其共享数字经济发展红利，而资金不足、技术信息滞后等问题是这些国家数字能力建设面临的主要障碍。为帮助这些国家提高信息化水平，本报告提出如下建议。第一，各方设立专门的金融机构，为大幅改善数字基础设施提供资金支持。如新开发银行、丝路基金等为共建"一带一路"国家数字基础设施建设项目提供投资支持，帮助这些国家克服资金困难，助推产业升级转型。第二，鼓励各方就数字基础设施建设项目开展具体合作，先进国可以承包数字基础设施建设工程，将建设数字基站、数据网络、数字物流设备等基础设施的经验和技术带到较为落后的国家，此举同时可以帮助先进国拓展商品和劳动力市场，能够实现双方合作共赢。例如，中国为"数字丝绸之路"信息基础设施建设贡献了大国力量，中国企业帮助许多共建"一带一路"国家建立了光纤和基站，提高了相关国家通信覆盖率。第三，鼓励各国就数字技术展开深入交流，促进各国一道推进数字化转型。先进国将技术分享给落后国家，一方面有利于落后国快速布局数字产业，增加数字经济交易效率；另一方面有利于各方数字技术统一，推动数字经济顺利合作，减少合作壁垒和技术阻碍。以"丝路电商"为例，中国设立了"丝路电商"云上大讲堂，将电子商务经验分享给各国政府、企业，一方面有利于推动各国电子商务的发展，另一方面有利于促进中国与各国数字贸易合作规模的扩大，真正实现中国与共建"一带一路"国家共享数字发展红利。

（二）推动数字治理规则制定，争取数字经济治理主动权

统一合理的数字贸易治理规则是各国开展数字贸易合作的必要条件，

但共建"一带一路"国家数字经济的发展阶段差异、治理观念差异等阻碍了规则的顺利制定和落地。为更好兼顾发展、效率和公平，协调各方利益，借好数字经济发展"东风"，第一，各国应增强数字治理意识，提高国内数字经济治理强度，建立科学合理的治理规则，从内部提高数字治理水平。良好的数字经济发展秩序离不开科学有效的治理规则，习近平总书记在《不断做强做优做大我国数字经济》一文中提到，"要健全法律法规和政策制度，完善体制机制，提高我国数字经济治理体系和治理能力现代化水平。要完善主管部门、监管机构职责，分工合作、相互配合。要改进提高监管技术和手段，把监管和治理贯穿创新、生产、经营、投资全过程。要明确平台企业主体责任和义务，建设行业自律机制。要开展社会监督、媒体监督、公众监督，形成监督合力。要完善国家安全制度体系，重点加强数字经济安全风险预警、防控机制和能力建设，实现核心技术、重要产业、关键设施、战略资源、重大科技、头部企业等安全可控。要加强数字经济发展的理论研究"[1]。第二，各国应当正确认识不同数字经济发展阶段国家的困境，针对落后发展中国家制定基于务实合作的公平公正的规则制度。目前，数字经贸规则制定话语权掌握在欧美等数字经济发达地区，所制定制度规则更适合于发达国家数字经济发展，数字经贸规则壁垒正在逐步形成。数据显示，2021年之前，70%以上的数字经贸协议由数字经济发达国家签署。[2] 第三，坚持在多边框架下推动数字规则制定，鼓励发展中国家积极参与国际经贸规则制定讨论，增强发展中国家话语权，促进各方权益协调均衡。中国强调要坚定维护多边贸易体制，倡议各方提出诉求，共同协调发展，如中国积极推进亚太经合组织、二十国集团、金砖国家、共建"一带一路"国家达成符合多边权益的数字经济合作规则。关注发展中国家数字经济发展诉求，在多边框架下制定数字规则有重要意义，一方面有助于促进全球数字经济均衡发展，防范全球数字经济发展风险；另一方

---

[1] 习近平：《不断做强做优做大我国数字经济》，《求是》2022年第2期。
[2] 中国信息通信研究院：《全球数字经贸规则年度观察报告（2022）》，2022。

面有助于构建全球数字利益共同体，促进各方在数字时代形成新型合作伙伴关系，合作迈入经济发展新阶段。

（三）构建数字保护防火墙，降低数字贸易安全风险

数字安全不仅关乎数字交易顺利与否，也关乎个人隐私权益和国家国防安全，维护数字安全是国际社会的共同责任。为了创建"数字丝绸之路"的数字安全环境，第一，各国应当提高数字安全防范意识，承担保护数字信息的国家责任，尽力在技术和制度上提高本国网络安全水平。大多数共建"一带一路"国家尚处于数字经济发展初期，良好的数字安全防范意识能使各国从初期即建立数字保护防火墙，最大限度避免数字安全纠纷、国防安全事故。第二，各国应当加强数字安全领域合作伙伴关系，在隐私保护、国家信息安全等问题上达成共识，就保护网络安全技术、建设数字安全技术互相交流，共同维护安全和谐的网络数字空间。截至2021年，中国已与81个国家和地区的274个计算机应急响应组织建立了"CNCERT国际合作伙伴"关系，与其中33个组织签订网络安全合作备忘录。[①] 中国积极开展网络安全领域的国际合作，提升了国际社会对于数字安全问题的重视程度，与国际社会携手提高了保护个人和国家数据安全的水平。

结　语

"一带一路"倡议经过10年的建设和发展，已成为广受国际社会欢迎的国际合作平台和公共产品。随着数字化、智能化时代的到来，数字经济日益成为"一带一路"高质量发展的新引擎，为中国和各国经济增长注入了新动能。[②] 数字贸易合作也成为中国与共建"一带一路"国家合作最为密切、最有潜力的数字经济板块之一。中国与共建"一带一路"国家进行数

[①] 中华人民共和国国务院新闻办公室：《携手构建网络空间命运共同体》，2022。

[②] 张伟玉、张杭、王丽：《共建"一带一路"背景下的数字经济国际合作》，《海外投资与出口信贷》2022年第3期。

字贸易合作有助于推动经济全球化，更多的发展中国家也得以在数字化、智能化时代走在数字经济发展的最前沿，在全球经济发展中更具话语权。在贸易保护主义抬头、逆经济全球化的背景下，发展数字经济、开展数字贸易，不仅有利于维护发展中国家的发展权益，也有利于推动世界经济朝着更加开放、更加包容的方向发展。

针对共建"一带一路"国家数字贸易合作的现状，特别是面对数字基础设施薄弱、数字制度治理空缺、数字安全意识不足等问题和困境，共建"一带一路"国家可重点在加强数字基础设施建设，促进数字技术共享交流，推动多边数字规则合议制定，构建数字安全防护墙等方面持续努力，推动更多发展中国家参与数字经济和数字贸易，共享数字经济发展红利，共同推动经济高质量发展，构建共同繁荣、持续发展的世界经济新格局。

参考文献

李轩、李珮萍：《"一带一路"主要国家数字贸易水平的测度及其对中国外贸成本的影响》，《工业技术经济》2021年第3期。

夏杰长：《数字贸易的缘起、国际经验与发展策略》，《北京工商大学学报》（社会科学版）2018年第5期。

余森杰、郭兰滨：《数字贸易推动中国贸易高质量发展》，《华南师范大学学报》（社会科学版）2022年第1期。

赵骏：《"一带一路"数字经济的发展图景与法治路径》，《中国法律评论》2021年第2期。

赵祺：《后疫情时代数字"一带一路"的机遇与挑战》，《当代世界与社会主义》2021年第6期。

B.14 RCEP背景下中国服务贸易高质量发展新机遇*

任祎卓 李 杰**

摘 要： 新时代中国服务贸易行业面临新的机遇，需要进一步推动我国服务贸易行业的高质量发展。本报告通过分析发现中国服务贸易现状呈现进出口总额整体保持稳定增长，各领域、各地区分布不均衡的特点，RCEP签署后中国服务贸易迎来了投资自由便利化、贸易环境透明稳定、数字服务贸易增长新动能的新机遇。同时，我国服务贸易也面临着部分行业逆差大、附加值低，与RCEP成员国合作关系不稳定，市场竞争激烈且出口不平衡的挑战。本报告认为我国应加强顶层设计，充分利用区域经济合作方式，提高服务贸易出口技术含量并着重减少部分行业的逆差。

关键词： RCEP 服务贸易 高质量发展

引 言

由东盟于2012年发起的《区域全面经济伙伴关系协定》（Regional Comprehensive Economic Partnership，RCEP）于2020年11月15日签署，于2022年1月

---

* 本报告为北京第二外国语学院校级科研专项"中国式现代化背景下服务贸易高质量发展研究"（项目编号：KYZX23A027）和北京第二外国语学院新教工科研启航计划"数字经济背景下我国服务贸易的绿色发展研究"（项目编号：KYQH23A009）的阶段性研究成果。
** 任祎卓，北京第二外国语学院中国服务贸易研究院副教授，首都国际服务贸易与文化贸易研究基地研究员，主要研究方向为数字经济、服务贸易与文化贸易等；李杰，北京第二外国语学院中国服务贸易研究院2022级硕士研究生，主要研究方向为国际服务贸易与文化贸易。

正式生效，这标志着当前世界上人口最多、经贸规模最大、最具发展潜力的自由贸易区的落地。RCEP 旨在建立一个自由、平等、开放的贸易投资环境，消除各国之间的贸易壁垒，以更高的开放度促进各国之间的贸易往来。中国是 RCEP 的积极参与者和推动者，2021 年 3 月，商务部负责人表示，中国已经成为率先批准协定的国家，标志着中国以全新的姿态迈向推动区域合作一体化进程。从 2008 年金融危机开始，全球的经济呈现巨大的不确定性，而 RCEP 的签署是成员国对更加广泛的经济一体化做出的承诺。

2022 年，国家主席习近平在中国国际服务贸易交易会致贺信时指出，中国坚持以高水平开放促进高质量发展，不断放宽服务领域市场准入，提高跨境服务贸易开放水平，拓展对外开放平台功能，努力构建高标准服务业开放制度体系。[1] 党的二十大报告提出，要"创新服务贸易发展机制，发展数字贸易，加快建设贸易强国"，这进一步明确了建设贸易强国的目标和路径，为我国今后服务贸易发展指明了方向。《中华人民共和国国民经济和社会发展第十四个五年规划和 2035 年远景目标纲要》和《"十四五"服务贸易发展规划》共同指出，"十四五"时期，我国要加快提升开放水平和建设数字中国，使贸易规模进一步扩大，服务贸易规模稳中有增，占我国对外贸易总额的比重进一步提升。[2] 服务出口增速高于全球平均增速，服务贸易在贸易高质量发展中的作用更加突出。2022 年 9 月 8 日，《全球服务贸易发展指数报告 2022》发布，该报告对全球 80 个经济体和全国 30 个省区市服务贸易发展指数进行了测算，指出 2012~2021 年中国贸易规模增长了 40.1%，连续八年稳居世界第二服务贸易大国地位。[3] 世界贸易组织在发布的《世界贸易报告 2022》中提出加强国际贸易合作可以最大限度地减少贸易摩擦，RCEP 在消除贸易壁

---

[1] 《习近平向 2022 年中国国际服务贸易交易会致贺信》，中华人民共和国最高法院网站，2022 年 8 月 31 日，https：//www.court.gov.cn/fabu-xiangqing-370521.html。

[2] 《中华人民共和国国民经济和社会发展第十四个五年规划和 2035 年远景目标纲要》，中国政府网，2021 年 3 月 13 日，http：//www.gov.cn/xinwen/2021-03/13/content_5592681.htm。

[3] 《2022 全球服务贸易大会暨首届国际数字贸易峰会聚焦"服务创新发展 数字赋能未来"》，中国服务贸易指南网，2022 年 9 月 19 日，http：//tradeinservices.mofcom.gov.cn/article/fazhansd/gongzjz/202209/138282.html。

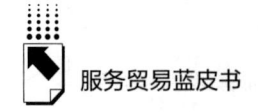

垒、减少贸易摩擦方面有显著作用,在服务贸易方面做出的开放承诺涉及金融、电信、交通、旅游等100多个领域,深化成员国之间的合作伙伴关系,为中国服务贸易高质量发展带来了新的机遇。

一 中国服务贸易发展现状

改革开放以来,中国的服务贸易凭借着资本和技术的独特优势进入了发展快车道,"十三五"时期,我国服务贸易发展成效显著,服务贸易规模稳步增长,服务进出口额累计达3.6万亿美元,比"十二五"时期增长29.7%。[①]但是我国服务贸易整体竞争力和发达国家还有一定的差距,[②] 服务贸易竞争力仍然处于劣势,[③] 服务贸易在中国对外贸易中的占比还有待提高。[④]

(一)中国服务贸易进出口总额整体保持稳定增长

商务部公布的统计数据显示,2010~2022年中国服务贸易进出口总额整体呈现上升趋势,其中2010~2015年中国服务贸易进出口总额增长波动较大,增长势头不稳定,2016年的中国服务贸易进出口总额为43948亿元人民币,比2015年的40744亿元人民币上升7.9%,"十三五"时期,除了2020年因受到疫情的巨大冲击,中国服务贸易进出口总额显著下降外,其余几年基本保持了上升趋势,这体现了国家"十三五"规划在中国服务贸易领域的实践成果。商务部有关专家表示中国服务贸易发展必须优化思路,在中国服务贸易创新试点取得成就的情况下再接再厉,充分发挥好试点和其他发展平台的载体作用,在国内国际双循环相互促进发展的新格局下,"十四五"规划也应该更加明确中国服务贸易在新格局中的定位,加强对服务贸易发展的顶层设计,

---

① 《商务部服贸司负责人解读〈"十四五"服务贸易发展规划〉》,中华人民共和国商务部网站,2021年10月22日,http://melbourne.mofcom.gov.cn/article/jmxw/202110/20211003210166.shtml。
② 陈虹、章国荣:《中国服务贸易国际竞争力的实证研究》,《管理世界》2010年第10期。
③ 盛斌、马盈盈:《中国服务贸易出口结构和国际竞争力分析:基于贸易增加值的视角》,《东南大学学报》(哲学社会科学版)2018年第1期。
④ 许唯聪、李俊久:《中国服务贸易的发展现状、问题及对策》,《区域经济评论》2020年第5期。

明确发展目标，补齐短板，夯实发展基础，打造发展优势，规划发展路径，进而引导中国服务贸易创新、高质量发展。2021年中国服务贸易进出口总额上升到52983亿元人民币，相比于2020年上涨了16.1%，"十四五"规划取得了显著成效。中国服务贸易2010~2022年出口额和进口额变化趋势基本和中国服务贸易进出口总额变化相同，中国服务贸易整体呈现向好趋势（见表1、图1）。从图1中可以看出，除了2020年受到疫情的巨大冲击，中国服务贸易进出口总额出现了急剧下降外，在其余年份整体保持稳定增长。

表1 2010~2022年中国服务贸易进出口总额

单位：亿元，%

年份	进出口总额 金额	进出口总额 增速	出口额 金额	出口额 增速	进口额 金额	进口额 增速	差额
2010	25022	21.8	12008	23.3	13014	20.5	-1006
2011	28876	15.4	12937	7.7	15939	22.5	-3002
2012	30421	2.3	12699	-4.6	17722	8.0	-5023
2013	33814	11.2	13020	2.5	20794	17.3	-7774
2014	40052	18.4	13461	3.4	26591	27.9	-13130
2015	40744	1.7	13617	1.2	27127	2.0	-13510
2016	43948	7.9	13918	2.2	30030	10.7	-16112
2017	46991	6.9	15407	10.7	31584	5.2	-16177
2018	52402	11.5	17658	14.6	34744	10.0	-17086
2019	54153	2.8	19564	8.9	34589	-0.4	-15025
2020	45643	-15.7	19357	-1.1	26286	-24.0	-6929
2021	52983	16.1	25435	31.4	27548	4.8	-2113
2022	59802	12.9	28522	12.1	31279	13.5	-2757

资料来源：根据商务部统计数据整理。

（二）中国服务贸易各领域、各地区发展不均衡

1. 中国服务贸易各领域发展不均衡

近年来，传统服务贸易领域进出口占比有所下降，新兴服务贸易占比有所上升。总体上来看，传统服务贸易领域仍然占据较大的份额。2022年，运输服务占比35%，旅行服务占比14%，建筑服务占比4%，以上三大传统

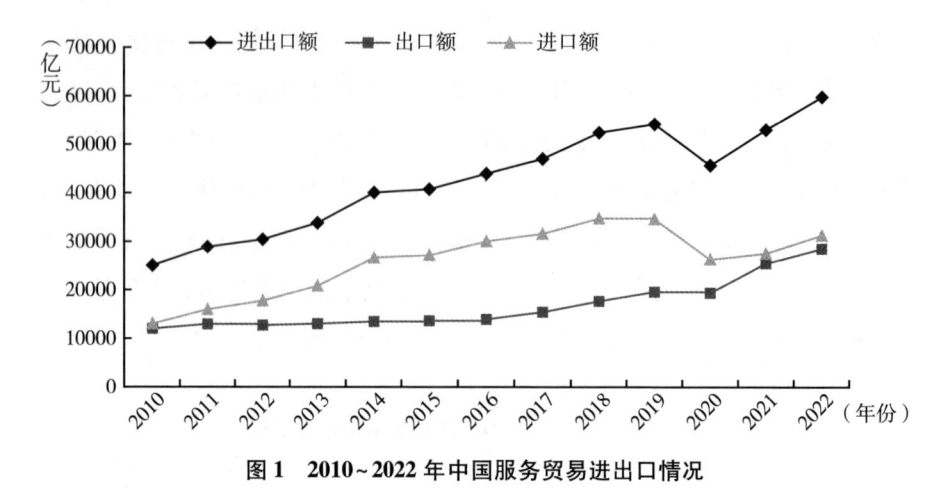

图 1 2010~2022 年中国服务贸易进出口情况

资料来源：根据商务部统计数据整理。

服务贸易占比共计 53%，超过了一半。其余九大领域占比共计为 47%，中国服务贸易十二大领域发展仍然不均衡（见图 2）。

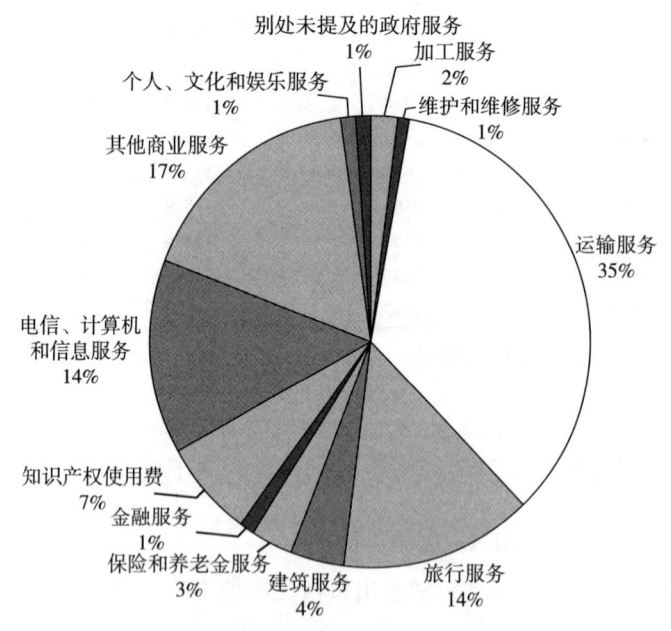

图 2 2022 年中国服务贸易分类进出口统计

资料来源：商务数据中心。

2. 中国服务贸易领域各地区发展不均衡

服务业和服务贸易是相互影响、协同发展和共同提高的关系。一方面，服务业发展是服务贸易发展的基础，服务业的比较优势决定着国际服务贸易的竞争优势。另一方面，国际服务贸易表现为服务业在不同国家和地区间的交换，国际服务贸易进出口流向实质上表现为不同国家和地区服务业供给需求的大小。[①] 表2整理了我国31个地区2021年服务业增加值占GDP的比重排名在前15位的相关数据，其中，北京服务业增加值占GDP比重为81.67%，排名第一，可以看出北京服务业非常发达，具有绝对优势；上海服务业增加值比重为73.27%，与北京类似，第一、二产业并不突出；海南、天津服务业增加值比重也都达60%以上，分别排在第三、第四位；西藏、广东、浙江服务业增加值占比达到50%以上，分列第五、第六、第七位；重庆等8个地区服务业增加值比重虽然低于全国平均水平，但是也均超过50%。

表2 2021年全国各地区服务业增加值及占GDP比重排名

单位：亿元，%

占GDP比重的排名	地区	2021年增加值	2021年GDP	占GDP比重	2020年增加值	名义增长率	增加值排名
1	北京	32889.6	40269.55	81.67	30095.9	9.30	5
2	上海	31665.6	43214.85	73.27	28597.1	10.73	6
3	海南	3982.0	6475.20	61.50	3358.0	18.60	28
4	天津	9615.4	15695.05	61.26	8885.9	8.21	22
5	西藏	1158.8	2080.17	55.71	1037.5	11.69	31
6	广东	69146.8	124369.67	55.60	62550.8	10.55	1
7	浙江	40118.1	73515.76	54.57	36161.3	10.94	4
8	重庆	14787.1	27894.02	53.01	13268.3	11.45	14
9	甘肃	5412.0	10243.31	52.83	4966.7	8.96	27

---

① 《服务贸易与服务业之间有什么关系？》，中国服务网，2017年10月25日，http://www.chinaservice.org.cn/nd.jsp?fromColId=102&id=149#_np=102_772。

续表

占GDP比重的排名	地区	2021年增加值	2021年GDP	占GDP比重	2020年增加值	名义增长率	增加值排名
10	山东	43879.7	83095.90	52.81	38977.2	12.60	3
11	湖北	26398.4	50012.94	52.78	22937.6	15.09	9
12	四川	28287.6	53850.79	52.53	25439.2	11.20	8
13	吉林	6913.4	13235.52	52.23	6383.1	8.31	26
14	辽宁	14247.1	27584.08	51.65	13369.1	6.57	15
15	江苏	59866.4	116364.20	51.45	53638.9	11.61	2

资料来源：国家统计局。

2021年GDP前四的省份，其服务业增加值依旧是前四。其中，广东服务业增加值69146.8亿元，排名第一；排名第二的江苏服务业增加值59866.4亿元，与广东相差超9000多亿元；第三名山东43879.7亿元；第四名浙江40118.1亿元。相较而言，金融业越发达，服务业增加值一般就越高，所以，紧随山东之后的北京的服务业增加值为32889.6亿元，上海为31665.6亿元，两地服务业增加值均超过3万亿元，分别位居第五、第六。

总体来看，各地区的服务业增加值占GDP的比重差异较大，服务业以及服务贸易在各地区发展不均衡，其主要原因除了各地区的定位不同，比如有工业城市、金融城市、旅游城市等，还有各地区经济环境的制约。

二 RCEP签署为中国服务贸易发展创造新机遇

（一）提高扩大市场开放度，促进亚洲经济投资自由便利化

RCEP于2022年1月正式生效，海关总署（GAC）2022年第一季度的数据显示，中国与RCEP成员国的贸易额同比增长6.9%，达2.86万亿元人民币（约合4486亿美元），占中国对外贸易总额的30.4%。RCEP使中国能

够进一步利用 RCEP 成员国贸易潜力在这些地区获得更大的市场准入，主要受益对象包括机电产品领域、电子商务行业和中小企业。RCEP 提出在生效后的 20 年内取消至少 90%的成员国之间贸易商品的关税。它通过促进自由贸易、加强产业链和供应链联动、取消关税、开放服务和投资等措施加快地区经济从疫情中复苏。RCEP 对中国和外国投资者都具有重要意义。该协议为中国带来了巨大的进出口机遇，鼓励企业扩大中国具有比较优势的产品的出口，增加关键技术、零部件和原材料的进口。它将为中国与亚太国家的战略关系提供更稳定、更牢固的保障。中国与 RCEP 其他成员国之间的进出口额稳步增长，2022 年第一季度进出口额分别达 2030 亿美元（1.38 万亿元人民币）和 2180 亿美元（1.48 万亿元人民币），同比分别增长 11.1%和 3.2%。细分来看，机电产品和劳动密集型产品在出口中占主导地位，分别占 52.1%和 17.8%。机电产品、金属矿石和矿砂产品、农产品进口分别占 48.5%、9.6%和 6.0%（见图 3、图 4）。另外，中国从东盟进口了 67.9 亿美元（460.2 亿元人民币）的农产品，同比增长 14.1%，占中国农产品进口总值的 13.7%。

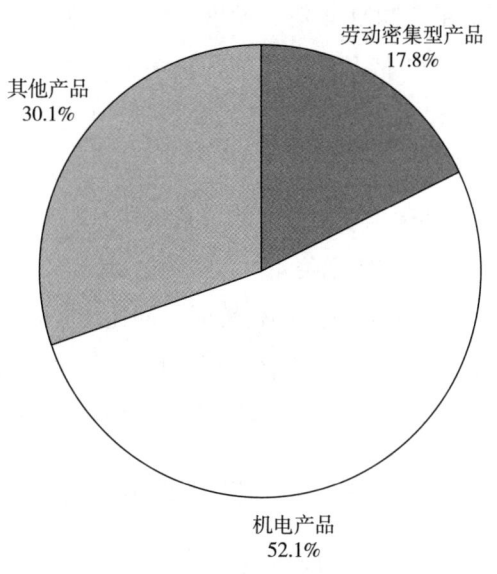

图 3　2022 年第一季度中国向 RCEP 国家主要出口产品

资料来源：根据海关总署数据整理。

农产品 6.0%

其他产品 35.9%

机电产品 48.5%

金属矿石和矿砂产品 9.6%

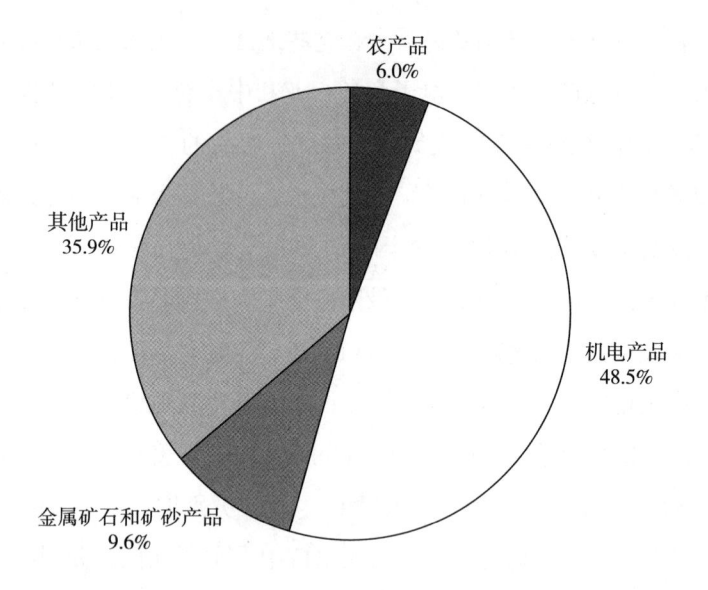

图4　2022年第一季度中国从RCEP国家主要进口的产品

资料来源：根据海关总署数据整理。

海关总署数据显示，2022年第一季度，中国企业在RCEP中享惠进口67亿元人民币，享受1.3亿元人民币的优惠关税待遇，享惠出口371亿元人民币，享受2.5亿元人民币的优惠关税待遇。中国向国内企业颁发了10.9万份RCEP证书，鼓励这些企业在出口商品时利用低关税的优势。在其他14个成员国中，韩国是中国最大的贸易伙伴。2022年第一季度双边贸易额同比增长14.4%，至903亿美元。首次通过RCEP与中国签署自贸协定的日本位居第二，双边贸易额达896亿美元，同比增长3.8%。2022年第一季度中国与东盟十国贸易额达2122亿美元，增长10.9%。贸易额增幅最大的是柬埔寨，增长39.1%，其次是印度尼西亚，增长31.1%。

（二）构建透明稳定贸易环境，打造特色服务贸易

RCEP的重要意义在于，通过在上述领域制定相关开放制度和法律保障机制，进一步改善区域综合发展环境，即构建透明、公平和可预期的政策环境。RCEP通过统一关税承诺、原产地规则、贸易投资便利化以及其他贸易规则，

最大限度地整合了东亚地区"碎片化"的经贸制度安排，即整合了目前15个成员国签署实施的27个贸易安排和44个投资协定。例如，区域原产地累积规则将成员国企业生产过程中从其他成员国进口的原材料视为本地原材料，使成员国间出口产品更容易达到享受关税优惠的门槛，有利于促进区域内中间产品的贸易和投资活动，推动区域价值链和产业链深化发展。RCEP的生效将对全球价值链重塑产生重要影响，同时"一带一路"的高质量发展也和RCEP的正式生效产生相互促进、相互助推的作用，共同推动我国服务贸易的发展。

根据我国服务贸易的国际市场占有率、TC指数和RCA指数可知，我国的服务贸易竞争力较弱，[①] 处于服务贸易逆差的局面，我国应利用好RCEP提供的便利环境，站在时代发展的前沿，分析RCEP成员国的服务贸易优势，补齐我国的服务贸易短板，结合我国的具体国情，发展我国的特色服务贸易。当前我国的知识密集型服务业走在世界的前列，我们要利用信息和计算机的发展风口，推动计算机服务以及技术服务等知识密集型服务的发展，形成我国独特的服务贸易优势，健全相关的基础设施服务，丰富服务类型，发展多元化的服务贸易类型，增强贸易伙伴的交往，利用优势领域带动我国服务贸易中薄弱领域的渐进式开放。

（三）促进数字服务贸易，提供贸易增长新动能

近年来数字贸易在全球快速发展，2020年的疫情猛烈地冲击了接触性服务业，却促进了数字业态的快速发展。从图5来看，全球数字服务贸易进出口总额占全球服务贸易进出口总额的比重在2011~2019年发展比较平缓，但是在2019~2020年显著提升，2021年的全球数字服务贸易进出口总额数据有缺失，但是预计疫情之后，实体服务贸易得到恢复，全球数字服务贸易进出口总额占全球服务贸易进出口总额的比重会有所下降，但一定会高于2018年没有疫情的时期。根据图6，中国数字服务贸易进出口总额占中国服

---

① 彭传立：《中国服务贸易国际竞争力影响因素的实证研究》，《产业创新研究》2021年第23期。

务贸易进出口总额的比重在2011~2015年总体呈下降趋势，2015~2019年比重开始缓慢上升，2019~2020年比重出现了快速上升，这也体现了疫情对于我国的实体服务贸易确实造成了很大的冲击，同时激发了数字服务贸易增长的潜能。

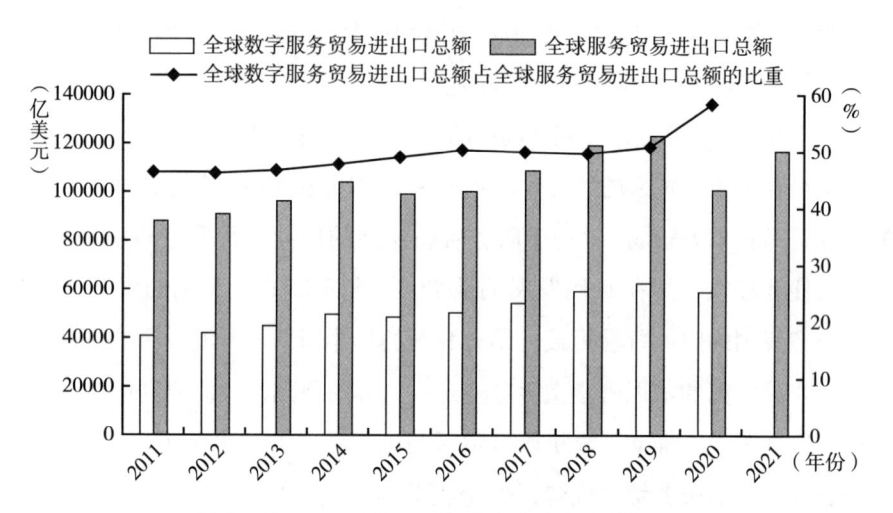

图5　2011~2021年全球数字服务贸易规模及比重

资料来源：根据《数字贸易发展与合作报告2022》以及UNCTAD数据库整理。

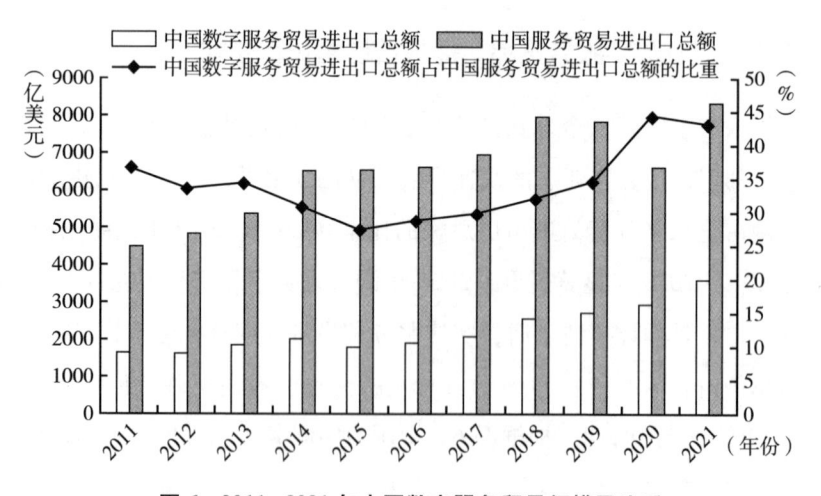

图6　2011~2021年中国数字服务贸易规模及比重

资料来源：根据《数字贸易发展与合作报告2022》以及UNCTAD数据库整理。

中国发展数字贸易有着巨大的优势，首先，我国的市场规模巨大。一切贸易发展的背后都需要有良好的市场条件作为支撑，数字产品通过复制进行大批量快速生产，我国拥有的市场越大，我国的优势就会体现得越明显。疫情防控时期，我国居民平均每日在线时长由原来的 6 小时增加到 7 小时，我国现在互联网用户端活跃的客户大约有 12 亿人，每日总在线时长 84 亿小时，这足以催生更多更有竞争力的数字企业平台。[①] 其次，我国有完善的基础设施。工业和信息化部的数据显示，我国现在已经建成了全球规模最大的 5G 网络，数字贸易的发展需要的是海量的链接网络，我国的数字基础设施建设为我国数字贸易的发展提供了便利条件。最后，我国是制造业大国，可以为数字贸易的发展提供很好的兜底支撑。伴随着 RCEP 打造的良好环境，我国更应该抓住数字贸易发展的机遇，结合内外部优势，使我国的数字贸易发展迈上一个新的台阶。

三 RCEP 背景下中国服务贸易面临的挑战

（一）我国部分行业的逆差大、附加值低

从我国贸易总量上来看，我国有将近 2000 亿美元的服务贸易逆差，作为一个贸易大国，尽管不刻意追求长期的贸易顺差，但长期的服务贸易逆差值得我们反思。出口总量低说明我国在服务贸易创新力方面存在着巨大的可供发掘的空间。从我国贸易结构上来看，我国服务贸易逆差主要体现在附加值高的行业中，如咨询、金融、保险等行业，而我国的贸易顺差通常体现在附加值低的行业中，如建筑、运输等传统行业中。

（二）与 RCEP 成员国合作关系不稳定

RCEP 将成员国聚集在一起，增强了合作的稳定性。但是疫情对各国的

---

① 《QuestMobile2020 中国移动直播行业"战疫"专题报告》，腾讯网，2020 年 3 月 10 日，https：//new.qq.com/rain/a/20200310A06XNA00。

经济都造成了巨大的冲击，RCEP实行的大幅度减免关税、在最短的时间内实现贸易的自由化的政策在一定程度上也会对各国的经济造成冲击。日本对RCEP态度的转变以及印度的缺席，可以看出各国在疫情时期都不愿承担过高的风险，这在一定程度上影响RCEP成员国之间深入合作的积极性。同时RCEP的规则还在初步探索阶段，并不是一个成熟的机制，无法完全满足各个成员国的利益诉求，大多数成员国的服务贸易水平以及经济发展程度与发达国家相比有较大差距，对风险缺乏相应的防范和预警机制。除此之外，各个国家之间的合作交流还受到国家文化习俗和政策等一系列复杂因素的影响，所以各个成员国能否在RCEP的背景下进行深入合作交流仍有着较大的不确定性。

（三）市场竞争激烈且出口不平衡

服务贸易出口已经成为国家关注的重点指标，[①]可通过设计衡量服务贸易竞争力的相关指标体系，对比中美两国不同服务部门竞争力的差别。有学者根据商务部的数据，从中国服务贸易出口结构、国际竞争力两方面对中国服务贸易竞争力进行了分析。[②]本报告选取竞争优势指数（TC指数）比较了中国与东盟国家的服务贸易出口情况。如果TC指数大于0，表明该类商品具有较强的国际竞争力，越接近于1，竞争力越强；TC指数小于0，则表明该类商品不具有国际竞争力，越接近于-1，竞争力越弱；TC指数为0，表明此类商品为产业内贸易，竞争力与国际水平相当。

如图7所示，由于部分国家2021年数据缺失，所以本报告选取2012~2020年的数据进行比较。中国2012~2020年的TC指数大多在-0.4~0，表明有微弱的竞争劣势。2012~2016年，中国的TC指数整体呈下降趋势，2016年降至最低点，2016年之后又开始逐渐上升，2020年超过了越南、马来西亚和泰国。

---

① 王星丽：《中国服务贸易国际竞争力实证研究——基于中美两国的对比》，《价格月刊》2023年第1期。
② 王琼林：《中国服务贸易的国际竞争力分析》，《全国流通经济》2021年第17期。

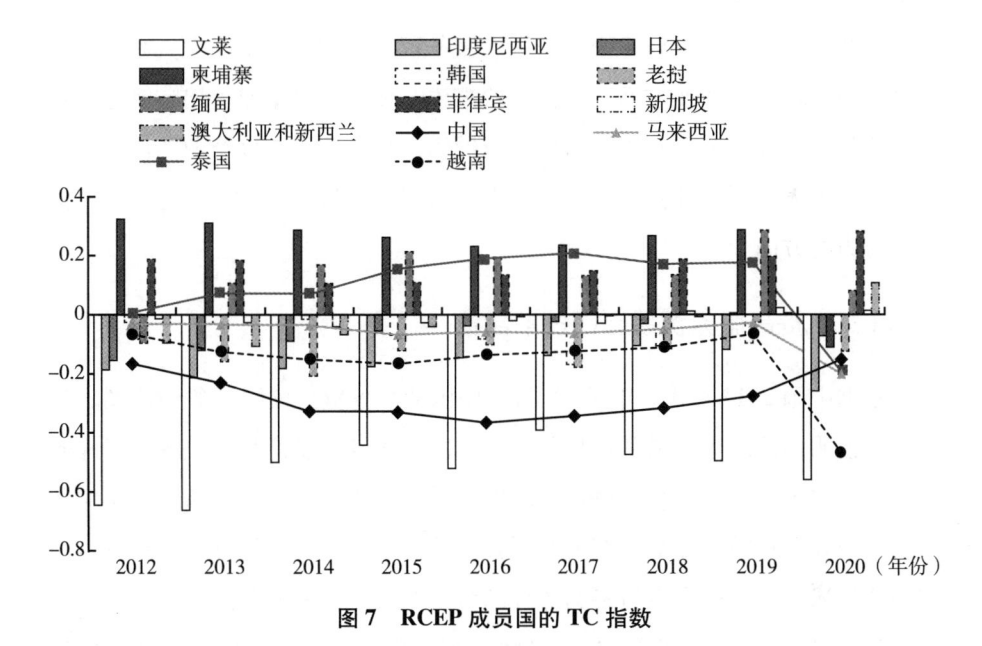

图例:
文莱　　印度尼西亚　　日本
柬埔寨　　韩国　　老挝
缅甸　　菲律宾　　新加坡
澳大利亚和新西兰　　中国　　马来西亚
泰国　　越南

图7　RCEP成员国的TC指数

资料来源：根据世界贸易组织（WTO）数据库整理。

四　RCEP背景下中国服务贸易高质量发展的对策建议

在RCEP背景下，中国服务贸易既面临着机遇，也面临着巨大的挑战，如何把握机遇、应对挑战，是我们促进中国服务贸易高质量发展面临的重要问题。为此，本报告提出如下建议。

（一）加强顶层设计，充分利用区域经济合作方式

顶层设计对指导经济发展与改革意义重大，中国服务贸易高质量发展离不开顶层设计。我国应加强顶层设计，积极利用区域贸易促进我国服务贸易高质量发展。RCEP对服务贸易议题有着明确规定，如规定了包括中国在内的8个RCEP正面清单国家，在不超过6年的时间内，将本国的正面清单全部转变为负面清单。这为我国指出了一条明确的发展路径，可以帮助我国尽快与国际接轨，促进我国服务贸易高质量发展。

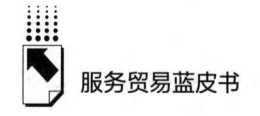

除此之外，我国也要积极参与国际服务贸易规则的制定，尤其是在数字贸易这一全球新兴产业方面。根据经验来说，如果一个国家提出或制定的新兴产业规则可以在全球范围内得到推行的话，那么该国在该产业的后续发展中就会有更大的可能性占据主动，所以参与服务贸易规则的制定应该是我国积极努力的方向。

（二）提高服务贸易出口技术含量

根据中国 2012~2020 年 TC 指数，中国的服务贸易国际竞争力较弱，这进一步说明中国服务贸易的出口复杂度不高，服务贸易产品的技术含量还有待加强。如今，数字贸易等创新领域的需求大幅增加，受到越来越多国家的重视，而我国目前走在数字贸易和科技领域的前列，如果能够在世界潮流中把握住机遇，进行以数字贸易为主导的贸易升级，提高服务贸易出口技术含量，就有望实现服务贸易的突破性发展。伴随着越来越多的国家签署RCEP，我国可以与更多的成员国展开更加深入的合作，提高附加值服务贸易产品在整个服务贸易产品中的占比，形成数字贸易领先的优势。

（三）减少部分行业的逆差

对于留学服务，我国现在的留学项目，很大一部分是免费项目，应进一步细化本科生和研究生的留学项目政策。对于本科生，本报告认为可收取一定的费用，另外，我国还可以发展留学项目的高端培训行业，通过这两个方面的收费可以在一定程度上减少我国在留学项目方面的逆差。在旅游服务方面，尽管我国是一个旅游资源丰富的国家，但是我国在旅游服务方面也大都是处于逆差位置。我国在旅游的便利化和国际化上还有着很大的发展空间，我国的路标和一些 5A 级景点大都以中文标识为主，这会使外国游客感到不便。对于数据流动方面的服务贸易，我国也可以进行发力，着力解决两个问题，一个是数据的隐私性，一个是数据的跨国流动问题。数字贸易发展处于前沿领域的国家，比如美国，会较多强调数据的跨国共享，并且会更多强调数据源代码不能强制本地化，而一些数字服务比较落后的经济体就会强制要求数据源代码本地化，而我国应该是寻求两者之间的平衡，在保护数据隐私的同时扩大开放。

参考文献

程大中、郑乐凯、魏如青：《全球价值链视角下的中国服务贸易竞争力再评估》，《世界经济研究》2017年第5期。

戴翔：《中国服务贸易出口技术复杂度变迁及国际比较》，《中国软科学》2012年第2期。

李奇璘、姚莉：《RCEP背景下中国—东盟服务贸易高质量发展的新机遇和新挑战》，《国际贸易》2022年第2期。

鲁程希：《发达经济体金融服务贸易发展的经济效应研究——评〈中国金融服务贸易国际竞争力研究〉》，《国际贸易》2022年第8期。

李爱民：《中国服务贸易：机遇、挑战与高质量发展》，《中国经济报告》2021年第5期。

王绍媛、杨础瑞：《借力新基建驱动中国服务贸易高质量发展研究》，《国际贸易》2022年第1期。

朱福林：《全球服务贸易基本图景与中国服务贸易高质量发展》，《管理学刊》2022年第1期。

B.15 《美墨加协定》数字版权规则的焦点问题及中国的应对[*]

贾瑞哲　盛歆怡[**]

摘　要： 随着数字经济的深化发展，跨境交易所涉及的数字版权问题愈加重要。当前，高标准经贸协定中数字贸易章节和知识产权章节均有对数字版权规制的相关规则，既代表对数字版权议题的最高要求，也为全球经贸规则治理提供了新的范式。其中，《美墨加协定》（USMCA）作为近年来美国、加拿大和墨西哥签订的一项重要贸易协定，其数字贸易和知识产权章节对数字版权的规制具有前瞻性和代表性。在此背景下，本报告以USMCA中的数字版权规则为研究对象，梳理对比美国在有关议题上的主要要价和核心诉求，并对比中国国内法在对应领域的规定和差别，提出应对建议，包括完善版权制度体系建设、积极参与全球数字版权规则治理以及建立健全数字版权争端的预警机制。

关键词： 《美墨加协定》　数字版权　数字贸易　知识产权

---

[*] 本报告为北京社科基金决策咨询一般项目"北京推进跨境服务贸易负面清单管理研究"（项目编号：22JCC071）、中国服务贸易协会研究课题（项目编号：FWMYKT-202301）、北京第二外国语学院青年学术英才计划项目"推进制度型开放下我国跨境服务贸易负面清单管理的重点与路径研究"（项目编号：QNYC23A006）的阶段性成果。

[**] 贾瑞哲，经济学博士，北京第二外国语学院经济学院讲师、首都国际服务贸易与文化贸易研究基地研究员，主要研究方向为国际经贸规则与政策、服务贸易、文化贸易；盛歆怡，北京第二外国语学院经济学院贸易经济专业本科生，主要研究方向为国际文化贸易。

《美墨加协定》数字版权规则的焦点问题及中国的应对

引 言

党的十八大以来，党和国家陆续发布了一系列关于版权工作的重要政策文件和国家重点专项规划，其中便对版权规则的国际对接和对外工作进行了重点描述。例如，国家版权局发布的《版权工作"十四五"规划》中，将"坚持开放合作"摆在了版权工作基本原则的位置，并提出在大胆吸收和借鉴版权保护国际经验的同时做到深度参与国际组织框架下的全球版权治理。深入推进版权产业涉外工作俨然已成为版权发展中的重要一环。

《2021年新闻出版产业分析报告》显示，2021年数字出版物的出口金额首次超过了传统出版物，达5631.4万美元，可见在出版物进出口贸易中，数字出版物已经拥有了相当重要的地位。[1] 为适应版权的发展趋势，与数字版权有关的权利保护和规则制定必须尽快提上日程。

放眼国际，美国2014年知识产权密集型产业总附加值达6.6亿美元，对国内生产总值的贡献率高达38.2%，[2] 而我国2020年专利密集型产业和版权产业对国内生产总值的总贡献率仅为19.36%，[3] 与美国相比还有一定的差距。基于其成熟的知识产权体系和强大的国力，美国在有关国际经贸规则和国际知识产权治理上发挥了主导作用，先后在TPP（现已退出）和NAFTA等国际协定中将本国主张融入区域规则。2020年7月1日，《美墨加协定》（USMCA）正式生效。其内容涵盖广泛，包括知识产权和数字贸易等议题，并且表现出美国当前对经贸规则制定的诉求。美国贸易代表莱特希泽在生效当日发布声明称"今天标志着美国与墨西哥、加拿大贸易新篇章的

---

[1] 《2021年新闻出版产业分析报告》，国家新闻出版署网站，2023年2月22日，https://www.nppa.gov.cn/xxgk/fdzdgknr/tjxx/202305/P020230530667517704140.pdf。

[2] Justin Antonipillai, and Michelle K. Lee, Intellectual Property and the U.S. Economy: 2016 Update.

[3] 《我国知识产权转化运用成效良好》，中国政府网，2022年8月25日，http://www.gov.cn/xinwen/2022-08/25/content_5706714.htm；国家知识产权局：《2020年中国知识产权发展状况评价报告》，2021年10月16日。

241

开始"。新版的USMCA在基本保留了旧版的框架和章节的情况下，对于其中的部分内容做了一些实质性的调整，针对知识产权板块在以往执行中出现的漏洞进行了更正和完善。USMCA作为当前高标准经贸协定的代表，对数字版权的规制主要体现在其数字贸易章节和知识产权章节，其为全球经贸规则治理提供了新的范式。

2022年，中国外贸规模首次达到40万亿元。① 作为世界贸易大国，中国已经与26个国家和地区签订了包括《区域全面经济伙伴关系协定》在内的19项自由贸易协定，目前我国与自由贸易伙伴的贸易额占我国对外贸易总额的35%左右，② 制定高标准的经贸协定已经成为中国进一步扩大高水平对外开放的重要途径之一。而美国作为国际经贸规则制定的主导者，其主要参与制定的USMCA在很大程度上体现了未来高标准经贸规则的制定方向和讨论焦点。因此，学习研究《美墨加协定》对于我国进一步推进高水平对外开放、参与全球版权规则治理具有重要意义。

基于以上考量，本报告选择对《美墨加协定》中有关数字版权的内容进行讨论，着重探讨中美双方存在分歧、差异的部分，吸取可借鉴的国际经验。

由于《美墨加协定》生效时间较短且中国并非缔约方，国内对于这一协定中具体内容的研究相对较少，目前已发表的文章主要对于其中的"毒丸条款"进行了讨论，仅有少数文章对其中的知识产权和数字贸易等内容进行了讨论。

第一类相关文献是对高标准经贸协定中知识产权条款的研究。时辰怡对《美墨加协定》中主要的知识产权条款内容进行了梳理和分析，主要评述了该协定与TPP和CPTPP之间的区别，并对版权保护相关内容进行了详述。③

---

① 《中国外贸规模首破40万亿元关口，连续6年保持货物贸易大国地位》，中国政府网，2023年1月13日，http://sapporo.mofcom.gov.cn/article/jmxw/202301/20230103379430.shtml。
② 《我国已与26个国家和地区签署19个自贸协定》，中国自由贸易区服务网，2022年9月26日，http://fta.mofcom.gov.cn/article/fzdongtai/202209/49757_1.html&wd=&eqid=cb253dd70028c529000000046431853f。
③ 时辰怡：《〈美墨加协定〉之知识产权条款研究》，硕士学位论文，暨南大学，2020。

她指出USMCA大幅度延长了NAFTA中规定的版权和相关权利的保护期限，也着力于打击规避技术保护措施（TPMs）的行为，并进一步通过对比得出中国国内的版权保护也应当顺应国际趋势、提高标准。刘迪和阮开欣针对知识产权章节中的商标等商业标识以及版权和相关权利条款的内容进行了整理和评析，针对版权有关条款他们从权利内容和保护期限、对权利的限制与例外、版权的限制与转让、对规避TPMs行为的打击、对破坏权利管理信息的违法行为惩治以及版权的集体管理多个方面进行了分析，并详述了我国现有规定与国际高标准规则的差别所在，进而得出结论。[①]有关中国在开展知识产权国际合作方面的建议，石超梳理了TPP及CPTPP中有关知识产权的条款，对其中的搁置条款和保留条款进行了论述，并从多角度分析了条款变动背后的原因，进而从国际和国内两个方面提出了中国在国际知识产权合作中的可行路径。[②]

第二类是针对数字贸易条款内容的研究。林思含对协定中的数字贸易核心规则进行了解读，指出协定对于数据本地化、个人信息保护、数据跨境流动以及网络安全等内容提出了新了要求，进而指出中国在数字版权的保护和执法方面仍然面临非常重大的挑战。[③]周念利和陈寰琦指出了美国在数字贸易领域的新主张（对于TPP框架下数字贸易规则所作的进一步"深化"），以及其背后的成因，同时分析了其对中国可能产生的影响及对中方的启示与建议。[④]他们还通过回顾协议签订的过程，分析了《美墨加协定》框架下三国谈判的主要内容和分歧所在，进而得出美国在数字贸易领域的主要要价和核心诉求，并结合我国现有的制度规定，列举和分析了中美双方在数字贸易

[①] 刘迪、阮开欣：《〈美国-墨西哥-加拿大协定〉知识产权章节评介之商标、版权条款》，《中国发明与专利》2019年第2期。

[②] 石超：《从TPP到CPTPP：知识产权条款的梳理、分析与启示——兼谈对中国开展知识产权国际保护合作的建议》，《石河子大学学报》（哲学社会科学版）2019年第4期。

[③] 林思含：《〈美墨加协定〉制度内容及对我国的影响研究》，硕士学位论文，西南交通大学，2021。

[④] 周念利、陈寰琦：《RTAs框架下美式数字贸易规则的数字贸易效应研究》，《世界经济》2020年第10期。

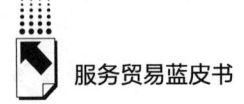

规则方面的主要分歧。①

第三类是将知识产权保护和数字贸易规则结合的研究。周念利和李玉昊通过列举和分析既有典型案例，梳理了美国在数字知识产权方面对中国的主要指责，并进一步结合USMCA中的具体条款详细说明了协议生效后中美之间有关数字知识产权矛盾升级的可能方向并提出了相应的对策建议。② 周念利和李玉昊将数字知识产权规则"美式模板"的发展阶段分为国内立法基础夯实、在区域贸易协定中输出和力求在多平台拓展适用三个阶段，并列举了在规则发展过程中逐渐加入的关键条款，进而将对于中国产生挑战的条款进行了整理和对比并相应地给出了中国可以采取的应对策略。③

综上可知，学者对于《美墨加协定》中知识产权章节和数字贸易章节以及知识产权的国际合作领域的分析较为完整，且均与美国过往签订的一个或若干个条款进行纵向对比得出美国在USMCA中的主要诉求并给出对策建议。但鲜有文献将中美贸易中的重要议题即知识产权和数字贸易相结合，从数字版权入手分析协定规则对中国可能产生的冲击。基于此，本报告将把数字版权规则作为主要的分析对象，观察中美两国在这一议题上的不同主张和主要分歧所在，并为中国日后更好参与国际合作提出相应的对策。

一 数字版权规则的界定及基本特点

（一）数字版权规则的概念范围

数字版权作为互联网时代的新兴产物，尚未拥有较为官方的定义。一般认为，数字版权的客体包括传统版权中文字、图片、视频等智力成

---

① 陈寰琦、周念利：《从USMCA看美国数字贸易规则核心诉求及与中国的分歧》，《国际经贸探索》2019年第6期。
② 周念利、李玉昊：《数字知识产权保护问题上中美的矛盾分歧、升级趋向及应对策略》，《理论学刊》2019年第4期。
③ 周念利、李玉昊：《数字知识产权规则"美式模板"的典型特征及对中国的挑战》，《国际贸易》2020年第5期。

果的数据形式,权利范围包含创作者或其他权利人通过互联网出版传播以上客体并维护其基本权益的权利。施勇勤和张凤杰给出了一个具有概括性的定义,即"数字版权是文学、艺术、科学作品的作者和其他权利人在数字化复制、传播方面依法所享有的精神和经济权利的总称"[1]。在此基础上,本报告所研究的数字版权规则是指调整、规制数字版权运行的相关规定,主要体现在高标准经贸协定中的数字贸易章节和知识产权章节。

(二)数字版权规则的基本特征

1. 规则性质的双重性

不同于一般的经贸规则,由于数字版权规则的标的既具备版权规则的一般特质,又涉及电子商务、数字贸易规则,其包含的内容相对多元,具有双重性质。我们在分析有关规则时往往需要从多方面进行考察。

2. 规则构成的复杂性

如前所述,数字版权规则具备双重性质,而在实际的经贸规则中往往仅会根据大类性质对规则进行分类,几乎只有在特殊情况下才会对复合问题进行讨论。因此在考察有关数字版权的规定时,往往需要结合多个章节的规定。

3. 规则制定的不完善

考虑到数字贸易作为互联网时代发展的较新产物,在近些年才纳入国际经贸协定规制范围之中,其具体称呼也在不同协定中几经变化。相比传统贸易领域,其有关规定并不完善,可以预见随着现实中新问题的出现,有关数字版权的规定会在协定磋商中得到补充。

二 《美墨加协定》数字版权规则主要内容及焦点问题

正如在数字版权基本特征中所指出的,相关规则往往不会集中分布在

---

[1] 施勇勤、张凤杰:《数字版权概念探析》,《中国出版》2012年第5期。

一个章节，我们需要结合多个章节内容对其进行分析。纵观《美墨加协定》，有关数字版权的规则主要分布在第19章即数字贸易章节和第20章即知识产权章节。其焦点问题集中在版权及相关权利保护期限、对规避技术保护措施行为的规制、国民待遇条款以及互联网服务提供者责任等方面（见表1）。

表1 《美墨加协定》中数字版权规则的焦点问题

分布章节	主要条款	规则内容	焦点问题
第19章数字贸易	19.1	数字产品定义	数字产品的范围和例外情况
	19.4	国民待遇条款	对广播产品增加适用国民待遇条款
	19.17	互联网服务提供者的责任	互联网服务提供者需要对侵犯知识产权的行为承担连带责任
第20章知识产权	20.57	复制权	—
	20.58	面向公众传播权	—
	20.59	发行权	—
	20.61	版权相关规则	表演和录音录像制品等作品的发表时间认定等权利待遇
	20.62	版权和相关权利的保护期限	将版权及其相关权利的保护期限延长至70年，并根据不同的情形设置了相应的计算方式
	20.66	对规避技术保护措施行为的规制	将规避行为分为直接规避行为和提供规避手段的行为，列举了例外情况并明确行为人责任

资料来源：根据USMCA整理。

（一）数字贸易章节中的数字版权规则

与《跨太平洋伙伴关系协定》中采用"电子商务"（Electronic Commerce）这一概念不同，《美墨加协定》第19章的名称为"数字贸易"（Digital Trade）。相较而言，"数字贸易"一词能够更加恰当地体现数据在当今贸易实际中的重要作用和贸易发展的数字化趋势。

就数字产品的定义，协定在第19.1条中明确，数字产品是指以商业生产或分配为目的，通过电子方式传输的计算机程序、文章、视频、图片、录音或者其他数字编码的产品，而为了保证更强的确定性，数字产品并不包括以数字方式表现的金融工具，包括货币。

就数字产品的国民待遇，协定在第19.4条进行了规定——任何缔约方对在另一缔约方境内创造、制作、出版、签约、委托或首次以商业条件提供的数字产品或对作者、表演者、制作者、开发者或所有者为另一缔约方人员的数字产品，给予的优惠待遇不得低于给予其他类似数字产品的优惠待遇。相比TPP的第14.4条将音像广播服务产品排除在了非歧视待遇的适用范围之外，USMCA在第19.4条要求缔约方将国民待遇适用于其他缔约方的数字产品，并取消了对于"广播产品"的例外。这意味自USMCA生效后，美、墨、加三方必须赋予来自对方的广播服务产品及其服务提供者以国民待遇。然而，由于加拿大对于包括广播视听服务在内的产品一向保持着"文化例外"的红线，这一规定既是对加拿大有关限制的突破，也是美国在突破"文化例外"进程中所取得的成果。

相比TPP中对于互联网服务提供者在其用户在平台上的行为侵犯他人知识产权时应当承担的责任规定未进行详细描述，《美墨加协定》在第19.17条中将1996年于美国国内颁布的《通信规范法案》（Communication Decency Act，CDA）中的第230条内容，即当第三方利用平台服务在合法平台上创建和分享非法信息，平台方一般不对非知识产权内容的侵权承担责任，从而豁免了互联网服务提供者在涉及人权、隐私等非知识产权侵权时间中所需承担的责任。当然，在此条款的规定下，交互式计算机服务的提供者在其使用者侵犯他人知识产权时仍然应当承担连带责任，也即互联网服务提供者需要为其用户侵犯数字版权的行为承担连带责任。

（二）知识产权章节中的数字版权规则

USMCA第20章的H部分对于版权和相关权利进行了规定，协定中的第20.57条、第20.58条以及第20.59条规定了一般作品的复制权、面向公众传播权和发行权，第20.61条中对于版权相关规则进行了补充说明，与之

相对应，我国《著作权法》的第10条第1款第5项、第11项和第12项给出了这些相关权利的定义。

值得注意的是，相比NAFTA和TPP，《美墨加协定》对于版权以及有关权利的保护期限进行了大幅度延长，这也因此成了知识产权章节中数字版权规则的焦点所在。具体来说，在第20.62条，《美墨加协定》将版权保护期限的计算方式分为了以自然人的生命为计算基础和不以自然人生命为计算基础两种。前者的期限为作者生前以及死后70年，后者的保护期限则是自作品、表演或者录音录像制品首次出版当年的年底起75年或者在创作完成后在25年内未发行的，自作品创作完成当年的年底起70年。

另外，《美墨加协定》还着力于打击规避技术保护措施（TPMs）的行为，并对于有效的TPMs给出了定义（第20.66条第6款），即在其正常运行过程中，对于受保护的作品、表演或录音制品的访问起到控制作用，保护版权以及与版权有关权利的技术、设备或组件。第20.66条中的第1款将规避行为分为直接规避行为和提供规避手段的行为，并对其中的典型形态进行了列举。同时，除第20.66条第2款中所指明的例外情况外，督促缔约方在特定情形出现时采取相应的行政、民事或刑事措施予以救济，进而在第3款中明确缔约方需将反TPMs行为排除于任何侵权行为以外，作为独立的诉讼理由。为了明确反规避条款的适用范围，第4款列举了7种排除打击的适用情形（①为实现程序间的互动而进行的计算机程序非侵权反向工程；②善意对于合法获得的版权作品进行研究；③预防未成年人接触网上不良内容的行为；④经授权的测试、调查或者修正计算机及相关系统和网络安全的行为；⑤为保护个人信息免受非公开收集和传播的行为；⑥由政府相关人员开展为实现政府目的而为的合法授权行为；⑦非营利组织仅为做出购买决定获得相关版权作品）和1项兜底条款，并在第5款中进一步明确了以上诸条在具体应用时的相互关系和适用方法。

《美墨加协定》中对于打击规避TPMs行为的规定相当详尽，不惜篇幅对于各种具体情形进行了描述，并列举了例外情形和使用方法，充分体现了对于版权保护的重视和协定本身的严谨与高标准。

三 《美墨加协定》数字版权规则对中国影响

（一）中美分歧

1. 交互式计算机服务的提供者和用户的责任轻重不同

引入了 CDA 的第 230 条后，《美墨加协定》规定，互联网服务提供者需要对其用户对知识产权的侵权行为承担连带责任，且针对此情形没有规定"例外中的例外"。

我国在《民法典》第 1195 条至第 1197 条中对于互联网服务提供者责任进行了规定，这些条款表明，其责任仅限于"通知、转达、删除"，并不需要为其用户之行为承担连带责任。《电子商务法》第 42 条也明确了电子商务平台经营者在面对权利人告知其知识产权侵害时，需要采取删除、屏蔽、断开链接、终止交易和服务等必要措施，仅有在未及时采取必要措施或错误通知造成损失扩大时才需承担连带责任。只有经营者知道或者应当知道平台内的经营者侵犯知识产权并且没有采取必要措施时，才需要承担无条件的连带责任。

经由两者对比即可看出，相比 USMCA 中互联网服务提供者承担的无过错责任，中国法律体系下互联网服务提供者承担责任的范围相对有限。在如今网络时代背景下，为了更好地保护知识产权权利人的权益，增强互联网服务提供者的责任并扩大保护范围实属必要。

2. 版权保护期限和计算方式存在差异

如前所述，在《美墨加协定》中，美国将版权的保护期限进一步从 TPP 中规定的 50 年延长到了 70 年，并依据不同情形设置了不同的计算方式，具有较高的灵活性。而根据我国《著作权法》第 23 条，中国国内对于版权的保护期限依旧为作者终生及死亡后 50 年，具体计算方式为，自然人作品的保护期限为作者终身及死后的 50 年，截止于最后死亡的作者死亡后第 50 年的最后一个自然日；法人和非法人组织依法享有的职务作品的发表

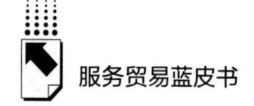

权保护期限为50年，于作品创作完成后50年截止，其他相关权利的保护期限同样为50年，截止于作品初次发表后第50年的12月31日，创作完成后50年内未发表的，不再受法律保护；视听作品的保护期限和计算方式与法人和非法人组织职务作品的相同。

由上述对比可知，中国现有的对于版权的保护期限更短，延伸性不足，针对不同情形适用相同期限和计算方式，灵活性有待提升。

3. 对于规避技术保护措施违法行为的惩治力度不同

从对于TPMs的定义来看，《美墨加协定》第20.66条第6款对于"有效的TPMs"进行了专条规定，中国在《信息网络传播权保护条例》的第26条第2款中也有"有效"的说法，但是对于具体的适用情形并未进行说明，且该条例作为国务院颁布的文件，其效力相比全国人民代表大会及其常务委员会颁布的法律较低，为取得更好实施效果，需在文件效力上进一步增强。

从对于相关行为的打击范围来看，与前述USMCA对于规避行为的分类一致，《信息网络传播权保护条例》的第18条和第19条也对直接规避行为和提供规避手段的行为进行了讨论。但值得一提的是，我国对于"直接规避行为"的要求需达到"故意避开或破坏技术措施"的程度，相比之下，《美墨加协定》将相应门槛降低，给出了"接触"即构成规避行为的规定。同样的，《信息网络传播权保护条例》中"提供规避手段行为"仅对于销售和非法经营的情形进行了讨论，而在USMCA第20.66条第1款b项中对于提供规避手段行为的特征描述得更加详尽，并补充了除销售外的两种情形，分为为销售目的规避，为规避有效IPMs措施而设计、制作或实施的有限商业目的规避行为。由此，可以推得，我国针对提供规避手段的打击范围会较为狭窄且不完全。

从打击力度来看，我国《刑法》对于知识产权的刑事打击主要集中在侵犯注册商标、销售侵权商品、伪造商标、假冒专利、侵犯著作权及有关权益、销售侵权复制品和侵犯商业秘密范围内。因此，在《信息网络传播权保护条例》的第18条和第19条的表述中虽然补充了"构成犯罪的，依法追究刑事责任",但是由于在我国《刑法》中并没有对相应行为规定罪状制定法定刑,所以在实际上直接规避行为和提供规避手段的行为在我国都难以认定为刑事犯罪。

(二)对中国的压力和挑战

1. 与数字版权相关的贸易摩擦增多

作为彼此重要的贸易伙伴,中美之间的贸易依存度高,因此产生的贸易摩擦也随着进一步的贸易合作而增多,在知识产权领域亦是如此。在知识产权问题上,美国多采用援引"特别301条款"、发动"377调查"以及在WTO提出有关诉讼等方式对中国的相关产业进行打击。研究显示,随着中美之间贸易额的增长,美国发动的"377调查"也在同步增加,而贸易摩擦的加剧也会反过来阻碍双方贸易的发展,使贸易增速放缓,中美贸易的不确定性受此影响而增加。①

2. 中国融入全球经贸治理体系难度增强

近年来,知识产权保护政策、数字贸易相关规制已经成为一种边境后措施,成为一种新型贸易壁垒,影响着产品与服务在东道国市场准入后的交易与运营,甚至还对跨境投资产生一定的影响。特别的,USMCA中所规定的"毒丸条款",即意在通过区域贸易协定的排他性、封闭性,来构建新的贸易壁垒。这些增加了中国政府和企业的海外贸易和投资行为的不确定性,更阻碍了中国融入全球经贸规则治理体系的进程。

3. 中国数字内容平台企业融入国际进程受阻

由于近年来中国经济的快速发展,廉价的劳动力已不再是中国在国际市场上的优势,相关产业正在逐渐向部分东南亚国家如越南、老挝、柬埔寨和泰国等国家转移。在劳动力数量已无法成为有效竞争力的当下,由于中国日渐重视知识产权保护并在应对相关摩擦中积累了经验,知识产权密集型产业

---

① 张欢、蒙遥:《中美数字知识产权摩擦对中美贸易的影响》,《江苏科技信息》2022年第2期。

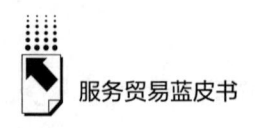

发展起来，并产生了一批拥有自主知识产权的核心产品。但是，美国意图利用知识产权相关条款将中国企业遏制在全球价值链的低端位置。若是中国不能及时对此做出反应，可能在短时间内难以从相关争端的被动位置中脱离，有关企业融入国际市场的进程将会受阻。

四　中国的应对

（一）完善版权制度体系建设

面对当前的情况，中国应进一步提高有关法律法规的立法水平，完善现有数字版权制度体系，《著作权法》、《电子商务法》及《反不正当竞争法》等与版权保护有关的法律法规都在近年先后修改，表现出我国对于版权保护的重视。但仍不可否认的是，与国际领先的版权规则相比，中国相关法律法规在执法和立法上仍存在不足，例如保护范围较窄、保护力度较弱以及相关概念界定不清等，尤其是数字化内容不足，还未形成完善的法规体系，因而亟待进一步完善制度建设。在完善立法的同时也应当注重数字版权保护的宣传，提高公民的版权意识，着力营造良好的版权保护环境，尽可能减少对外交往中的版权纠纷，为建设知识产权大国铺平道路。

（二）积极参与全球数字版权规则治理

世界知识产权组织（WIPO）发布的《2022年世界创新指数报告》显示，中国的创新指数排名已从2012年的第34位上升至2022年的第11位，并且连续10年呈上升态势。这表现出我国知识产权发展成效显著，同时也说明中国已基本达到世界领先的知识产权国家水平。因此，中国可以在维护自身国家安全的情形下，对接国际规则，以减少贸易摩擦和纠纷，促进国际交往。例如，在国际版权保护期限普遍为70年的大环境下，考虑修改我国《著作权法》对于版权的保护期限的条款以充分保护权利人的利益，并根据不同情形增设相应条款，缩小与国际规则之间的差距。同时，对于《民法典》和《电子商务法》中有关互联网服务提供者的规定进一步明确化，完善互联网服务提供者管理机制，要求其主动承担有关监管责任，以保护包括数字版权在内的数字知识产权。

（三）建立健全数字版权争端的预警机制

为了更好地应对"337调查""301调查"等，我国应当尽快成立针对具体领域的相关政策研究机构，商务部、国家市场监督管理总局等可以充分发挥其职能，通过研究美国的国内政策法规和参与的国际规章了解中美之间在数字版权领域存在主要矛盾冲突和升级方向，做好预测工作，为企业应对相关调查提供支持，保障其在面临数字版权领域的争端时能够积极应诉。

结　语

作为数字贸易强国，美国在《美墨加协定》中表达的核心诉求必然会成为其在未来一段时间里制定经贸规则和参与国际经贸活动的主要关注点。同时可以预见，依托美国自身强大的综合国力和国际影响力，相关规则会在不远的将来成为更多双边、多边甚至全球经贸协定谈判的重心。中国作为在数字贸易和有关知识产权贸易实践中快速发展的国家，可以通过对比研究不同条约诉求的异同，找到实现利益最大化的突破口并在政策制定和对外交流等多方面采取行动，积极参与国际经贸规则制定。

参考文献

白洁、苏庆义：《〈美墨加协定〉：特征、影响及中国应对》，《国际经济评论》2020年第6期。

蔡思璇：《数字贸易规则解析——区域全面经济伙伴关系协定与美墨加三国协议比较视角》，《现代商业》2022年第26期。

冯新民、王建冬、孙慧明：《美国数字内容产品知识产权保护研究》，《图书情报工

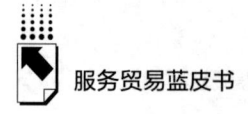

作》2010年第23期。

何迎新、徐文月：《〈美墨加协定〉对我国涉外经济的影响及应对》，《海外投资与出口信贷》2022年第6期。

李晨希：《〈美墨加协定〉对我国的影响及应对措施》，《产业与科技论坛》2022年第7期。

林赛特：《〈美墨加协定〉数字贸易壁垒规制研究》，硕士学位论文，浙江工商大学，2022。

李玉昊：《RTAs框架下美式数字知识产权规则及其数字贸易效应研究》，博士学位论文，对外经济贸易大学，2021。

宁梦月：《基于区块链技术的数字知识产权保护方案研究》，硕士学位论文，西安电子科技大学，2020。

尚妍：《数字知识产权保护的新发展——从〈反假冒贸易协定〉到〈跨太平洋伙伴关系协定〉》，《暨南学报》（哲学社会科学版）2015年第6期。

张乃根：《非多边经贸协定下的知识产权新规则》，《武大国际法评论》2020年第1期。

周念利、李玉昊：《RTAs框架下数字知识产权规则的数字贸易效应测度及异质性分析》，《国际经贸探索》2021年第5期。

张语恒：《〈美墨加协定〉对中墨经贸的不利影响及我国的应对策略》，《对外经贸实务》2020年第6期。

B.16 北京服务业国际化发展现状、问题及对策

赵家章 丁国宁*

摘　要： 在全面推动国家服务业扩大开放综合示范区和中国（北京）自由贸易试验区建设中，服务业成为拉动北京经济增长的主引擎。本报告重点研究了北京服务业国际化发展现状及存在问题。研究发现，服务业产业规模日益扩大，内部结构持续优化；服务业质量效益不断提升，科技赋能服务业发展；服务贸易规模稳步发展，"北京服务"国际化水平不断提升；服务业利用外资成效明显，全球高端资源加速集聚。北京服务业国际化发展存在与国际水平存在差距，质量与效益有待提升；生活性服务业缺乏国际化品牌，生产性服务业创新水平较低；服务业重点领域开放有限，制度规则对标国际先进的水平有待提升；服务业国际化发展能级不高，全球资源配置能力有待加强；服务业发展配套体系有待优化，监管体系对标国际水平有限等问题。基于国际化发展现状和问题，本报告指出北京应当在打造高端国际开放创新平台、塑造国际化"北京服务"品牌、加强与国际规则标准接轨、打造国际一流高能级服务枢纽和构建开放的服务业要素生态体系上下功夫，以期实现北京服务业国际化高质量发展。

关键词： 北京服务业　国际化　对外开放　"两区"建设　高质量发展

---

* 赵家章，首都经济贸易大学经济学院教授、博士生导师，主要研究方向为国际贸易与区域经济；丁国宁，首都经济贸易大学经济学院国际贸易学专业2020级博士研究生，主要研究方向为国际贸易与对外投资。

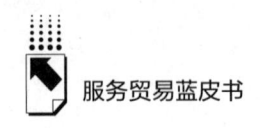

一 北京服务业国际化发展现状

（一）服务业产业规模日益扩大，内部结构持续优化

服务业是世界经济增长和国际贸易发展的重要推动力量。[①] 纽约、伦敦、东京、巴黎等国际大都市服务业的发展历程表明，当服务业占经济总量的比重超过85%后，服务业将进入规模平稳发展、结构持续优化阶段，服务业与制造业将逐步形成相互促进、互动融合的共生态势。

近年来，北京服务业总体规模呈现扩大趋势，服务业增加值及其占GDP的比重整体呈提升趋势，内部结构持续优化，现代服务业成为拉动北京经济增长的主引擎。从整体规模看，服务业增加值从2000年的2174.9亿元增长至2022年的34894.3亿元，增长了15倍，服务业增加值占GDP的比重由2000年的66.4%提升至2022年的83.8%，主导产业地位进一步巩固（见图1）。

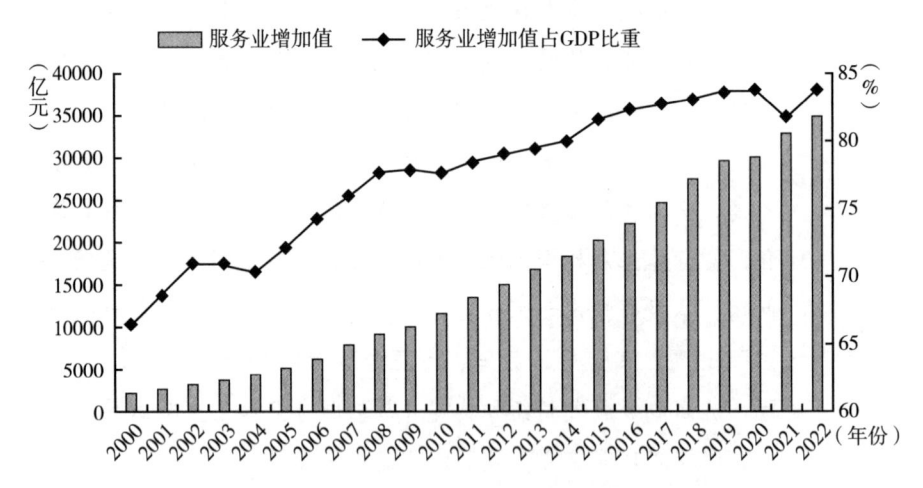

图1 2000~2022年北京服务业增加值及其占GDP的比重

资料来源：《北京统计年鉴2022》《北京市2022年国民经济和社会发展统计公报》。

[①] 张艳、付鑫：《中国服务业开放与中美贸易：特征事实和政策影响》，《世界经济》2022年第2期。

从内部结构看，北京知识、技术密集型服务业占比不断上升，服务业结构向高端化快速发展。2022年金融业，信息传输、软件和信息技术服务业，科学研究和技术服务业增加值分别为8196.7亿元、7456.2亿元和3465亿元，占服务业增加值比重分别为23.5%、21.4%和10%，三者合计占比为54.9%（见图2）。

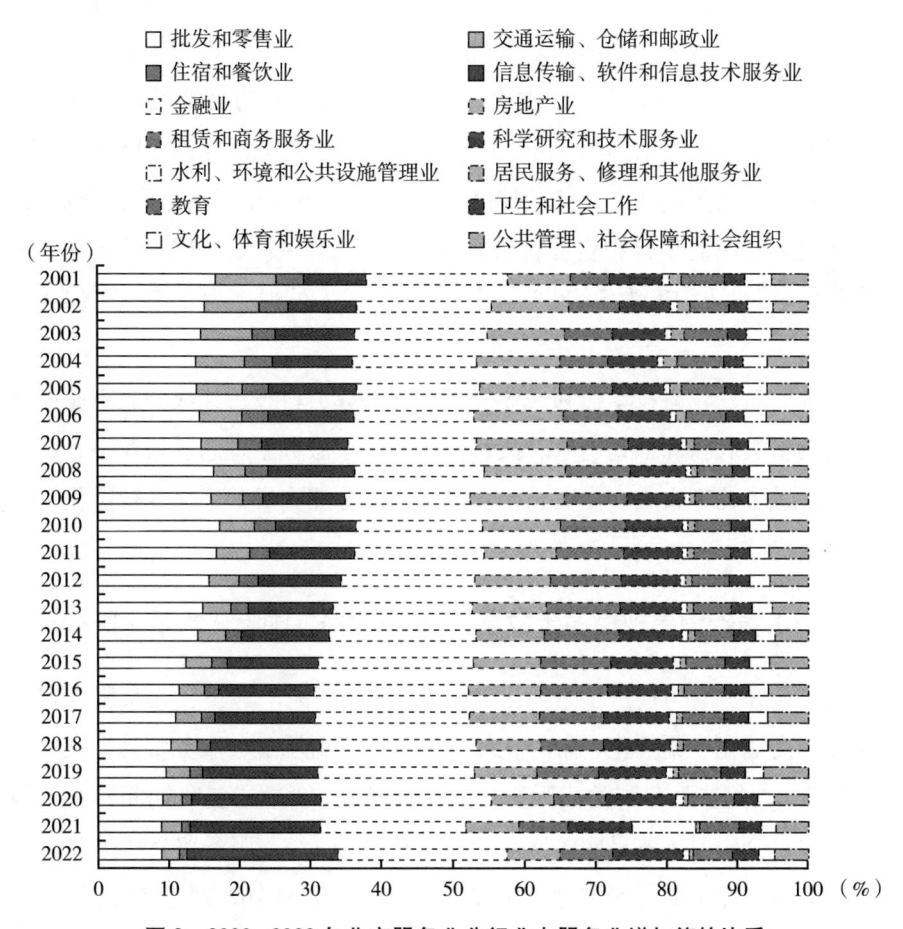

图2 2000~2022年北京服务业分行业占服务业增加值的比重

资料来源：《北京统计年鉴2022》《北京市2022年国民经济和社会发展统计公报》。

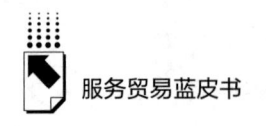

（二）服务业质量效益不断提升，科技赋能服务业发展

服务创新和服务生产率是服务业企业获得竞争优势的关键。[1] 北京服务业发展水平不断提升，[2] 科技创新赋能服务业高质量发展。2000~2021年，北京服务业发展质量持续向好，劳动生产率稳步提升，从2000年的6.5万元/人提升至2021年的34.9万元/人，增长了4倍多。2020年金融、信息服务、科技服务、商务服务、文体娱乐等五大领域劳动生产率达到55.4万元/人，是北京全员劳动生产率的2倍左右。同时，服务业成为吸纳就业的重要渠道，服务业从业人数从2000年的338.2万人增长至2021年的1008.4万人，增加了近2倍（见图3）。科技创新赋能服务业高质量发展不断取得新进展。服务业充分利用北京科技资源优势，不断加大创新投入。2021年北京服务业R&D经费投入强度为36.85%，服务业R&D人员占比为2.59%，位居全国首位。

当前，新一轮科技革命和产业变革孕育兴起，科技已经成为服务业高质量发展的坚实底座和强劲引擎。数字技术催生了服务新理念、新业态、新模式，也促进了北京文旅、商贸、体育等传统服务业完成数字化、智能化、平台化升级。

（三）服务贸易规模稳步发展，"北京服务"国际化水平不断提升

服务业开放有力促进了企业出口。[3] 依托"两区"建设，北京服务贸易全球化、高端化、集群化、融合化的发展特征日益明显，服务贸易发展水平不断提升，"北京服务"的国际影响力持续扩大。"十三五"期间，北京服务贸易额占全国服务贸易额的比重一直保持在约1/5，服务贸易成为北京外贸增长亮点。北京服务贸易进出口总额从2003年的162.24亿美元猛增至

---

[1] H. Johannes, et al., "Combining Strategies for High Service Productivity with Successful Service Innovation," *The Service Industries Journal* 11 (2022).
[2] 梁鹏、刘梦真、曾文志：《现代服务业高质量发展与城镇消费结构升级的灰色关联分析——以首都服务业为例》，《商业经济研究》2022年第10期。
[3] 孙浦阳、侯欣裕、盛斌：《服务业开放、管理效率与企业出口》，《经济研究》2018年第7期。

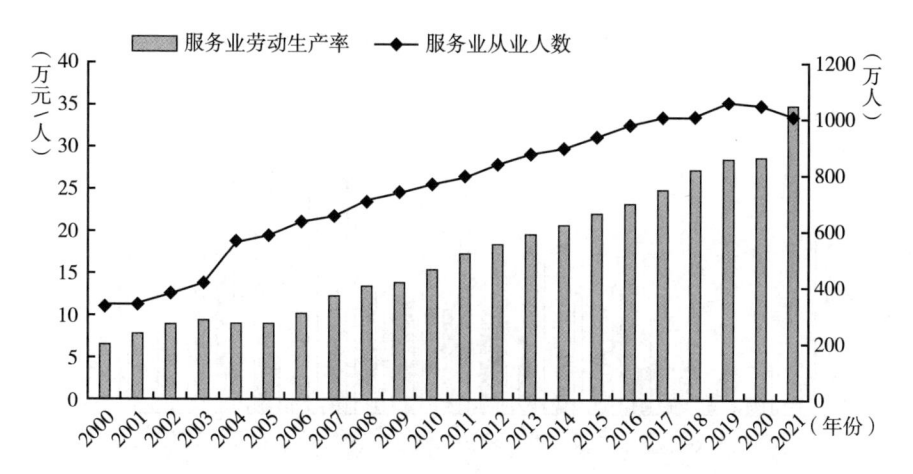

图3 2000~2021年北京服务业劳动生产率及就业人数

资料来源：《北京统计年鉴2022》。

2019年的1605亿美元，增长了近9倍，受疫情影响，2020年下降至1218.2亿美元，2021年服务贸易总额又回升至1385.1亿美元，整体呈现逆差态势（见图4）。同时，据北京市商务局统计数据，在国际知名度方面，北京世界500强企业54家，居全球城市榜首，跨国公司总部数量超200个，2021年新设外资企业1924家。穆迪、标普、惠誉三大国际评级机构以及万事达、维萨两大银行卡清算机构也在北京开展业务，德勤公司在北京建设德勤大学，宝马中国投资、戴姆勒商用车投资等近300个项目在北京落地，"北京服务"国际化水平进一步提升。在国际交流方面，北京发挥中国国际服务贸易交易会、中关村论坛和金融街论坛"三平台"叠加优势，成为服务业扩大开放"引进来、走出去"的重要桥梁。

（四）服务业利用外资成效明显，全球高端资源加速集聚

北京服务业不断向高端化、集聚化、国际化方向迈进。北京扩大服务业开放能够产生制度红利，[①] 服务业开放通过效率提升效应、技术创新效应和

---

① 王佃凯：《扩大服务业对外开放能产生"制度红利"吗？——以北京市为例》，《首都经济贸易大学学报》2020年第1期。

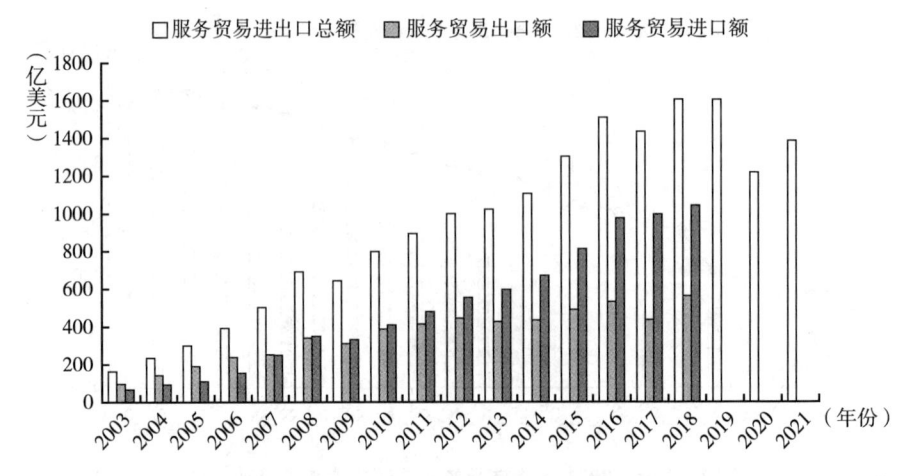

图4 2003~2021年北京服务贸易进出口状况

注：2019~2021年目前只获取到服务贸易进出口总额数据。
资料来源：《北京统计年鉴2022》。

资源配置效应提高了企业的价值链参与程度和分工地位，[1] 进而提升了北京服务业发展的国际化水平。北京服务业实际利用外资金额由2000年的22.2亿美元增长至2022年的167.6亿美元，增长了6.5倍多，服务业利用外资占利用外资总额的比重维持动态变化趋势，2022年服务业利用外资占比高达96.3%（见图5）。高技术服务业利用外资成为亮点。2022年，高技术服务业实际利用外资高达146.2亿美元，占比为87.2%。其中，科学研究和技术服务业利用外资额占北京利用外资总额的41.66%，信息传输、软件和信息技术服务业占23.53%（见图6）。同时，北京不断加速全球高端资源聚集，《2021北京外商投资发展报告》显示，截至2020年底，北京外商投资企业累计超4.5万家，世界财富500强企业总部55家，全球排名第一，跨国公司地区总部累计达186家，国际组织总部及分支机构超30家，外资代表机构超3000家，全球十大律师事务所、世界十大咨询公

---

[1] 刘斌、李宏佳、孙琳：《北京市服务业开放对京津冀价值链升级影响的实证研究》，《国际商务——对外经济贸易大学学报》2018年第2期；太平、鞠波：《京津对外开放的服务业空间效应与协同发展》，《首都经济贸易大学学报》2021年第1期。

司、世界银行、国际货币基金组织、亚洲开发银行、亚投行等国际知名金融组织落户北京。

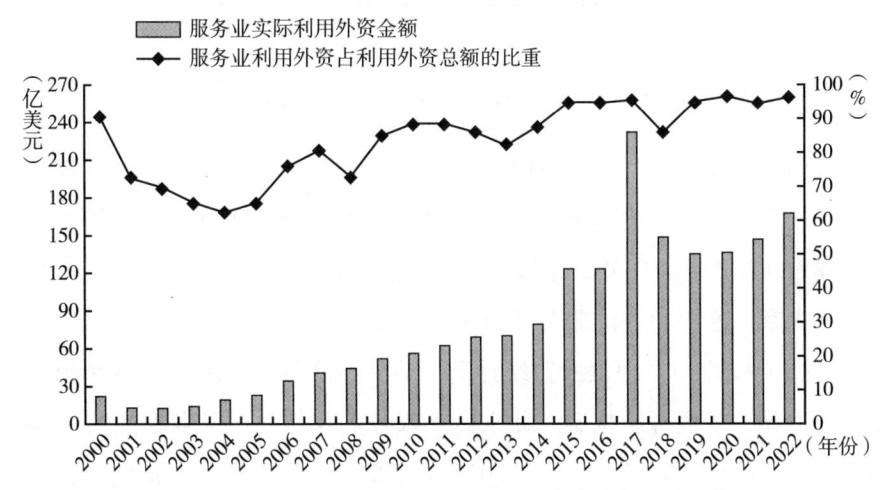

图5　2000~2022年北京服务业实际利用外资金额及占比情况

资料来源：《北京统计年鉴2022》《北京市2022年国民经济和社会发展统计公报》。

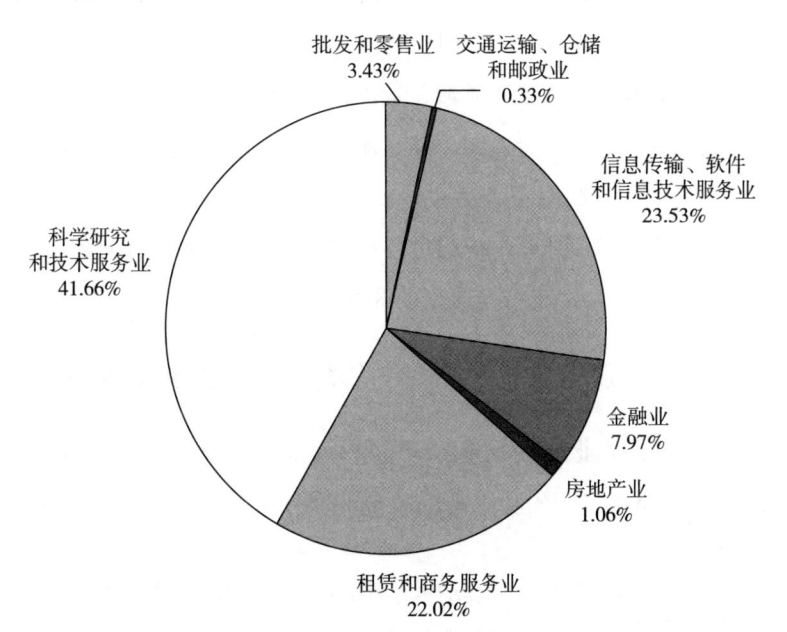

图6　2022年北京服务业实际利用外资金额结构

- 批发和零售业 3.43%
- 交通运输、仓储和邮政业 0.33%
- 信息传输、软件和信息技术服务业 23.53%
- 科学研究和技术服务业 41.66%
- 金融业 7.97%
- 房地产业 1.06%
- 租赁和商务服务业 22.02%

资料来源：《北京市2022年国民经济和社会发展统计公报》。

二 北京服务业国际化发展存在的问题

（一）与国际水平存在差距，质量与效益有待提升

我国服务业的发展水平仍相对较低，国际竞争力与发展规模不匹配，服务业开放水平低于发达国家。[①] 北京服务业发展与国际水平存在差距。从整体规模看，2019~2021年北京服务业增加值占GDP的比重低于伦敦、巴黎、香港和东京，伦敦和香港服务业增加值占比已经达到93%，而北京维持在83%左右（见图7）。根据欧盟统计局、美国经济分析局和《东京都统计年鉴》的数据，从内部结构看，北京商务服务业和信息服务业增加值占GDP的比重低于世界主要发达城市，2021年巴黎、纽约、东京、伦敦商务服务业增加值占比分别为24.33%、15.90%、13.24%和13.33%，而北京占比只有7.40%；2021年东京、纽约和伦敦信息服务业增加值占比分别为12.35%、10.62%和11.78%，而北京仅占7.43%。在文化产业发展方面，文化、体育和娱乐业作为核心领域，其经济增加值占比较低，与全国文化中心功能定位的要求仍有一定差距。北京服务业劳动生产率远低于世界主要发达城市。2021年，纽约服务业劳动生产率为54.5万美元/人，位居世界第一，东京为14.7万美元/人，位居世界第二，巴黎为14.6万美元/人，而北京仅为6.4万美元/人，纽约是北京的8.5倍（见图8）。

（二）生活性服务业缺乏国际化品牌，生产性服务业创新水平较低

北京生活性服务业品质不高，缺乏国际品牌影响力；生产性服务业创新水平低于发达国家水平。[②] 从供需层面看，部分生活性服务业有效供给与实

[①] 来有为、陈红娜：《以扩大开放提高我国服务业发展质量和国际竞争力》，《管理世界》2017年第5期。
[②] 夏杰长、肖宇：《生产性服务业：发展态势、存在的问题及高质量发展政策思路》，《北京工商大学学报》（社会科学版）2019年第4期。

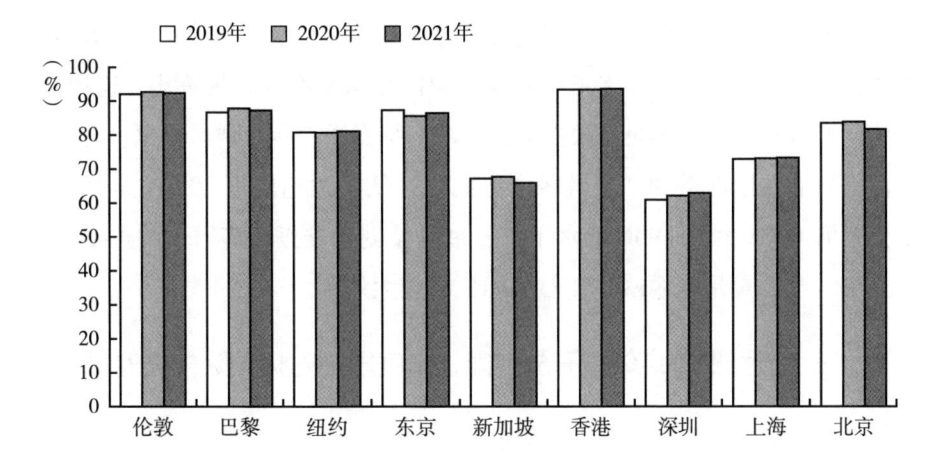

图 7　2019~2021 年世界主要发达城市服务业增加值占 GDP 的比重

资料来源：作者根据测算的数据绘制。

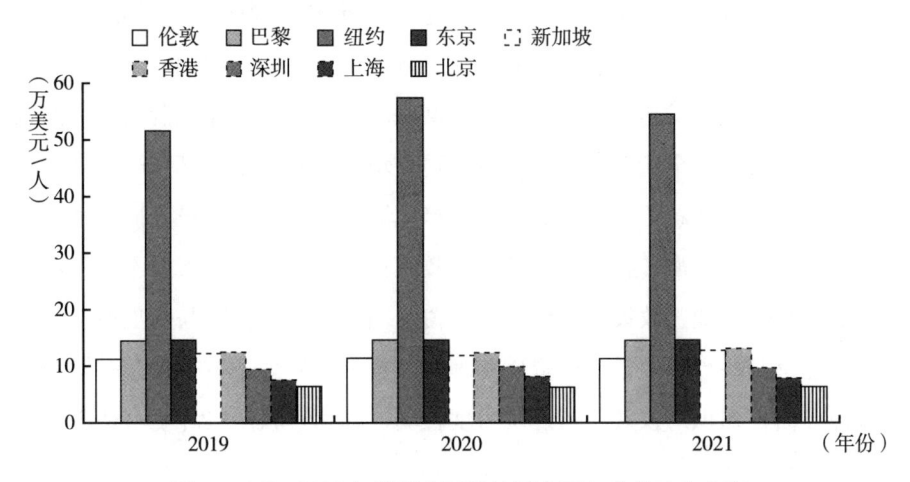

图 8　2019~2021 年世界主要发达城市服务业劳动生产率

资料来源：作者根据测算的数据绘制。

际需求不平衡，便民商业设施、新消费新零售以及高品质产品和服务有效供给不足。例如，优质养老服务、配套医疗服务、家政服务、幼儿园短缺问题仍然存在，艺术、文化、保健等行业难以满足人们不断增加的休闲娱乐健康等服务需求。从品牌和竞争力看，生活性服务企业缺少具有品牌影响力和核

心竞争力的龙头型企业，消费市场的品牌化和连锁化水平与世界发达城市存在较大差距，服务范围、专业化水平、智能化水平有限，规范化、连锁化、品牌化网点数量仍然不足。根据北京市政协提案委课题组调研数据，北京生产性服务业在创新链和产业链融合方面，远低于发达国家80%的水平，也低于上海60%和深圳90%的水平。北京科技创新支撑经济增长的贡献率约为60%，与欧美地区80%的贡献率相比有较大差距。

（三）服务业重点领域开放有限，制度规则对标国际先进的水平有待提升

高水平对外开放在理论内涵上主要体现为坚持实施更大范围、更宽领域、更深层次对外开放。[①] 北京服务业重点领域开放度有限，投资监管服务的水平有待提升，制度规则对标国际先进的水平有待提升。外资准入方面，电信、保险、法律、教育、医疗和文化等领域仍存在股比限制，许多还必须控股。而世界主要发达经济体在上述领域基本上不要求股比限制或限制的领域较窄、较松。资金流动方面，跨国公司在境内外资金结算、调配过程中周期长、成本大等问题仍存在。服务业对接国际高标准规则和投资监管水平有待提升。透明度方面，存在具体领域新政策认知不到位或者渠道不通畅等问题，亟待进一步加强政策解读专业性和覆盖面。效率方面，与新加坡、纽约相比，北京对各行业经营许可资质和牌照等投资监管效率有待提升。知识产权保护方面，知识产权转化与运用力度较弱，知识产权融资环境有待进一步优化。

（四）服务业国际化发展能级不高，全球资源配置能力有待加强

北京服务业国际化发展能级不高，集聚国际高端要素的能力有待提升。服务贸易中心城市例如纽约、伦敦、东京等世界级城市，产业高度开放，资金、人才、数据等要素流动自由，是国际价值链的中枢。虽然北京不断加大

---

① 太平、李姣：《中国服务业高水平对外开放的困境与突破》，《国际贸易》2022年第6期。

集聚国际组织、跨国公司、国际化人才等高端要素力度,但服务业国际化发展能级不高,服务业利用外资水平与全球服务贸易中心城市存在差距。例如,根据中国香港特别行政区政府统计处、英国国家统计局和美国经济分析局数据,2021年香港服务业利用外资金额为1.78万亿美元,伦敦为6523.7亿美元,纽约为1831.9亿美元,而北京仅为146.9亿美元。北京急需提升在服务业领域的话语权,通过延伸研发、设计、生产、销售、服务等产业价值链,实现对资本、创新、人才、信息等资源的全球配置。

(五)服务业发展配套体系有待优化,监管体系对标国际水平有限

我国扩大服务业对外开放战略意义重大。[①] 虽然北京服务业扩大开放综合试点取得了显著成效,但是服务业开放发展的要素供给环境有待优化,特别是在人才配套服务、监管体系建设方面与国际水平存在差距,制约新业态发展。在人才引进及服务保障、医疗养老、国际人才社区建设等重点领域开放改革政策缺乏系统性的解决方案。对标国际通行规则和标准,围绕外国人在北京投资、工作、留学、生活、医疗服务、旅游等需求,健全符合外籍人士需求的便利化公共服务体系的能力有待提升。同时,相较于国内外宜居城市,北京在运用企业所得税和个人所得税政策方面的突破性不足,针对鼓励型企业和紧缺人才的政策激励不够。会计、法律等商务服务业缺乏事后监督,金融服务业缺乏消费者监督和投资者监督,部分新兴业态监管明显滞后。

三 北京服务业国际化高质量发展的政策建议

(一)以科技创新赋能服务业高质量发展,打造高端国际开放创新平台

以国际科技创新中心建设为契机,夯实科技领域基础研究,在"卡脖子"关键技术领域集中攻克,保障关键核心技术源头供给,为建设国际科

---

① 杨长湧:《我国扩大服务业对外开放的战略思路研究》,《国际贸易》2015年第4期。

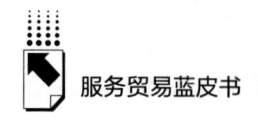

技创新中心夯实基础。发挥"两区"政策的叠加优势,坚持制度创新和科技创新同步推进,加快构建更具全球竞争力的人才制度体系和知识产权保护体系,营造积极有效和充满活力的创新环境。打造高端开放创新平台,构建科技创新合作共同体。深化国际科技创新合作机制,支持离岸创新创业,建设海外创新中心,建立国际型和区域型科技创新共同体。借鉴国际大都市服务业发展特色产业的做法,推动以艺术、休闲娱乐为核心的创意产业、教育和健康服务业成为高质量发展的新动力。推动服务业与高端制造业融合,适度发展高端制造业和战略新兴产业。加快运用现代科技改造传统服务业,重点借鉴纽约对传统服务业创新发展的经验,支持运用移动互联网、大数据、人工智能等新技术手段,对物流、交通、教育、医疗、商贸等传统行业进行改造升级,通过新的服务模式和业务解决方案激活部分夕阳行业。

(二)提高生产性服务业创新水平,塑造国际化"北京服务"品牌

北京应当引导生产性服务业向专业化和价值链高端迈进,促进生活性服务业向精细化高品质转变,塑造具有全球竞争力的"北京服务"品牌。加快在服务标准、服务规则、服务保障等方面与国际接轨,进一步提高企业对外投资的便利性,深度融入全球产业链、价值链、物流链。推动高端制造业与信息、研发、设计、物流销售等生产性服务业相互融合,推动传统生产型制造向服务型制造转变,切实提高生产性服务业占比。积极拓展新型服务消费,重点发展医疗、教育、信息、健康、文化等生活性服务业,聚焦产业转型升级和居民消费升级需要,扩大服务业有效供给,提高服务效率和服务品质。注重服务业品牌建设,落实标准化战略。发挥龙头企业对品牌发展的主体作用,优先加大对自有专利、自有核心技术企业的支持力度,提高品牌科技含量。鼓励企业通过并购重组提高品牌价值,打造具有全球影响力的品牌企业群。

(三)推动服务业重点领域高水平开放,加强与国际规则标准接轨

对标国际先进规则推进服务业开放,依托北京"两区"建设深度推进

要素开放、产业开放和制度开放，为服务贸易发展创造良好制度环境。加大金融服务、科技服务等重点领域的开放改革力度，通过进一步降低市场准入限制条件，引进更多具有行业影响力的跨国企业，通过对具有境外职业资格的符合条件的专业人才进一步放宽准入限制，吸引更多的国际化人才到北京工作。借鉴全球发达城市服务业开放及监管服务的优秀经验。如在服务监管方面，借鉴纽约"小企业优先"计划的理念和做法，通过归并政府部门职能、精简决策流程、打造一站式服务平台、做好合规辅导等，为中小企业营造更优营商环境。在效率提高方面，新加坡市的企业商事登记的数据信息系统建设较为完备，且成立"数据中心委员会"等对专业和具体工作进行监督。北京可将涉企政策和监管措施一站式集成，为企业提供透明公示、政策申报、动态跟踪等服务。如专门设立服务业扩大开放专题网页，可以一键查询到绝大多数特色政策，让企业可以随时了解相关政策变动，并拓展渠道收集企业意见建议等。

（四）提升全球资源配置能力，打造国际一流高能级服务枢纽

依托北京自贸试验区提升对产业链、价值链及全球市场的控制力，吸引更多跨国公司、国际组织和专业服务机构等主体集聚，打造国际一流高能级服务枢纽。鼓励外资企业开展技术创新，延伸产业链，积极向研究开发、现代流通等领域拓展，充分发挥外资企业的集聚和带动效应。进一步发挥北京资源链接能力突出的优势，依托国际科技合作平台，积极链接美国、欧盟等全球创新高地的创新资源，推动以企业为主体的海外技术并购、跨国技术转移，鼓励企业在海外设立研发中心，全面融入全球创新链。强化北京科技创新中心功能，大力培育和吸引新生代企业总部，培育和集聚科创型高成长性企业、新生代互联网企业等各类企业主体，支持一批新经济头部企业做大做强。进一步完善知识产权保护制度，营造有利于资本、信息、技术、人才等要素流动的市场化、法治化、国际化的营商环境。运用国内外各类新闻媒介和平台，宣传城市形象，提升城市的国际知名度。

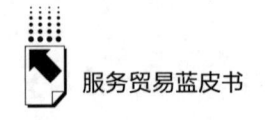

（五）统筹好开放发展和经济安全，构建开放的服务业要素生态体系

加快制度创新体系建设，形成有利于服务业开放发展的要素供给环境，构筑与服务业高水平开放相匹配的风险防控体系。推动建立健全风险研判、决策风险评估、风险防控协同、风险防控责任等机制，有效化解服务业开放中的贸易、投资、产业及供应链风险。建立健全数据交易规则、安全保障监管机制，加强数据安全与隐私保护。落实好国家《数据安全法》，探索制定数据资源产权、信息技术安全、数据隐私保护等重点领域规则，探索推进不同安全级别跨境数据流动的有序开放。同时，完善海外高层次人才的配套服务，形成国际化公共服务体系。进一步加大对人才引进的政策支持和制度设计，让北京真正成为人才和科技创新高地。

B.17
ESG评价体系对我国服务贸易绿色发展的思考与启示

刘 凯*

摘 要： 近年来，ESG评价体系在全球范围内广泛推广，其核心理念与我国服务贸易绿色发展的内在需求相契合。本报告通过对ESG和服务贸易相关内容的介绍及对ESG与服务贸易绿色发展关系的论述，从以下五个方面来思考ESG评价体系对我国服务贸易绿色发展的启示：一是在服务贸易领域融入更多绿色发展理念；二是满足国际化市场要求，适应新时代潮流；三是完善服务贸易绿色发展制度体系；四是持续提升服务贸易绿色发展水平；五是开展服务贸易领域多元化人才培养。

关键词： ESG 服务贸易 绿色发展

2020年9月，我国向国际社会做出承诺，争取在2030年前实现碳达峰，2060年前实现碳中和。① 2021年10月，我国在《"十四五"服务贸易发展规划》中提出，要贯彻落实党中央新提出的碳达峰、碳中和重大战略决策，将坚持绿色发展作为基本原则，发挥服务贸易绿色转型促进作用。同

---

* 刘凯，北京中创碳投科技有限公司高级咨询师、中国国际贸易学会理事、中华环保联合会能源环境专委会委员、美国注册管理会计师，主要研究方向为气候变化应对、碳金融、ESG、绿色贸易。
① 《习近平在第七十五届联合国大会一般性辩论上发表重要讲话》，中国政府网，2020年9月22日，http：//www.gov.cn/xinwen/2020-09/22/content_5546168.htm。

时该规划还强调要坚持以人为本与绿色发展统筹协调，推动服务贸易更好满足人民群众日益增长的美好生活需要等相关内容。① 这对我国服务贸易领域的绿色发展具有深刻影响。

ESG是绿色发展等概念的进一步发展，是对企业经营发展与治理制度提出的高标准、新要求，也为服务贸易企业在可持续发展方面开创了新的方向。因此，借助于ESG评价体系对我国服务贸易领域绿色发展进行思考，有利于引导服务贸易企业快速进入绿色发展模式，提升产业生态效率，更好地处理企业发展、经济增长与环境可持续发展之间的关系，助力行业高质量发展。

一 ESG的内涵与发展现状

（一）ESG的提出背景

ESG是指环境（environmental）、社会（social）和治理（governance）的英文首写字母的缩写，是企业在投资、融资和业务运营等方面需要考虑的重要因素。这一概念最早起源于伦理投资（ethical investment），20世纪初期，由于对教义的信仰，人们拒绝投资与教义信仰相违背的行业，例如武器、烟草、奴隶贸易等；到20世纪中后期，环境保护作为主流价值观被加入责任投资理念；20世纪90年代至今，可持续发展和绿色金融的理念开始普及。2004年，联合国全球契约组织首次提出了ESG这一概念，2006年，联合国责任投资原则组织（UN PRI）将公司治理与环境、社会责任的内容进行融合，正式确定了ESG在投资领域的三大内涵。此后，ESG理念内涵不断深化，评价标准与投资产品进一步完善，国际众多机构逐渐接受并开始实践ESG理念。

---

① 《"十四五"服务贸易发展规划》，商务部网站，2021年10月19日，http：//images.mofcom.gov.cn/fms/202110/20211019171846831.pdf。

具体而言，ESG 的提出主要与以下几个方面有关。

环境问题的越发显现。人类在工业化进程中所造成的温室效应、空气和水污染、森林砍伐和物种灭绝等环境问题日益严重，这引起人们对环保问题的重视，企业环境履行义务成了政府、客户和投资者关注的焦点。

社会责任感的提高。企业不再只是创造利润的主体，而应该扮演社区和社会的积极角色，处理其员工、供应商、客户和其他利益相关者的事务。这也需要企业在社会方面更多关注和承诺建立健康、平等、安全的环境，以满足公众对企业社会责任的期望。

公司治理管理的发展。近年来，许多公司因管理不善和不道德行为而遭受经济损失和声誉损失。因此，企业治理，例如董事会和股东代表会议的有效运作及内部控制和执行规章制度的合规性也越来越受到市场和监管机构的重视。

因此，ESG 的提出背景可以概括为近年来社会、环境和企业内部有许多变化和问题，ESG 作为企业道德和管理的组成元素，可以通过优化企业的业务运营、管理，实现社会、环境和企业长期的可持续发展。

（二）ESG 评价体系

一套成熟的 ESG 评价体系包括企业在经营中需要考虑的多层次、多维度的因素，这不仅体现在对企业的长期可持续性和绩效的评估，同时还包括信息披露标准、指标评价、投资决策等相关内容，是需要各方共同参与的管理机制。ESG 评价体系主要包含信息披露、评估评级和投资指引三个方面。其中，ESG 信息披露是进行 ESG 评价的必要前提条件，ESG 评估评级提供了相对客观全面的评价和对比的方法，而 ESG 投资指引则是基于信息披露和评估评级情况提出建议。

在全球可持续发展的背景下，ESG 的出现契合了各主要利益体的诉求，推动了企业经营价值观、非财务信息披露、投资决策方法、绩效评估标准、金融产品创新等的变革。此外，多元主体的共同参与也使 ESG 投资评价体系更加全面。截至目前，全球已有 30 多个国家和地区的交易机构提出了

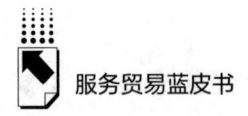

ESG信息披露要求,大部分交易机构鼓励企业及时进行信息披露,少部分交易机构则强制要求企业进行信息披露。虽然市场各主体认可ESG的投资理念,但是评级标准存在很大区别,评级机构对ESG数据进行收集和整理,由于对行业的理解不同,其所关注和考核的方向也不尽相同,这对评级模型中的因子构成也产生不同程度的影响,参照不同ESG标准产生的报告数据会有一定差别,甚至不具有可比性(见表1)。

表1 国内外主要ESG指标内涵

	指标体系	环境指标(E)	社会指标(S)	治理指标(G)
国外	MSCI	天气变化、自然资源、污染与排废、环境机会等4个二级指标,碳排放、用水压力等13个三级指标	人力资本、产品可靠性、利益相关者反对、社会机会等4个二级指标,劳动管理、产品安全与质量等15个三级指标	公司治理、公司行为2个二级指标,董事会、商业道德等9个三级指标
	道琼斯	资源使用、污染物排放、创新3个二级指标,61个三级指标,类别权重共计34%	劳工、人权、社区、产品责任4个二级指标,63个三级指标,类别权重共计35.5%	管理、股东、CSR策略3个二级指标,54个三级指标,类别权重共计30.5%
	富时罗素	生物多样性、气候改变、污染和资源、供应链、水的使用5个二级指标	对顾客的责任、健康与安全、人权与社区、劳工标准、供应链5个二级指标	反腐、企业治理、风险管理、税收透明度4个二级指标
	汤森路透	生物多样性、气候策略、环境政策和管理系统、水相关风险、电力再生5个二级指标	人力资源开发、人权、利益相关关系、人才吸引和维护4个二级指标	公司治理、顾客关系管理、财务稳定和系统性分析、信息安全与网络安全、创新管理、市场机遇、供应链管理、税收策略8个二级指标
国内	商道融绿	环境政策、能源与资源消耗、污染物排放、应对气候变化、生物多样性5个二级指标	员工发展、供应链管理、客户权益、产品管理、数据安全、社区6个二级指标	治理结构、商业道德、公司治理、合规管理4个二级指标

续表

指标体系		环境指标(E)	社会指标(S)	治理指标(G)
国内	中证指数	环境管理、气候变化、自然资源、污染及废物、环境机遇等5个二级指标	责任管理、相关利益方、社会机遇3个二级指标	信息披露、治理结构与运作、股东权益、管理运营、公司风险治理5个二级指标

资料来源：根据MSCI、道琼斯、富时罗素、汤森路透、商道融绿和中证指数的官方资料整理。

（三）世界主要国家和地区ESG发展现状

各国际组织和交易所制定关于ESG信息披露的原则及指引，评级机构对企业进行ESG评级，国际主要投资机构发布ESG投资指引。目前从全球范围来看，ESG评价体系相对比较典型的国家和地区有美国、欧盟以及中国香港地区。因篇幅有限，本报告围绕这三个地区的ESG发展现状进行阐述。

1. 美国ESG发展现状

美国是世界上较早关注ESG的国家之一，在多年的发展过程中，ESG投资在总投资中的所占比例正在快速升高，越来越多的机构投资者在进行投资决策时都会将ESG因素考虑进去。例如，他们会优先考虑那些在环保、劳工等方面表现出色的企业，而不是仅仅关注传统的财务指标。截至2020年底，美国市场的ESG总投资规模达17.08万亿美元，占据了全世界ESG投资总额的近48%，首次超越欧洲地区（12.02万亿美元），成为全球ESG投资占比最高的国家和地区。[1] 与此同时，为了满足投资者和消费者的期望，越来越多的企业开始将ESG纳入企业战略规划中，并持续关注企业在环境、社会和治理方面的表现。例如一些企业正在努力实现生产服务过程中净零碳排放，同时关注供应链的可持续性等问题。此外，

---

[1] 《ESG在美国》，新浪财经，2022年5月17日，https://cj.sina.com.cn/articles/view/7414172568/1b9eb4b98019016fiu?finpagefr=p_104。

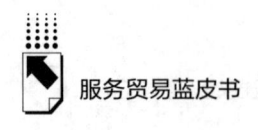

越来越多的企业也在管理层面加强对ESG因素的考虑,例如,加强治理机制,促进多元化等。美国政府在ESG方面的相关立法和监管政策也在不断加强。

2.欧盟ESG发展现状

欧盟也是推动ESG评价体系发展的领先者之一,从2014年前后着手推进ESG的规范和标准化,采取了诸多政策和措施,主要包括实施可持续融资行动计划,颁布可持续金融标准,实行行业规范,提供金融支持,等等。此外,欧盟对ESG方面的监管越来越严格,制定了法律和监管框架,如《欧盟对外披露指令》《欧盟非金融信息报告指令》《SDG框架》等,这有助于推动企业透明度和ESG表现的改善。

总体来说,欧盟ESG发展趋势比其他地区更加明显和深入,并且已经采取了很多政策和措施来支持ESG的发展和应用。

3.中国香港ESG信息披露制度

香港作为国际金融中心,近年来对ESG的关注程度也在不断提高。越来越多的香港金融机构积极顺应ESG的发展趋势,在进行投资组合管理过程中开始考虑ESG因素,并且采取了一些举措来推动企业可持续发展。例如,香港证券交易所推出了ESG报告框架,并要求上市公司根据这个框架披露自己的ESG信息。此外,香港在ESG领域的政策和法规不断完善。香港政府和监管机构也在积极推动ESG的发展和应用。例如,香港证券及期货事务监察委员会规定上市公司必须在公司年度报告中披露其在环境、社会和治理方面的表现。

总体来说,尽管香港ESG发展相对较晚,但近年来已经加快了ESG的推广和应用,政策法规也逐渐得到完善。在越来越多的投资者、企业和政府共同努力下,ESG在香港的发展前景将更加广阔。

由此可见,以上三个地区在ESG信息披露方面的目的各不相同,美国开展ESG信息披露的目的是加大对上市公司环境和责任问题的监管。欧盟开展ESG信息披露的目的是降低投资者因疏忽环境、社会等要素而导致的投资风险。而中国香港地区为了给资本市场提供真实、客观、有效、可比较的企业 ESG 信息,让投资者更加客观地评价企业能力。美国、欧盟和中国香港地区 ESG 信息披露情况对比如表 2 所示。

表 2 美国、欧盟和中国香港地区 ESG 信息披露情况对比

地区	信息披露形式	披露政策	披露标准	披露目的	实现作用/意义	现有不足
美国	强制	所有上市公司必须披露环境问题对公司财务状况的影响	GRI、SARSBI SO 26000、Nasdag、TCFD、UNGC、IIRCGISR	加大对上市公司环境和责任问题的监管	商业化到可持续发展化的转变	目标设定的自我约束不足;信息质量有待考证
欧盟	强制+自愿	污染严重企业强制披露,其他企业自愿披露	GRI、ISO26000、SASB、IntegratedReport、TCFD、UNGC	降低投资者因疏忽环境、社会等要素导致的投资风险	加速了 ESG 投资在欧洲资本市场的成熟	成员国缺乏相关监管条例;披露标准不一;第三方鉴证缺失
中国香港地区	强制	上市公司按照《环境、社会及管治报告指引》进行 ESG 信息披露,部分指标不披露就解释	《环境、社会及管治报告指引》、GRI	为资本市场提供真实、客观、有效、可比较的企业 ESG 信息,给投资机构提供借鉴	实现企业价值增长方式的转变及其长期可持续发展	披露信息第三方鉴证严重缺失;大部分公司无 ESG 管理策略和架构,信息披露缺乏灵活性

资料来源:根据社投盟《2020 年全球 ESG 政策法规研究》等资料整理。

二 我国服务贸易绿色发展需求分析

1994 年 4 月签署的《马拉喀什建立世界贸易组织协定》指出,环境保护和可持续发展是世贸组织的基本目标。为应对气候变化对国际贸易、全球经济的挑战,世贸组织倡议贸易应在全球低碳经济和更绿色、更可持续的社会转型中发挥重要作用。但长期以来,人们对绿色贸易的认识主要局限于货

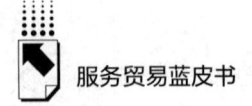

物贸易，如低碳生产、产品绿色认证等，将低碳视为服务的天然属性，即发展服务贸易就是发展绿色贸易。但现实表明，服务贸易发展本身也存在是否实现绿色低碳发展的问题，如运输服务的碳排放、绿色营销（数字化展会）、绿色设计、绿色金融等。因此，本报告从以下三个方面对我国服务贸易绿色发展过程中的需求进行分析。

（一）绿色服务标准体系不完善和制定不规范，导致市场混乱和服务质量不稳定

绿色服务标准体系的不完善和制定不规范，是服务贸易绿色发展中的一个重要问题和挑战。目前，国内外绿色服务标准数量众多、各自独立，缺乏协调统一的标准体系和认证机构，这导致市场乱象和服务质量不稳定。首先，绿色服务标准不统一造成市场混乱。当前，我国绿色服务标准多达数千项，各自独立，针对不同的绿色服务领域和产品类型，缺乏统一标准的协调和整合。其次，绿色服务标准制定不规范导致标准缺乏权威性。由于现有标准制定多以自愿性或企业自行制定为主，权威性、公信力不足，难以形成有效的市场监管和约束机制。最后，绿色服务标准认证门槛不一造成服务质量不稳定。不同的绿色服务标准对产品质量、生产环节、污染排放等方面的要求不一，认证审核机构的标准不一，导致同一种绿色服务的质量和安全水平差异较大。

（二）绿色服务供给不足，与高耗能、高污染传统服务供给悬殊，不利于经济转型升级和可持续发展

企业绿色低碳意识的提高促使其绿色服务需求也在不断增加，然而我国绿色服务的规模及市场份额相对较小，无法满足各服务领域对于绿色发展的迫切需求。例如，在金融服务领域，需要加强对可持续发展项目的投资，增加对环保领域企业的信贷支持，并在金融业务审查过程中增加对环保、社会责任等因素的考量与评价。在旅游服务领域，需要推动旅游业的绿色化和可持续发展，可以通过提高旅游产品质量，促进区域合作以及加强资源和环境保护来实现绿色发展。在文化创意服务领域，需要推动文化创意产业的可持续发展，采用先进的环保技术和节能技术。在知识产权服务贸易领域，促进清洁、高效、低碳、环保等绿色技术的研发和创新，保护相关技术的知识产权，促进技术转移和技术交流。加强环境保护和绿色技术领域的知识产权保护，打击侵犯绿色技术的知识产权的行为等。

（三）绿色服务贸易壁垒和障碍较高，进出口贸易不平衡，制约了服务业国际化发展

随着全球气候变化、环境等问题日益严峻，绿色低碳发展已经在世界各个国家达成共识。与此同时，国际服务业市场竞争越发激烈也导致了绿色服务贸易壁垒较高，进出口贸易不平衡，这成为我国绿色服务贸易发展面临的又一个重要挑战。目前，绿色服务产品的国际市场较为有限，我国在绿色服务贸易方面的出口规模相对较小，与进口规模不平衡，给绿色服务国际化发展带来了一定的制约和挑战。例如，部分国家对绿色服务贸易保护主义的倾向较强，设置了一系列贸易壁垒，这阻碍了我国绿色服务产品的市场拓展和出口等。

综上所述，服务贸易行业需要更加注重环保、绿色和可持续发展，通过加强标准制定和技术创新，实现服务贸易行业的绿色转型和可持续发展，进而推动整个社会经济的绿色发展。

三 ESG评价体系与服务贸易绿色发展的关系

ESG评价体系是评估企业在环境、社会和公司治理方面表现的一种方法，而服务贸易绿色发展是指通过服务贸易促进经济绿色转型和可持续发展的过程。ESG评价体系与服务贸易绿色发展有着密切的关系，具体表现如下：

（一）服务贸易绿色发展需要ESG评价体系的支持

企业的ESG表现是服务贸易绿色发展的关键因素之一。ESG评价体

系通过对企业在环境、社会和公司治理方面表现的评估,指导企业在服务贸易中实现绿色发展。通常情况下,ESG 评价体系可以帮助各个利益相关方从环境、社会和公司治理等多维度了解服务贸易企业的整体情况,促使企业在开展服务贸易的过程中有意识地提高绿色发展水平,推动其在服务贸易中实现可持续发展。同时,ESG 评价体系提供了一些标准和指南,可以帮助企业评估和改进他们在开展服务贸易过程中的 ESG 表现,为企业提供运营改进建议,进而降低企业对环境的不良影响,更好地适应和推动服务贸易的绿色发展。此外,ESG 评价体系的普及和应用可以鼓励企业内部进行可持续性管理,加强对环境保护等问题的关注。在 ESG 评价体系的指导下,企业可以建立可持续性管理体系,从而在服务贸易中实现绿色发展。

(二)服务贸易绿色发展需要 ESG 评价体系的推动

随着社会对环境和可持续发展的关注度不断提升,应对气候变化和环境保护等理念渗透到服务贸易领域,服务贸易绿色发展成为企业的重要战略之一。我国《"十四五"服务贸易发展规划》提出,要围绕经济社会发展全面绿色转型,鼓励国内急需的节能降碳、环境保护、生态治理等技术和服务进口,鼓励企业开展技术创新,助力实现碳达峰、碳中和战略目标,要扩大绿色节能技术出口,加强绿色技术国际合作,畅通政府间合作渠道,为企业合作搭建平台。ESG 评价体系着重强调了企业在服务贸易中面临的环境保护等相关问题,更准确地衡量绿色产品及其供应链的可持续性。在 ESG 评价体系的推动下,企业将进一步加强环保意识,适应环保需求,大力推广绿色服务和产品,以更好地促进服务贸易的绿色发展。

(三)服务贸易绿色发展需要 ESG 评价体系的监督和评估

虽然 ESG 评价体系是推动服务贸易绿色发展的重要工具,但需要经过监督和评估才能真正得到有效运用。ESG 评价机构可以对企业的服务贸易过程进行监督,以确保企业诚实守信,遵守相关的法律法规和行业标准。同时，由于ESG评价体系包括很多指标，专业评估机构应该对这些指标进行科学、合理的评估，确保评价结果准确、客观、公正，并借此对企业的绿色表现进行评估，提供改进意见，促进服务贸易绿色发展和可持续发展。此外，通过ESG评价报告，政府也可以加强对服务贸易绿色发展的监管，及时发现并解决相关问题，提高服务贸易产业的质量和效益。由此可见，监督和评估是ESG评价体系实践过程中的重要环节，可以推动服务贸易绿色发展，提高评价结果的可信度和公正度。

综上所述，ESG评价体系和服务贸易绿色发展态势相辅相成，共同促进了社会经济的可持续发展。

四 ESG评价体系对我国服务贸易绿色发展的启示

近年来，ESG的影响迅速扩大，逐步成为各国政府的立法要求、监管机构的披露要求、企业践行标准、投资机构的决策工具等。越来越多的国际化企业开始将ESG作为经营管理实践考察要素，通过在ESG方面的表现提升自身的企业形象和价值。一方面是因为ESG评价体系对环境要素的考量与控制碳排放、节能环保等理念高度契合，政府从监管和制度层面，引导企业进行ESG相关信息披露。另一方面，从企业的角度来说，企业通过践行ESG理念，能够满足自身可持续发展需求。鉴于此，本报告提出ESG评价体系对我国服务贸易绿色发展的几点启示。

（一）在服务贸易领域融入更多绿色发展理念

在服务贸易领域，ESG逐渐成为一个重要的考量因素，例如在金融服务贸易领域，包括银行业、信托投资、保险业等，越来越多的实践证明ESG因素具有投资价值和风险管理价值，同时，对于服务贸易企业的过程管理和产品设计都有一定的影响。因此，一方面通过鼓励技术创新，发展环保服务业，引导服务贸易企业更加注重环境保护，提供更多环境友好型服务，逐步实现经济、社会和生态效益的平衡。另一方面通过政策的引导和市场的激

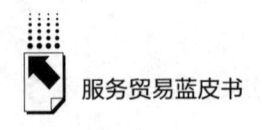

励，推广绿色产品和技术，提高绿色化服务贸易的市场占有率，将绿色贸易变为常态。

（二）满足国际化市场要求，适应新时代潮流

目前国际市场尽管没有就ESG指标构成达成一致，但是国际标准化组织ISO对ESG的一些指标进行了研究并发布了相应标准，一些国际咨询机构也根据ISO的标准建立了自己的评分和评级体系，如摩根士丹利MSCI-ESG指数、富时罗素FTSE4Good指数、道琼斯可持续发展指数等。由此可见，未来我国参与国际化服务贸易领域的企业在绿色发展方面，有很大的可能性要根据国际上的ESG标准进行评价和信息披露，相关投资者可能也会在此基础上进行投资决策。而对于企业自身来说，国际化的企业社会责任评估体系有助于企业满足国际化市场对企业社会责任的需求，促进企业在环境保护、社会责任和治理质量等方面实现可持续发展。

（三）完善服务贸易绿色发展制度体系

通过ESG评价体系可以看出，制度框架的建设至关重要，完善服务贸易绿色发展制度体系，可以帮助规范服务贸易市场，促进绿色发展，维护生态环境和社会可持续发展，例如政府要制定和完善服务贸易绿色发展的法律法规和行业标准，明确企业和个人在服务贸易环节中的环保责任和义务；行业协会和企业应加强自律，建立绿色服务标准，规范服务贸易业务流程和操作规范，维护好行业信誉和形象；政府部门和服务企业应及时公开有关服务贸易绿色发展的信息，如企业环境评价报告、产品生命周期评价报告等，以提升信息透明度、可信度等。只有在制度体系合理完善的基础上，服务贸易才能不断向绿色发展迈进，为经济发展和生态环境的协调发展创造良好的条件。

（四）持续提升服务贸易绿色发展水平

服务贸易绿色发展水平是指在服务贸易的过程中，实现经济、社会和生态效益的平衡和协调的水平。ESG评价体系的内容包括企业不断将多层次

多维度的因素作为日常经营管理的考量因素，这也表明持续提升服务贸易绿色发展水平是一个长期而复杂的过程，需要政府、企业、投资者和公众的共同参与和配合。比如，第一，加大服务贸易环境监管力度，通过加强监督和管理，确保服务贸易项目在规范的基础上开展，减少对环境的负面影响；第二，引导和鼓励投资者优先考虑环保因素，加大对环保型服务贸易项目的资金支持力度，提高环保型服务贸易项目的经济效益；第三，扩大服务贸易开放，加快与有关国际组织和国家开展绿色服务贸易合作，促进绿色化国际服务贸易发展。

（五）开展服务贸易领域多元化人才培养

面对全球化浪潮的机遇和挑战，当前我国绝大多数政府部门、企事业单位以及相关机构在开展服务贸易领域工作时普遍存在ESG专业人员不足的问题，未来随着我国经济的不断发展、高水平对外开放的不断推进、服务贸易规模的逐步扩大，相关企业势必会按照国际规则的要求进行相关信息披露。因此，服务贸易领域的ESG人才培养与企业的竞争力和可持续发展的实现密切相关。服务贸易企业应建立和完善多元化人才培养框架，明确人才需求和职责要求，例如定期开展ESG培训，为员工提供全面的ESG知识和实操技能培训，拓宽ESG人才来源等。

参考文献

杨雪、秦军：《ESG表现对上市公司企业价值的影响研究》，《科技与经济》2023年第21期。

李文、顾欣科、周冰星：《国际ESG信息披露制度发展下的全球实践及中国展望》，《可持续发展经济导刊》2021年第Z1期。

李慧云、刘倩颖、李舒怡、符少燕：《环境、社会及治理信息披露与企业绿色创新绩效》，《统计研究》2022年第12期。

郭宇晨：《双碳目标背景下的企业ESG信息披露：实践与思考》，《太原学院学报》

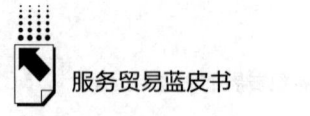

（社会科学版）2022年第2期。

刘斌、章蔓菁：《关于服务贸易高质量发展的几点思考》，《中国外汇》2021年第19期。

郝颖：《ESG理念下的企业价值创造与重塑》，《财会月刊》2023年第1期。

朱文伟、李浩然、周也：《国际ESG评级体系对中国对外承包工程企业的启示》，《国际工程与劳务》2023年第4期。

车璐、潘小海、石缎花：《积极推行ESG评价 促进中央企业高质量发展》，《中国投资》（中英文）2022年第21、22期。

曹清：《全球服务贸易发展的趋势、特征与启示》，《金融纵横》2023年第1期。

B.18 中国式现代化进程中我国国际旅游服务贸易发展的重点与方向

厉新建 郅倩 顾嘉倩 蔡淑玉*

摘　要： 当前，中国旅游服务贸易正转向高质量发展阶段，虽然2020~2022年疫情中断了中国旅游服务贸易增长态势，但出入境游市场并未停滞而是有序恢复，出境游提升空间较大，入境游客源地结构相对稳定，这使得我国国际旅游服务贸易逆差开始收窄，同时也促进了旅游服务贸易结构的持续优化。旅游服务贸易出口增长动力不足、国内旅游消费潜力充分释放不足、多元旅游产品的高质量供给不足、国际旅游产业链和供应链严重受创仍是制约我国旅游服务贸易发展的四个短板。踏入中国式现代化进程，我国旅游服务贸易应当筑稳国内旅游基本盘，提高国际旅游服务质量；深入践行"两山"理论，创新旅游服务贸易供给；激活中华优秀传统文化，推进文旅服务贸易融合；扩大高水平对外开放，深化国际旅游合作交流。

关键词： 中国式现代化　国际旅游服务贸易　出境旅游　入境旅游　高质量发展

---

* 厉新建，北京第二外国语学院旅游科学学院教授、博士生导师，主要研究方向为旅游经济发展战略、对外旅游投资等；郅倩，北京第二外国语学院旅游科学学院2020级硕士研究生，主要研究方向为旅游经济与休闲经济；顾嘉倩，北京第二外国语学院旅游科学学院2021级硕士研究生，主要研究方向为旅游经济与休闲经济；蔡淑玉，北京第二外国语学院旅游科学学院2022级硕士研究生，主要研究方向为旅游经济与休闲经济。

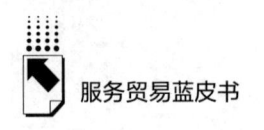

引 言

党的二十大是在我国迈向全面建设社会主义现代化国家新征程的关键时刻召开的一次重要大会，明确了党和国家未来一个时期发展的重大任务和大致方向，深刻提出了一系列全新的、关乎党和国家事业长远发展的重要思想观点和战略举措，为向第二个百年奋斗目标迈进提供了纲领性指引。党的二十大报告就中国式现代化展开了一系列重要论述，明确指出中国式现代化是未来全面推进中华民族伟大复兴的方向和必由之路。[1] 早在20世纪70年代，邓小平就多次提到"中国式的现代化"。[2] 党的二十大报告中又重提"中国式现代化"的概念并将其摆在十分重要的位置。中国式现代化是实现中华民族伟大复兴的根本指引和实践要求，也是未来一段时期国家事业和产业发展的价值指引。

国际旅游服务贸易是国际服务贸易中愈加重要的组成部分，对于我国经济增长、外汇收入提升、高水平对外开放实现、文化传播促进具有重要意义。即使在我国旅游服务贸易因疫情遭受重创的情况下，旅游服务贸易始终扮演十分关键的角色。国际旅游服务贸易是旅游者进行国际旅游活动时所提供的各种旅游服务的有偿流动和交换过程，包括旅游服务的出口和进口两部分。其中，国外旅游者的入境旅游即为出口，本国旅游者的出境旅游即为进口。国际旅游服务贸易与其他国际服务贸易不同的一大特征在于，旅游服务贸易标的无法发生空间移动，只能通过旅游者的游动来实现旅游服务的交换。国际旅游服务贸易产生的条件需要客源地旅游者具备足够的购买力以及强烈的出境旅游意愿，同时目的地国需要有足够的入境旅游吸引力、高质量的旅游产品、安全稳定的政治环境和惠民利民的国际旅游政策。

---

[1] 《习近平在省部级主要领导干部"学习习近平总书记重要讲话精神，迎接党的二十大"专题研讨班上发表重要讲话强调高举中国特色社会主义伟大旗帜　奋力谱写全面建设社会主义现代化国家崭新篇章》，《中国社会科学报》2022年7月28日。

[2] 《邓小平文选》（第2卷），人民出版社，1994。

中国式现代化进程中我国国际旅游服务贸易发展的重点与方向

如今，我国国际旅游服务贸易或将面临新的发展机遇和挑战，而在此过程中国家层面的政策引领和理论思想对我国旅游服务贸易的发展实践和理论研究必将产生重要影响。中国式现代化是国家政策战略中十分重要的组成部分，因此，我们需要从"中国式现代化"这一概念出发，深入剖析中国式现代化的内涵、逻辑、特性，明确把握其对我国国际旅游服务贸易的时代要求。旅游服务贸易是中国式现代化的重要组成部分，我们必须将其置于中国式现代化的整体格局和历史方位中加以理解、审视、把握和推进。在实践发展的过程中，不难发现国际旅游发展缺少价值引领、价值导向不强，根本原因是缺乏坚实的理论基础。然而，中国式现代化结合了马克思主义现代化理论和中国共产党领导人民在长期革命、建设和改革历程中的不断探索和总结，能够为文化和旅游深度融合提供正确的、有深度的、多维度的价值引领。[①] 据此，我们需要准确把握中国式现代化的概念内涵、价值逻辑和性质特征，尤其是要深入分析中国式现代化会对旅游服务贸易建设提出的新要求。

一 中国式现代化对旅游服务贸易发展的时代要求

中国式现代化是一个包含多重任务、多层维度和多元逻辑的复合理论体系。党的二十大报告中首次系统地阐述了中国式现代化的内涵特征与本质要求。中国式现代化具有五大维度的特征，是人口规模巨大的现代化、全体人民共同富裕的现代化、物质文明和精神文明相协调的现代化、人与自然和谐共生的现代化和走和平发展道路的现代化。每一维度特征都给我国国际旅游服务贸易发展提出了新的要求和方向指引。

（一）人口规模巨大的现代化是旅游服务贸易发展的重要考量

我国是一个拥有十四多亿人口的发展中国家，与人口较少的西方国家有

[①] 高培勇、黄群慧：《中国式现代化的理论认识、经济前景与战略任务》，《经济研究》2022年第8期。

所不同，人口规模巨大的现代化是我国要探索的独特道路。旅游作为现代生活方式的组成部分，国民出游需求日渐多样化、个性化、品质化，出境旅游也逐渐成为国人出游的重要选择，出境旅游具有愈加市场潜力。人口规模巨大为我国出境旅游奠定了市场基础，我国是最大的出境旅游客源国。但在满足巨量市场需求的同时，需要思考如何保证高质量的国际旅游产品供给，同时在国内大循环为主体、国内国际双循环相互促进的新发展格局下，促进国内旅游、入境旅游和出境旅游之间的平衡。

（二）全体人民共同富裕的现代化是旅游服务贸易发展的奋斗目标

全体人民共同富裕的现代化意味着要以实现全体人民的富裕为奋斗目标，而非实现少数人的富裕。旅游业凭借其经济性在过往全面脱贫攻坚、全面建成小康社会中有着突出贡献，也被寄予助力乡村振兴、实现共同富裕的厚望。全体人民共同富裕的现代化要求旅游服务贸易发展过程中落实区域均衡战略，这是根本宗旨也是长期奋斗目标。当前我国国际旅游服务贸易区域间存在不均衡、不平衡的问题。出境旅游客源地因受到当地经济发展水平、居民收入水平和消费能力等因素的影响，长期呈现"南强北弱"的局面。[1] 同样，入境旅游目的地也长期保持着"南强北弱"的局面，华东地区、华南地区的入境旅游热度位于前列。据此，依托入境旅游的经济功能，入境旅游对推动区域均衡发展具有重要意义。尤其是在当前入境旅游发展过程中，城市越发以独立的目的地展现对于外国游客入境的吸引力，在整个入境旅游体系中扮演重要角色。因而对于拥有稀缺性、异质性的旅游资源（或自然景观或文化资源）但处于欠发达地区的旅游目的地而言，入境旅游是其撬动经济增长的重要抓手。

（三）物质文明和精神文明相协调的现代化是旅游服务贸易发展的核心要义

物质文明和精神文明相协调的现代化意味着在不断厚植经济物质基础的

---

[1] 世界旅游联盟、浩华管理顾问公司：《2023年上半年中国入境旅游市场景气报告》，2023。

同时，要不断夯实精神文明基础。在此过程中，国际旅游服务贸易因其经济性和文化性扮演着十分重要的角色。一方面，国际旅游服务贸易具有很强的经济效益。当前，政策层面入境旅游已经全面解禁恢复，这意味着未来一段时间内入境旅游将带动中国经济的快速复苏。但同时，为获得更多的物质累积，发挥入境旅游更强的经济效益，我国国际旅游服务贸易要不断提升旅游产业的国际竞争力。另一方面，物质文明和精神文明相协调的现代化要求在国际旅游服务贸易发展中做到文化和旅游深度融合。旅游作为精神文化弘扬传播的重要载体，将入境旅游作为传播中国文化、传承中华文明、展现美好中国大国形象的重要渠道和窗口，发扬社会主义先进文化、革命文化和中华优秀传统文化，深入挖掘文化资源的精神内涵，借助新科技手段和技术将其与旅游产品紧密融合，打造具有国际竞争力的文化和旅游产品。

（四）人与自然和谐共生的现代化是旅游服务贸易发展的使命责任

人与自然和谐共生的现代化意味着人与自然是生命（命运）共同体，我国在全球生态环境保护中表现出大国担当。人与自然和谐共生的现代化要求旅游服务贸易发展的过程中，贯彻可持续发展理念，以牺牲自然环境为代价的旅游发展是不可取的，应鼓励发展绿色旅游、生态旅游，倡导文明旅游。旅游服务贸易发展的过程中会伴随一系列环境问题，无论是旅游经营和开发，还是人的旅游活动，都与生态保护、自然和谐息息相关。比如旅游和住宿服务、交通运输、旅游者管理等一系列旅游活动经营与开发过程中会增加化石燃料等能源消耗。因此，人与自然和谐共生的现代化要求旅游服务贸易秉持可持续发展的理念，在旅游投资和活动过程中提升能源使用效率，使用可再生能源或绿色技术等举措维护绿色生态。

（五）走和平发展道路的现代化是旅游服务贸易发展的根本理念

走和平发展道路的现代化意味着我国在推进高水平对外开放、谋求经济增长、提升综合国力的过程中，不会运用战争掠夺的方式，而是秉承构建"人类命运共同体"的使命责任，坚持与其他国家和平友好相处、合作共赢，推动与他国间的多渠道和多要素沟通。走和平发展道路的现代化要求旅游服务贸易充分发挥和平纽带的作用。旅游是文明互相借鉴、互相交流的重要方式，尤其是畅通国际民间交流的重要途径。走和平发展道路的现代化对于出入境旅游发展提出了相应要求，同时出入境旅游也将反作用于走和平发展道路现代化的推进。文化和旅游是国际文化交流的重要渠道和手段，通过入境旅游推动各国游客进行跨国际流动，外国游客来到中国感受中国文化的独特魅力。开展入境旅游不仅是展示我国大国形象的重要方式，对于文化传播、传播中国文化软实力、树立美好中国的国际形象、促进国际合作、构建国际话语体系等同样具有十分重要的意义。出境旅游的发展过程中要注重培养国民的旅游消费能力和综合素质，国民在境外旅游活动中的行为举动一定程度上都代表着国家形象，文明旅游行为将有助于美好中国国际形象的树立。

二 中国旅游服务贸易发展现状

（一）全方位支持政策体系基本构建，中国旅游服务贸易转向高质量发展

中国旅游服务贸易发展离不开政府政策的保驾护航。在疫情冲击世界经济发展和国内国际双循环相互促进的大背景下，政府相继出台了一系列政策，从扩大开放规模、加强平台载体建设、持续创新引领等多方面支持和促进中国旅游服务贸易恢复发展。2021年5月文化和旅游部开展了"一带一路"文化产业和旅游产业国际合作重点项目征集与扶持工作，2021年9月确定了18个促进文化和旅游产业国际合作的重点项目，在企业投融资、开拓国际合作渠道等方面给予全面支持，助力旅游企业贸易交流，开拓海外市场。[①] 2021

---

① 《文化和旅游部产业发展司关于2021年"一带一路"文化产业和旅游产业国际合作重点项目的公示》，中华人民共和国文化和旅游部官网，2021年9月15日，https：//zwgk.mct.gov.cn/zfxxgkml/cyfz/202109/t20210915_927804.html。

年10月商务部联合多部门印发《"十四五"服务贸易发展规划》，在旅游相关领域服务贸易发展的重点任务中提出构建完善的国家旅游对外推广体系，多措并举促进入境旅游发展。2022年1月《"十四五"旅游业发展规划》明确提出要在疫情得到有效控制情况下，"蹄疾步稳"推进入境游活动，与客源地建立防疫对接机制，与此同时稳步发展出境游。2022年2月国家发改委、文化和旅游部等十四部门发布《关于促进服务业领域困难行业恢复发展的若干政策》，继续执行对旅行社暂退旅游服务质量保证金的支持政策，进一步加强银企合作及金融支持旅游服务业发展。2022年7月《关于开展新一批国家对外文化贸易基地申报工作的通知》提出，加快规划建设一批更高水平服务文化和旅游企业等市场主体的文化和旅游贸易服务平台，引领文化和旅游企业开拓海外市场，促进中国文化和旅游贸易进一步深度融合。2023年1月8日起，取消对入境人员的核酸检测和集中隔离等管控措施，重启中国出入境旅游，中国旅游服务贸易面临新的发展机遇。

（二）疫情中断中国旅游服务贸易增长态势，疫情防控优化背景下出入境游有序恢复

2012~2019年以前中国旅游服务贸易规模整体呈增长态势，市场结构持续优化。由图1和图2可知，2019年中国旅游服务进出口总额达到19703.0亿元，中国出境旅游达15463万人次，同比增长3.3%，接待入境游客14531万人次，比上年增长2.9%。突如其来的疫情中断了中国旅游服务贸易规模以及出入境旅游人数的增长态势。商务部统计数据以及中国出入境旅游发展年度报告显示，2020年中国旅游服务进出口总额为10192.9亿元，出境游客人数2033.4万人次，较上年减少86.8%，入境游客2747万人次，较上年减少81%。2021年中国旅游服务进出口总额为7897.6亿元，比上年减少22.5%，《中国出境旅游发展年度报告2021》预测出境游客人数2562万人次，同比增长26%，中国旅游研究院预测入境游客接待3198万人次，同比增长16.4%。2022年中国旅游服务进出口总额为8559.8亿元，同比增

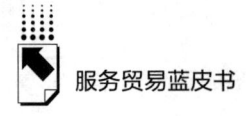

长8.4%,《中国出境旅游发展年度报告（2022—2023）》预测出境游客数量将保持在2600万至3000万人次,与2021年基本持平,《中国入境旅游发展年度报告（2022—2023）》预测入境游客接待超过2000万人次。

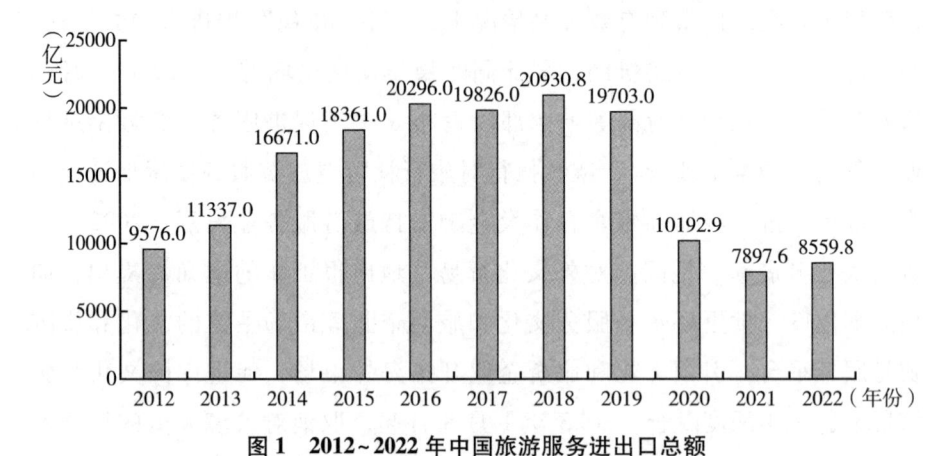

图1 2012~2022年中国旅游服务进出口总额

资料来源：根据商务部商务数据中心服务贸易数据整理。

图2 2012~2022年中国出入境旅游人数

注：*表示预测数据。
资料来源：《中国出境旅游发展年度报告2021》《中国入境旅游发展年度报告2021》《中国出境旅游发展年度报告（2022—2023）》《中国入境旅游发展年度报告（2022—2023）》。

2020~2022年，由于受到全球疫情、国际政治不稳定等方面的不利因素影响，中国旅游服务贸易处于低迷期，出入境旅游陷入了空前的困境。随着疫情趋缓和各类出入境管理政策措施的落地和优化，国际旅行中被压抑的需求得以有效释放，2023年中国旅游服务贸易加速回升，但复苏并不是一蹴而就的，而是逐步推进的，受市场主体、科技进步、游客心理变化等多种因素影响。具体来说，一方面出境旅游市场逐步复苏，2023年4月世界旅游联盟等机构发布的《2023年上半年中国出境旅游市场景气报告》指出2023年上半年中国出境游市场的景气指数超过2019年上半年水平，被压抑三年之久的阶段性出境游需求爆发式增长；另一方面入境旅游市场迎来发展契机，《2023年上半年中国入境旅游市场景气报告》指出2023年上半年中国入境游市场平均景气指数达到15，较2019年上半年上涨13个指数点，入境游热度显著增长，市场信心逐步恢复。

（三）出境游提升空间较大，入境游客源地结构相对稳定

疫情发生以来，中国旅游服务贸易的联系国家结构总体上保持相对稳定。《中国出境旅游发展年度报告（2022—2023）》指出，在中国出境旅游洲际目的地结构上，空间分布保持相对稳定，亚洲依旧占据首位，之后依次是欧洲、美洲、大洋洲和非洲。随着疫情形势的好转，多国已经取消或放宽旅行限制，为游客的出境游提供便利。《2023年上半年中国出境旅游市场景气报告》指出泰国、马来西亚等东南亚国家凭借丰富的旅游资源和相对低廉的旅游成本，成为出境游市场的热门选择；新西兰和澳大利亚等大洋洲国家凭借独特的自然风光、民俗风情，出境游景气指数超过2019年上半年水平。截至2023年4月中国出境团队游目的地试点已恢复60个国家，[①] 出行半径不断扩大，后期可供选择的出境游目的地也将更加多元化，出境游的提升空间仍然较大。

伴随国际旅游的加速恢复，中国入境旅游需求也有所增加，从客源地来看，我国入境游客源国遍布世界各地，但主要来源于毗邻国家以及与中国政

---

① 《中国出境团队游目的地增至60国》，"人民网"百家号，2023年3月15日，https：//baijiahao.baidu.com/s?id=1760391186613329470&wfr=spider&for=pc。

治经济联系较为密切国家或地区,亚洲市场依旧是中国入境游接待的主要客源市场,其次是欧洲和北美洲市场,入境旅游市场基本保持稳定。根据世界旅游组织的统计数据,美国、法国、德国等国家的出境旅游支出在2022年8月已恢复至2019年同期的七成到八成,被压抑的国际旅行需求逐步恢复,为中国入境旅游市场加速复苏提供保障。[①] 伴随"一带一路"倡议的实施发展与RCEP、APEC等商业活动的恢复,共建"一带一路"国家正逐渐成为中国入境游的重要客源地。

(四)中国旅游服务贸易逆差呈现收窄状态,促进旅游服务贸易结构持续优化

随着经济全球化的整体发展以及人民生活水平的不断提高,中国从2009年起首次出现旅游服务贸易逆差,并且逆差呈现不断扩大的趋势,到2022年旅游服务贸易的逆差已由2009年的40亿美元达到1081亿美元,约为2009年的27倍。[②] 由图3可知,2018年之前的旅游服务贸易逆差持续扩大,在2018年达到最大15708.4亿元,中国旅游服务贸易由贸易顺差的最大贡献者转变成贸易逆差的最大贡献者,2018年以后中国旅游服务贸易逆差出现缩小趋势,疫情背景下,2020年中国旅游服务贸易逆差由2019年的14941.0亿元下降至7910.3亿元,较2019年下降47.1%,在2021年继续下降至6430.4亿元,2022年贸易逆差上涨至7270.9亿元,但相较于2019年仍缩小了50%以上。

在疫情冲击下,2020~2022年中国旅游服务贸易进出口金额在中国服务贸易进出口金额中的占比有所下降。由图4可知,2020~2022年,中国旅游服务贸易进出口金额在中国服务贸易进出口金额中所占的比重出现较大幅度的下降,其中旅游服务贸易出口金额占比下降幅度更大,旅游服务贸易出口

[①] 《〈中国入境旅游发展报告2022—2023〉在京发布》,"中国旅游研究院"微信公众号,2022年12月28日,https://mp.weixin.qq.com/s/AYyX6NcpwDS4oFd0NhVIkA。

[②] 中华人民共和国商务部商务数据中心网站,http://data.mofcom.gov.cn/fwmy/classificationannual.shtml。

中国式现代化进程中我国国际旅游服务贸易发展的重点与方向

图3 2012~2022年中国旅游服务贸易进出口金额

资料来源：根据商务部商务数据中心服务贸易数据整理。

金额占比分别下降 6.27 个百分点、3.02 个百分点、0.62 个百分点，旅游出口竞争力较弱。同时受人员跨境流动限制的影响，2020~2022 年旅游进口金额占比分别下降 15.64 个百分点、8.44 个百分点、0.69 个百分点。在全球疫情影响下，中国旅游服务贸易逆差虽有所收窄，但旅游服务贸易逆差仍是中国服务贸易逆差的主体部分，急需弥补旅游服务贸易出口的不足。

图4 2012~2020 年中国旅游服务贸易进出口金额占比

资料来源：根据商务部商务数据中心服务贸易数据整理。

293

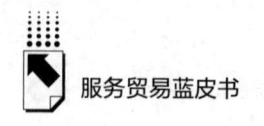

三 中国旅游服务贸易发展的问题与不足

（一）旅游服务贸易出口增长动力不足

旅游服务贸易出口增长是缩小我国国际旅游服务贸易逆差的关键一招，国际旅游市场的动荡不安、国家间的限制性入境措施、入境旅游增长动力成为需要思考和解决的问题。外部环境的制约以及内部条件支撑乏力等导致我国国际旅游服务贸易出口增长动力不足，难以从根本上构建旅游服务贸易出口增长的新引擎，主要体现在以下三个方面：一是国际化旅游服务供给滞后，阻碍了我国入境旅游的发展；二是国际性旅游产品与服务总量少且供给不足，无法形成源源不断向前推进旅游服务贸易出口增长的驱动力；三是国际化的旅游宣传营销力度较弱，对国际游客的吸引力不足。如何打破僵局、持续性进行国际性旅游产品输出，切实推动旅游服务贸易出口增长是未来急需解决的难题。

（二）内部旅游消费潜力充分释放不足

旅游消费潜力是旅游消费需求、旅游消费意愿和旅游消费能力等多重作用的结果，会受到主观和客观两个方面因素的影响。2020~2022年受疫情的影响，我国居民旅游出行受到限制，旅游消费信心减弱，居民在旅游消费方面略显保守。从《2022年中国旅游市场分析报告》中可以看出，我国城镇居民和乡村居民旅游消费存在较大的差距，2022年城镇居民和农村居民国内旅游人数分别为19.28亿人次和6.01亿人次，分别占旅游总人次的76.2%和23.8%。[①] 一方面，我国居民旅游消费结构不均衡、不平衡问题比较突出，农村居民的旅游消费潜力并未被完全激发，存在着相当大的释放空

[①] 《2022年中国旅游市场分析报告》，"迈点咨询"百家号，2023年2月10日，https://baijiahao.baidu.com/s?id=1757413835281441487&wfr=spider&for=pc。

间。拉动农村居民旅游消费需要多方发力，增加农村居民收入是首先需要解决的问题。如何推动农村旅游消费提质扩容是平衡国内旅游消费市场结构面临的难题。另一方面，我国旅游市场目前还正处于中低端水平，缺乏高端旅游产品和服务，因此一些高端旅游消费人群涌向国际市场。如何培育中高端旅游消费市场，培育国际化的全球旅游目的地，充分利用和释放国内高端旅游消费潜力是下一步要思考的重要问题。

（三）多元旅游产品的高质量供给不足

我国人口规模巨大，由于不同年龄段、不同阶层的人群旅游消费偏好不同，对旅游产品的需求也不同，因此《"十四五"旅游业发展规划》明确要求要"丰富旅游产品供给"。与此同时，《中共中央关于制定国民经济和社会发展第十四个五年规划和二〇三五年远景目标的建议》指出，要以满足人民日益增长的美好生活需要为目的，不断实现人民对美好生活的向往，要加快发展文化、旅游、体育等服务业，把扩大消费同改善人民生活品质结合起来。然而在当前中国情境下，一方面，旅游产品供需不匹配问题突出，高品质的旅游产品供给不足。首先，目前旅游市场现存产品普遍以单一观光型产品为主，虽然存在一些景区将旅游与文化结合去推动旅游产品的创新，但总体质量不高，游客某些深度体验的需求无法得到满足。其次，旅游住宿业缺乏特色，在供给层次上偏低端化，更加侧重于满足游客的必要性住宿需求，无法适应游客休闲、度假的新需求。另一方面，旅游产品的多元化程度较低，缺乏创新性，对于不同细分人群的旅游市场需求缺乏深入的分析。近年来，我国居民旅游消费需求也产生了不小的变化，对于休闲、康养、微旅游、亲子游、露营游、旅游文化性等的关注度上升，但是相应的旅游产品或服务却跟不上。如何精准识别和掌握旅游者消费动态变化，多元化地进行旅游产品创新与供给是旅游服务贸易发展亟待解决的重要问题。

（四）国际旅游产业链和供应链严重受创

近年来，受疫情影响，国际旅游几乎停滞，国际旅游产业链和供应链受损严重，尤其与旅游密切相关的航空业、住宿业等。但随着全球各国防控政策的放开，国际航空业及住宿业都开始强劲复苏，收入亏损额也快速减少，在未来一段时间内将会恢复到疫情前的水平。此外，旅游产业内人才流失问题也愈加突出。旅游行业具有脆弱性的特点，容易受外部条件和环境的影响，这也增加了旅游行业工作的不稳定性，整个旅游行业的人才流失率甚至达到四成左右。[1]部分中小微旅游企业由于资金链断裂、消费紧缩等导致经营不善而被迫关停，逐渐退出旅游行业。旅游景区同样面临难关，中国旅游景区协会公布的相关数据显示，受到疫情、季节性因素等的影响，2020年全国旅游景区收入损失程度预计会达到去年同期收入水平的40%~50%。如何促进国际旅游产业链和供应链的恢复，是需要政府、行业、企业、旅游者形成共同合力去解决的重要问题。

四 中国式现代化进程中我国国际旅游服务贸易发展的重点与方向

（一）筑稳国内旅游基本盘，提高国际旅游服务质量

中国式现代化的首要特征是人口规模的巨大化，基于这一点，中国旅游服务贸易的发展首先要切实考虑到当前中国巨大人口体量的旅游需求。党的十九大报告明确提出，人民日益增长的美好生活需要和不平衡不充分发展之间的矛盾已转化成为主要矛盾。[2] 人民对于美好生活的需要通过旅游可以得到相当大程度的满足。长久以来，我国旅游出口贸易额小于旅游进口贸易额，存在相当程度的贸易逆差，这与我国出入境旅游市场结构紧密相关。

为了落实人口规模巨大化的旅游强国战略，一方面要筑稳国内旅游基本盘，激活并满足国内旅游市场的庞大消费需求；优化旅游供给侧改革，全方位推进旅游公共基础设施、基础制度等的建设与完善，大力进行旅游宣传与推广，实现旅游地的"百花齐放"。另一方面要盘活入境旅游资源，优化旅

---

[1]《旅游复苏，旅游人才何处寻？》，《南方日报》2023年3月10日。
[2]《权威发布：十九大报告全文》，中华人民共和国最高人民检察院官网，2017年10月18日，https://www.spp.gov.cn/tt/201710/t20171018_202773.shtml。

游出口服务，提高旅游出口质量；加强与世界各国及主要旅游客源国或地区之间的开放交流，加快我国建设"国际旅游地"的进程，通过文旅融合，以文化传播的形式为我国旅游出口贸易的增长实现引流。

（二）深入践行"两山"理念，创新旅游服务贸易供给

旅游服务贸易的现代化发展要求深入践行"两山"理念，而"两山"理念也为旅游服务贸易的发展指明了路径。一些西方发达国家在早期为了促进旅游服务贸易的增长，一味开发而忽略了对自然资源的保护，对自然资源和环境都造成了不可逆的伤害，因此在中国式现代化伊始，我国旅游服务贸易就坚决摒弃了破坏自然式的旅游增长方式，而是尊重自然，追求和实现人与自然和谐共生。根据2022年发布的《全球旅游业竞争力报告》，日本首次凭借交通基础设施的便利性、自然和文化等观光资源的丰富性、良好的治安等因素高居全球旅游业竞争力榜首。[1] 我国在本次排名中位居全球第17位，与发达国家仍存在一定的差距。同时该报告也指出各国和地区应优先强化卫生条件及确保环境的安全，以确保观光业的可持续性发展。

我国是旅游资源大国，在旅游业发展中深入践行"两山"理念要求处理好庞大的人口体量与丰富的自然资源之间的关系，要实现"绿水青山"变成"金山银山"一方面需要加快推进产业实现绿色转型，另一方面要注重推行绿色生产方式。我国要充分利用冰雪、生态等资源培育具有中国特色的生态旅游、红色旅游、研学旅游、冰雪旅游产品，推出具备较强国际吸引力的旅游服务，创新国际旅游服务贸易供给，提升旅游服务贸易出口的竞争优势。

（三）激活中华优秀传统文化，推进文旅服务贸易融合

中国式现代化是全体人民共同富裕的现代化，是物质文明和精神文明相协调的现代化。共同富裕即包括物质和精神两个层面的富裕。党的二十大报

---

[1] 《〈2022全球旅游业竞争力报告〉发布 日本首次排名第一》，中国国际贸易促进委员会网站，2022年5月27日，https：//www.ccpit.org/japan/a/20220527/202205276biy.html。

告提出要坚持以文塑旅、以旅彰文，推进文化和旅游深度融合发展，这一论述不仅为我国文化和旅游业的发展指明了方向，还为我国文化服务贸易和旅游服务贸易的进一步增长提供了新思路。文化服务贸易和旅游服务贸易的出口一定程度上成为我国居民收入增长的助力，而文化服务贸易和旅游服务贸易的进口在某些层面上也拓展了我国居民精神世界的广度和丰度。然而精神文明的建设需要依靠中华优秀传统文化的注入，并内化成为我国居民强大的精神驱动力，进一步通过旅游的形式去实现"内化于心，外化于行"，促进文化与旅游实现进一步深度融合，达成相协调的状态。

激活中华优秀传统文化、推动中华优秀传统文化出口是建立大国文化自信和构建我国对外话语体系的重要支撑。一方面，这是满足我国居民对于美好生活向往的精神层面的强烈要求，有助于增强我国居民的民族自信心；另一方面，持续优质的中华传统文化输出为提高我国的国际影响力提供强大的内在驱动力。进一步实现中华优秀传统文化的国际引流和变现，则需要推进与旅游的深度融合，文化服务贸易和旅游服务贸易是存在双向影响的，推进文旅服务贸易的融合是实现中国式现代化发展的必然趋势，同时也是推进物质文明建设和精神文明建设的重要手段。

（四）扩大高水平对外开放，深化国际旅游合作交流

中国式现代化要求坚定不移走和平发展道路，首要任务是把自己的事情办好。我国旅游服务贸易要实现向更高、更优、更好方向发展需要不断扩大高水平对外开放，与国际接轨，深化国际的旅游合作与交流。2023年是"一带一路"倡议提出的第10年，"一带一路"倡议的提出不仅促进了我国旅游服务贸易进口的增长，也为共建"一带一路"国家旅游服务贸易的发展提供了"中国方案"。海关总署发布的数据显示，2022年我国与共建"一带一路"国家贸易继续保持了快速增长，进出口总额达13.83万亿元，比上年增长19.4%。[①]

[①]《2022年我国与"一带一路"沿线国家贸易进出口同比增19.4%》，"中新经纬"百家号，2023年1月13日，https://baijiahao.baidu.com/s?id=1754879839578552362&wfr=spider&for=pc。

未来随着"一带一路"倡议的持续推进，中国将与更多的服务贸易伙伴建立密切联系，有助于我国国际旅游服务贸易进一步实现现代化。

高水平对外开放是基于产品和要素的制度层面的开放，对内而言，走现代化发展之路的旅游服务贸易要敢于破坏传统制度的障碍，充分激活《"十四五"服务贸易发展规划》等政策的活力，为旅游服务贸易的发展提供基础政策支撑，严格执行《关于促进服务业领域困难行业恢复发展的若干政策》，加强对旅游业的扶持，同时要加强旅游城市群的建设，强化区域协同效应；对外而言，在进行旅游服务贸易进出口的过程中要注重和强调国际规则的公正，维护国际秩序，并积极推进国际秩序的现代化建设，在国内国际双循环相互促进的背景下推进实现我国旅游服务贸易的现代化发展。与此同时，深化国际旅游合作交流是我国旅游服务贸易发展的必然选择，旅游服务贸易的进出口通常会受到国家或地区间政治、社会等方面关系的影响，加强国际旅游合作交流可以为我国旅游服务贸易的进口提供一定的保证，同时也会刺激我国旅游服务贸易出口的发展。

参考文献

刘涵妮、夏赞才、殷章馨、申慧敏、刘婷、张慧：《全球旅游贸易时空格局及影响因素研究》，《世界地理研究》2023 年第 4 期。

高培勇、黄群慧：《中国式现代化的理论认识、经济前景与战略任务》，《经济研究》2022 年第 8 期。

韩保江、李志斌：《中国式现代化：特征、挑战与路径》，《管理世界》2022 年第 11 期。

崔乐泉：《中国式现代化与体育强国建设的中国模式》，《首都体育学院学报》2022 年第 6 期。

张占斌：《中国式现代化的共同富裕：内涵、理论与路径》，《当代世界与社会主义》2021 年第 6 期。

常晓慧：《中国式现代化的新时代内涵研究》，硕士学位论文，江西理工大学，2022。

B.19 大型语言模型对我国语言服务业发展的影响研究

田嵩 孙浩桐[*]

摘 要： 2022年底，基于大型语言模型和深度学习算法实现的ChatGPT的出现，使人们对人工智能技术在语言服务业中的应用有了新的认识，包含语言翻译服务、语言数据服务、语言技术服务、语言教学服务等在内的语言服务业正处在数字化转型的关键时期。当前，我国语言服务贸易发展面临着贸易出口规模有限，集群化发展程度有待提高；贸易结构单一化，应对数字化冲击能力不足；缺乏有影响力的品牌，高素质职业化人才短缺等问题。以ChatGPT为代表的大规模预训练语言模型给语言服务业高质量发展带来了新的挑战和机遇，智能化成为语言服务业发展不可避免的趋势，传统语言服务业面临转型和多元化发展的挑战，同时高质量、复合型的语言服务专业化人才需求增加。

关键词： 语言服务 大型语言模型 人工智能 ChatGPT

---

[*] 田嵩，北京第二外国语学院副教授、首都对外文化贸易研究基地研究员，主要研究方向为大数据分析、新媒体技术、贸易数据可视化；孙浩桐，北京第二外国语学院中国服务贸易研究院2022级硕士研究生，主要研究方向为文化贸易、大数据分析。

一 语言服务业面临的发展背景

（一）关于语言服务业

1. 语言服务业的定义

作为人类交流的工具，语言在国际交往中具有重要的实用价值。在全球化背景下，语言服务业正在成为全球文化交流与文化贸易的重要组成，在全球经济、政治、文化、科技等各个领域凸显出愈加重要的地位，成为各国合作发展的支柱性产业。

从产业视角来看，语言服务业是以语言交流和翻译服务为基础的行业，语言信息的有效转化是产业发展的核心，通过知识转移、文化传播、语言培训等方法，语言服务业为国际交流提供语言翻译、技术研发、研究咨询等专业化、现代化服务。语言服务业不同于单一的翻译服务，而是全面整合了知识内容、文化内涵、技术革新、人才培养、公共管理等领域的服务功能，以国家整体战略为目标提供国际交流与贸易的服务。

从学术角度来看，翻译服务是语言服务业的重要组成，涉及内容大多包含在翻译领域内，但是并未做出明确定义和区分。本报告主要借鉴司显柱和郭小洁对翻译服务业核心内涵的定义，结合李现乐从微观和宏观角度给出的定义，加之司显柱和姚亚芝从产业角度给出的定义，将语言服务业定义为企业主体以跨语言能力为核心，以信息转换为主要方式的为他人或社会提供帮助的企业经济活动。由于目前国内学界尚未给出语言服务的明确定义，因此本报告不对语言服务、翻译服务、翻译产业作出严格区分。

2. 语言服务业的类别

从产业类别来看，本报告主要关注广义的语言服务产业，不仅包括翻译服务，还包括语言技术服务、语言数据服务及语言教学服务等，可以将语言服务业类别及其主要内容归纳为表1。

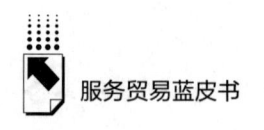

表1 语言服务业类别及其主要内容

语言服务业类别	主要内容
语言翻译服务	为服务对象提供基础性语言翻译服务,如口译、笔译、同声传译等
语言数据服务	以数据形式的语言资源转化,以数字知识转移为主,如多语种语料库数据资源建设等
语言技术服务	利用智能设备提供语言服务,如翻译软件、语音合成技术、文字识别技术等
语言教学服务	将数字技术与语言教学活动相结合,培养语言服务人才,进行语言服务人力资源开发等

（1）语言翻译服务，即通过翻译完成信息转换的服务。这是狭义的语言服务业的内容，是将一种语言信息转换为另一种语言信息的活动，如口译与笔译活动。（2）语言数据服务，即采用不同方式来提供跨语言信息的转换。多语种语料库作为语言信息代表性服务之一，整合世界主要国家、地区的语言信息，为我国国际化交流提供了有力支撑。（3）语言技术服务，即为服务对象提供语言技术的服务。本报告对于语言技术的理解涵盖语言的加工处理以及语言工具的运用两个方面。前者包括语音合成技术、语言文字识别技术、文本转换技术等语言加工处理手段，后者包括便携翻译器、网络在线翻译、智能多语言翻译系统等语言应用工具性产品。（4）语言教学服务，即通过为服务对象实施服务教育的方式，培养语言服务人才，提升国家文化软实力。这既包括对我国人才母语能力和外语能力的培养，也包括对外国人实施的汉语能力教育。

（二）我国语言服务业的发展现状

习近平总书记在党的二十大报告中指出我国要"推进高水平对外开放"。[①] 语言服务能力作为我国参与国际交流、促进全球化发展的关键环节，是推进高水平对外开放的重中之重。近年来，我国高度重视语言服务业的发

[①] 《【理响中国】坚定不移推进高水平对外开放》，求是网，2022年11月4日，http://www.qstheory.cn/2022-11/04/c_1129101160.htm。

展,正在从语言服务大国不断迈向语言服务强国。从2012年开始由中国翻译协会组织实施行业调查,对我国语言服务行业的发展现状、存在问题、未来趋势进行研究分析。本报告参考中国翻译协会发布的《2022中国翻译及语言服务行业发展报告》分析总结我国当前语言服务业的发展现状。

1. **我国语言服务业整体发展态势良好,市场规模逐渐扩大**

如图1所示,近年来,我国语言服务业产值发展态势良好,从2017年的359.3亿元稳步增长至2021年的554.5亿元,增长54.3%,年均增长率为11.5%。在企业数量上,截至2021年底,我国含有语言服务业务的企业共有423547家,较比2019年底增加20452家。

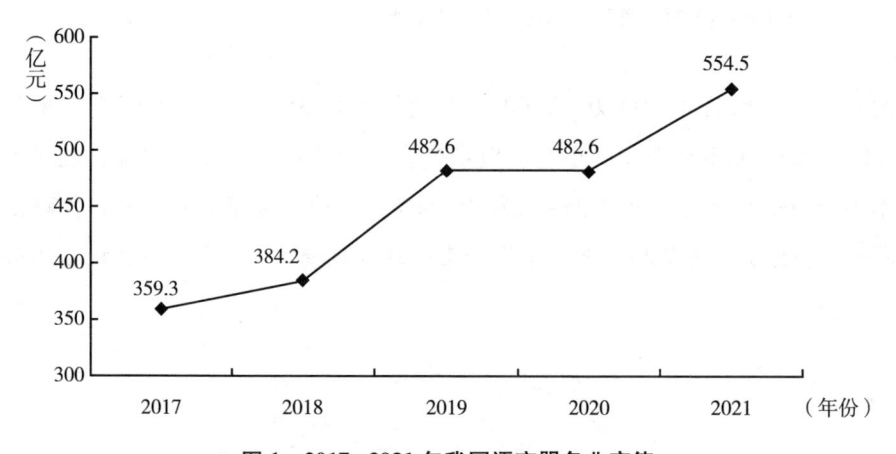

图1 2017~2021年我国语言服务业产值

资料来源:《2022中国翻译及语言服务行业发展报告》。

如图2所示,以语言服务为主营业务的企业在2019年之前为增长的态势,2019年企业数量有所下降,2021年回升至9656家,较比2015年底增加2256家,体现出语言服务业良好的发展态势。

2. **我国语言服务企业规模总体偏小,地域分布不均**

根据国家市场监督管理总局2021年底公布的数据,如图3、图4所示,我国语言服务企业注册资本在1000万元以上的仅有132家,占比为1.37%,产值贡献率为4.9%,大型企业数量较少,产值在市场总体占比不高。语言

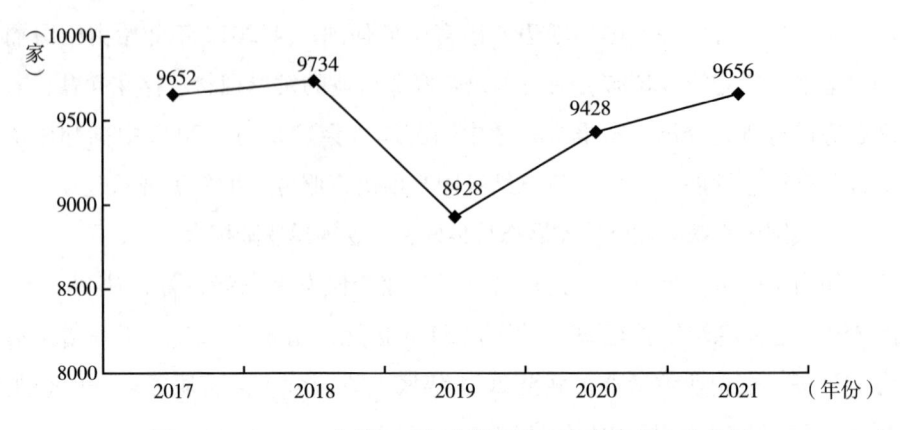

图 2　2017~2021 年我国以语言服务为主营业务的企业数量

资料来源：《2022 中国翻译及语言服务行业发展报告》。

服务企业注册资本 500 万~1000 万的数量占比为 3.39%，产值贡献率为 8.8%。语言服务企业中中小企业数量最多，产值占市场总体很大，注册资本小于 500 万元的企业数量占比为 95.24%，产值贡献率为 86.3%，体现出我国语言服务企业规模结构不平衡，市场缺少规模大、竞争力强的语言服务企业。

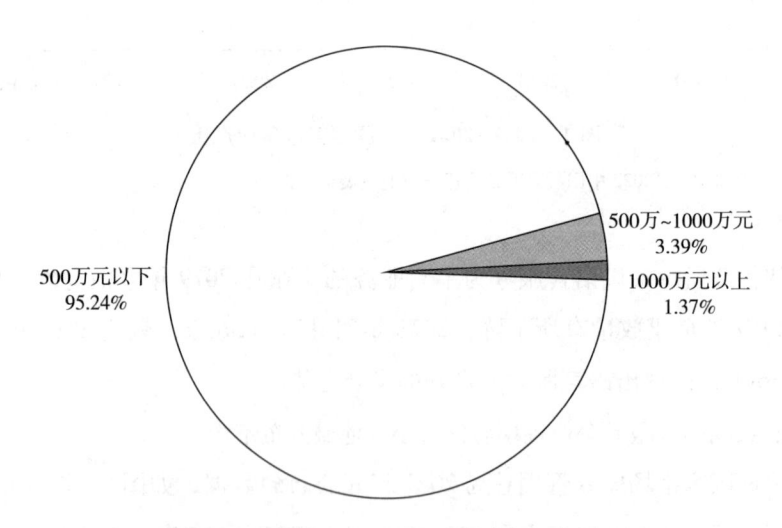

图 3　2021 年我国语言服务业不同注册资本企业数量占比

资料来源：《2022 中国翻译及语言服务行业发展报告》。

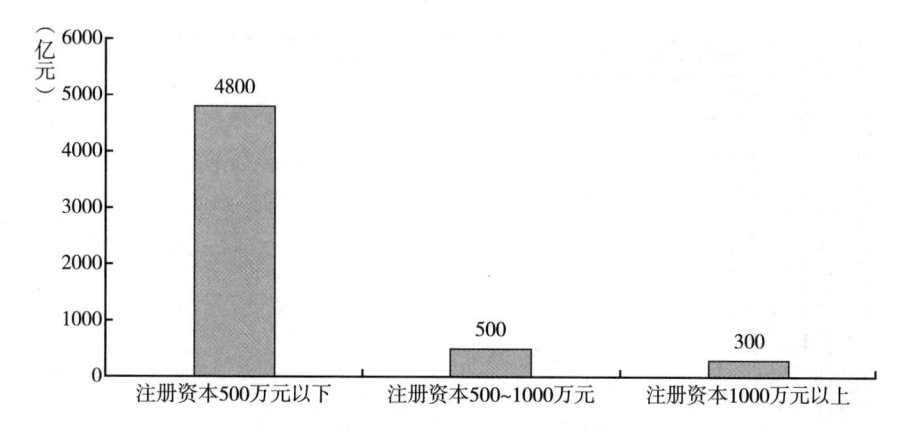

图 4　2021 年我国语言服务业不同注册资本企业产值

资料来源：《2022 中国翻译及语言服务行业发展报告》。

在地域结构分布上，如图 5 所示，全国 31 个省（区、市）均有语言服务企业，但分布差异较大，主要集中在北京、上海、广东等地。其中北京语言服务企业分布占比最高，达到 28.2%；上海和广东分别占比 19.1%、9.2%，北京、上海、广东三地的语言服务企业数量就占了全国总数的 56.5%，说明语言服务企业的分布与地区经济发达程度相关性较高，经济越发达的地区，对于语言服务的需求越高，语言服务企业密集度也高。同时也反映出我国语言服务行业发展地域分布的极度不平衡，行业资源大多集中在经济发达地区。

3. 机器翻译与人工智能技术快速发展，应用领域逐渐增多

在机器翻译和人工智能语言服务方面，2021 年，我国开展机器翻译与人工智能业务的企业有 252 家，27.4%分布在广东，占比最高；其次是四川和山东，占比分别达 11.1%和 7.5%。

随着当前网络技术和人工智能技术的快速发展，机器翻译和人工智能语言服务取得了长足的进步，目前已广泛应用于各个领域，包括文学翻译、商务翻译、科技翻译等。其中商务翻译是应用最为广泛的领域之一，通过机器翻译和人工智能语言服务，可以实现跨语言的商务沟通和交流，为企业的国际化发展提供有力的支持。机器翻译在科技领域也得到了广泛的应用。例

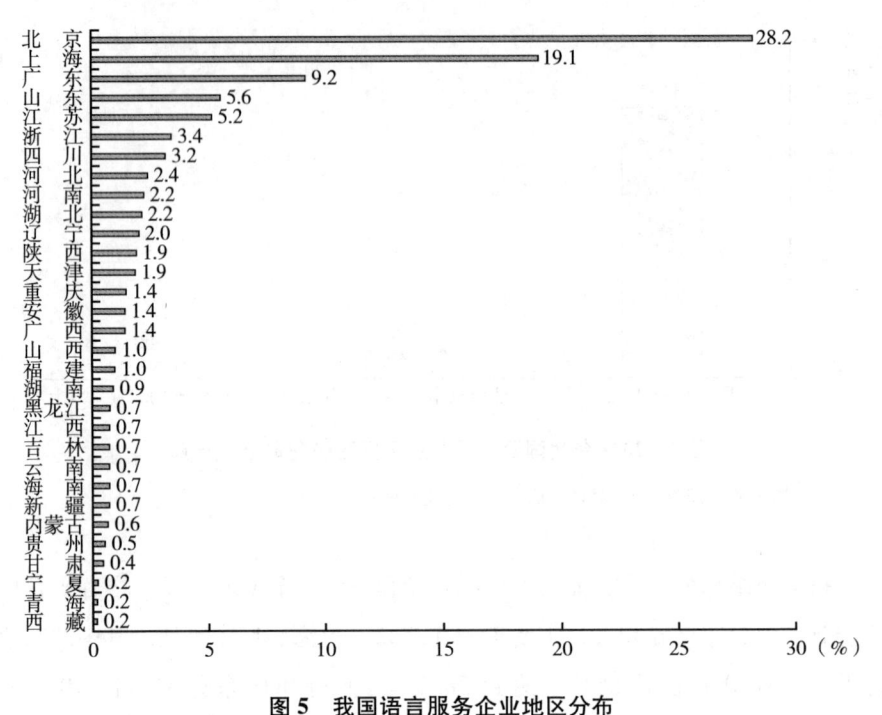

图5 我国语言服务企业地区分布

资料来源：《2022中国翻译及语言服务行业发展报告》。

如，机器翻译可以帮助科学家们更快地翻译和理解国外的科技文献，促进科学研究的发展。另外，随着神经网络技术的不断发展，神经网络机器翻译也成为机器翻译领域的重要研究方向。神经网络机器翻译可以通过大量的训练数据，自动学习语言之间的映射关系，从而提高翻译的准确性和流畅度。

（三）我国语言服务贸易发展面临的问题

1. 贸易出口规模有限，集群化发展程度有待提高

语言服务业是一种服务性质的产业，主要提供语言翻译、语言技术、语言培训等相关的服务，以满足不同领域和行业的需求。虽然我国目前语言服务业整体保持良好发展态势，储备了充足的翻译人才资源，但在出口规模上仍有待进一步提高。导致我国语言服务贸易出口规模较小的主要原因是市场结构的失衡，占市场总体90%以上的中小微企业的竞争力较弱，贸易水平较低，缺乏具有竞争力的大规模语言服务企业，[①]无法与国际需求进行有效对接，语言服务业国际市场占有率不高。

2. 贸易结构单一化，应对数字化冲击能力不足

我国许多中小型语言服务企业业务发展依赖于传统口译、笔译的服务方式，运营模式落后，同时缺少技术投入，与世界发达语言服务企业多语种、多种类的数字化服务方式产生鲜明对比。机器翻译和人工智能技术的不断发展完善，严重冲击了传统口译、笔译的服务方式，中小型企业对于现代智能化语言信息处理技术的投入不足，无法满足日益智能化、数字化、复合化的语言服务需求，因此无法在全球市场上获得长足发展。特别是在人工智能已经具备不断进行自我学习能力的环境下，我国语言服务传统单一的贸易结构难以应对数字智能化服务的冲击。

3. 缺乏有影响力的品牌，高素质职业化人才短缺

我国语言服务行业以中小型企业为主导，市场高度分散化。同时，企业资本化程度不高，垂直领域发展不充分，市场上缺乏具有竞争力、号召力的品牌企业，产业特色优势不明显，缺乏品牌影响力，难以在国际语言服务行业中占据一席之地。另外，由于国内语言服务市场缺乏公开的信息渠道，客户无法鉴别企业提供的语言服务质量，导致我国语言服务市场存在严重的逆向选择问题，一部分优质优价的语言服务企业生存空间有限，市场上充斥着大量劣质的语言产品和服务，高素质语言服务人才流失，造成人才短缺。同时，国内高校对翻译人才的培养还不能满足语言服务业对高层次人才的需求，课程设置和人才培养模式有待进一步调整和完善。

二 ChatGPT 与语言服务业间的相互关系

（一）关于 ChatGPT

大规模预训练语言模型（Large Language Model，LLM）是指一种深度学

[①] 中国翻译协会：《2022 中国翻译及语言服务行业发展报告》，2022。

习模型，它可以学习大量的语言知识，并能够生成自然流畅的语言文本。美国人工智能实验室OpenAI研发的一款人工智能聊天机器人ChatGPT一经诞生就迅速在网络上爆火，它用仅仅两个月的时间吸引过亿用户，成为历史上用户数量增长速度最快的应用程序。ChatGPT是一种基于语言模型的人工智能聊天机器人，它使用了大规模的自然语言处理（Natural Language Processing，NLP）技术和深度学习（Deep Learning，DP）算法，能够与用户进行自然、流畅、智能化的对话。其核心技术基于GPT（Generative Pre-trained Transformer）模型，这是一个由OpenAI开发的预训练语言模型，能够自动生成高质量的自然语言文本。基于该模型，ChatGPT能够进行各种类型的对话，包括闲聊、问答、推荐、娱乐等，能够快速、准确地回答用户的问题和请求，可以被广泛应用于社交媒体、在线客服、虚拟助手、智能家居等领域，为用户提供更加便捷、舒适的体验。

从技术层面来讲，ChatGPT在文本理解与生成、人工智能对话问答等方面相比之前的人工智能自然语言处理系统有很大进步，这得益于深度网络神经和大型语言模型研究以及大数据处理的发展成果催生出了ChatGPT的核心算法和算力。之前的人工智能深度学习通过预先设定好大量文本模板，并根据关键词等机制触发作出回答。这种方法主要存在两方面问题。一方面，预先设定的模板数据不够多。随着模型发展的不断迭代，深度学习的数据需求也随之上升，而开发者预先设定的模板是有限的，如果没有足够的初始数据作为训练支撑，则无法取得预期理想的效果。另一方面，深度学习的能力不够强。模型无法从数据中抽取有效的信息内容，进而进行信息整合与再处理。这两方面的不足制约了以往深度学习在自然语言处理领域的进步。而ChatGPT的深度学习模型由GPT-3.5提供支持，GPT采用了"利用人类反馈强化学习（RLHF）"的训练方式，通过人类与机器不断互动进行迭代，人类对模型的回答进行打分并进行标记，提升模型对回答的评判能力。通过上述方式不断训练模型回答问题的能力，使输出文本越来越接近人类的思维认知。

模型深度学习的背后离不开大数据的支持。ChatGPT中的大部分数据来源于大型数据库及书籍、报刊等。海量真实有效的数据为模型进行大规模预训练提供了有力支持，ChatGPT 基于这些数据逐渐开发出了语言生成能力、上下文学习能力、世界知识能力。语言生成能力是指 ChatGPT 能够与人类进行交流互动，是人类与模型最普遍的交互方式；上下文学习能力是指模型能够通过给定的示例进行深度学习并参照示例生成解决方案；世界知识能力是指模型具备回答事实性问题和常识性问题的能力。以上三种能力使得 ChatGPT 成为当前最先进的人工智能自然语言处理工具，有望成为继智能手机之后又一个给人们生产生活带来巨大变革的产品。

（二）ChatGPT 生成机制带来自然语言处理的新变革

据微软官方介绍，ChatGPT 不仅仅是一个 AI 语言模型，更是一个全新的人机交互平台，具有非常广泛的应用场景。基于深度网络神经和大型语言模型研究以及大数据处理的生成机制，ChatGPT 为自然语言处理领域带来了革命性的变化。

1. 智能化

ChatGPT 作为人工智能聊天机器人，具有远超之前人工智能产品的理解能力与生成能力。它能够理解多样化的用户意图，具备多轮对话理解能力，能够与用户进行多次对话，并始终围绕话题进行交互，并且能够分析用户在每一轮对话中的不同需求和动机，根据用户的聊天内容做出回应。在生成能力上，ChatGPT 不仅能够在聊天中提供有价值的建议和帮助，还能生成文章、报告等，甚至可以进行诗歌、小说创作，具有很强的实用性。除了在聊天中应用外，ChatGPT 还能应用于智能客服、智能语音助手、智能翻译等领域。未来，随着人工智能技术的发展，ChatGPT 将在更多领域得到广泛应用。

2. 情感化

ChatGPT 可以与人类进行自然对话，还可以通过对话来获取情感体验。当用户向它说一句话，它就会用一种人类的方式进行回复，这种回复方式可以让用户感觉自己与 ChatGPT 之间没有交流障碍。同时，用户在与 ChatGPT 进

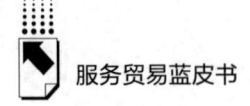

行深度交互时可以发现它除了在语言结构和回答方式上与人类高度相似外，其在对世界和自我的认知上同样具有类人表现。它理解世界事物之间的各种关系，也知道自己的职责与能力的边界。它可以承认自己的错误，并且很快做出改正；它知道自己是文本生成式人工智能聊天工具，因此在用户向它提出发邮件等工作指令时，它会表示自己无法胜任这个工作等。ChatGPT拥有一个较为完整的"价值观"，在与用户交流时它会坚守自己的"价值观"，同时也会兼顾到用户的情绪而做出"通情达理"的回应。因此，用户可以通过与ChatGPT聊天来获得一种积极的情感体验，这对未来人工智能的发展来说是非常重要的。

3. 数字化

ChatGPT的诞生打开了数字化进程新的发展思路，进一步推动了向数字经济转型的进程。ChatGPT为人工智能的后续发展提供了标准化和规模化的参照，可以作为人工智能基础设施建设的标准模型，并在此基础上实现数字化内容的呈现。ChatGPT可能重构世界产业数字化方案，未来将形成"以大模型为底座，以模型优化中间件为核心能力，以快速、高效、高质量的智能应用服务创建为目标"的新模式。新模式的构建将成为未来数字化的核心能力。ChatGPT作为大数据模型的产物，其储存、分析大规模数据的能力与人类相比效率更高、成本更低，并且能够总结归纳出新规律，进一步提升数字生产力水平，进而带动相关数字产业的高效发展。

（三）ChatGPT与语言服务业的关系

1. ChatGPT在语言翻译服务领域的应用

对于传统语言翻译服务而言，其提供的服务能否迎合客户的喜好与要求，能否为客户所接受是评判服务好坏的关键。著名翻译家奈达在《翻译理论与实践》中提到，"最好的翻译听起来不像译文"。因此在翻译过程中最重要的就是能否正确传达原文的表达意图，这也是翻译工作的难点所在。而现有的ChatGPT本身作为大型语言训练模型，储备了大量的语言数据，可以为翻译项目提供语言支持，帮助译者提高翻译效率和质量，同时减少错误和失误。除此之外，ChatGPT 可以作为人工翻译的辅助工具，为译者提供快速、准确的自动文本翻译和语法分析服务。它可以帮助译者快速理解原文，并将其转换为现代语言，从而节省时间和精力。现在市场上大多数人工智能产品都可以提供自动文本翻译的服务，但是在翻译质量上参差不齐。ChatGPT 通过对大量语料的学习，可以分析文本的语法结构和用词习惯，帮助译者优化翻译质量，并提供相应的修正和建议。总体来说，ChatGPT 可以为翻译行业带来很多便利和创新。然而，它们也需要译者在使用过程中保持谨慎，以保证翻译质量和安全。译者在选择语言模型时需要考虑自己的专业需求。

2. ChatGPT 对智能语音服务领域的支持

智能语音服务是指利用人工智能和自然语言处理技术，以语音作为主要信息载体，包括语音识别、语音合成、语义理解三方面的内容。语音识别是指将声音转化为文字，涉及前端识别处理。语音合成是指将任意输入文本转换为相应语音，提供更具个性化、立体化的服务。语义理解是智能语音服务中最具有挑战性的，对智能产品的认知功能有较高要求，涉及语料库知识库的构建等。ChatGPT 在云计算、大数据分析等技术的基础上，能够构建一种感知与认知的集成智能引擎，使用户可以利用感知与认知技术，获取更多的信息。在感知层次上，ChatGPT 通过对视觉感知和阅读感知的整合，实现对语言的理解、逻辑推理、自主学习与知识表达，最后实现有效表达。

在应用上，ChatGPT 可以广泛应用于电信、金融等大型企业呼叫中心，实现传统客服向智能客服转型，作为一种客服工具，其具有语音识别、自然语言处理、情感分析等功能，解答客户问题，为客户提供帮助。ChatGPT 在语音数据分析上同样具有优势。传统服务通信面临储存量较大，结构化程度低、数据清洗困难等问题，企业无法对录音数据进行有效处理分析以至于无法准确描绘用户画像，了解用户诉求，发掘用户共性问题。ChatGPT 能够作为大数据分析处理平台，通过采集语音服务数据文件，依托行业语言模型，利用语音识别、语义理解技术将非结构化的语音数据转化为结构化文本，构建文本数据库，并对其进行整理、总结及分析等操作，可以全面准确地把握

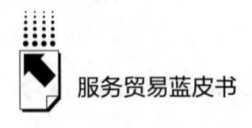

用户的多样化需求，降低人力资源成本，提升服务质量与运营效率。总之，ChatGPT可以通过多种技术和方法，支持智能语音服务的实现，帮助客户更好地使用智能语音服务。

3. ChatGPT对语言教育领域造成的影响

人类历史上，每一轮技术的革新都会引起各方的争论，这主要来自人们对于新技术对未来影响不确定性的担忧。上文客观地分析了ChatGPT带来的各种有利变革，ChatGPT在一定程度上拥有远超人类自身的学习与应用能力，能够最大限度地提升知识生产力，但究竟如何使用ChatGPT最终取决于人们的主观意愿，在语言教育行业更是如此。ChatGPT作为更加智能化的学习工具，能够帮助学生开展个性化学习，拓展思路，比如学生能够利用ChatGPT学习更加地道的语言表达，进一步提升学习效率和质量。而如果ChatGPT导致学生过度依赖人工智能而丧失独立自主思考的能力，甚至被用于学术造假、考试作弊等，将对未来的学生教育造成严重的不良影响。在ChatGPT等人工智能的冲击下，语言教育行业随时面临着挑战与风险。在这种预期下，语言教育行业有必要主动应变，积极调整教育战略和人才培养方案，更好地利用ChatGPT为教育行业带来的便利与高效，也要提前规避随之而来的问题与挑战。总体来看，语言教育行业培养的不仅是可以完成跨语言交流的翻译的人才，而是能够进行价值判断与人文思考，同时具备本国和外国的思维交际能力的国际化人才。相比之下，ChatGPT只是一个高级自然文本处理工具，并不具备人类真正的思想与思考能力，它所带来的一切影响都取决于作为使用者的人类如何去利用它。我们要清醒地认识到人工智能的优势与劣势，教育归根结底是人类的传承活动，只能由人类来完成，要善用而不是滥用工具。

三 ChatGPT对语言服务业未来发展的影响

（一）智能化成为语言服务业发展不可避免的趋势

随着科技的不断发展与进步，机器辅助语言服务日益普及，智能化趋势愈加明显。就目前而言，人工智能并不能完全取代人工，仅仅作为辅助工具提升语言服务的质量与效率，替代了一部分的人工，主要有以下两方面原因。以语言翻译服务为例，一方面，翻译归根结底是人类思维之间的相互转换，不同译者的表达受思维方式的影响而呈现个性化的特征，所谓"一千个读者就有一千个哈姆雷特"，而每个人的思维方式又受其专业知识、成长背景、生活环境等因素影响，因此在不同场景语境下的翻译具有不同的表达方式，目前的智能翻译无法对应在不同语境下的语言表达。另一方面，市场上大部分的机器翻译质量较低，缺乏对于专业术语和语义结构的架构，翻译痕迹较为明显，无法满足用户高质量的专业性翻译诉求，人工智能在语言服务业的发展程度仍然难以达到人工水平，但智能化的发展趋势不可避免，它已经解决了简单的翻译工作。ChatGPT的出现既符合语言服务业智能化的发展方向，进一步推动了语言服务业的智能化进程。未来，机器翻译、语音识别、语音生成等技术会越来越成熟，逐渐融入社会生活当中。随着人工智能在各个领域研究的逐渐深入，人工智能技术也必将在语言服务业展现其独有的优势。

（二）传统语言服务面临转型和多元化发展挑战

从语言服务行业发展现状来看，传统的语言服务已无法完全满足时代发展需要，特别是在以ChatGPT为代表的人工智能、大数据等新技术的驱动下，语言服务领域有了更多的技术支撑，这无疑是给语言服务业发展提供了新的发展机遇。我们要利用好人工智能、大数据等技术，推动语言服务业产业链重塑，推动传统语言服务转型，形成语言服务业发展新业态。另外，新技术的支持也为语言服务领域的拓展提供了契机，语言服务市场呈现多元化的发展趋势。多元化主要是指语言服务要向不同的领域延伸，向不同的人群提供不同的语言服务，满足不同人群的多样化需求，其核心在于服务对象、服务领域及服务方式的多元化发展。在服务对象方面，以ChatGPT为代表的人工智能工具具备存储大规模语料数据的能力，涉及的语种类型逐渐多样化，可以满足不同国家和地区的交流需求；在服务领域方面，语言服务业所涉及的专业领域也在不断拓展，从国际交往、经贸往来等传统领域拓展到更具专业性的高附加值领域中，如科技领域等，内容涵盖了政治、经济、文化等各个方面。ChatGPT 的加入能够进一步提升语言服务业的服务效率，通过建立面对不同专业领域的思维架构来提供高效便捷的服务；在服务方式方面，语言服务业有了更多的创新点，人工智能能够深度融入语言服务的每个过程当中，简化不必要、低效率的流程，提供更为高效便利的服务。

（三）高层次、复合型的语言服务专业化人才需求增加

一方面，随着经济全球化的深入发展及"一带一路"倡议的不断推进和实施，国际国内市场对语言服务专业人才的需求日益增加；另一方面，ChatGPT 虽然现在还不能完全代替人工，但随着其持续迭代更新，它在极大程度上可以在较低层次需求的语言服务上替代人类。因此，无论是市场选择还是技术倒逼，对于高层次、复合型的人才的需求都在不断增加，对语言服务人才素质的要求越来越高。例如，口译员要掌握各种外语技能；笔译员除了掌握外语技能之外，还要掌握大量专业领域知识；多语种翻译需要熟悉多个语种；口译工作还涉及与外国客户沟通交流等。随着以 ChatGPT 为代表的人工智能和大数据技术在语言服务领域应用程度的不断加深，语言服务将发生巨大变化。

参考文献

李现乐：《语言资源和语言问题视角下的语言服务研究》，《云南师范大学学报》（哲学社会科学版）2010 年第 5 期。

郭晓勇：《中国语言服务业的机遇和挑战》，《中国翻译》2014 年第 1 期。

司显柱、姚亚芝：《中国翻译产业研究：产业经济学视角》，《中国翻译》2014 年第 5 期。

崔悦、宋齐军：《智能语音技术发展趋势及电信运营商应用浅析》，《邮电设计技

术》2016 年第 12 期。

姚亚芝、司显柱：《中国语言服务产业研究综述及评价》，《北京交通大学学报》（社会科学版）2016 年第 1 期。

司显柱、郭小洁：《中国翻译服务业研究现状分析》，《北京第二外国语学院学报》2018 年第 3 期。

胡加圣、戚亚娟：《ChatGPT 时代的中国外语教育：求变与应变》，《外语电化教学》2023 年第 1 期。

朱光辉、王喜文：《ChatGPT 的运行模式、关键技术及未来图景》，《新疆师范大学学报》（哲学社会科学版）2023 年第 4 期。

令小雄、王鼎民、袁健：《ChatGPT 爆火后关于科技伦理及学术伦理的冷思考》，《新疆师范大学学报》（哲学社会科学版）2023 年第 4 期。

B.20
版权服务促进数字创意产业高质量发展的战略与路径研究[*]

陈能军 彭曦阳 彭冠英[**]

摘　要： 随着数字创意产业的持续发展，版权服务成为促进其高质量发展的重要支撑。本报告阐释了数字创意产业的内涵和特征，并从版权服务与数字创意产业的关系入手，明确版权是推进创新创意竞相迸发、促进数字创意产业可持续发展的重要支柱的观点。版权保护体系尚未完善，版权保护技术数字创意产业的发展需求，产业链运营主体各自为政、各交易权利主体信息不对称，大众数字版权保护意识依然薄弱等问题是当前数字创意产业面临的困境。由于版权保护会改变数字创意产品性质，版权不仅是数字文化产品创意的交易载体，还是推动数字创意产业高质量发展的重要制度，因此，出台清晰的版权政策法规、打造区块链版权服务平台、搭建版权服务载体是版权服务促进数字创意产业高质量发展的战略和路径选择。

关键词： 版权服务　数字创意产业　高质量发展

---

[*] 本报告为2023年度广东省哲学社会科学规划课题"粤港澳大湾区数字创意产业高质量发展的动力机制及优化路径研究"（项目编号：GD23SQYJ04）和深圳哲学社会科学规划重点课题"城市文明典范：丰富拓展人类文明新形态的深圳实践研究"（项目编号：SZ2023A005）的阶段性成果。

[**] 陈能军，南方科技大学全球城市文明典范研究院学术委员会秘书长、副教授，深圳市龙岗区鹤湖智库专家委员，主要研究方向为文化经济、城市经济和文化贸易；彭曦阳，深圳市国元文化产业研究院助理研究员，主要研究方向为数字文化产业、文化产业经营管理；彭冠英，深圳市国元文化产业研究院助理研究员，主要研究方向为产业经济、数字创意、文化旅游产业。

一 版权服务与数字创意产业

（一）数字创意产业概述

数字创意产业是以 CG（Computer Graphics）等现代数字技术为主要工具，将现代信息技术与文化创意产业融合所产生的一种新经济形态，具备数字技术与设计创意相结合的特点，产出的内容既包括软硬件实体，又包含特定文化和创意服务。国家金融与发展实验室从虚拟现实、增强现实、全息成像、人工智能等数字技术和网络文学、游戏、动漫、影视等数字内容这两个方面指出数字创意产业的特征。原文化部（现文化和旅游部）将数字创意产业定义为一种依托数字技术且与文化产业相交集的融合性产业。2017年，首份针对数字文化产业发展的政策文件《关于推动数字文化产业创新发展的指导意见》出台，指出了推动数字文化产业发展的政策举措。2018年11月，国家统计局公布《战略性新兴产业分类（2018）》（以下简称为《分类》），战略性新兴产业新增至九个。其中，数字创意产业第一次被写入《分类》，细分为数字创意技术设备制造、数字文化创意活动、设计服务、数字创意与融合服务等重点领域。2020年9月，国家发展改革委等四部门联合印发《关于扩大战略性新兴产业投资 培育壮大新增长点增长极的指导意见》（以下简称《指导意见》），对数字创意产业发展提出了更高的要求。《指导意见》鼓励抓住产业数字化、数字产业化赋予的时代机遇，支持数字创意产业与生产制造、文化教育、旅游体育、健康医疗与养老、智慧农业等领域融合发展。

总之，尽管业界对于"数字创意"尚无统一的定义，对于数字创意产业的划定范围也不尽相同，但内容创新始终是数字创意产业发展的核心，在未来的国家规划中，大力发展数字创意产业也是时代所趋。

（二）版权服务与数字创意产业的关系

版权，亦称"著作权"，指作者或他人（包括法人）依法对某一著作物享有的权利。版权服务则是在大众对于作品保护意识越发强烈的背景下所生发出来的服务类型，中国的版权服务包括个人或法人版权的申请、登记、保护及后续的维护等，国家也为此设立了中国版权保护中心提供版权服务。数字创意产业的知识产权服务主要是指版权服务，版权服务是版权运营的重要组成部分，强化版权服务是助推数字创意产业健康可持续发展的强有力手段。调查显示，在国家知识服务平台的各项推进工作中，试点单位对"内容版权保护支持（78.57%）"的期待仅次于"平台宣传（80.95%）"，且九成以上的受访单位关心如何"防止内容资源被非法传播"。[1] 究其原因，版权是保护数字创意产品价值实现的有效制度设计，它能够通过市场配置资源，使资源得到最有效的利用。无形的思想创意不同于有形的物质商品，它是一种知识产品，一经公开就很容易被模仿、学习、复制和利用，若没有版权制度的保护，思想创意的商品价值就会在他人的模仿复制中减少甚至消失。正如阿尔文·扬等新熊彼特主义者的"偷生意效应"所指出的，在"创造性毁灭"的过程中取走原有产品的垄断利益是对原来知识产权创造者的负效应。[2] 对于思想创意的创造者和拥有者来说，他们不仅面临着失去后续市场的风险，还面临着创新乏力的潜在后果，而对于数字创意产业本身而言，就是失去了发展的源泉和动力。

由此可见，版权服务是解除数字内容创作者后顾之忧，推进创新创意竞相迸发的重要支柱，也是实现当前国家文化数字化战略的必要保障。

二 当前数字创意产业发展现状及面临的版权困境

（一）我国数字创意产业发展现状

数字经济的发展催生了数字创意产业，我国的数字创意产业虽然发展迅

---

[1] 张立、熊秀鑫、周琨等编著《出版业知识服务转型之路（二）：追踪新技术，探索新应用》，中国书籍出版社，2020，第213页。
[2] 姚林青：《版权与文化产业发展研究》，经济科学出版社，2012，第90页。

猛但仍处于发展的初期阶段，国内尚缺乏权威统计数据反映数字创意产业的整体经济规模，但由于数字创意产业是萌发于文化及相关产业，并在数字经济的推动中产生，因此，从2017~2021年文化及相关产业增加值（见图1）与数字经济总体规模（见图2）这两个方面的数据情况可以看出我国数字创意产业发展整体呈增长态势。

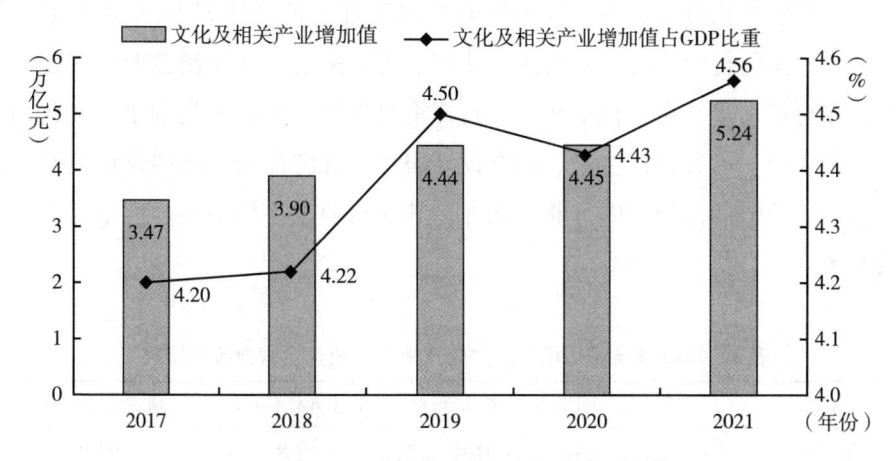

图1　2017~2021年中国文化及相关产业增加值

资料来源：根据历年《中国互联网发展报告》整理。

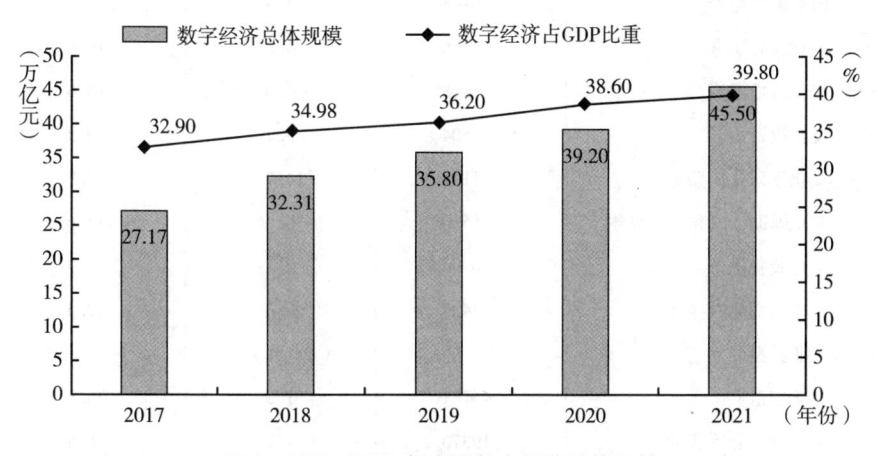

图2　2017~2021年中国数字经济总体规模

资料来源：根据国家统计局数据整理。

319

另外，也可以从全国规模以上文化及相关产业企业营业收入情况（见表1）看出数字创意产业的发展态势。国家统计局对全国6.9万家规模以上文化及相关产业企业（以下简称"文化企业"）的调查显示，数字出版，动漫、游戏数字内容服务，互联网游戏服务，多媒体、游戏动漫和数字出版软件开发，其他文化数字内容服务，娱乐用智能无人飞行器制造，可穿戴智能文化设备制造，其他智能文化消费设备制造等16个新业态特征明显的文化行业小类发展迅速。从产业类型来看，文化制造业和文化服务业占绝对比重，数字技术在其中发挥重要作用。在行业类别中，文化消费终端生产、内容创作生产、创意设计服务占优势比重，这些领域也是数字创意赋予附加值较大的行业，此外，其他行业也在数字技术的推进下平稳发展。

表1 2022年全国规模以上文化及相关产业企业营业收入情况

	绝对额（亿元）	比上年增长（%）	所占比重（%）
总计	121805	0.9	100.0
按行业类别分			
新闻信息服务	14464	3.3	11.9
内容创作生产	26168	3.4	21.5
创意设计服务	19486	-0.2	16.0
文化传播渠道	13128	-1.0	10.8
文化投资运营	504	3.2	0.4
文化娱乐休闲服务	1141	-14.7	0.9
文化辅助生产和中介服务	16516	-0.6	13.6
文化装备生产	6904	2.1	5.7
文化消费终端生产	23494	0.3	19.3
按产业类型分			
文化制造业	44781	1.2	36.8
文化批发和零售业	19376	-1.2	15.9
文化服务业	57648	1.4	47.3

续表

	绝对额（亿元）	比上年增长（%）	所占比重（%）
按领域分			
文化核心领域	74891	1.3	61.5
文化相关领域	46914	0.2	38.5
按区域分			
东部地区	91714	0.1	75.3
中部地区	18269	5.8	15.0
西部地区	10793	0.5	8.9
东北地区	1029	-1.0	0.8

资料来源：国家统计局。

当前，我国数字创意产业整体呈现发展迅猛、"四处开花"的态势。以移动互联网、人工智能、云计算、大数据及虚拟现实等为代表的数字技术不断颠覆文化创意市场，经营范围为数字创意产业的企业数量爆发式增长，以数字音乐、网络文学、动漫、影视、游戏、直播等为代表的大批数字行业快速崛起，产业集群化是重要趋势，呈现三级分布格局：以北京为中心的环渤海集群、以上海为辐射中心的长三角集群、以广深为中心的珠三角集群。北京市是全国政治与文化中心，拥有更多的文化资源、人才资源和科技优势，其以中关村地区科技园为中心向外辐射，形成"科技园区+文化"的数字创意产业发展模式。上海市把握自由贸易区的机遇，借助自身创意城市的品牌价值，融合科技制造业与金融贸易业，使得电影业、数字娱乐业、设计服装业等行业快速发展，推动数字创意产业成为本市经济增长的主要贡献力量。深圳市将数字创意产业纳入"20+8"战略性新兴重点产业集群，凭借发达的数字技术优势和丰富的文化创意资源，有力地推动了数字创意产业的快速发展。目前，深圳市数字创意产业的增速远高于同期全市GDP的增速，其产业规模和发展水平居全国领先位置，游戏产业更是占据全国市场份额的一半以上。2023年3月，深圳市数字创意产业协会由深圳华为云计算技术有限公司、深圳华侨城文化集团有限公司等 8 家数字创意产业头部企业发起成立,① 为深圳市数字创意产业的交流与合作提供了平台保障,有利于规范创作生产、传播运营、消费服务、衍生品制造等数字创意领域发展,从而有效提升深圳市整个数字创意产业的竞争力。

受到疫情的影响,人们的生活方式转向线上,"云逛街""宅经济""云展览""云演艺"等不断出现的新名词也反映出疫情常态化背景下我国居民文化消费的新趋势与新特征。远程办公或者说线上办公成为重要的工作形式,正朝着规范化方向发展。CNNIC 数据显示,截至 2022 年 12 月,我国线上办公用户规模达 53962 万人,使用率达 50.6%,规模较 2020 年 12 月增长 19402 万人(见图 3)。如今,数字技术发挥着使传统文化可视化、传播互动化、体验沉浸化、共享便捷化、消费多元化的作用,数字媒体也在形式、内容上加以革新,引发媒体存储、制作、设计、安全、管理等方面的变革,加上社会服务业需求的增长和行业的发展,数字创意产业和实体经济实现深度融合,这一系列的因素共同促进我国数字创意产业的迅猛发展。

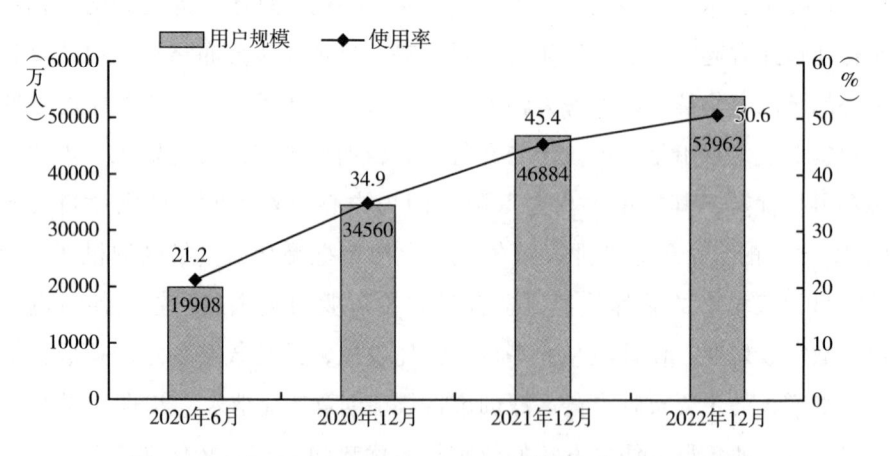

图 3　2020 年 6 月至 2022 年 12 月线上办公用户规模及使用率

资料来源:根据 CNNIC 数据整理。

---

① 颜鹏:《整合产业链资源　打造未来数字创意产业新高地》,《南方都市报》2023 年 3 月 24 日。

（二）我国数字创意产业面临的版权困境

尽管现在人们的版权意识越来越强，国家也出台了一系列政策法规加大对版权的保护力度，但由于政策、技术、版权意识等方面的原因，数字创意产业面临的版权困境日益突出。

1. 在政策层面，关于数字技术的版权保护体系尚未完善

网络文学、数字视频、盗版音频等通过网盘、微博、社交群落等途径大肆传播，严重损害了内容创作者和平台播出方的利益，但由于数字技术的灵活性、多样性和隐蔽性，法律尚未完全覆盖。再者，创意产业步入数字化时代后，盗版侵权者并不以营利为唯一目的，这与当前《刑法》所规定的"以营利为目的"是构成侵犯著作权罪的必备要素不完全吻合，这在一定程度上降低了版权保护法的实际适用效果。另外，侵权人的侵权载体从线下转移到了线上，且随着数字技术的革新，侵权载体不断更新，数字创意产业与其他产业的融合度不断提高，数字产业链条上的任何主体，如作品创作者、平台运营商、作品购买者等，都可能实施版权违法行为，侵权行为的多样化和侵权主体的角色复杂性增加了版权认定的难度。维权成本过高也让大部分受害者望而却步，依照现行的证据制度，准备侵权证明材料需要投入大量的时间和精力，举证支出庞大，法律诉讼成本高，且最后就算胜诉了，获得的赔偿金也未必能弥补维权成本，这也是当前版权服务难以发挥作用的原因。

2. 在技术层面，传统出版使用的版权技术满足不了数字创意产业的发展需求

在数字时代，作品创作和传播模式发生变化，以云计算为例，基于云计算的云渲染为影视、动画行业的后期制作提供便利，一部优秀动画作品的创作成本是非常巨大的。但在短视频盛行的当下，依靠剪辑、拼接、再创作而成的大杂烩动画短视频充斥网络，获得了公众关注和数据流量，但是，它们的制作成本却远低于原创动画制作的成本，使本该属于原创者的收益被窃取，且其在技术层面上的隐蔽使侵权取证非常困难。再如AI与在线教育，

人工智能技术通过图像识别、语音识别、语义分析、人机交互等关键技术为学生提供个性化的教学方案，但这些教学方案却存在极大的侵权风险，受制于AI技术的伦理问题，目前很难将"机器的侵权行为"归咎于确定的责任人，版权服务也面临新的难题。总之，数字版权保护技术是一种依靠内在保护的自身防御系统，版权服务的主要目标是建立用户使用和复制传播的许可管理系统，使用户在未经系统验证的情况下无法获取且无法复制相关数字产品，但从目前的情况看，我国的数字创意产业仍存在数字版权标准不统一、兼容性不强、加密与认证技术落后等问题。

3. 在版权运营层面，产业链运营主体各自为政、各交易权利主体信息不对称

对版权的专业管理能够让版权价值得到充分释放，但互联网的分享属性使得版权创造越来越容易，导致了版权的分散。现今还未形成完善的数字版权资产管理体系，无法为分散的版权权利人和新创造版权的权利人提供集中管理、交易和保护的平台，版权产业链割裂，运营混乱，创新生态系统还未形成。以网络文学版权为例，掌握网络文学大部分数字版权的盛大网文平台实际上并不具备纸质出版物的运营资格，而传统出版集团与之相反，缺乏数字版权的网文资源，这种割裂在数字创意产品本身一次性消费的属性下更加扩大化，进一步抑制了出版集团向下游运营主体提供优质版权资源的积极性，从而无法形成合作共赢的局面。

4. 在版权意识层面，大众数字版权保护意识依然薄弱

数字版权保护意识薄弱依然是阻碍当前数字创意产业高质量发展的重要因素。一方面，很多数字创意企业本身就缺乏必要的法律意识，在版权交易过程中缺乏严格的"先授权，后传播"的意识，版权的真正归属变得模糊混乱，由于侵权行为随时可能发生主客体的置换，依靠法律武器维护自身的合法权益变得困难；另一方面，广大网民数字创意版权保护意识薄弱，常常扮演着二次创作者和传播者的角色，尽管大部分并非以营利为目的，但也在无形中成为网络盗版横行的重要推手。

三 版权服务作用于数字创意产业的内在机理

（一）版权保护会改变数字创意产品性质

不同的外部约束条件下存在着不同的文化产品类型，一是既没有排他性又没有竞争性的公共产品型文化产品，二是具有非排他性但不具有非竞争性的公共资源型文化产品，三是既具有排他性又具有竞争性的私人产品型文化产品，四是具有非竞争性但不具有非排他性的自然垄断型文化产品。以上四种类型都是以一定的制度条件和技术条件为前提的，随着数字技术的发展，传播共享能力提高，复制成本降低，数字创意型文化产品的非竞争性和非排他性特征将更加明显。

但版权保护时代的来临成为改变数字创意产品性质的外部约束条件，使得数字创意产品的公共产品特征逐渐消融，逐渐具有竞争性与排他性。正如彭学龙指出的，从模拟技术到数字技术，文化产品的复制与传播技术的每一次革新都提高了文化作品的公共产品属性，而这一属性随着技术发展而日益凸显的特点也为上述现象乃至版权保护的日益扩张提供了最好的注解。[1] 如今数字创意产品正处于缺乏保护的时期，显示出很强的公共资源甚至是公共产品的特征，但由于创作者私人生产成本远非社会成本所能覆盖，市场也不能给予补偿，创作者的正向激励机制无法建构。而有了版权的保护，数字创意产品的性质发生改变，从公共产品转变为私人产品，甚至是私人垄断产品，由此便具备了进入文化市场的基本条件。

从版权保护对数字创意产品的经济性质和产品类型的影响可以看出，要想运用市场的手段推动数字创意产业发展，必须建立版权制度，这是实现数字创意产业高质量发展的基础。

---

[1] 彭学龙：《公共产品与版权保护》，《中南财经政法大学学报》2006年第5期。

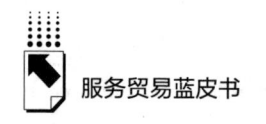

（二）版权是数字文化产品创意的交易载体

创意思想是无形资产，版权是数字文化产品的创意进行交易的有效载体。创意思想的非物质性表明，它们必须依附于相关的物化形式，以实现价值的转变。同时创意思想还具有非竞争性，它们可以依附于不同的物化形式，因此物化形式的数量并不会影响创意思想本身的价值。一个故事既可以通过书籍展示，也可以通过电影、电视、游戏、动漫、广告等形式叙述，还可以通过 VR、AR、MR 等技术手段形成新的文化消费业态呈现在人们面前，也就是说，故事是可以被无限复制的，与采取何种物化形式无关。作为数字创意产品中最有价值的组成部分，创意思想是核心，更是一种稀缺资源，正如文学作品的价值不是由印刷纸张的价格决定，影像作品的价值也不取决于胶片的价格一样，数字创意产品的价格也不是由何种技术决定，而是由创意思想决定，它的稀缺性决定了它的价值。版权的出现提供了创意交易的有效方式，将创意以版权的形式表现，版权能够进行交易、授权和质押，还可以有限期或无限期地转让，使得数字创意产品的价值得以更灵活、更充分实现。

（三）版权制度推动数字创意产业高质量发展

版权制度会造成自然垄断，垄断就导致了社会福利在一定程度上的损失，但从长远的可持续发展的眼光看，为了鼓励创新，让创作者拥有作品的垄断权是毋庸置疑的。完善的版权保护制度能够提高创作者的积极性，促进数字创意产业的健康发展。但是，在看到版权制度正面意义的同时，也应该认识到过犹不及，若所有涉及版权问题的制度都过于严格，反而不利于数字创意产业的繁荣生长。国际文化贸易主要表现为发展中国家对发达国家的学习，无论是技术水平还是创新能力，发展中国家均能通过对国外创意的学习、模仿与运用而逐步形成竞争优势，如果由于版权保护过度，学习成本增加，则国际文化交流与贸易环境势必每况愈下，创新步伐减缓。

经济学理论认为，公众对产品的需求决定了产品的价格，数字创意产品亦不例外。版权过度保护会增加数字创意产品制作成本，甚至使原本可以自由消费的文化产品也要支付费用，而在经济低迷的消费时代，公众对于文化产品价格需求具有更大弹性，尤其是在数字创意产品方面尚未养成支付消费习惯时，支付消费可能会使数字文化产品缩水。而从文化产品供给的角度来说，若创意思想能够活跃在文化市场中，那么新思想便会更容易迸发。"两个人各自交换自己的一个苹果，结果每个人手中仍然还是一个苹果，但两个人如果各自交换自己的思想的话，每个人将获得两种思想。"① 相对宽松的版权制度能够促进新思想、新创意的传播和交换，促进高质量数字创意产品的产生。

因此，我们在强调版权保护的同时，也应该把握适度性原则，找到一个最优点展开对数字创意产业的保护，使其朝着高质量的方向发展，构建符合时代特色的知识产权保护体系，在制度层面上推进知识产权机构改革，加快知识产权保护法律体系建设。②

四　版权服务促进数字创意产业高质量发展

（一）出台清晰的版权政策法规，保障数字创意产业健康发展

《版权工作"十四五"规划》指出："十四五"时期应坚持全面版权保护原则，加强版权全链条保护力度，持续提高版权执法质量、效率和公信力，充分发挥法治对推进版权治理体系与治理能力现代化的积极促进作用。③ 为此，应尽快建立全社会统一的数字版权技术规范。数字创意企业积极探索在业务进展过程中存在的技术规范空白点，为法律法规的完善提供支

---

① 冯晓青：《知识产权法利益平衡理论》，中国政法大学出版社，2006，第689页。
② 陈能军、史占中：《5G时代的数字创意产业：全球价值链重构和中国路径》，《河海大学学报》（哲学社会科学版）2020年第4期。
③ 《国家版权局关于印发〈版权工作"十四五"规划〉的通知》，国家版权局网站，2021年12月29日，https：//www.ncac.gov.cn/chinacopyright/contents/12228/355734.shtml。

撑。国家起到了系统总结行业发展实践的作用，及时出台版权数字保护相关规范与技术标准，根据实际情况不断进行调整优化，为数字创意产业发展营造良好的市场氛围，动态完善与建立数字版权的集体管理机制和市场交易规则，把发展一批版权中介服务机构提上日程。从重版权保护立法执法，向重版权创作和经营立法执法转变。在数字创意产业运营的过程中，存在着运营主体权利分割导致资源分散的问题，因此应在数字出版的传播过程中就做好明晰的版权利益分配工作，促进版权营运的配套保障体制建设。另外，金融机构推出更加完善的政策是解决数字版权的重点，因为数字创意产业越来越多地和金融结合在一起，出现了一系列金融风险，因此，完善金融法律法规对数字资产的认定和评估，能够促使数字文化创意企业继续做大做强。

（二）打造区块链版权服务平台，构建以版权为核心的数字创意产业服务平台

2018年9月，《最高人民法院关于互联网法院审理案件若干问题的规定》出台，其第十一条明确规定："当事人提交的电子数据，通过电子签名、可信时间戳、哈希值校验、区块链等证据收集、固定和防篡改的技术手段或者通过电子取证存证平台认证，能够证明其真实性的，互联网法院应当确认。"[①] 这为区块链存证方式提供了法律依据。电子存证通过区块链技术获得，具有获取便捷、保管方便且使用成本低的特点，可应用于各种知识产权案件。基于区块链系统的透明性，完整追溯到版权运营平台上创建的所有创作者，可按照结构合理分配版税。区块链与版权保护的自然结合，使区块链技术能够为数字版权保护的发展保驾护航。这对于数字创意企业来说，不仅有助于扩大高品质作品来源范围，提高筛选效率，而且还通过稳定的一键交易，保证电子存证公开透明，避免版权法律纠纷。此外，区块链技术的智能合约也能带来版权贸易的繁荣与经济创新的发展。尽管区块链技术在版权

---

① 《最高人民法院关于互联网法院审理案件若干问题的规定》，中华人民共和国最高人民法院网站，2018年9月7日，https：//www.court.gov.cn/zixun-xiangqing-116981/。

保护中的好处是显而易见的,但并不能说明这一技术是完美的。当下运用区块链技术促进数字创意产业发展仍然存在着数字环境下对区块链技术实质性认定不足、区块链的去中心化导致识别侵权人真实身份困难、区块链技术的版权保护制度协调性不够等问题,为切实构建以版权为核心的数字创意产业,还需做好多方协同,不断完善区块链版权服务平台的各项功能。

(三)搭建版权服务载体,培育数字创意内容创作和分享平台

由于数字创意产业发展迅速,其对技术和服务的要求不断提高,因此,搭建版权服务载体要强化版权服务人才队伍建设,在设立好版权登记服务中心的基础上,进一步引进和培育版权价值链的数字创意企业,孵化国家版权产业园区,发挥产业园区孵化器作用,促进版权创意产业转化,扩大服务范围,辐射相应区域的版权相关产业,打造数字创意产业园区聚集高地,推动建成国家版权示范产业园区。孵化版权产业服务平台,以相应区域版权登记服务中心和产业园区为基础,在版权评估、版权维权、版权保理、版权金融、版权交易等全产业链上形成数字创意产业的引领带动效应,发挥集聚效应和辐射效应,力争将相应区域打造成国际资本投资的文创产业平台和具有国际影响力的国际版权投资交易中心。成立版权产业智库机构,将高校、科研院所与相关企业、中介组织、行业协会的资源整合起来,建设版权产业智库机构。一方面,发挥智库机构对外宣传和沟通桥梁的作用,将其培育成数字内容创作和分享平台,为当地政府提供专业咨询和政策服务,对数字版权活动中的热点难点展开系统而有针对性的研究。另一方面,也可发挥智库人才培训和业务培训的功能,为版权从业人员提供提高版权业务水平的平台,规范版权相关服务机构及中介组织的市场行为,为做好相应区域版权产业的国际化交易、提升对外版权工作水平提供人才支持和智力支撑。

B.21 体育强国战略下中国体育服务贸易发展的现状评价与推进策略[*]

李萍 李文君[**]

摘　要： 自党的十九大报告提出加快推进体育强国建设以来，我国体育服务贸易稳步发展，已成为服务贸易的重要组成部分。按照"现状分析、环境分析、问题分析、策略探讨"的总体思路，本报告首先从总体层面阐述2017~2022年中国体育服务贸易的发展情况，进而分类描述职业体育竞赛表演、体育赛事赞助、体育赛事版权交易、体育培训、体育旅游、互联网体育服务的发展情况。其次，运用PEST模型，分析中国体育服务贸易发展面临的政策环境、经济环境、社会环境和技术环境。再次，从基础设施、市场主体、体制机制、数字化转型方面分析我国体育服务发展存在的主要问题。最后，针对现存问题，提出推进体育服务贸易发展的四项策略：一是持续加强体育基础设施建设；二是培育具有竞争力的国际化体育服务企业；三是落实促进体育服务贸易发展的相关政策；四是引导体育服务企业加快推进数字化转型。

关键词： 体育强国建设　体育服务贸易　PEST模型

---

[*] 本报告为北京第二外国语学院科研启航计划项目"'新常态'下中国外贸发展的动力转换与贸易强国建设的路径选择"（项目编号：KYQH20A028）的阶段性成果。
[**] 李萍，北京第二外国语学院经济学院讲师，主要研究方向为国际贸易理论与政策、中国经济发展问题；李文君，北京第二外国语学院经济学院2022级国际商务专业硕士研究生，主要研究方向为服务贸易、会展经济。

体育强国战略下中国体育服务贸易发展的现状评价与推进策略

引 言

党的十九大报告提出"加快推进体育强国建设",开启我国建设世界体育强国新征程。为进一步明确体育强国建设的目标、任务及措施,2019年10月国务院办公厅发布的《体育强国建设纲要》对我国体育强国建设进行了系统设计,强调要"充分发挥体育在全面建设社会主义现代化国家新征程中的重要作用"。党的二十大报告中提出了"促进群众体育和竞技体育全面发展,加快建设体育强国"的重要指示,进一步坚定了高水准建设体育强国的理想信念。实施体育强国战略是实现中国式现代化的进程的关键一环,也是实现中华民族伟大复兴的必由之路。体育服务贸易作为我国服务贸易的重要组成部分,其高质量发展可有效发挥体育产业的经济效益,促进体育产业创新发展,有助于推动体育强国建设。

目前我国关于体育服务贸易的研究聚焦于分析发展情况和策略、探讨数字化转型。总体来看,我国学者对于服务贸易的研究方向较为宽泛,针对体育服务贸易的专项研究相对较少。随着体育强国战略的推进,体育服务贸易日渐成为服务贸易中不可或缺的部分。本报告将全面分析2017~2022年中国体育服务贸易的总体发展情况和分类发展情况,基于PEST模型分析中国体育服务贸易的发展环境,并针对存在的现实问题提出推进策略。

一 中国体育服务贸易发展的现状分析

(一)总体发展情况

2017~2019年,中国体育服务贸易稳步发展,体育服务贸易进出口总额从1222.09亿元增长至2303.83亿元，进口贸易额和出口贸易额均稳步增长。然而受疫情影响，2020~2021年我国体育服务贸易受到严重冲击。2020年我国体育服务贸易进出口总额骤降至182.5亿元。2021年，我国体育服务贸易进出口总额进一步减少至101.95亿元。2017~2021年，我国体育服务贸易出口额占体育服务贸易进出口总额的比重呈"先增后降再增"的态势：2017~2019年，从7.2%逐步上升至28%；2020年骤降至3.83%；2021年小幅回升至7.91%（见表1）。我国体育服务贸易持续处于逆差状态，但逆差规模整体呈现缩小态势。

表1 2017~2021年中国体育服务贸易进口额、出口额及其占比

年份	指标	体育服务贸易进口	体育服务贸易出口	体育服务贸易进出口
2017	贸易额（亿元）	1133.89	88.2	1222.09
	占比（%）	92.8	7.2	100
2018	贸易额（亿元）	1400.1	425	1825.1
	占比（%）	76.7	23.3	100
2019	贸易额（亿元）	1657.4	646.43	2303.83
	占比（%）	72	28	100
2020	贸易额（亿元）	175.6	6.9	182.5
	占比（%）	96.17	3.83	100
2021	贸易额（亿元）	93.9	8.05	101.95
	占比（%）	92.09	7.91	100

资料来源：根据国家体育总局和商务部数据、《中国体育服务贸易成果、趋势与高质量发展路径研究》、《2020年中国体育服务贸易发展报告》、《2021年中国体育服务贸易发展报告》整理。

2017~2021年，中国体育服务贸易进出口总额占服务贸易进出口总额的比重呈"先增长后下降"趋势：2017~2019年，占比由2.60%上升到4.25%；2020年占比骤降至0.40%；2021年占比进一步下降为0.19%（见表2）。

表 2　2017~2021 年中国体育服务贸易进出口总额及其占比

指标	2017 年	2018 年	2019 年	2020 年	2021 年
体育服务贸易进出口总额(亿元)	1222.09	1825.1	2303.83	182.50	101.95
服务贸易进出口总额(亿元)	46991.10	52400.00	54152.90	45642.70	52982.70
体育服务贸易所占比重(%)	2.60	3.48	4.25	0.40	0.19

资料来源：中国政府网、商务部网站、中国一带一路网等。

总体来看，体育服务贸易已成为我国服务贸易的重要组成部分，在疫情之前体育服务贸易进出口呈现蓬勃发展态势。虽然疫情期间体育服务贸易进出口总额断崖式减少，但随着疫情结束以及体育强国战略的加快推进，体育服务贸易的发展前景良好。

（二）分类发展情况

结合国家统计局发布的《国家体育产业统计分类（2019）》与《2020 年中国体育服务贸易发展报告》中关于体育服务贸易的分类，本报告从职业体育竞赛表演、体育赛事赞助、体育赛事版权交易、体育培训、体育旅游、互联网体育服务六个方面，分析我国体育服务贸易的分类发展状况。

1. 职业体育竞赛表演

2017~2022 年，我国职业体育竞赛表演总体呈现良好发展势头。受疫情影响相对较小，国内有不少职业俱乐部、国家队在疫情防控时期仍然赴外参与比赛。

足球方面，国际冠军杯在 2015~2017 年和 2019 年在国内举办四届，共计十余支欧洲俱乐部来华参赛；中国杯在 2017~2019 年连续举办三届，每届均有四支国家队参赛，是国际足联认证的 A 类体育赛事，可获得国际足联积分；中超联赛外援收入常年占据俱乐部总支出的 70%~80%，国内球员收入不足外援收入的一半。[①]

[①] 陈晨曦：《新赛季中超限薪令出台：国内球员税前不超过 500 万元》，人民日报客户端，2020 年 12 月 14 日，https://wap.peopleapp.com/article/6068120/5980124。

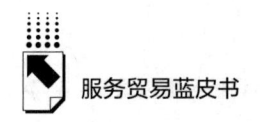

篮球方面，2016~2019年，数十位NBA成员来华参与NBA中国行活动；CBA联赛外援收入占CBA总收入的六成以上。

网球方面，2004年开始举办的中国网球公开赛仅在2020年和2022年因疫情停办两次，其在级别上仅次于四大满贯赛事，属于国内最高级的网球赛事；亚洲最高级别的男子网球上海大师赛于2009~2019年连续举办十年，后因疫情停办三年。

其他赛事方面，北京冬奥会是近年来国内举办的最大型的体育赛事，此次举办的北京冬奥会总投入超过人民币2000亿元[1]，涵盖场馆建设、基础设施建设等方面，吸引了约3.46亿中国人参与冬季运动，给冬奥会赛场周边的居民创造了约8.1万个工作机会[2]。中国旅游研究院预测，2024~2025年雪季中国冬季旅游人数将超过5.2亿人，预计收入7200亿元人民币。[3] 北京冬奥会激活了中国的冰雪经济，为中国人民创造了广泛持续的社会效益和经济效益。受疫情影响，2022年杭州亚运会、成都世界大学生运动会均推迟至2023年举办。

2017~2021年中国职业体育竞赛表演进出口规模如表3所示。

表3 2017~2021年中国职业体育竞赛表演进出口规模

单位：亿元

指标	2017年	2018年	2019年	2020年	2021年
进口额	27.54	37.17	40.28	26.40	13.90
出口额	0.14	0.31	0.40	0.30	0.60
进出口总额	27.68	37.48	40.68	26.70	14.50

资料来源：《中国体育服务贸易成果、趋势与高质量发展路径研究》《2020年中国体育服务贸易发展报告》《2021年中国体育服务贸易发展报告》。

---

[1] 《北京冬奥会带来哪些"冬奥经济效应"？》，澎湃新闻，2022年2月7日，https://m.thepaper.cn/baijiahao_16582383。

[2] 《国际奥委会发文庆祝北京冬奥会成功举办一周年》，新华网，2023年2月2日，http://m.news.cn/2023-02/02/c_1129331269.htm。

[3] 张小可：《冰雪旅游升温增强消费信心》，《中国体育报》2023年2月6日。

2. 体育赛事赞助

2017~2022 年，国内外企业在体育赛事赞助上表现活跃。为了提升品牌国际影响力，进军国际市场，国内外大量企业抓住世界杯、奥运会等大型体育赛事举办的机会进行了大量的资金投入。

国内企业赞助国际体育赛事方面，效果较为显著的是 2018 年和 2022 年，由于世界杯的举办，体育赛事赞助出口额显著提高，2018 年参与赞助世界杯的中国企业一共 7 家，金额超过 50 亿元①；2022 年，在卡塔尔世界杯上，中国 4 家企业作为世界杯官方赞助商，为卡塔尔世界杯赞助合计人民币 96 亿元②。

国外企业赞助国内赛事及队伍方面，2018 年中超公司与赞助商耐克公司续签订了一份 10 年的赞助合同，赞助费预计超亿元③；欧足联与支付宝于 2018 年 11 月签约了一份 8 年价值 2.3 亿美元的合作协议④；2019 年，耐克与中国中学生体育协会达成合作，耐克成为中国初高中篮球联赛的顶级赞助商⑤；2022 年，CBA 与官方赞助商卡特彼勒续签了一份为期 5 年的赞助合同⑥；2022 年北京冬奥会签约 45 家赞助企业，其中官方合作伙伴 11 家，官方赞助商 11 家，官方独家供应商 10 家，官方供应商 13 家，赞助收入创历届冬奥会新高⑦。

---

① 金晓岩：《世界杯商战中的"中国队"：豪砸 50 亿中国赞助商超三成》，《华夏时报》2018 年 6 月 17 日。
② 孔学劭：《卡塔尔世界杯"中企含量"破纪录！赞助世界杯，究竟赚钱吗？》，南方都市报客户端，2022 年 11 月 22 日，https://m.mp.oeeee.com/a/BAAFRD000020221122742341.html。
③ 《耐克正式与中超续约 曝每年赞助费不少于 1 亿 国足新战袍同亮相》，新浪网，2018 年 5 月 10 日，http://k.sina.com.cn/article_6407430798_17de9a28e001006cx1.html。
④ 《欧足联推出支付宝订票小程序，中签球迷可直接购买欧洲杯门票》，"懒熊体育"百家号，2019 年 6 月 13 日，https://baijiahao.baidu.com/s?id=1636193512413962611&wfr=spider&for=pc。
⑤ 《全新征程！耐克中国高中篮球联赛正式开幕》，新浪网，2019 年 10 月 9 日，http://sports.sina.com.cn/basketball/nba/2019-10-09/doc-iicezzrr1018975.shtml。
⑥ 《CBA 与卡特彼勒达成续约》，新华网，2022 年 12 月 14 日，http://sports.news.cn/c/2022-12/14/c_1129208780.htm。
⑦ 王世让：《北京冬奥会市场开发实现共赢发展》，《中国体育报》2022 年 1 月 27 日。

国内企业赞助国际体育协会方面，2016年，国际足联和万达集团签订长达15年的战略合作协定，万达成为国际足联官方合作伙伴[①]；2017年，国际奥林匹克委员会与阿里巴巴集团达成期限直至2028年的长期合作，阿里巴巴成为国际奥委会"云服务"及"电子商务平台服务"的官方合作伙伴[②]；2022年，阿根廷足协与万达体育以及7家中国企业达成战略合作协议，成为阿根廷国家队中国区赞助商[③]。

2017~2021年中国体育赛事赞助进出口规模如表4所示。

表4　2017~2021年中国体育赛事赞助进出口规模

单位：亿元

指标	2017年	2018年	2019年	2020年	2021年
进口额	12.87	66.87	10.60	24.80	41.30
出口额	4.56	3.90	5.50	5.60	4.25
进出口总额	17.43	70.77	16.10	30.40	45.55

资料来源：《中国体育服务贸易成果、趋势与高质量发展路径研究》《2020年中国体育服务贸易发展报告》《2021年中国体育服务贸易发展报告》。

3. 体育赛事版权交易

体育赛事版权交易方面，随着人们对高水平体育赛事的需求变大，部分知名企业通过购买高水平赛事的转播权盈利。2015年，腾讯体育向NBA购买5年转播权花费人民币约34.4亿元，双方于2020年续约5年，金额约96.5亿元[④]；2017年，央视与国际足联方面达成协议，央视获得未

[①]《万达与国际足联签15年赞助合同　中国企业首成主赞助商》，央广网，2016年3月20日，https://china.cnr.cn/yaowen/20160320/t20160320_521661114.shtml。

[②]《阿里巴巴拿下奥委会顶级赞助商》，界面新闻，2017年1月19日，https://www.jiemian.com/article/1080194.html。

[③]《阿根廷夺冠　中国赞助商狂欢》，"中国经营报"百家号，2022年12月19日，https://baijiahao.baidu.com/s?id=1752651280289613971&wfr=spider&for=pc。

[④]《正式敲定，5年15亿美元！腾讯续约NBA版权暴涨3倍，腾讯还能赚？》，2019年7月27日，搜狐网，https://www.sohu.com/a/329729928_100280455。

来两届世界杯独家版权，预估费用在 20 亿~30 亿元[①]；2018 年，苏宁以约 10 亿元人民币的价格获得 2018~2021 年共 3 个赛季欧冠系列赛事中国大陆地区的转播权[②]；2019 年，哔哩哔哩购买《英雄联盟》全球总决赛三年独家转播权花费人民币 8 亿元[③]；2021 年，中超海外版权收入约 2300 万元[④]；2022 年，央视购买卡塔尔世界杯转播权的具体金额未公布，价格预计在人民币 20 亿~30 亿元。由于国内高水平赛事较少，在该领域出口金额非常小。

2017~2021 年中国体育赛事版权交易进出口规模如表 5 所示。

表 5　2017~2021 年中国体育赛事版权交易进出口规模

单位：亿元

指标	2017 年	2018 年	2019 年	2020 年	2021 年
进口额	12.67	26.79	4.23	40.04	38.7
出口额	4.56	0.12	0.13		0.2
进出口总额	17.23	26.91	4.24		38.9

资料来源：《中国体育服务贸易成果、趋势与高质量发展路径研究》《2020 年中国体育服务贸易发展报告》《2021 年中国体育服务贸易发展报告》。

4. 体育培训

体育培训方面，参考王雪莉的计算方法，依据国家体育总局当年公布的

---

① 《央视独揽两届世界杯版权　费用飙涨难挡中国球迷热情》，腾讯体育，2017 年 11 月 8 日，https：//sports.qq.com/a/20171108/040558.htm。
② 《3 年 1.5 亿近期签约，苏宁大手笔拿下欧冠版权，中国球迷有福了。》，新浪网，2018 年 6 月 30 日，http：//k.sina.com.cn/article_ 1892080295_ 70c6daa7001008hqf.html。
③ 《三年 8 亿，B 站拿下〈英雄联盟〉全球总决赛独家直播版权》，"界面新闻"百家号，2019 年 12 月 4 日，https：//baijiahao.baidu.com/s? id = 1651953658261215421&wfr = spider &for = pc。
④ 《清华体育产业研究丨2021 年中国体育服务贸易发展报告》，"清华体育产业研究中心"微信公众号，2022 年 9 月 16 日，https：//mp.weixin.qq.com/s?_ _ biz = MzI5MDMwMDc4OQ = = &mid = 2247497639&idx = 1&sn = dc969b9d1b397de4dd88cef7a2b28783&chksm = ec2341bddb54c8ab7b0ffbad c7db73f8715fb61a7febdd7b2ad3b799bed8ec57cfa51bdd8e6&scene = 27。

决算信息，在统计中将体育训练支出的60%、体育交流与合作支出的30%和其他体育支出的20%合并作为专业体育培训服务进口金额，计算出2015~2019年我国的体育培训进口规模（见图1）。2020~2022年，受疫情影响，我国未派国家队赴外进行培训。

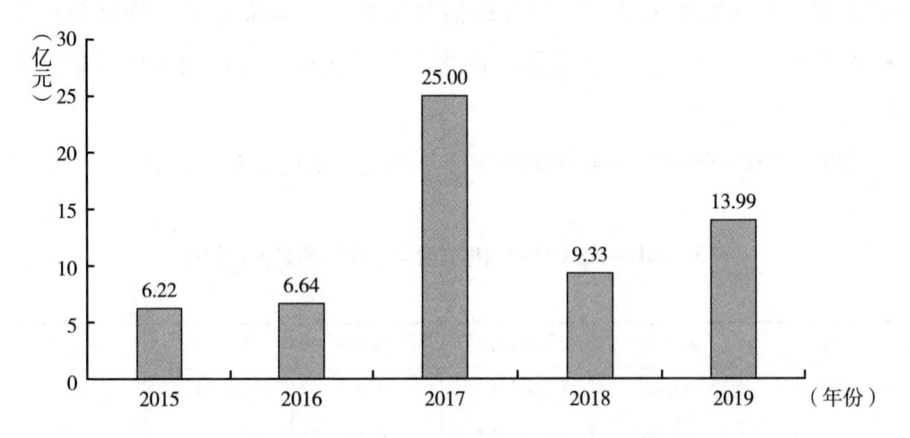

图1　2015~2019年中国体育培训进口规模

资料来源：国家体育总局。

5. 体育旅游

体育旅游在体育服务贸易中占比最高，主要由"参赛游"和"观赛游"组成。由于国外滑雪、潜水、马拉松等特色旅游项目发展水平高、体验感好，疫情之前体育旅游出口规模整体稳定。

马拉松项目方面，2017年，芝加哥马拉松100名中国选手参赛，较上年增长3倍；柏林马拉松中国选手参赛人数近1600人，为2017年中国选手的参赛人数最多的海外赛事[1]；2018年的马拉松六大满贯赛吸引了6155名中国内地和港澳选手[2]。

---

[1] 《海外跑马带动马拉松经济，中国跑者赴海外数量猛增》，新浪体育，2017年10月14日，http://sports.sina.com.cn/run/2017-10-14/doc-ifymvuys9656109.shtml。
[2] 《中国跑者跑向世界——来自世界马拉松六大满贯赛的数据报告》，"新华社体育"百家号，2018年11月16日，https://baijiahao.baidu.com/s?id=1617218544337694663&wfr=spider&for=pc。

特色旅游项目方面，2020年中国滑雪者人数约为1051万人，滑雪总人次约为1724万人①，虽然相比于前几年略有下降，但冰雪项目已然成为体育旅游的重要组成部分。

受疫情影响，2020~2022年我国出入境游客数量大幅减少，体育旅游受到严重影响，2020年我国体育旅游进口规模仅为2019年的5.42%（见表6）。

表6　2017~2020年中国体育旅游进出口规模

单位：亿元

指标	2017年	2018年	2019年	2020年
进口额	1051.10	1260.00	1548.41	84.00
出口额	1.03	0.82	0.80	
进出口总额	1052.13	1260.82	1549.21	

资料来源：国家体育总局、《2020年中国体育服务贸易发展报告》、《2021年中国体育服务贸易发展报告》。

6. 互联网体育服务

疫情之前，互联网体育服务是我国体育服务贸易的第二大领域，随着国内互联网企业的壮大，该领域发展潜力逐渐被挖掘出来。2017年，腾讯斥资3.7亿元收购知名网游《绝地求生》5%的股份②，从营收角度看，目前腾讯已经成为世界上最大的游戏公司。2018年，电竞游戏《英雄联盟》被纳入雅加达亚运会正式比赛项目，决赛中，中国队战胜韩国队夺冠，成为亚运会英雄联盟赛事的首个冠军。2020年以来，受疫情影响，我国电子竞技的出口额主要为国际职业电子竞技赛事中国选手的奖金收入。2017~2021年中国互联网体育服务出口规模如图2所示。

---

① 《2022年中国滑雪市场规模、人次、人数及发展趋势》，"华经情报网"百家号，2022年11月19日，https://baijiahao.baidu.com/s?id=1749886790834492241&wfr=spider&for=pc。

② 《腾讯大手笔：或斥资5000亿韩元收购〈绝地求生〉》，新浪游戏，2018年5月4日，http://games.sina.com.cn/wm/2018-05-04/doc-ifyuwqfa6116861.shtml。

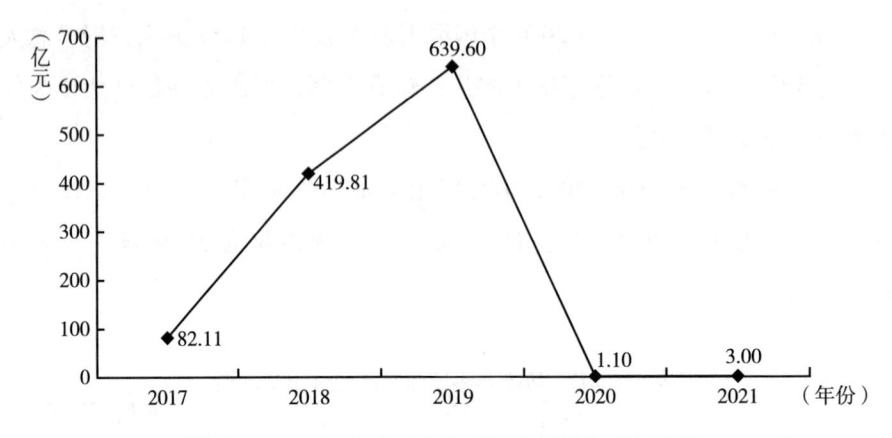

```
       700 ┤
    (  600 ┤                          639.60
    亿
    元  500 ┤
    )
       400 ┤           419.81
       300 ┤
       200 ┤
       100 ┤  82.11
         0 ┤                                    1.10      3.00
           └─────┬────────┬────────┬────────┬────────┬────→
              2017     2018     2019     2020     2021   (年份)
```

图 2　2017~2021 年中国互联网体育服务出口规模

资料来源:《中国体育服务贸易成果、趋势与高质量发展路径研究》《2020 年中国体育服务贸易发展报告》《2021 年中国体育服务贸易发展报告》。

二　中国体育服务贸易发展的环境分析

本部分将基于 PEST 模型的分析框架,从政策环境、经济环境、社会环境和技术环境四方面,分析我国体育服务贸易发展面临的环境。

(一)政策环境

近年来,中国政府对体育服务贸易的发展持大力支持的态度。国务院于 2019 年 8 月发布了《关于印发 6 个新设自由贸易试验区总体方案的通知》,提出在试验区内深入推进投资自由化便利化,深化国际体育赛事合作,同年 9 月发布了《关于促进全民健身和体育消费推动体育产业高质量发展的意见》,为我国体育服务业加快融入新发展格局、把握新发展机遇指引了方向。2021 年,国家体育总局发布《"十四五"体育发展规划》,指出要拓展全球体育伙伴关系,提高体育对外开放水平。2022 年文化和旅游部、国家发展和改革委和国家体育总局联合发布的《京张体育文化旅游带建设规划》对冬奥会后场馆利用和旅游业融合发展提出发展要求,提出树立奥运场馆赛后利用国际典范、打造国际冰雪运动与休闲旅游胜地等的建设定位。2022年国家体育总局发布的《关于体育助力稳经济促消费激活力的工作方案》提出要加快投资建设，深化融合发展，促进体育消费。国家发改委、商务部在2022年发布的《全国鼓励外商投资产业目录》中鼓励外资投资我国的体育行业（见表7）。

表7　2019~2022年中国促进体育贸易服务相关政策

时间	发布单位	名称	主要内容
2019年8月	国务院办公厅	《关于印发6个新设自由贸易试验区总体方案的通知》	在试验区内深入推进投资自由化便利化，深化国际体育赛事合作
2019年9月	国务院办公厅	《关于促进全民健身和体育消费推动体育产业高质量发展的意见》	要大力培育体育服务业态，创新商业模式，延长产业链条，提升体育服务业比重
2021年10月	国家体育总局	《"十四五"体育发展规划》	巩固与各国际体育组织和各国家（地区）务实合作，拓展全球体育伙伴关系，提高体育对外开放水平，坚持"请进来""走出去"，提升体育事业发展水平
2022年1月	文化和旅游部、国家发展改革委、国家体育总局	《京张体育文化旅游带建设规划》	推动奥运场馆赛后利用和旅游业高质量发展，树立奥运场馆赛后利用国际典范，打造国际冰雪运动与休闲旅游胜地、全民健身公共服务体系建设示范区、体育文化旅游产业融合发展样板
2022年7月	国家体育总局	《关于体育助力稳经济促消费激活力的工作方案》	加大赛事供给，丰富健身活动，推动场馆开放，加快投资建设，深化融合发展，促进体育消费
2022年7月	国家发展改革委、商务部	《全国鼓励外商投资产业目录》	鼓励外资投资体育用品制造业、体育场馆经营、健身、竞赛表演及体育培训和中介服务，户外运动营地等健身场地设施的建设、运营和管理，智能体育产品和服务的研发、普及与推广

资料来源：根据中国政府网及国家体育总局、商务部发布的政策文件整理绘制。

（二）经济环境

经济环境是体育服务贸易发展的基础。良好的国内经济形势对体育服务贸易的发展起着至关重要的作用。

1.人民生活水平的日渐提高为体育服务贸易的发展提供了机遇

人们在满足了最基本的生理与物质需求后，对身体健康的需求也会不断增加，体育消费需求也会上涨。2021年我国人均GDP达1.25万美元，然而截至2021年底，我国的居民体育消费总规模刚突破2万亿元①，人均体育消费额1428.57元（见图3），约200美元，在全球属较低水平，这说明我国的体育发展水平与发达国家相比还存在明显的差距。随着疫情的结束，我国经济形势将呈回升态势，居民可支配收入随之增加，人民的运动热情将会上涨，这些都有助于推动体育服务贸易实现跨越式增长。

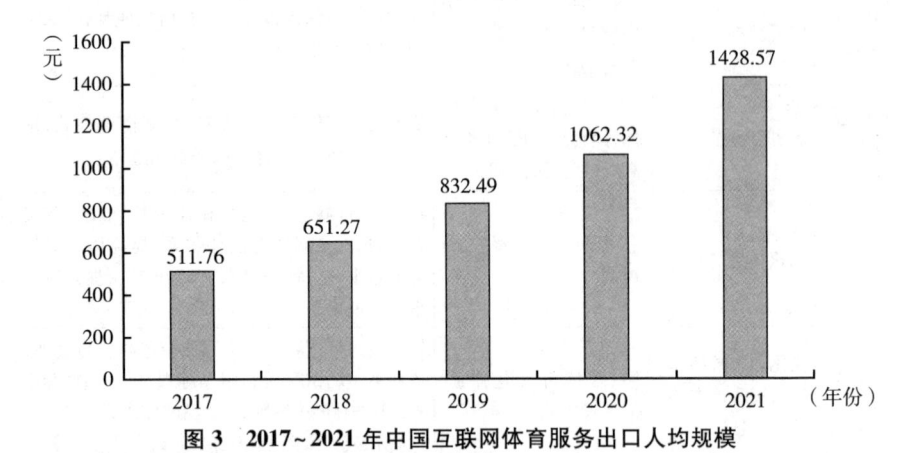

图3 2017~2021年中国互联网体育服务出口人均规模

资料来源：国家发展改革委、前瞻产业研究院、新浪财经。

2.国内整体经济形势向好驱动体育企业不断增加贸易额

近年来，从体育上市公司的种类看，中国体育产业向专业化、多元化方向发展。国内出现了一批大型体育公司，不少上市公司开始在体育产业进行布局，很多企业开启了国际化经营战略。以万达体育为例，2015年万达体育以10.5亿欧元并购瑞士盈方体育传媒，同年8月又以6.5亿美元并购美国世界铁人公司，一举成为世界上最大的体育经营公司，形成了体育赛事举

---

① 《全国居民体育消费总规模突破2万亿元 体旅融合渐入佳境》，"新浪财经"百家号，2022年2月23日，https://baijiahao.baidu.com/s?id=1725510251826586654&wfr=spider&for=pc。

办、运动员经纪、赛事营销、赛事转播的体育产业链，大幅推动铁人三项运动在国内的流行。腾讯公司旗下的腾讯体育，其经营范围涵盖了体育行业的大部分门类。腾讯体育在2015年与NBA签下了一份为期五年的独家转播合同，又在2020年以五年15亿美元完成续约。该举措将国外顶尖体育赛事引入中国市场，在很大程度上能够激发国民对体育运动的热情，也会增加国内外体育服务贸易额。不难发现，我国大型体育公司已经不仅仅局限于国内市场，而是纷纷走向国际舞台，加大对外贸易投资。

（三）社会环境

体育服务贸易的社会环境主要是国内的体育环境。体育环境是指以人类体育活动为中心的自然环境和社会环境以及体育环境相关要素的总和。体育环境是体育服务贸易发展的助推器，与政治环境、经济环境等互相配合，体育环境的建设是体育服务贸易发展中不可或缺的重要部分。

为了更好地满足人民的健身需求，促进全民健身运动的开展，我国政府采取了一系列举措来支持和推动我国体育产业的发展。首先是在体育基础设施的建设上满足群众的需求，不断与时俱进。近年来，国内涌现出一股"健身潮"，健身房、体育馆层出不穷。其次是传统体育项目和新兴体育项目的推广。武术、太极拳、气功、围棋等中国传统体育项目，能够进一步激发全民健身活力，带动更多人，尤其是中老年人养成运动习惯，将为推动体育强国建设注入更多动能。铁人三项、马拉松等新兴体育项目也能带动全民健身运动。2022年中国马拉松赛事场数达188场，参赛人数约数百万人，极大地促进了城市全民健身氛围的形成。

（四）技术环境

随着以5G、人工智能为代表的科技蓬勃发展，各行各业都进入了数字化转型的快速发展期，体育服务贸易作为服务贸易的重要组成部分也将朝着数字化、智慧化方向发展。2022年的服贸会上，体育服务专题作为本届服贸会展出面积最大的一个专题展，展示了诸多尖端科技，例如仿真滑雪器和交互式滑雪器等室内模拟运动、虚拟健身教练等。这些新技术的研发已广泛应用于国家队训练、校园冰雪运动普及和全民健身计划中，应用进度在全球范围内处于领先地位。此外，在各种类型的比赛中，AI 智能裁判的加入让比赛更具公平性，比如在足球比赛项目中运用的 VAR 裁判和鹰眼系统、在网球和羽毛球赛事中运用的电子判定系统等。随着互联网技术的发展，体育健身产品的科技化、智能化正日益改变着人们的健身方式，带动全民健身发展，推动体育服务贸易变革。

三 中国体育服务贸易发展的问题分析

我国服务贸易发展取得较大成效，但在基础设施、市场主体、体制机制、数字化转型等方面仍然存在诸多问题。

（一）体育基础设施供给不足

截至 2022 年末，全国共有体育场地 422.7 万个，比 2021 年增加 25.56 万个，人均体育场地面积达到 2.62 平方米①，而发达国家人均体育场地面积为 7 平方米，美国人均体育场地面积达到 16 平方米，日本人均体育场地面积为 19 平方米②。与发达国家相比，我国体育场地总量和人均体育场地面积均存在较大差距。此外，新兴体育项目场馆建设尚不完善，发展步伐较慢。乡镇体育基础设施不完善的现象尤为明显，基础设施供给不足会在一定程度上抑制体育消费需求。

（二）缺乏具有国际影响力的市场主体

目前，我国体育服务经营主体整体实力不强，国际影响力较弱。这主要由于三方面原因：其一，体育服务小微企业面临巨大的生存压力，国际影响

---

① 《中华人民共和国 2022 年国民经济和社会发展统计公报》，中国政府网，2023 年 2 月 28 日，http://www.gov.cn/xinwen/2023-02/28/content_5743621.htm。
② 《2022 年中国体育场馆运营主要产业政策及行业全景产业链分析》，"华经情报网"百家号 2023 年 3 月 13 日，https://baijiahao.baidu.com/s?id=1760216018770792709&wfr=spider&for=pc。

力微弱；其二，本土缺少具有国际影响力的专营体育服务的大中型企业，国内现有大中型体育服务企业多为兼营模式，比如万达体育、腾讯体育；其三，单边主义、保护主义仍然存在，逆全球化思潮阻碍了我国体育服务企业开展进出口贸易。

（三）赛事体制机制存在一定局限

目前我国体育服务贸易发展仍存体制性、制度性的缺点。职业体育竞赛方面，以国内最大规模的赛事中超和 CBA 为例，二者均存在职业联赛官方权威性不足、监管力度不足、高层官员管理能力有限等问题。此外，我国职业体育赛事的发展面临国际市场高水平体育赛事的冲击，在国内赛事竞赛水平弱于国际赛事的基础上，如何提高自己的影响力是目前面临的最大挑战。一些中小型赛事多数处于半开发状态，存在市场化水平不足、商业化程度不高、赛事影响力较低等问题。这些赛事如何开辟市场也面临着较大的挑战。

（四）体育服务数字化转型面临挑战

在探索推进体育服务贸易数字化转型过程中，进行网络体育服务必然会面临安全性问题。"互联网+"网络体育服务创新方面存在个人信息泄露的隐患。尤其是定制化、个性化的体育服务需要大量的个人隐私信息，安全性如果得不到保障，必然会抑制消费者在该领域的消费热情。当前，我国仍处于大数据发展的初级阶段，面临诸多技术难题，这些都是影响互联网体育服务进一步发展的重要因素。此外，数字化人才储备较少，体育行业从业人员大多难以胜任技术层面的工作，复合型人才短缺制约了该行业的数字化转型。

四 推进中国体育服务贸易发展的策略

通过分析 2017~2022 年中国体育服务贸易的各项数据可知，疫情出现以前，中国体育服务贸易总规模整体呈扩大态势，结构不断优化，逆差逐渐减小。但随着疫情在全球范围蔓延，我国体育服务贸易发展受到巨大的冲

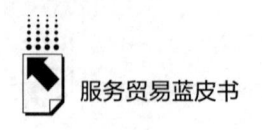

击。随着疫情的结束，体育服务贸易有望逐步恢复。为推动我国体育服务贸易高质量发展，可从以下四个方面着手。

（一）持续加强体育基础设施建设

各地政府需加快落实体育强国战略，加大基础设施建设力度，提高设施的质量和数量；建设更多的免费室外体育场馆，增加体育运动人口基数。同时增加专业体育场馆的数量，如游泳馆、羽毛球馆、滑冰场等，降低新兴、专业体育运动的门槛，激发民众热情；完善旅游基础设施，如旅游公路、旅游车站、旅游酒店等；加强设施的维护和管理，确保设施的正常运营，提高游客体验，加强对旅游和体育产业的投资，鼓励私人资本进入这一领域，促进体育产业的发展和壮大。

（二）培育具有竞争力的国际化体育服务企业

国内应培育和形成一批实力雄厚、专业性强的体育服务企业，树立我国体育服务贸易品牌，不能只依赖于国内市场与国外企业，要加强政策扶持，鼓励我国体育服务贸易企业迈出国门，提高国际竞争力，布局全球市场。充分发挥中国企业的优势，以中国的特色为基础，建设一批有竞争力的跨国企业。此外，可以冬奥为契机，借助冬奥经济效应，完善冰雪运动产业链，发展一批冰雪运动企业。

（三）落实促进体育服务贸易发展的相关政策

各级政府部门应对体育服务贸易的发展情况进行系统研究，出台针对体育服务贸易的专项政策和措施。首先，由于体育服务贸易涉及领域广泛，针对市场监管不严的问题，政府可以推动形成促进体育服务贸易发展的上下联动机制。加强顶层设计与实践探索之间的联动，细化体育服务贸易发展各项政策措施落实。其次，针对东南沿海地区与内陆发展差距较大等问题，开展区域试点工作。2019年，《关于印发6个新设自由贸易试验区总体方案的通知》提出要在试验区内深化国际体育赛事合作。若效果显著，可以推广至全国，带动全国体育服务贸易的发展。最后，可以制定税收优惠、土地保障等政策，吸引国外高水平体育队来华举办体育赛事。

（四）引导体育服务企业加快推进数字化转型

随着数字技术的发展，体育服务贸易进行数字化改革已成为其深化发展的必由之路。首先，各大企业应加快建设智慧化体育服务消费平台，发挥平台在资源整合、终端供需对接、企业协同创新方面的功能，支持平台企业带动和整合体育服务贸易产业链。[①] 其次，加快国内企业数字化体育服务出口。国内企业应发挥自己的优势，打造具有核心竞争力的特色产品。再次，加强体育服务企业内外部监管，杜绝泄露个人信息、诈骗等违法行为，保障消费者个人隐私和合法权益。最后，加快人才培育，通过技术网络化为体育人才提供平台，邀请国外相关领域人才对国内企业进行培训，增强数字化服务意识。高校开设相关专业，培养复合型、交叉学科的体育行业技术人才，为未来体育服务贸易的数字化转型布局，做好人才储备。

参考文献

陈艳林、潘丽英：《后危机时代我国体育服务贸易发展研究》，《武汉体育学院学报》2010年第9期。

宋昱：《自贸区战略进程中体育服务贸易推动体育服务业发展的策略研究》，《体育科学》2015年第4期。

王雪莉、白宫鼎、王鹏：《中国体育服务贸易成果、趋势与高质量发展路径研究》，《北京体育大学学报》2021年第7期。

黄海燕、康露：《新时代体育产业高质量发展的理论逻辑与实施路径》，《体育科学》2022年第1期。

翁锡全主编《体育·环境·健康》，人民体育出版社，2004。

[①] 林舒婷、沈克印：《我国体育服务业数字化转型价值、问题与路径》，《体育文化导刊》2022年第8期。

比较与借鉴篇
Comparison and Reference Reports

B.22
巴西的工业、服务业发展与国际贸易的关系分析

里卡多·马查多·鲁伊斯　吉尔伯托·阿西斯·利巴尼奥　黛安娜·乔卡特·柴布＊

摘　要： 本报告对2000~2020年巴西工业、服务业和国际贸易之间的关系进行了讨论，从就业水平、附加值和生产率三个方面对巴西的工业和服务业展开分析，并采用"微笑曲线"和全球价值链衡量附加值变化和结构性缺失。尽管这两种理论能充分描述一些亚洲国家经济结构的变化，但不足以解释巴西经济结构的变化。此外，本报告还讨论了巴西服务贸易及中巴服务贸易发展现状、特点，两国服务贸易的发展潜力。

＊ 里卡多·马查多·鲁伊斯（Ricardo Machado Ruiz），巴西米纳斯吉拉斯联邦大学经济科学学院（FACE）、区域发展与规划中心（CEDEPLAR）教授；吉尔伯托·阿西斯·利巴尼奥（Gilberto Assis Libânio），巴西米纳斯吉拉斯联邦大学经济科学学院（FACE）、区域发展与规划中心（CEDEPLAR）教授；黛安娜·乔卡特·柴布（Diana Chaukat Chaib），巴西米纳斯吉拉斯联邦大学经济科学学院（FACE）博士。本报告译者为北京第二外国语学院中国服务贸易研究院2021级国际文化贸易专业硕士研究生徐希珩。

关键词： "微笑曲线"　全球价值链　巴西工业　巴西经济　服务贸易

引　言

　　巴西是世界第五大国家，领土面积超过851万平方千米，人口达2.13亿人，排世界第六。2022年，巴西的GDP约为1.9万亿美元，但近几年巴西经济增长很不稳定，增速有放缓的趋势。巴西地理统计局指出，2010~2020年，巴西经济的年均增长率为1%左右，并在2015年、2016年和2020年出现了负增长。

　　自2010年起，巴西经济快速增长，政府实施的经济政策也有利于经济的持续增长，中央政府通过减税、控制基本输入品（能源和燃料）价格、贸易保护等方式来促进民间投资。从财政来看，中央政府加大财政投入力度、实施公共采购政策、为企业提供利率补贴。从收入分配来看，政府提高了最低工资水平和贫困户转移性收入。

　　2015年，为应对高通胀、外部约束以及公共债务持续飙升的问题，中央政府的经济政策发生了较大的变化，中央政府采取了一系列限制性措施，包括提高利率、取消价格管控、大幅缩减财政补贴和公共支出等。

　　经济政策上的改变导致2015年和2016年巴西经济出现严重衰退。2015~2016年，巴西的GDP下降36.5%以上，这是巴西有史以来最严重的经济危机之一。2016年政治危机（巴西总统罗塞夫弹劾案）发生后，巴西的经济危机进一步加剧。副总统特梅尔上台后仍继续推行限制性经济政策，2017~2019年，巴西经济复苏非常缓慢。

　　2017~2019年失业率一直在12%左右，而这种高失业率一直持续到2021年。2016年央行利率高达14.1%，此后几年里才开始降息，2020年利率降到最低（见表1）。2010~2022年各季度巴西GDP的增速情况如图1所示。

　　2020年，受新冠疫情冲击，巴西国内经济出现第二次衰退，而当时的巴西经济尚未从2015~2016年的经济危机中恢复过来，同时GDP下降了3.3%。疫情过后，2021~2022年巴西经济有所恢复。经济波动增长和两次重度经济衰退给巴西的人均GDP造成巨大冲击。自2014年以来，巴西人均GDP呈衰退态势。

表1 2010~2022年巴西宏观经济指标

单位：%

年份	失业率	通货膨胀率	GDP增速	央行利率
2010	8.5	5.9	7.5	9.7
2011	7.8	6.5	4.0	11.7
2012	7.4	5.8	1.9	8.8
2013	7.2	5.9	3.0	7.9
2014	6.9	6.4	0.5	10.7
2015	8.6	10.7	-3.5	13.2
2016	11.7	6.3	-3.3	14.1
2017	12.9	2.9	1.3	10.9
2018	12.4	3.7	1.8	6.5
2019	12.0	4.3	1.2	6.0
2020	13.8	4.5	-3.3	2.9
2021	14.2	10.1	5.0	4.1
2022	9.3	5.8	2.9	12.3

资料来源：巴西地理统计局和巴西中央银行。

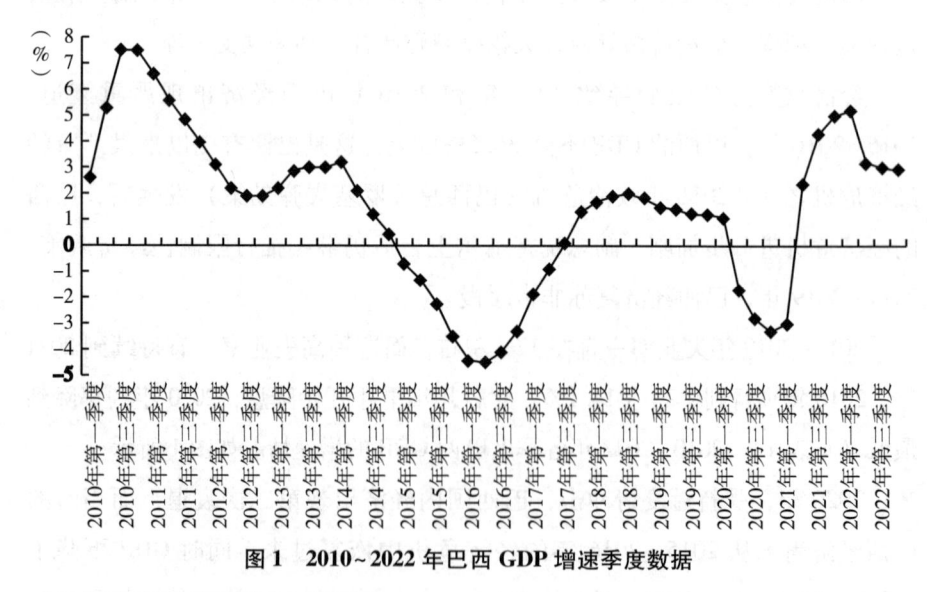

图1 2010~2022年巴西GDP增速季度数据

资料来源：应用经济研究所数据库，IPEAData（http://www.ipeadata.gov.br/Default.aspx）。

经济不稳定和政治冲突对巴西经济产生负面影响。工业和服务业仍面临投资水平低、技术差距大、产能闲置、竞争力不强等问题。然而有些特定行业在2010~2020年表现较为突出，例如，农业部门产值保持正增长，采掘业在全球市场中的份额有所提升，产量和出口量均显著提高。贸易顺差使巴西的国际储备增加，这正是影响物价稳定的关键因素。

巴西本土多数制造业公司业务以国内市场为主，而在高科技产业领域占主导地位的跨国公司对出口的倾向性较低，事实上，这些公司都是净进口商。由于2015~2022年巴西国内市场没有表现出强劲的增长态势，制造业投资少、产能闲置的问题突出。

巴西的制造业依赖国内市场，科技含量低的产品和货物为主要出口产品，而高科技产品、机械和服务的进口占比较大。2005年，在世界制成品出口记录中，巴西制造业的占比仅为0.85%；2020年，巴西制造业出口额的占比下降到0.43%。制造业不容乐观的现状引发了政界和经济学界对去工业化和在外部冲击下巴西经济脆弱性的广泛讨论。

2022年，巴西的大豆出口额达460亿美元、原油出口额达420亿美元、铁矿石出口额达250亿美元、谷物出口额达120亿美元、燃料出口额达100亿美元、糖出口额达95亿美元、咖啡出口额达85亿美元。这些产品出口额加起来一共占巴西出口总额的50%左右。采矿业和农业部门出口额在出口总额中占比较大，由此可见，巴西长期以来一直是大宗商品（原材料和食品）和低端制造业的主要供应国。大多数大型出口公司具有较强竞争力的原因在于，它们从事自然资源密集型产业，且多使用受教育水平不高的廉价劳动力。

尽管从大宗商品行业来看，巴西具有竞争优势，但2010~2018年巴西在世界出口总额中的占比仍没有改变，约为1.3%。在进口贸易方面，巴西从发达国家进口高科技产品和服务。自2010年以来，巴西在主要进口国世界排名中的地位不断下降，从2010年的第21位下降到2017年的第29位。

由此可见，巴西不仅在国际贸易中的份额并未增加，还存在依赖高科技产品进口的情况，同时制造业对GDP和就业率的贡献度也在下降。巴西的

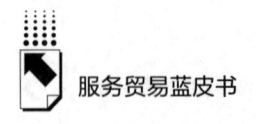

技术密集型制造业存在高逆差，而矿业、农业、食品工业存在明显顺差。尽管巴西的国际贸易差额波动性较大，但在大多数情况下处于贸易顺差。

巴西在国际贸易中的表现受中国经济增长的影响较大。中国对产品需求的增长拉动了大多数商品数量和价格的上涨，不止巴西出口的产品，还包括智利和阿根廷等诸多拉美国家的出口商品。2010年，中国成为巴西的主要出口国，在巴西出口总额中占比为15.3%。同时中国也是巴西第二大进口国，在巴西进口总额中占比为14.7%。2022年，中国一跃成为巴西第一大进口国。对巴西来说，中国既是最大的外部市场（占巴西出口总额的26.8%），又是最大的进口供应国（占巴西进口总额的22.3%）。2021年和2022年，巴西对中国的贸易顺差分别为400.57亿美元和286.84亿美元。自2010年以来，在中巴贸易往来中，巴西一直处于贸易顺差状态，而在对美贸易里则一直处于逆差状态（见表2）。

表2 2010~2022年巴西对中国、美国、阿根廷贸易差额

单位：亿美元

年份	巴西贸易差额	对中国	对美国	对阿根廷
2010	170.97	51.56	-77.37	40.74
2011	256.97	115.18	-81.96	57.95
2012	147.86	69.81	-58.37	15.53
2013	-89.57	86.98	-113.72	31.50
2014	-99.00	32.62	-79.99	1.34
2015	136.78	44.41	-24.43	25.09
2016	402.05	117.83	-6.61	43.33
2017	560.37	199.34	-9.37	81.73
2018	465.68	287.72	-41.34	37.84
2019	351.99	273.29	-50.58	-8.59
2020	503.93	330.10	-64.05	5.92
2021	614.07	402.57	-82.40	-0.70
2022	615.25	286.84	-138.67	22.45

资料来源：巴西外贸数据库（ComexStat/SISCOMEX）。

庞大的出口数量和商品行业的高竞争力让人们误以为，巴西经济在制造业、矿业和农业领域占有很高份额，但即便是2020年，三个产业加起来的总份额也只占GDP的30%。巴西的国内经济结构与其国际贸易结构之间存在明显差异：巴西是一个城市化经济体，其中，服务业和贸易部门产值占比很高，约占GDP的70%。当下巴西经济面临的一个重要问题是，如何发展服务业并提高制造业的竞争力。从国际合作来看，中国和巴西应谋求服务业和制造业的合作发展，以此实现互利共赢。

一 巴西工业和服务业

（一）工业和服务业概述

2000~2020年，巴西主要经济部门的就业率和增加值占比情况如表3和表4所示。其中，农业部门包括畜牧业、林业、渔业和水产养殖业。工业部门包括采掘业（如铁矿石开采和原油工业）、制造业（如食品、纺织、金属工业和汽车制造业等）、建筑业（建筑和住房建造、高速公路、铁路、城市化工程和基础设施），工业基础设施部门涉及能源生产和分配、天然气、输水管道、废物管理和净化及其他公共和私人活动。公共服务部门包括公共教育、医疗保险、国防安全。服务业包括贸易，交通、仓储和运输，信息通信，金融，保险及其他活动等。

表3 2000~2020年巴西各经济部门就业率

单位：%，千人

经济部门	2000年	2010年	2019年	2020年
农业和畜牧业	21.2	15.8	12.4	12.7
工业	18.5	20.8	18.6	18.7
采掘业	0.2	0.3	0.2	0.2
制造业	10.5	11.8	10.4	10.6

续表

经济部门	2000年	2010年	2019年	2020年
工业基础设施	0.7	0.7	0.7	0.7
建筑业	7.1	8.0	7.3	7.1
服务业	60.2	63.4	69.0	68.6
贸易	17.4	18.2	17.9	17.7
交通、仓储和运输	4.2	4.3	5.0	5.0
信息通信	1.0	1.2	1.3	1.4
金融、保险及其他活动	1.1	1.1	1.3	1.4
房地产	0.4	0.4	0.5	0.5
其他服务活动	26.4	27.6	32.3	30.7
公共管理服务	9.8	10.7	10.7	11.9
总经济部门	100.0	100.0	100.0	100.0
就业人数	78744	98166	105995	99254

资料来源：巴西地理与统计研究所（2022）—国民账户体系［IBGE（2022）-System of National Accounts］。

2020年，服务业就业率为68.6%，服务业增加值占GDP的比重达70.9%。2020年，工业部门就业率为18.7%，与2000年相比没有增长。农业和畜牧业部门的就业人数急剧减少，仅在2020年略有增加，从2019年的12.4%提升至12.7%，这种小幅增长可能是受到新冠疫情的影响。

工业和服务业异质性强，多样化程度高。2020年，贸易活动（零售、批发、配送和销售）雇用了近18%的工人；公共管理服务提供的就业岗位占全部就业岗位的12%左右，其中大多数集中在教育和卫生服务领域。

2000~2020年巴西各经济部门增加值占比情况如表4所示，其中，服务业的增加值占比最高，2020年服务业增加值占GDP的比重达70.9%。虽然工业部门就业率维持不变，但其增加值在GDP中的占比从2000年的26.8%下降到2020年的22.5%。尽管2020年疫情期间农业和畜牧业的增加值占比有所增加，但2000~2019年，年平均占比仅为5.1%。

表4 2000~2020年巴西各经济部门增加值占比

单位：%，亿美元

经济部门	2000年	2010年	2019年	2020年
农业和畜牧业	5.5	4.8	4.9	6.6
工业	26.8	27.4	21.8	22.5
采掘业	1.4	3.3	2.9	2.9
制造业	15.3	15.0	12.0	12.3
工业基础设施	3.1	2.8	3.0	3.2
建筑业	7.0	6.3	3.9	4.1
服务业	67.7	67.8	73.3	70.9
贸易	8.1	12.6	12.9	12.5
交通、仓储和运输	3.7	4.3	4.5	4.1
信息通信	4.3	3.8	3.4	3.6
金融、保险及其他活动	6.8	6.8	7.2	6.9
房地产	12.2	8.3	9.7	9.9
其他服务活动	16.9	15.7	18.1	16.4
公共管理服务	15.7	16.3	17.4	17.4
总经济部门	100.0	100.0	100.0	100.0
总经济部门增加值	7647	12907	14996	14915

注：以2022年价格和2022年12月汇率计算货币价值。

资料来源：巴西地理与统计研究所（2022）—国民账户体系［IBGE（2022）-System of National Accounts］。

由表5可知，巴西42%以上的服务业增加值集中在15个规模较大的城市，圣保罗就占了巴西服务业增加值的19.70%。据巴西的区域组织统计，巴西服务业高度集中在大城市。工业活动则更加分散，15个城市的制造业增加值合计占21.17%。

服务业的集中度明显高于工业。Domingues等人指出，服务业集聚与在隐性知识和特定资产方面更为集中的工业部门密切相关，并与专业供应商网络紧密相连。因此，巴西经济呈现空间分散的特点，这让提高贫困地区的人均收入变得十分困难，其他国家可能也面临与之类似的情况。

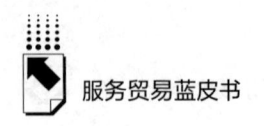

表5　2019年巴西经济活动集中度（增加值占比）

单位：%

序号	城市	农业	制造业	服务业	公共服务等	地区生产总值
1	圣保罗	0.03	6.88	19.70	5.59	14.14
2	里约热内卢	0.04	4.04	5.66	5.26	5.43
3	巴西利亚	0.32	0.68	3.52	9.69	3.70
4	贝洛奥里藏特	0.00	1.40	2.10	1.35	1.73
5	阿雷格里港	0.01	0.45	1.62	0.68	1.11
6	库里蒂巴	0.00	1.18	1.54	0.82	1.30
7	福塔莱萨	0.03	0.57	1.12	0.88	0.91
8	坎皮纳斯	0.00	0.69	1.12	0.43	0.89
9	萨尔瓦多	0.01	0.49	1.11	0.83	0.86
10	累西腓	0.02	0.40	0.92	0.67	0.74
11	戈亚尼亚	0.02	0.52	0.89	0.64	0.72
12	玛瑙斯	0.07	2.15	0.80	0.89	1.14
13	容迪亚伊	0.04	0.65	0.75	0.19	0.64
14	里贝朗普雷图	0.03	0.27	0.70	0.27	0.48
15	南卡西亚斯	0.00	0.80	0.60	0.59	0.61
	总计	0.66	21.17	42.15	28.78	34.40

注：公共服务等指公共服务、国防、教育、卫生及社会保障。
资料来源：巴西地理与统计研究所（2022）—国民账户体系［IBGE（2022）-System of National Accounts］。

巴西国内市场服务业收入占比情况如表6所示，由此可见，几乎所有服务活动都以国内企业和消费者为主，这使服务业发展依赖于国内需求的增长。巴西服务业的外部市场份额虽极少，但仍有一些外国投资进入，其中有提供全国性服务的跨国公司，经营领域包括电信、金融、航空运输和信息通信。然而在国际贸易方面，这些公司并不从事服务贸易出口，他们大多是机械设备、技术和高科技工程服务的净进口商。商品部门的盈余是服务部门进口的国际外汇来源。

表6 2017~2020年巴西国内市场服务业收入占比情况

服务业部门	公司数量（家）	总收入（百万美元）	国内市场收入（百万美元）	国内市场收入占总收入的比重(%)
家庭服务	21669	24876	24749	99.5
信息与通信服务	6227	79146	77556	98.0
职业与行政服务	25204	74212	73404	98.9
交通与邮政服务	13208	99302	96314	97.0
房地产	462	2457	1852	75.4
维修服务	1220	865	448	51.8
农业和畜牧业服务	898	14190	8295	58.5
社会保障金融附加服务	1038	6103	4623	75.7

注：表6中统计的公司指的是员工人数超过20人的公司，以2022年价格和2022年12月汇率计算货币价值。

资料来源：巴西地理与统计研究所考绩制度（2018~2020年），年度服务调查［IBGE PAS (2018-2020) Annual Survey of Services］。

（二）全球价值链和"微笑曲线"

在发达经济体中，服务业占比提升而制造业占比下降，这引发了一系列有关国际贸易对经济增长影响问题的激烈争论，如技术能力、收入分配、就业、战略性产业国有化等，甚至国家安全都成为重要议题。从公司业务的角度看，"微笑曲线"是能够综合表现此种争论的方法之一。

20世纪90年代初，宏碁集团首席执行官施振荣在一次公司会议上提出了"微笑曲线"。当时普遍观点是，制造业创造的附加值很少，因此，大公司的核心业务应集中在创新活动和复杂的服务上，这样能产生更高的附加值。"微笑曲线"和"倒微笑曲线"如图2所示。供应商在制造业中创造价值，形成一条倒置的"微笑曲线"。

从商业模式来看，企业进行内部研发、产品工艺创新、探索新技术、维护消费者关系，对其产品在市场上脱颖而出和获取新的需求信息尤为重要。公司既提供服务，又是制造商和供应商，即使这家公司本身并不

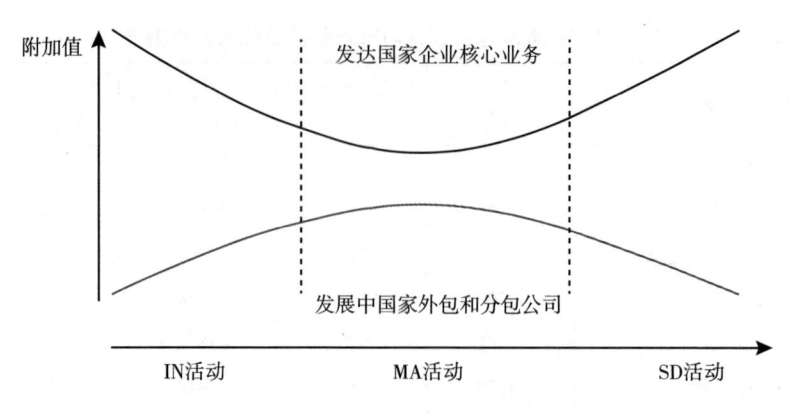

图 2 "微笑曲线"和"倒微笑曲线"

说明：IN 活动包括创新创意活动、产品设计、原型制作、专利、隐性知识、产业秘密、技术搜索、团队合作、熟练劳工、广泛学习、特定资产，MA 活动包括制造、装配、物流、采购、重复性工作、标准化技能、低工资、长工作时间、流水线工厂、大批量生产、包装运输，SD 活动包括运营服务、分销、咨询、品牌推广、定制、面对面关系、消费者需求和偏好、售后服务、维护维修。

从事制造业。制造业务活动将由成本低的专业分包公司来承担，其中大多数公司位于距巴西地理位置较远的海外国家，因此外包是另一种方式。

通过合同来限定技术、成本、数量、质量，甚至限制包装和运输程序，在此基础上，公司可以维持垂直型商业模式。产品和工艺技术受排他性协议、非竞争条款、专利和贸易机密的保护。生产体系中的经济主体也受到严格的法律约束。

这种商业模式催生了全球价值链（GVC）、原始设计制造（ODM）、全球范围内外包以及国家和公司之间的劳动分工。联合国贸易和发展会议（UNCTAD）在《2013 年世界投资报告》中对全球价值链进行了详细阐述，提到发展中国家能通过国际货物、服务与金融流动获得新机遇。全球价值链形成与亚洲国家的参与密不可分，马来西亚、印度、中国和韩国均在其中发挥了重要作用。但是，报告也提到，全球价值链会制约某些方面的增长。

人们担心，在产品进出口额占比高和全球价值链参与度低的地方，全球价值链对附加值的贡献会受到限制。跨国公司及其子公司可为当地公司提供参与全球价值链的机会，通过本地采购（通常是通过非股权关系）创造额外的附加值。对于发展中经济体，全球价值链增加值的很大一部分来自跨国公司的子公司。这引发人们对资本外逃的担忧，如关联交易转移定价等。子公司的部分收益将流回国内，这可能会对国际收支产生影响，尽管有证据表明，在大部分情况下，这种影响十分有限。

简言之，以"微笑曲线"和全球价值链为代表的商业模式是 20 世纪 90 年代初兴起的全球化经营组织模式。已有一些关于产业组织模式的研究，分析了全球范围内产业活动和附加值的不平衡分布问题，如 Dedrick 等、Linden 等、Shin 等、Moreira 和 Lee、Lee 等、Stark 等。这些研究分析了全球价值链中的手机、电子触屏板、电脑、咖啡、纺织、服装业和其他典型产品在生产制造时，存在财富（附加值）分配不均现象的原因。

随着工业和服务业之间建立起新的联系，人们也开始重新审视福特主义产业结构。Mizzo、Soete 和 Castellacci 引入基于制造业和其他服务部门的技术联系的服务分类。这种分类确定了服务的类型，包括供应商主导部门、规模密集型物理网络部门和信息部门、以科学为基础的专业供应商部门。第二种和第三种服务类型分别对应着"微笑曲线"的 IN 活动和 SD 活动，它们被跨国公司牢牢掌控着，从而保证了其对全球价值链的治理。

Stöllinger 得出结论，"工业经济"国家获得的增加值往往较少，与"总部经济"相比，"工业经济"处于不利地位。参与全球价值链的不同国家之间附加值的不对称性分配强化了全球生产网络中的"核心—外围结构"。研发能力不足和技术水平滞后是一个国家陷入"中等收入陷阱"的决定性因素。

Baldwin 和 Ito 分析了经济体组织模式、附加值在创造过程中的变化、制造业和服务业的作用。他们以"微笑曲线"为理论框架，分析来自"微笑曲线"中部的国家（如美国）的经济服务化（第三产业化），研究

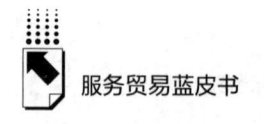

还着重讨论了印度尼西亚、马来西亚、菲律宾、泰国、中国、韩国和日本的经济。

该研究分析了1985~2005年的"微笑曲线"模型，并得出结论，充分预测了这些经济体在未来几十年将发生的重大变化。然而，中国从"倒微笑曲线"向"微笑曲线"转变的过程是一个特例，其他亚洲国家虽然也经历了类似的改变，但进程都十分缓慢平和。

从"微笑曲线"和"倒微笑曲线"的角度来看，应该引导高科技、高工资国家的企业将劳动密集型制造业务转移到海外，同时将高技术服务业留在国内。我们发现了一些证据可以支持这一观点：发展中国家减少自主外包的服务附加值，而发达国家留有较高的自主外包服务附加值。我们还发现，来自中国和其他国家的服务附加值弥补了减少的自主外包服务附加值。

（三）全球价值链基础上的再分析

在全球价值链和"微笑曲线"的基础上，以巴西为例，分析服务业、工业和农业三者的关系。作为发展中国家，巴西的经济组织形式应该接近于"倒微笑曲线"。发展中国家的传统工业活动增加值占比相对较高，而高附加值的服务业活动增加值占比相对较低。然而，表3和表4中的数据显示，近年来巴西工业就业率相对稳定，工业增加值占GDP的比重有所下降。服务业就业率和增加值占比均有所提升。因此，巴西并不完全遵循"倒微笑曲线"的模式。

以全球价值链为例，2000~2020年，巴西的生产结构和国际贸易并没有发生很大变化。制造业国内产值占比下降，同时其在国际贸易中的比重也呈下降态势。出口方面，工业商品出口额占出口总额的比重增加。虽然巴西进口了许多高科技产品，但制成品出口规模依然没有明显变化。巴西仍然是自然资源密集型产品、低技术含量产品、大宗商品、低技能和廉价劳动力的出口国。因此，就1990年后出现的新全球价值链而言，巴西处于弱势地位，并且在其中发挥的作用十分有限，所以无法实现20

世纪90年代初在全球价值链中创造附加值的目标。因而全球价值链和"微笑曲线"并不是解释巴西经济的最佳理论工具。

2000~2020年，巴西经济活动生产率（单个工人的增加值）如表7所示。生产率高的经济活动以工业活动为主，仅有少数来自服务业，这与"微笑曲线"一致。附加值占比和就业率较高的经济活动，其生产率却相对较低，这些活动包括贸易、农业、运输业、建筑业，这些经济活动不能完全体现在"倒微笑曲线"中。

巴西大多数工业活动的生产率高于服务业，这可以用"倒微笑曲线"解释。但2000~2020年，工业活动占比下降。人们本以为，高生产率通常意味着高增长率，而工业的情况显然在人们意料之外。对此，有人用进口替代模型做出解释，这一模型符合1930~1990年的巴西经济。巴西国内公司和跨国公司倾向于在国内市场发展，鲜少从事出口经营。这种向国内市场倾斜的态势，使大多数工业活动没有被纳入1990年后出现的新全球价值链。

巴西服务业的生产率相对较低，根据"倒微笑曲线"和全球价值链理论，巴西服务业的增长动力并不强劲。然而，与其恰恰相反，巴西服务业增加值占GDP的比重更大，对就业率的贡献也相对较大，2000~2020年服务业增加值占GDP的比重有所增加。巴西服务业并没有并入全球价值链，它的主要市场在国内，因此，巴西服务业在就业率和增加值中的高占比态势并不能用"倒微笑曲线"或全球价值链来解释。

表7 2000~2020年巴西经济活动生产率

单位：千美元

经济活动	2000年	2010年	2019年	2020年
铁矿石 I	94.9	396.8	469.9	706.4
精炼油 I	434.6	266.0	575.2	669.9
石油和天然气 I	362.9	411.4	520.9	395.1
房地产和租房服务 S	300.0	311.3	304.9	295.4

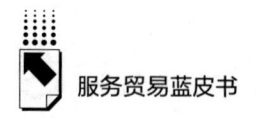

续表

经济活动	2000年	2010年	2019年	2020年
农药 I	52.6	69.6	111.8	116.6
树脂和弹性体制造 I	76.3	75.5	65.3	84.4
药品 I	72.7	77.4	79.0	80.9
化学品 I	82.5	62.1	67.3	75.4
金融中介和保险 S	58.6	81.2	77.2	72.9
电力、天然气、污水管道和城市清洁 I	45.3	51.9	60.2	63.7
烟草制品 I	34.0	72.6	54.3	51.4
杂化产品和试剂 I	21.2	42.0	40.8	48.4
有色冶金 I	24.2	24.4	35.5	45.6
酒 I	32.6	23.7	33.5	40.9
信息服务 S	43.3	42.9	37.0	38.2
钢铁及其衍生品制造 I	22.4	49.4	46.4	37.8
办公机械和电子材料 I	25.0	33.0	34.6	35.2
纸浆、纸制品 I	34.7	30.2	36.2	33.7
油漆等 I	21.6	26.5	21.5	32.5
公共管理和社会保障 S	20.2	26.0	31.8	30.6
其他采掘活动 I	8.2	22.9	26.2	29.3
其他运输设备 I	60.0	34.1	27.0	24.9
家电材料 I	20.2	23.5	24.7	21.9
香水、清洁品 I	15.7	15.0	21.6	21.5
汽车、货车、卡车和公共汽车 I	56.6	79.8	34.7	21.0
汽车零部件及附件 I	15.1	25.3	24.9	19.8
机械设备保养修理 I	19.7	19.4	18.5	18.6
橡胶、塑料制品 I	14.2	17.9	17.0	17.2
公共教育 S	10.3	13.1	17.4	16.5
食品饮料 I	9.2	13.7	13.3	15.8
商业服务 S	14.6	16.0	15.3	15.2
公共卫生 S	12.4	16.8	14.7	14.4
金属制品（不包括器械和设备）I	12.9	14.8	13.6	13.3
运输、仓储及邮递服务 S	8.6	13.2	12.7	12.5
报纸、杂志、唱片 I	18.8	13.9	11.2	12.3
水泥和其他非金属矿产 I	9.6	13.9	10.3	12.1
私人健康 S	11.4	11.1	12.1	11.5

续表

经济活动	2000年	2010年	2019年	2020年
农林业、伐木业 A	3.7	5.8	7.8	11.2
贸易 S	4.5	9.1	10.2	10.6
木制品(不包括家具) A	5.5	7.1	7.7	9.2
家具 I	9.7	8.7	8.5	9.0
建筑建造 I	9.5	10.3	7.6	8.6
私立教育 S	9.8	7.9	8.4	8.3
皮鞋、皮革工艺品 I	5.5	7.0	7.9	7.4
住宅及相关服务 S	5.4	5.8	6.1	5.9
住宿及餐饮服务 S	4.4	5.9	5.9	5.3
纺织品 I	8.2	6.9	6.2	5.0
保养维修服务 S	8.3	6.5	5.2	4.9
畜牧业、渔业 A	1.5	2.4	3.2	4.2
服装和配饰 I	4.9	4.9	3.9	3.6
家政服务 S	1.6	2.3	2.6	2.4
年平均生产率	9.7	13.2	14.2	15.0

注：S=服务业，I=工业，A=农业和畜牧业；以2022年价格和2022年12月汇率计算货币价值。

资料来源：巴西地理与统计研究所（2022）—国民账户体系［IBGE（2022）-System of National Accounts］。

在生产率最高的工业活动中，有一些属于原有的全球价值链，如石油、石化、采矿和商品贸易。就出口而言，天然食品和低工业化程度的食品（如肉类、大豆和玉米）占比较大。这些活动与工业服务、制造业、大规模运输和分销形成上下游关系。但这些出口活动并不需要复杂的服务、投入品和互补商品，这些出口活动与"微笑曲线"中的IN活动和SD活动类似。服务业通过工业综合体出口贸易融入全球价值链，但商品生产模式既不要求高科技产业和服务业，也不能鼓励它们发展。除此之外，贸易开放虽然使高技术产品进口成为可能，但也会对国内高科技机械设备的研发创新起到负面影响。

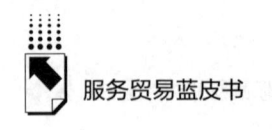

二 服务贸易

(一)巴西的服务贸易

服务业是巴西经济的主导部门,2021年服务业增加值占GDP的比重达70%。自2000年以来,服务业增加值占巴西GDP的比重一直呈增长态势。

尽管服务业在巴西国内占据主导地位,但就国际贸易而言服务贸易的表现并不突出。根据世界银行数据,2021年巴西服务贸易增加值仅占GDP的5%,过去10年服务贸易的占比一直稳定在5%左右。另外,服务贸易进出口额占巴西贸易进出口总额的13%左右。

巴西的服务贸易有三个主要特点:从事出口的公司数量相对较少,出口的目标国家数量较少,出口产品单一。

巴西的服务贸易存在结构性逆差。由图3可知,在过去20年里巴西服务贸易的进口额始终高于出口额,这表明巴西服务贸易长期处于逆差状态。

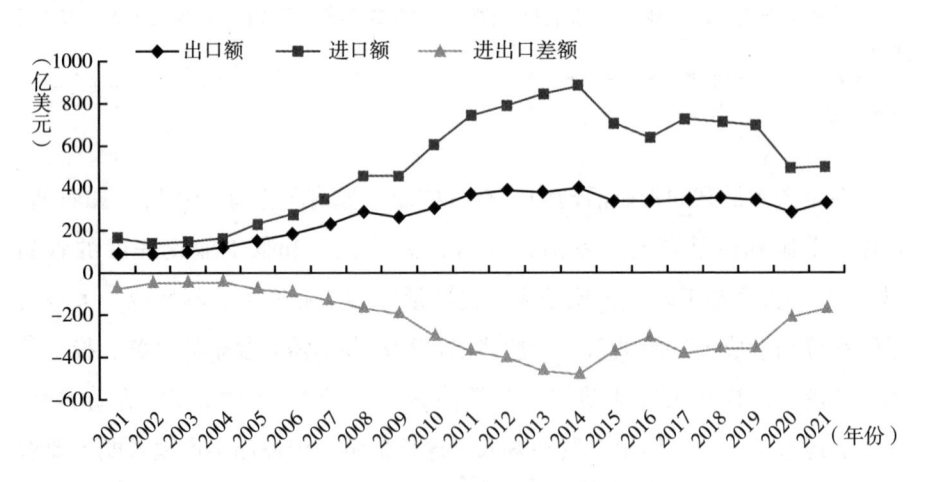

图3 2001~2021年巴西服务贸易进出口情况

资料来源:世界银行。

巴西的工业、服务业发展与国际贸易的关系分析

2021年，巴西服务贸易在新冠疫情后开始复苏，服务贸易出口额达331亿美元，同比增长16%。而服务贸易进口额为503亿美元，同比增长1.5%，并没有恢复到新冠疫情之前的水平。因此，2021年巴西服务贸易逆差为170亿美元左右，而2019年服务贸易逆差为350亿美元左右。

从构成方面看，巴西出口的服务主要是其他商业服务①，运输服务，电信、计算机和信息服务以及旅游服务（见图4）。2021年这四类服务出口额合计占巴西服务出口总额的比重近85%。同年，一些服务行业在疫情后得到恢复，如运输服务和其他商业服务，但有的重要部门如旅游服务尚未恢复到疫情前水平。

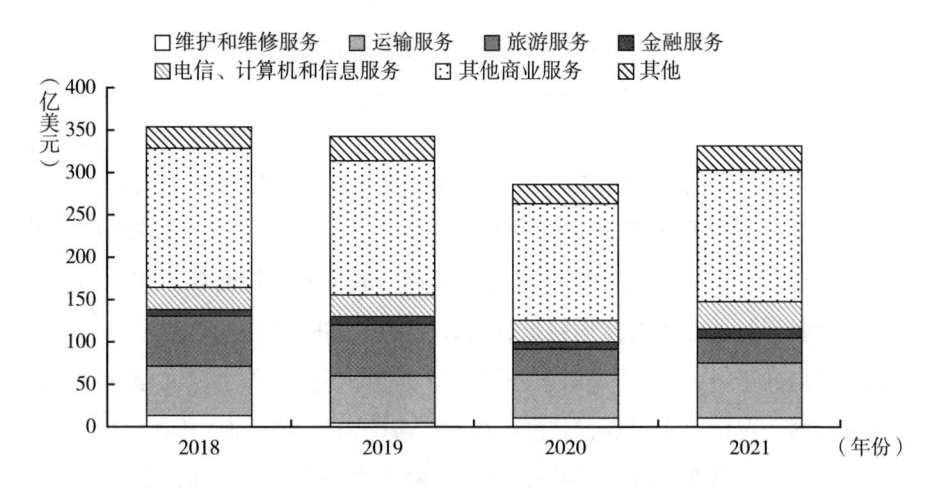

图4 2018~2021年巴西服务业各细分行业出口情况

资料来源：世界贸易组织（WTO）。

从服务进口的角度进行分析，巴西的其他商业服务占比最大，运输服务，电信、计算机和信息服务，旅游服务占比也相对较高，而且这四类服务在进口和出口贸易中都是重要领域。2021年，这四类服务进口总额恢到80%，但仍未恢复到新冠疫情前的水平，其主要原因是国际旅游业受到疫情冲击。2018~2021年巴西服务业各细分行业的进口情况如图5所示。

---

① 其他商业服务包括与建筑、工程、采矿、油气开采相关的服务。

365

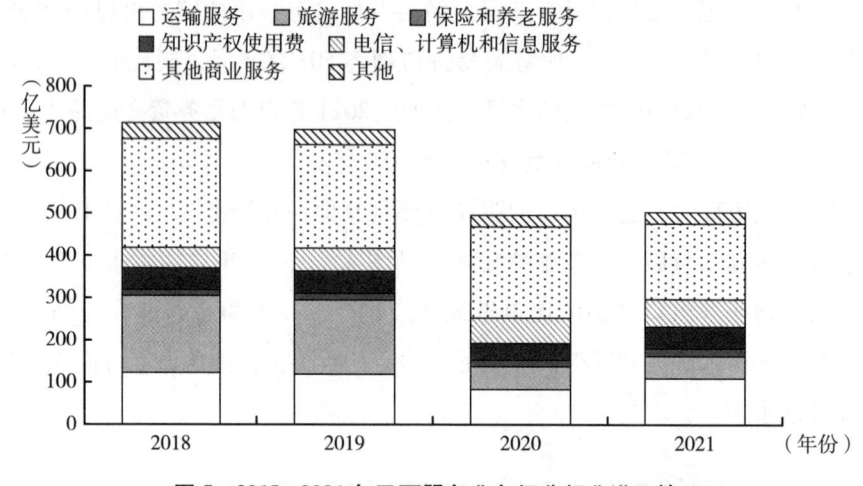

□ 运输服务　■ 旅游服务　■ 保险和养老服务
■ 知识产权使用费　▨ 电信、计算机和信息服务
▨ 其他商业服务　▨ 其他

图5　2018~2021年巴西服务业各细分行业进口情况

资料来源：世界贸易组织（WTO）。

从国际服务贸易对象来看，巴西的贸易伙伴呈现高度集中的特点。在出口贸易方面，美国是巴西的主要出口国，2021年美国占巴西服务出口额的44%，其次是英国，占比为6%。巴西货物贸易的重要合作伙伴，如中国和阿根廷，在服务贸易方面占比均较低，2021年中国和阿根廷在巴西服务出口额中的占比均低于1%。巴西进口服务贸易与之类似。美国作为巴西服务贸易的主要进口国，占比达43.6%，其次是荷兰，占比为7.3%，而中国仅占1%。

巴西参与服务贸易的主要公司可分为两大类。第一类是通信和信息技术服务公司，例如思科、国际商业机器、林克斯、斯普林特、甲骨文等，包括跨国公司的子公司。第二类是中介公司，包括物流、金融服务、咨询及娱乐公司。这一类中最重要的公司是公共和私人银行（巴西银行、布拉德斯科银行、伊塔乌银行）、航空公司（高尔航空、蓝色巴西航空、南美航空）、商业咨询公司（安永、德勤）、物流公司（联邦快递）和娱乐公司（巴西环球电视网）。

（二）中巴服务贸易

依据2018年世界贸易组织的统计数据，2017年中国是旅游服务的第五大出口国和第二大进口国,是商业服务的第四大出口国和进口国,也是其他商业服务的第五大出口国和第三大进口国。同年,巴西是第十大旅游服务进口国、第十四大商业服务进口国和第十二大商业服务出口国。从其他商业服务(法律、会计、咨询、公共服务等)的角度来看,巴西的进出口额分别位列第十和第九。目前,中巴两国在商务、旅游、建筑工程服务等多个领域开展合作。

中国和巴西之间的服务贸易量一直呈稳步增长态势,但与两国之间的商品贸易相比,仍然存在很大差距,这表明两国之间的服务贸易存在更大的发展空间。

2018年,巴西成为中国第十五大服务贸易进口来源国,两国服务贸易进出口总额达76.1亿美元,同比增长22.9%,其中,进口额为8.1亿美元,出口额为68.0亿美元。

在两国服务贸易中,中国长期处于贸易逆差,双边服务贸易结构随时间变化不明显,集中度较高。2016年,中国对巴西服务出口结构如图6所示,中

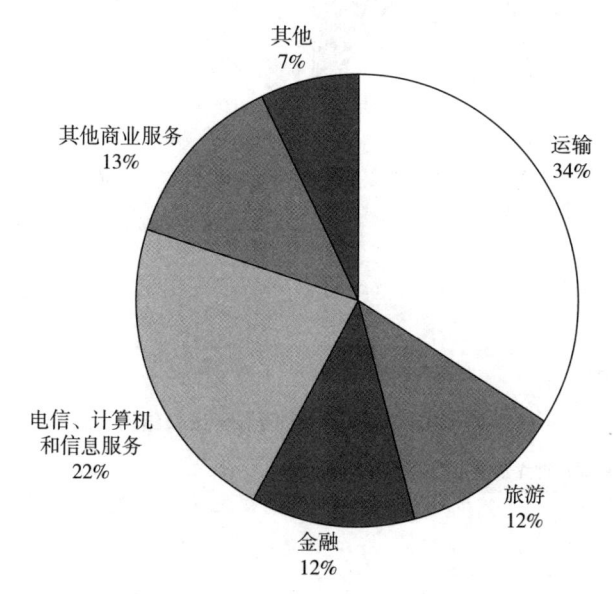

图6 2016年中国对巴西服务出口结构

资料来源:世界贸易组织(WTO)。

巴服务贸易以运输领域为主，其出口额约占出口总额的1/3，其次是电信、计算机和信息服务，占比为22%，中国对巴西服务出口的一半以上集中在这两类服务领域。①

另一方面，巴西对中国服务出口更为集中。2016年，巴西对中国出口的服务几乎90%都集中在运输领域，造成这种情况的主要原因是中国和巴西是重要的贸易伙伴，两者在货运需求和货物贸易方面有着极为密切的联系。因此，巴西向中国出口的主要服务与两国之间的商品运输有关。旅游、保险和养老金及其他商业服务也在巴西对华服务出口中，合计占比为8.7%（见图7）。

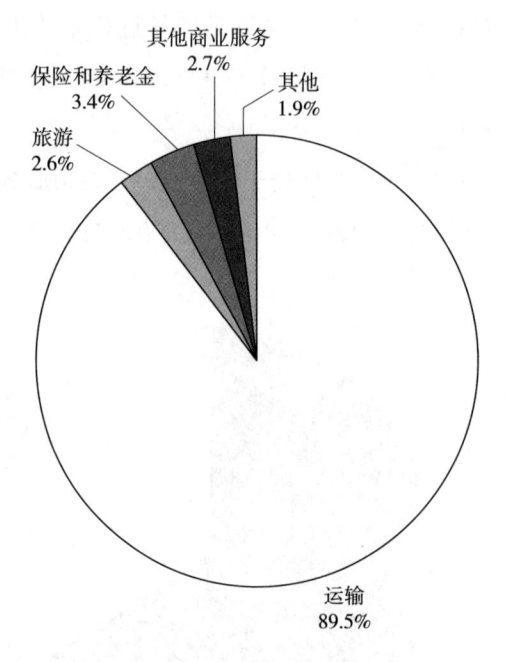

图7 2016年巴西对中国服务出口结构

资料来源：世界贸易组织（WTO）。

---

① 巴西与中国服务贸易的最新数据来自世界贸易组织数据库。

结 论

本报告讨论并分析了巴西经济中工业与服务业的关系，通过将其与亚洲发展中国家进行比较，得出如下结论。

巴西是一个城市化经济体，其服务业增加值占 GDP 的比重很大，约占 GDP 的 70%。巴西的出口贸易特点与其国内经济结构差异很大，国内经济结构更加多样化。巴西的服务业和工业是上下游关系，这种关系是静态稳定的，而非动态变化的，与发达国家工业和服务业的关系类似。巴西的服务业具有明显的异质性。大多数服务部门生产效率较低、科技含量不高、工资少，多雇佣低技能劳动力；仅有一小部分是高科技创新型服务业，雇佣熟练劳动工人，这一部分服务业有利于提高生产效率。巴西的工业和出口部门与传统的全球价值链紧密结合，不涉及复杂和创新服务。新的全球价值链可以重塑亚洲经济结构，但无法以同样的方式改变巴西的经济结构。新的全球价值链和"微笑曲线"虽然能用来解释亚洲国家的经济变化，却不是充分解释巴西经济的最佳理论工具。

巴西的服务业缺乏竞争力，依赖于国内市场，巴西服务贸易出口额占比小，而进口额占比较大。巴西的服务贸易和货物贸易均存在结构性贸易逆差。中巴之间的服务贸易总量呈稳步增长态势，两国服务贸易还有较大的发展潜力。

参考文献

Arbache, J., "Produtividade no setor de serviços," *Produtividade no Brasil*: *desempenho e determinantes*, vol. 2, De Negri, F. and Cavalcante, L. (org.). Brasília, Instituto de Pesquisa Econômica Aplicada (IPEA), 2015.

Arbache, J., "The Contribution of Services to Manufacturing Competitiveness in Brazil," *Innovation and Internationalization of Latin American Services* (LC/L. 4177), R. Hernández y otros (eds.), Santiago, El Colegio de la Frontera Norte/Comisión Económica para América Latina y el Caribe (CEPAL), 2016.

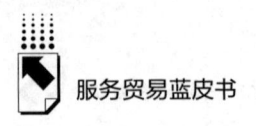

Baldwin, R., Ito, T., "The Smile Curve: Evolving Sources of Value Added in Manufacturing," *Canadian Journal of Economics* 4 (2021).

Castellacci, F., "Technological Paradigms, Regimes and Trajectories: Manuf-acturing and Service Industries in a New Taxonomy of Sectoral Patterns of Innovation," *Research Policy* 37 (2008).

Comexstat/Siscomex 2023, "Ministério da Indústria, Comércio Exterior e Serviços," http://comexstat.mdic.gov.br/pt/sobre.

De Negri, J. A., Kubota, L. C., "*Estrutura e dinâmica do setor de serviços no Brasil.* Brasília," Instituto de Pesquisa Econômica Aplicada (IPEA), 2006.

Dedrick, J., Kraemer, K. L., Linden G., "Who Profits from Innovation in Global Value Chains: A Study of The iPod and Notebook PCs," *Industrial and Corporate Change* 19 (2010).

Domingues, E. P. et al., "Organização Territorial dos Serviços no Brasil: polarização com frágil dispersão," *Estrutura e dinâmica do setor de serviços no Brasil.* Brasília, Instituto de Pesquisa Econômica Aplicada (IPEA), 2006.

Fajnzylber, F., "Industrialización en América Latina: de la 'caja negra' al 'casillero vacío': comparación de patrones contemporáneos de industrialización," *Cuadernos de la CEPAL*, N° 60, Santiago, Comisión Económica para América Latina y el Caribe (CEPAL), 1990.

Hiratuka, C., Sarti, F., "Relações Econômicas entre Brasil e China: análise dos fluxos de comércio e investimento direto estrangeiro," *Revista Tempo do Mundo* 2 (2016).

IBGE, "System of National Accounts. Publisher Instituto Brasileiro de Geografia e Estatística (IBGE), Rio de Janeiro, RJ - Brasil," 2022, https://www.ibge.gov.br/en/statistics/economic/trade/17173-system-of-national-accounts-brazil.html.

IBGE Health Satellite Account, "Publisher Instituto Brasileiro de Geografia e Estatística (IBGE), Rio de Janeiro, RJ - Brasil," 2022, https://www.ibge.gov.br/en/statistics/social/health/16865-health-satellite-account-editions.html.

IBGE PAC, "Annual Survey of Trade. Publisher Instituto Brasileiro de Geografia e Estatística (IBGE), Rio de Janeiro, RJ - Brasil," 2020, https://www.ibge.gov.br/en/statistics/economic/trade/17210-annual-survey-of-trade.html.

IBGE PAS, "Annual Survey of Services. Publisher Instituto Brasileiro de Geografia e Estatística (IBGE), Rio de Janeiro, RJ - Brasil," 2020, https://www.ibge.gov.br/en/statistics/economic/services/17345-annual-survey-of-services-pas1.html.

IPEA Data, "Instituto de Pesquisa Econômica Aplicada (Ipea), Rio de Janeiro, Brazil," 2023, http://www.ipeadata.gov.br/Default.aspx.

Jacinto, P. A., Ribeiro, E. P., "Crescimento da produtividade no setor de serviços e da indústria no Brasil: dinâmica e heterogeneidade," *Economia Aplicada* 19 (2015).

Lee, K., Qu, D., Mao, Z, "Global Value Chains, Industrial Policy, and Industrial Upgrading: Automotive Sectors in Malaysia, Thailand, and China in Comparison with Korea," *The European Journal of Development Research* 331 (2020).

Linden, G., Kraemer, K. L., Dedrick, "Who Captures Value in a Global Innovation Network? The Case of Apple's iPod," *Communications of the ACM* 52 (2009).

MDIC, "*Panorama do Comércio Exterior de Serviços*. Governo Federal, Brasília," 2017.

Miozzo, M., Soete, L., "Internationalization of Services: A Technological Perspective," *Technological Forecasting and Social Change* 67 (2001).

Moreira, U., Lee, K., "Governance and Asymmetry in Global Value Chains of the Coffee Industry: Possibility for Catch-up by Emerging Economies," *Seoul Journal of Economics* 36 (2023).

Palma, J., " 'De-industrialization', 'premature' de-industrialization and the Dutch Disease," *The New Palgrave Dictionary of Economics*, S. Durlauf y L. Blume (eds.), Nueva York, Palgrave Macmillan, 2008.

Palma, J., "Desindustrialización, desindustrialización 'prematura' y 'síndrome holandés'," *El Trimestre Económico*, vol. 86, N° 344, Ciudad de México, Fondo de Cultura Económica, 2019.

Pereira, W. M., Missio, F. J., Jayme, F., "El papel de los servicios en el desarrollo económico y la relación centro-periferia," *Revista de la CEPAL* N° 139 · abril de, 2023.

Shin, N., Kraemer, K. L., Dedrick, J., "Value Capture in the Global Electronics Industry: Empirical Evidence for the Smiling Curve Concept," *Industry and Innovation* 19 (2012).

Silva, C. M., Menezes Filho, N., Komatsu, B., "Uma abordagem sobre o setor de serviços na economia brasileira," *Insper Policy Paper*, v. 19, 2016. São Paulo.

Stark K. F., Frederick, S., Gereffi, G., "The Apparel Global Value Chain: Economic Upgrading and Workforce Development," *Technical Report*, Center on Globalization, Governance & Competitiveness, Duke University, November 2011.

Stöllinger, R., "Testing the Smile Curve: Functional Specialisation in GVCs and Value Creation," *Working Paper* 163, *The Vienna Institute for International Economic Studies*, 2019.

Tang, J. et al., "Research for Trade in Services between China and Brazil," Brasilia: IPEA, 2020.

UNCTAD, "World Investment Report 2013: Global Value Chains: Investment and Trade for Development," UNCTAD/UN, New York and Geneva, 2013.

World Trade Organization, "World Trade Report 2018: The Future of World Trade: How Digital Technologies are Transforming Global Commerce," Geneva.

B.23
全球数字贸易议题、规则与"中国方案"构建[*]

殷凤 党修宇[**]

摘　要： 随着数字技术的不断革新，数字贸易作为一种全新的国际贸易形式得以快速发展，在不断扩展贸易边界和模式的同时，对全球数字经济治理带来了全新的挑战。在此背景下，本报告首先梳理了各国在WTO电子商务谈判中的提案，根据相关提案分析了开放型、综合型、审慎型和合作包容型成员国的不同利益诉求。其次，归纳了FTA中的数字贸易规则，结合"美式模板""欧式模板""新式模板""中式模板"的核心条款，分析不同数字贸易规则模板的主要特点。再次，通过议题和规则的横向对比分析了美、日、欧、新、中的差异化数字贸易开放战略。最后，以中国利益为出发点，基于多边框架下数字经济治理、区域贸易协定中数字贸易规则谈判、国内制度建设三大方面，提出中国应理顺数字贸易领域相关概念，制定符合多数经济体利益的数字经济治理方案，并积极探索与发达国家的合作共赢之路；积极对接高标准数字贸易规则，加速中国贸易协定谈判过程中数字贸易规则引入和升级，扩大"中式模板"的影响力；进一步完善国内跨境数据流动、数字经济监管体系，积极推广可复制的数字贸易便利化举措。

---

[*] 本报告系教育部哲学社会科学研究重大课题攻关项目（项目编号：22JZD041）、教育部人文社会科学研究规划基金项目（项目编号：22YJA790080）、上海市2023年度"科技创新行动计划"软科学研究项目的阶段性成果。

[**] 殷凤，上海大学经济学院教授，博士生导师，上海大学中国服务经济研究中心主任，主要研究方向为服务经济与贸易；党修宇，上海大学经济学院2021级博士研究生，主要研究方向为数字贸易。

关键词： 数字贸易规则　数字贸易模板　"中国方案"

目前，数字贸易国际规则主要体现在 WTO 电子商务诸边谈判、《全面与进步跨太平洋伙伴关系协定》（CPTPP）、《美墨加协定》（USMCA）、《日美数字贸易协定》（JUDTA）、《区域全面经济伙伴关系协定》（RCEP）以及升级后的《澳大利亚—新加坡自由贸易协定》（ASFTA）等双边和区域贸易协定。

一　WTO 电子商务谈判进展与分歧

（一）WTO 电子商务谈判发展概况

WTO 对数字贸易规则的谈判是在电子商务框架下进行的，诸边谈判中多数成员的议案并未严格区分"电子商务"和"数字贸易"的概念。2017 年 12 月，阿根廷布宜诺斯艾利斯举办第十一届 WTO 部长会议，会议中 71 个成员国共同签订首份《关于电子商务的联合声明》，声明中重申全球电子商务的重要性并为数字贸易的包容性发展创造机会；[①] 2019 年 1 月 25 日，瑞士达沃斯电子商务非正式部长级会议召开，76 个成员国共同签署了第二份《关于电子商务的联合声明》，同意启动 WTO 电子商务谈判，并进一步表明该谈判的目的是在现有的 WTO 协议和框架的基础上，在尽可能多的 WTO 成员方的参与下，取得更高标准的成果；[②] 2021 年 7 月，澳大利亚、日本和新加坡驻 WTO 大使发表声明称：现有 86 个 WTO 成员方签署《关于电子商务联合声明》，在网络消费者保护、电子

[①] "Joint Statement on Ecommerce," WTO 网站，2017 年 12 月 13 日，https：//www.wto.org/english/tratop_e/ecom_e/joint_statement_e.htm。

[②] "Joint Statement on Electronic Commerce," WTO 网站，2019 年 1 月 25 日，https：//docs.wto.org/dol2fe/Pages/SS/directdoc.aspx?filename=q:/WT/L/1056.pdf&Open=True。

签名和电子认证、非应邀商业电子信息、开放政府数据、电子合同、透明度、无纸化贸易、网络开放8个条款取得实质性进展，并且进一步加强关于电子传输免征关税、跨境数据流动、计算设施本地化、源代码等问题的讨论。①

2019年1月至2023年2月，WTO成员方共提交92项与电子商务相关的提案，其中公开的有50项，除9项礼节性提案外，实质性提案共计41项。② 根据提案具体内容，大致可分为数据流动、隐私保护、市场准入和贸易促进四大类规则（见表1）。

表1 WTO成员方电子商务提案的议题分类

议题分类	具体内容
数据流动	跨境数据流动、计算设施本地化、网络开放、网络中介免责、公开政府数据
隐私保护	国内监管框架、个人信息保护、网络消费者保护、非应邀商业电子信息、网络安全
市场准入	数字产品的非歧视待遇、电子商务领域的知识产权保护、平台垄断、源代码问题、电信行业市场竞争、监管有效性和透明度
贸易促进	无纸化贸易、电子传输免征关税、电子签名和电子认证、数字鸿沟、电子支付、促进电子商务发展的合作

资料来源：作者整理所得。

（二）成员国WTO电子商务谈判立场分析

根据不同国家关于电子商务的提案，可以发现各国在数字贸易规则方面存在明显的分歧和不同的利益诉求，主要包括跨境数据流动和禁止本地化要求、源代码及算法规制和电子传输的免关税及数字税征收等。

---

① "Joint Statement Initiative on E-commerce Statement by Ministers of Australia, Japan and Singapore," WTO网站，2021年12月14日，https://www.wto.org/english/news_e/news21_e/ji_ecom_minister_statement_e.pdf。
② 相关数据由作者整理所得，详见WTO网站：https://docs.wto.org/dol2fe/Pages/FE_Browse/FE_B_009.aspx?TopLevel=-1。

第一类是以美国、日本为代表的开放型成员国，提案主要涉及数据流动和市场准入两类议题。[1] 从数据流动类议题来看，美国旨在破除数字贸易领域各类人为限制的非关税壁垒，通过允许数据跨境自由流动、网络开放、免除网络平台部分责任等举措，在推动各类数据信息自由流动的基础上为本国跨国数字巨头营造相对自由的营商环境，进一步强化跨国数字巨头在国际数字贸易中的垄断地位；从市场准入类议题来看，美国缔结的贸易协定中关于数字产品非歧视义务的适用范围正逐步缩小。一是将最初的"非缔约方的数字产品和生产商也可享有非歧视义务"从协定条款中剔除；[2] 二是通过引入"计算设施本地化"规则将数字产品非歧视待遇的"储存"删除，如CPTPP通过禁止计算设施本地化原则，使数字产品"储存"无法成为歧视待遇的理由；[3] 三是将数字产品非歧视待遇中的"分销商"权利剔除，如苹果商店（Apple Store）中部分软件为非美国的缔约方提供，根据现有规则上述分销商无法享有非歧视待遇，即将非歧视利益更为严格地限定于缔约国之间。美国设置较为严苛的数字产品市场准入制度的目的是，一方面将非歧视待遇限定在缔约国之间，进而建立以自身为主导的数字制度联盟；另一方面保障自身核心数字技术和数字产业不受侵犯。日本在数据流动类议题和市场准入类议题方面的提案与美国高度相似，除此之外，日本的电子商务提案还兼顾自身利益。比如日本呼吁对发展中国家实施贸易援助，通过缩小各国之间的数字鸿沟，扩大日本在全球的数字贸易市场；通过禁止政府不当获取商业秘密、隐私/行业数据等举措保护日本企业的数字知识产权。

---

[1] World Trade Organization, Joint Statement on Ecommerce, INF/ECOM/4, April 12, 2018; World Trade Organization, Joint Statement on Ecommerce, INF/ECOM/5, April 12, 2018; World Trade Organization, Joint Statement on Ecommerce, INF/ECOM/7, April 13, 2018.

[2] 如美国—新加坡FTA电子商务章节中14.3.3（a）（ii）条款与美国—韩国FTA电子商务章节中15.3.2（a）（ii）条款。

[3] Jie Huang, "Comparison of E-commerce Regulations in Chinese and American FTAs: Converging Approaches, Diverging Contents, and Polycentric Directions," *Netherlands International Law Review*（2）2017: 309-337.

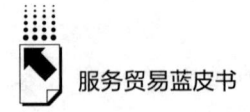

第二类是以欧盟、新加坡、加拿大、巴西为代表的综合型成员国,上述国家的电子商务提案涉及四类议题。① 从数据流动类议题来看,这些国家支持禁止计算设施本地化和公开源代码,允许数据跨境自由流动,但同时为国内监管自主权预留空间并且强调安全例外。从隐私保护类议题来看,这些国家均支持为线上消费者提供良好的网络环境,规范非应邀商业电子信息并保护个人信息不受侵害。从市场准入类议题来看,这些国家的侧重点有所差异,新加坡仅提及数字产品的非歧视待遇;欧盟侧重于制定电信行业的市场准入规则,包括重新定义电信行业内涵、提出电信行业的竞争性保障措施、提高电信供应商的法律确定性和预测性等具体举措;加拿大认为跨境服务一般是由电子通信所提供,在考虑电子商务的市场准入时需要厘清以电子通信为基础的服务贸易模式,并进一步提供不合法的针对性歧视和歧视理由清单;巴西虽然支持数字产品的非歧视待遇,但由于国内数字产业发展相对滞后,缺乏科技巨头和大型互联网公司,因此更强调平台垄断、网络平台非免责等问题。从贸易促进类议题来看,欧盟和加拿大支持电子传输免征关税、电子签名和电子认证,但并未有深化举措。新加坡在上述规则的基础上,提出各成员国应认识到电子发票系统和电子可转让记录法律效力的重要性,鼓励成员国之间互相操作电子发票系统,努力实现电子可转让记录的相互承认。巴西基于无纸化贸易,提出了一系列可操作的具体举措,包括单一窗口、电子贸易信息的可用性、数字技术下的海关放行和通关等。

第三类是以中国、俄罗斯为代表的审慎型成员国,上述国家的提案集中涉及隐私保护和贸易促进两类议题。② 中国作为新兴的数字贸易大国,其比较优势是互联网和电商平台的跨境货物贸易,因而在具体提案中偏向便利跨

---

① World Trade Organization, Joint Statement on Ecommerce, INF/ECOM/10, May 15, 2018; World Trade Organization, Joint Statement on Ecommerce, INF/ECOM/25, April 30, 2019; World Trade Organization, Joint Statement on Ecommerce, INF/ECOM/27, April 30, 2019; World Trade Organization, Joint Statement on Ecommerce, INF/ECOM/29, May 8, 2019.
② World Trade Organization, Joint Statement on Ecommerce, INF/ECOM/8, April 15, 2018; World Trade Organization, Joint Statement on Ecommerce, INF/ECOM/19, April 23, 2019.

境电子商务的举措，支持成员国进一步完善海关程序，在切实可行的范围内实行电子支付，并且鼓励成员国充分利用自由贸易区和海关仓库促进跨境电子商务。俄罗斯的提案则更注重个人隐私和信息保护，认为成员国应通过监管部门合作、提供跨境侵犯在线消费者权利的可能措施清单等方式，保护在线消费者利益。

第四类是以科特迪瓦为代表的合作包容型成员国。[1] 这些国家在数字基础设施、数字技术应用和数字人才等方面与发达国家存在显著差异，数字鸿沟的客观存在制约了发展中国家深度参与电子商务的能力。因此，科特迪瓦提出通过建立机构间合作论坛、设立援助基金等举措，弥合发达国家与发展中国家之间的数字鸿沟，并且强调差别待遇的方法，例如，科特迪瓦认为当前的发展中国家没有能力提供数字产品的市场准入清单，应在10年内公布一个自由化时间表。

二　FTA中数字贸易规则概况及模板分析

（一）FTA中数字贸易规则概况

目前，以WTO为代表的多边数字贸易规则缺位，各国难以借助WTO、GATT[2] 框架下的传统贸易规则解决数字产品市场准入、数据跨境流动、数字知识产权保护等一系列问题。2000年，美国—约旦FTA首次将电子商务章节纳入《自由贸易协定》（Free Trade Agreement，FTA），此后越来越多的国家将电子商务章节视为FTA谈判的重要内容之一，以此解决数字贸易过程中遇到的问题。

2000~2022年，共有93份FTA中含有独立的电子商务章节，占向WTO通报且生效的所有FTA的27%，其中发达国家—发达国家缔结数量为25

---

[1] World Trade Organization, Joint Statement on Ecommerce, INF/ECOM/46, November 14, 2019.
[2] GATT:《关税及贸易总协定》（General Agreement on Tariffs and Trade）。

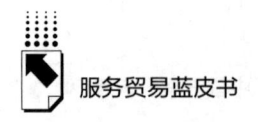

份，发达国家—发展中国家缔结数量为 57 份，发展中国家—发展中国家缔结数量为 11 份（见图 1）。

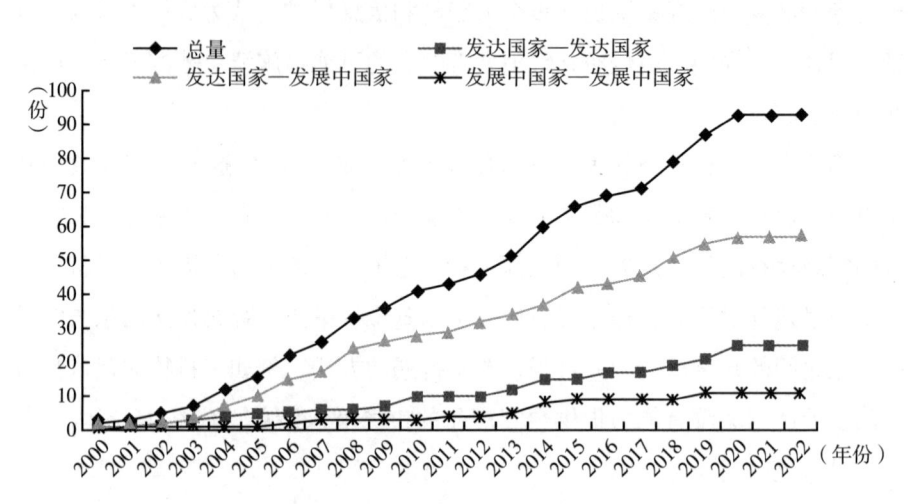

图 1　2000~2022 年含有独立电子商务章节的 FTA 数量

资料来源：作者根据 RTA 数据库及《数字贸易协定》整理所得。

除含有独立电子商务章节的 FTA 数量不断增加外，电子商务章节中涵盖的具体数字贸易规则呈现条款增加、标准提高、差异显著的特点。根据区域贸易协定电子商务和数据条款数据库（TAPED）的统计数据，2015 年以后电子商务章节的篇幅数量迅速增加。2015 年之前，电子商务章节的平均规则数量和字数分别为 5.6 条和 610.9 字；2015 年之后，电子商务章节的平均规则数量和字数分别为 13.4 条和 2126.2 字。[①] 并且，近年来数据跨境流动、源代码问题、计算设施本地化等第二代数字贸易规则被广泛纳入电子商务章节。[②] 与此同时，由于各国基于自身利益考量，在不断增加 FTA 中数字贸易规则条款数目并深化其内容细节的过程中，数字贸易规则呈现高度异质性。Monteiro 和 Robert 借助 Jaccard

---

[①] Burri M, Polanco R, "Digital Trade Provisions in Preferential Trade Agreements: Introducing a New Dataset," *Journal of International Economic Law* (1) 2020: 187-220.

[②] 盛斌、陈丽雪：《区域与双边视角下数字贸易规则的协定模板与核心议题》，《国际贸易问题》2023 年第 1 期。

指数①衡量 FTA 中数字贸易规则的差异性，通过对比 75 份含有独立电子商务章节的 FTA 后发现，近 80% 的 Jaccard 指数低于 0.2。②

（二）FTA 中数字贸易规则模板分析

本报告将 FTA 中数字贸易规则模板划分为"美式模板"、"欧式模板"、"新式模板"和"中式模板"，并结合 FTA 中数字贸易规则对四大模板的核心理念、具体内容和主要特征进行对比分析。

1."美式模板"

根据联合国贸易和发展会议（United Nations Conference on Trade and Development，UNCTAD）公布的数据，2020 年美国数字服务贸易规模占全球数字服务贸易总额的比重为 16%。作为全球数字服务贸易大国和强国，美国高度重视 FTA 中数字贸易规则的构建，并试图通过引入以自身利益为核心的数字贸易规则，主导全球数字经济治理。"美式模板"大致经历了 3 个发展阶段。

2000~2007 年，此时的"美式模板"设立了"电子传输免征关税""数字产品的国民待遇和最惠国待遇"等硬性规则，其他多为软性规则。2007 年美国—韩国 FTA 中首次将跨境数据自由流动从合作条款中剥离并设立独立条款，强调双方需认识到信息自由流动对贸易的重要性。至此，"美式模板 1.0"中的核心规则基本确立。

2008~2016 年，美国为促进亚太地区贸易自由化推动的《跨太平洋伙伴关系协定》（Trans-Pacific Partnership Agreement，TPP）谈判奠定了"美式模板 2.0"的基础。TPP 将"跨境数据自由流动"由软性规则改为硬性规则，并进一步考虑监管要求，规定缔约国可出于合法的公共政策目的限制数据流动，但该举措不得构成变相的贸易歧视，由此构成"规则+例外"的数据跨境自由流动的规制范式。该规则也成为后续"跨境数据自由流动"规

---

① Jaccard 指数越接近 1（0），表明两份 FTA 中包含的相同类型的数字贸易规则越多（越少）。
② José-Antonio Monteiro, Robert, "The Provisions on Electronic Commerce in Regional Trade Agreements," *WTO Staff Working Papers* ERSD-2017-11.

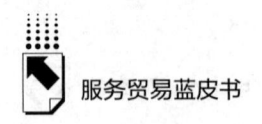

则的主要模板。与此同时，TPP进一步引入了"计算设施本地化""源代码问题"等硬性规则，以及"个人信息保护""网络消费者保护""网络安全"等软性规则。虽然TPP最终因美国的退出而破产，但其中的数字贸易规则对后续FTA的影响深远。

2017年至今，美国与墨西哥、加拿大两国缔结的《美墨加贸易协定》（USMCA）成为"美式模板3.0"。USMCA的深化形式体现为：第一，将"跨境数据自由流动""计算设施本地化"中的国内监管要求删除，并进一步剔除"计算设施本地化"中的安全例外条例；第二，扩大"源代码问题"中的信息保护范围，规定不得将源代码披露作为市场准入条件及强制披露的条件，同时将关键基础设施需披露源代码的义务剔除；第三，将互联网服务提供者的责任限制由知识产权章节扩展至数字贸易章节，免除互联网服务提供者的中介责任；第四，剔除分销商数字产品的国民待遇和最惠国待遇权利，对其实施更为严格的市场准入制度。《美日数字贸易协定》（UJDTA）与USMCA大致相同，但部分条款的设立不像USMCA那样激进，如"计算设施本地化"规则虽然也剔除了缔约方监管要求和安全例外，但明确金融业中的计算设施可不遵循此规定。

从主要内容和演进路径来看，"美式模板"主要有以下特征：第一，提出时间最早，条款覆盖面较广；第二，部分条款极具前瞻性，在很大程度上引领了第二代数字贸易规则的制定；① 第三，数字贸易规则条款的设置和引入充分反映了美国在数字贸易领域的诉求和雄心。上述条款内容和深化形式与美国WTO电子商务谈判提案所反映的核心诉求一致，即一方面鼓吹数据自由流动，为自身数字贸易建立一个相对自由的数字营商环境，另一方面维护美国数字巨头在算法等核心技术的竞争优势及网络平台利益。

日本早期（2015年前）缔结的数字贸易规则并未包括数据流动类规则，2015年TPP的达成标志日本数字贸易规则的转变，在此之后，日本缔结的

---

① 盛斌、陈丽雪：《区域与双边视角下数字贸易规则的协定模板与核心议题》，《国际贸易问题》2023年第1期。

数字贸易规则范式基本遵循"美式模板"。日本—蒙古国 FTA、CPTPP、UJDTA、日本—英国 FTA 中数字贸易规则的内容基本沿袭 TPP。但从日本 WTO 电子商务谈判提案及国内立法情况来看，与美国鼓吹的数据自由流动不同，日本将个人隐私保护和数字知识产权放在首位，在满足上述前提下尽可能减少跨国数据流动障碍。[①]"美式模板"的数字贸易规则如表 2 所示。

表 2 "美式模板"的数字贸易规则

FTA	数据流动				隐私保护						市场准入				贸易促进			
	1	2	3	4	5	6	7	8	9	10	11	12	13	14	15	16	17	18
美国
美国—约旦(2000)	×	×	S	×	S	×	S	×	H	S	×	×	×	×	H	×	S	×
美国—新加坡(2003)	×	×	×	×	×	×	×	×	×	×	H	H	×	×	H	H	×	×
美国—智利(2003)	S	×	×	×	×	×	S	×	×	S	H	H	×	×	H	×	S	×
美国—澳大利亚(2004)	×	×	×	×	×	×	×	×	×	×	H	H	×	×	H	H	H	S
美国—马来西亚(2004)	×	×	×	×	×	×	×	×	×	×	×	×	×	×	×	×	×	×
美国—CAFTA(2004)	S	×	×	×	×	×	×	×	×	×	H	H	×	×	H	×	×	×
美国—巴林(2005)	×	×	×	×	×	×	×	×	×	×	×	×	×	×	×	×	×	×
美国—秘鲁(2006)	×	×	×	×	×	×	S	×	×	×	H	H	×	×	H	×	H	S
美国—阿曼(2006)	×	×	×	×	×	×	×	×	×	×	×	×	×	×	×	×	×	×
美国—哥伦比亚(2006)	×	×	×	×	×	×	×	×	×	×	H	H	×	×	H	×	H	×
美国—韩国(2007)	S	×	S	×	×	×	S	×	×	×	H	H	×	×	H	×	×	×
美国—巴拿马(2007)	S	×	×	×	×	×	S	×	×	×	H	H	×	×	H	×	×	×
TPP(2016)	H	H	S	×	H	H	H	×	S	H	H	H	×	H	H	×	H	S
USMCA(2018)	H	H	S	S	H	H	H	×	S	H	H	H	×	H	H	×	H	S
UJDTA(2019)	H	H	×	S	×	H	H	×	×	H	H	H	×	×	×	×	H	×
日本
日本—新加坡(2002)	×	×	×	×	×	×	×	×	×	×	×	×	×	×	×	×	×	S
日本—菲律宾(2006)	×	×	×	×	×	×	×	×	×	×	×	×	×	×	×	×	×	S
日本—泰国(2007)	×	×	×	×	×	×	×	×	×	×	×	×	×	×	×	×	×	×
日本—瑞士(2009)	×	×	×	×	S	S	S	×	S	×	H	×	×	H	×	×	H	S

---

① 张雪春、曾园园：《日本数字贸易现状及中日数字贸易关系展望》，《金融理论与实践》2023 年第 2 期。

381

续表

FTA	数据流动				隐私保护					市场准入				贸易促进			
	1	2	3	4	5	6	7	8	9	10	11	12	13	14	15	16	17	18
日本—澳大利亚（2014）	×	×	×	×	H	H	S	S	×	S	H	H	×	H	H	×	H	S
日本—蒙古国（2015）	S	H	×	×	H	S	S	×	S	H	H	H	H	×	×	×	H	S
日本—欧盟（2018）	×	×	×	×	×	S	×	S	×	×	×	×	×	×	×	H	H	×
CPTPP（2018）	H	H	S	×	H	H	H	×	H	H	H	×	H	×	H	H	S	S
RCEP（2020）	H	H	×	×	H	H	H	×	H	H	H	×	H	×	H	×	H	S
日本—英国（2020）	H	H	S	S	H	H	H	×	H	H	H	×	H	×	H	×	H	×

注：序号 1~18 代表的规则依次为跨境数据流动，计算设施本地化，网络开放，公开政府数据，个人信息保护（国际标准），个人信息保护（国内标准），网络消费者保护，非应邀商业电子信息，统一监管框架，网络安全，数字产品国民待遇，数字产品最惠国待遇，源代码问题，技术中立原则，电子传输免征关税，载体媒介，电子认证、电子签名和数字证书，无纸化贸易。H 代表硬性规则，S 代表软性规则，×代表协定中未涉及的规则。

资料来源：作者根据 RTA 数据库及《数字贸易协定》整理所得。

2."欧式模板"

根据 UNCTAD 公布的数据，2020 年欧盟国家的数字服务贸易规模在全球数字服务贸易额中占比高达 39%。虽然欧盟国家的数字服务贸易总量高于美国，但欧盟缔结 FTA 中引入的数字贸易规则数量与深度明显落后于美国。2002 年，欧盟—智利 FTA 首次引入电子商务章节，并规定使用国际标准对个人信息进行保护，此后缔结的 FTA 中数字贸易规则主要围绕隐私保护类和贸易促进类规则展开。2018 年后，欧盟缔结 FTA 中的数字贸易规则才部分涉及数据流动类和市场准入类规则，如欧盟—日本 FTA 纳入"源代码问题"和"技术中立"硬性规则，欧盟—新加坡 FTA 首次纳入"数据跨境自由流动"软性规则，欧盟—英国 FTA 首次纳入"数据跨境自由流动"硬性规则及"公开政府数据"软性规则。此外，欧盟—英国 FTA 规定缔约方应在 FTA 生效 3 年内不断审查数据跨境流动的执行和运作情况，且缔约方可随时建议另一缔约方审查禁止数据本地化的限制清单。这与欧盟在 WTO 电子商务谈判中提案的立场一致，即将个人数据和隐私保护置于优先位置，在此前提下通过限制数据本地化的各项举措推动数据自由流动。

从"欧式模板"的主要内容和演进路径来看,数字贸易规则总体上缺乏独立且完整的体系,主要表现为以下几点:第一,缔结含有电子商务章节的 FTA 数量较多(14 份),但涉及的实质性规则较少。第二,条款灵活多变,对外并未保持统一立场。欧盟对数字贸易规则的制定通常会根据缔约国的比较优势灵活处理。① 例如,2018 年后缔结的 FTA 中,针对"数据跨境自由流动"规则,欧盟—日本 FTA 引入过渡条款,欧盟—新加坡 FTA 引入软性规则,欧盟—英国 FTA 引入"限制清单"模式下的硬性规则,欧盟—越南 FTA 则未引入相关规则。第三,实施严格的数字产品市场准入制度。欧盟在 WTO 电子商务谈判提案中多次强调"视听例外",而视听部门是数字贸易的关键内容,欧盟对数字产品的市场准入始终持审慎态度,其缔结的 FTA 未包含"数字产品的国民待遇和最惠国待遇"规则。第四,缺乏立足自身利益的数字贸易规则文本范式。"隐私保护"是欧盟贸易谈判中不可侵犯的核心,欧盟内部也制定了包括《通用数据保护条例》《网络安全法案》在内的系列区域性法案来维护信息安全。然而,在欧盟缔结的 FTA 中,隐私保护类规则尚未形成具有欧盟特色的规则,"个人信息保护"规则中未引入目的规范、使用限制等关键原则,"非应邀商业电子信息"和"网络消费者保护"更是以软性规则为主,缺乏足够的约束力。"欧式模板"的数字贸易规则如表 3 所示。

表 3 "欧式模板"的数字贸易规则

FTA	数据流动				隐私保护						市场准入				贸易促进			
	1	2	3	4	5	6	7	8	9	10	11	12	13	14	15	16	17	18
欧盟—智利(2002)	×	×	×	×	H	×	×	×	×	×	×	×	×	×	×	×	×	×
欧盟—加勒比海国家(2008)	×	×	×	×	H	×	S	×	S	S	×	×	×	×	H	×	S	×
欧盟—韩国(2010)	×	×	×	×	H	×	×	×	×	×	×	×	×	×	×	×	×	S
欧盟—南美洲(2012)	×	×	×	×	H	×	×	×	×	×	×	×	×	×	×	×	×	S
欧盟—中美洲(2012)	×	×	×	×	H	×	S	×	S	S	×	×	×	×	H	×	×	×
欧盟—格鲁吉亚(2014)	×	×	×	×	H	×	×	×	×	×	×	×	×	×	×	×	×	×
欧盟—乌克兰(2014)	×	×	×	×	H	×	×	×	×	×	×	×	×	×	H	×	×	×

---

① 周念利、陈寰琦:《数字贸易规则"欧式模板"的典型特征及发展趋向》,《国际经贸探索》2018 年第 3 期。

续表

FTA	数据流动				隐私保护						市场准入				贸易促进			
	1	2	3	4	5	6	7	8	9	10	11	12	13	14	15	16	17	18
欧盟—摩洛哥(2014)	×	×	×	×	H	×	S	S	×	S	×	×	×	×	H	×	S	×
欧盟—加拿大(2016)	×	×	×	×	×	H	S	S	S	×	×	×	×	×	H	×	S	×
欧盟—亚美尼亚(2017)	×	×	×	×	H	×	×	S	S	×	×	×	×	×	H	×	S	×
欧盟—日本(2018)	×	×	×	×	×	S	S	H	×	S	×	×	H	H	H	×	S	×
欧盟—新加坡(2018)	S	×	×	×	H	×	×	S	S	×	×	×	×	×	H	×	S	×
欧盟—越南(2019)	×	×	×	×	×	×	S	×	×	×	×	×	×	×	H	×	S	×
欧盟—英国(2020)	H	×	×	×	×	H	H	H	×	×	×	×	H	H	H	×	S	×

注：序号1~18代表的规则依次为跨境数据流动、计算设施本地化、网络开放、公开政府数据、个人信息保护（国际标准）、个人信息保护（国内标准）、网络消费者保护、非应邀商业电子信息、统一监管框架、网络安全、数字产品国民待遇、数字产品最惠国待遇、源代码问题、技术中立原则、电子传输免征关税、载体媒介、电子认证、电子签名和数字证书、无纸化贸易。H代表硬性规则，S代表软性规则，×代表协定中未涉及的规则。

资料来源：作者根据RTA数据库及《数字贸易协定》整理所得。

3."新式模板"

根据UNCTAD公布的数据，2020年新加坡的数字服务贸易在全球数字服务贸易中占比不足1%，数字服务贸易的竞争力相对较弱。从早期新加坡缔结的FTA来看，数字贸易规则主要涉及"电子传输免征关税""数字产品的国民待遇和非歧视待遇"。2016年新加坡—澳大利亚FTA在数字贸易规则上基本沿袭了TPP相关规则，不仅将"数据跨境自由流动""计算设施本地化""网络开放"等数据流动类规则引入协定，并且加入"个人信息保护""非应邀商业电子信息"等强制性隐私保护规则。此外，TPP还将以往的"无纸化贸易"规则由软性规则升级为硬性规则。2020年，新加坡—澳大利亚数字经济协议中不仅引入"政府数据开放"规则，并且进一步深化此前数字贸易规则的具体内容，例如，在"个人信息保护"规则中加入目的规范、安全保障、个人参与和问责制等关键原则，在"无纸化贸易"规则中加入"单一窗口"建设，在"电子签名和电子认证"规则中加入电子发票的具体举措。《数字经济伙伴关系协定》（Digital Economy Partnership Agreement，DEPA）中创新性引入跨境物流、人工智能、数据创新等软性规则。上述内容使新加坡的数字贸易规则上升到一个全新的高度，不仅为隐私保护类和贸易促进类规则提供了更为细致、具体的规制范式，并且促进了数字贸易便利化及新兴技术的发展。

从"新式模板"的主要内容和演进路径来看，主要有以下特征：第一，缔结含有电子商务章节的 FTA 数量最多（17 份），且缔结时间相对较早。第二，早期的数字贸易规则多为市场准入类和贸易促进类规则，2016 年后沿袭了 TPP 的多项规则，倡导的规则与"美式模板"较为贴近。由于新加坡整体数字竞争力仍落后于美国，数据流动类规则的设置并未像"美式模板 3.0"一样激进，相关条款并未剔除国内监管自主权及安全例外条例。第三，新加坡—澳大利亚数字经济协议和 DEPA 增设多项创新性数字贸易规则，协定覆盖的数字贸易规则在灵活和包容的基础上，兼顾了广大发展中国家的利益，"新式模板"逐渐形成。"新式模板"的数字贸易规则如表 4 所示。

表 4 "新式模板"的数字贸易规则

FTA	数据流动				隐私保护					市场准入				贸易促进			
	1	2	3	4	5	6	7	8	9	10	11	12	13	14	15	16	17	18
新加坡—新西兰（2000）	×	×	×	×	×	×	×	×	×	×	×	×	×	×	×	×	×	H
新加坡—美国（2003）	×	×	×	×	×	×	×	×	×	×	H	H	×	×	H	H	×	×
新加坡—约旦（2004）	×	×	×	×	×	×	×	×	×	×	×	×	×	×	×	×	×	×
新加坡—印度尼西亚（2005）	×	×	×	×	×	×	×	×	×	×	H	H	×	×	H	H	×	×
新加坡—韩国（2005）	×	×	×	×	×	×	×	×	×	×	H	H	×	×	H	H	S	×
新加坡—巴拿马（2006）	S	×	×	×	×	S	×	×	S	×	H	H	×	×	×	×	×	×
新加坡—秘鲁（2008）	×	×	×	×	×	×	×	×	×	×	×	×	×	×	×	×	×	×
新加坡—GCC 国家（2008）	×	×	×	×	×	×	×	×	×	×	×	×	×	×	×	×	×	×
新加坡—哥斯达黎加（2010）	×	×	×	×	×	×	×	×	×	×	H	H	×	×	H	H	×	×
新加坡—中国台湾（2013）	×	×	×	×	×	×	×	×	×	×	H	H	×	×	H	H	H	S
新加坡—土耳其（2015）	×	×	×	×	×	×	S	×	S	×	×	×	×	×	H	H	H	S
新加坡—澳大利亚（2016）	H	H	S	×	H	H	H	H	H	H	H	H	×	×	H	H	×	H
新加坡—中国（2017）	×	×	×	×	H	H	H	S	H	×	×	×	×	S	H	×	×	H

续表

FTA	数据流动				隐私保护						市场准入				贸易促进			
	1	2	3	4	5	6	7	8	9	10	11	12	13	14	15	16	17	18
新加坡—欧盟(2018)	S	×	×	×	H	×	S	S	×	×	×	×	×	×	H	×	H	×
新加坡—澳大利亚(2020)	H	H	S	S	H	H	H	H	H	H	H	H	H	×	H	×	H	H
DEPA(2020)	H	H	S	S	H	H	H	H	S	H	H	H	×	H	S	×	H	H
RCEP(2020)	H	H	×	×	H	H	H	H	S	×	×	S	×	H	×	H	S

注：序号1~18代表的规则依次为跨境数据流动，计算设施本地化，网络开放，公开政府数据，个人信息保护（国际标准），个人信息保护（国内标准），网络消费者保护，非应邀商业电子信息，统一监管框架，网络安全，数字产品国民待遇，数字产品最惠国待遇，源代码问题，技术中立原则，电子传输免征关税，载体媒介，电子认证、电子签名和数字证书，无纸化贸易。H代表硬性规则，S代表软性规则，×代表协定中未涉及的规则。

资料来源：作者根据RTA数据库及《数字贸易协定》整理所得。

4."中式模板"

根据UNCTAD公布的数据，2021年中国的数字服务贸易规模在全球数字服务贸易额中占比为5.04%，数字服务贸易已成为中国服务贸易的重要支柱之一。从中国缔结数字贸易规则的情况来看，相关规则集中于"电子传输免征关税""电子签名和电子认证""无纸化贸易""个人信息保护""网络消费者保护"。上述规则缔结表明中国立足于跨境电子商务的比较优势，积极推动数字贸易便利化和网络营商环境的改善，同时强调国家和个人信息安全。这与中国在WTO电子商务谈判中提案的立场一致。2020年，RCEP首次引入"数据跨境自由流动""计算设施本地化"等硬性规则，使其成为目前中国在数字贸易治理领域缔结的标准最高的FTA，对中国对标高标准数字贸易规则具有重要意义。

从主要内容和演进路径来看，"中式模板"主要有以下特征：第一，数字贸易规则缔结时间晚，涵盖数字贸易规则的FTA数量最少（5个）。第二，缺乏立足自身利益的数字贸易规则的文本范式。由于中国数字贸易规则开启时间相对较晚，且在国际数字治理领域的话语权较弱，贸易促进类和隐私保护类的规则多沿用以往的文本，相关规则尚未形成具有中国特色的深化形式。第三，数字贸易规则的法律约束力相对较弱。虽然中国缔结的数字贸易规则多为硬性规则，但中国缔结的 5 份 FTA 均将争端解决机制剔除。争端解决机制的缺失将会降低相关条款的法律确定性。① 第四，部分条款的设定体现了对发展中国家的包容性。以"电子传输免征关税"规则为例，电子传输永久性免征关税不可避免地造成发展中国家税基遭受侵蚀并产生利润转移的结果。② 基于对发展中国家的利益考量，中国在 WTO 电子商务谈判中的提案支持遵循 WTO 规定，暂缓对电子传输征税。这一立场也体现在 FTA 相关规则中，与前 3 个模板中电子传输永久性免征关税的措辞不同，中国缔结的 5 份 FTA 均为"临时性"电子传输免征关税。③ "中式模板"的数字贸易规则如表 5 所示。

表 5 "中式模板"的数字贸易规则

FTA	数据流动				隐私保护							市场准入				贸易促进			
	1	2	3	4	5	6	7	8	9	10	11	12	13	14	15	16	17	18
中国—韩国（2015）	×	×	×	×	×	H	×	×	×	×	×	×	×	×	H	×	H	S
中国—澳大利亚（2015）	×	×	×	×	H	H	S	S	H	×	×	×	×	×	H	×	H	H
中国—新加坡（2017）	×	×	×	×	×	H	×	×	×	×	×	×	×	S	H	×	H	H
中国—毛里求斯（2019）	×	×	×	×	H	H	×	×	×	×	×	×	×	×	H	×	H	H
RCEP（2020）	H	H	×	×	H	H	×	×	×	×	×	×	S	×	H	×	H	S

注：序号 1~18 代表的规则依次为跨境数据流动，计算设施本地化，网络开放，公开政府数据，个人信息保护（国际标准），个人信息保护（国内标准），网络消费者保护，非应邀商业电子信息，统一监管框架，网络安全，数字产品国民待遇，数字产品最惠国待遇，源代码问题，技术中立原则，电子传输免征关税，载体媒介，电子认证、电子签名和数字证书，无纸化贸易。H 代表硬性规则，S 代表软性规则，×代表协定中未涉及的规则。

资料来源：作者根据 RTA 数据库及《数字贸易协定》整理所得。

---

① Hofmann C., Osnago A., Ruta M., "A New Database on The Content of Preferential Trade Agreements," World Bank Policy Research Working Paper, 2017.
② 汤霞：《数据安全与开放之间：数字贸易国际规则构建的中国方案》，《政治与法律》2021年第 12 期。
③ 协定规定"缔约方将保持目前 WTO 的做法，不对电子传输征收关税"，并且强调若 WTO 部长决定改变电子传输免征关税，缔约双方均可调整相关规则。

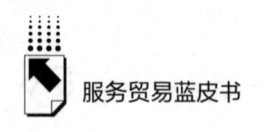

三 主要国家数字贸易开放战略

根据美、日、欧、新、中5个国家提出的代表性电子商务提案和数字贸易规则,结合Chen和Gao归纳的典型国家数字贸易战略选择,可以将上述5个国家的数字贸易战略总结为三种类型。

美国推崇的是"单边主义"下的数字贸易开放战略。表面上,美国制定各类数字贸易规则,旨在打破数字贸易壁垒,推动数字贸易领域的贸易自由化和开放。但实际上,美国所追求的数字贸易自由具有明显的单边色彩,缺乏包容性和协调性。例如,USMCA忽略了墨西哥、加拿大两国与美国在数字产业基础、数字监管治理水平上的差异,要求缔约国在"数据跨境自由流动"中取消监管例外,"计算设施本地化"中取消监管和安全例外,"源代码问题"中取消关键基础设施的源代码纰漏。这种无差别的高标准规则,本质上是美国立足于自身数字贸易净输出国的地位,利用加、墨对其贸易的依赖,以"敲竹杠"的方式强行将单边主义区域化的结果。[1] 不仅如此,"美式模板"中诸多规则是以企业利益为核心的,忽略了国家、企业和个人利益的统一,中国和欧盟国家对相关规则的认同感较低,难以全盘接受。[2]

欧盟、日本、新加坡三个经济体可概括为有条件的数字贸易开放战略,三者在数字贸易开放战略中有其固守的原则。欧盟坚持"视听例外"和"隐私保护",相关数字贸易规则制定始终以二者为前提。特别是对美国而言,欧盟在"数据跨境自由流动"的问题上坚持隐私保护优先,并强调将数据储存在本地是保护个人隐私的最好做法,在欧盟多重政策的强压下,美国微软公司也被迫接受了数据储存于欧盟境内的做法。[3] 日本和新加坡的数

---

[1] 张晓君、侯姣:《数字贸易规则:"美式模板"与"中国—东盟方案"构建策略》,《学术论坛》2022年第4期。
[2] 柯静:《WTO电子商务谈判与全球数字贸易规则走向》,《国际展望》2020年第3期。
[3] "Cyber Week in Review:Net Politics Council on Foreign Relations (blog),"美国外交关系协会网站,2015年11月13日,http://blogs.cfr.org/cyber/2015/11/13/cyber-week-in-review-november-13-2015/。

字贸易规则大多沿袭"美式模板",但在部分规则制定中仍坚守自身立场,如日本十分注重金融行业个人隐私保护,UJDTA中的"计算设施本地化"特别强调了金融行业的安全和监管例外。同时,日本和新加坡也十分关注发展中国家在数字贸易领域的弱势地位,通过引入合作和包容性条款提高发展中国家对数字贸易规则的认同感和接受度。其本质目的是通过广泛的FTA网络串联形成国际大市场,为两国数字贸易发展创造机遇。一方面,通过瞄准"美式模板"保持与美国的数字贸易往来,并保障本国在数字贸易规则领域的领先地位和话语权;另一方面,深化其与东亚、南太平洋等国之间的数字贸易联系,获取相关国家数字红利。

中国推行的是兼顾效率和安全的渐进式开放战略。一方面,中国凭借在跨境货物贸易和电商平台的优势,主张"电子签名和电子认证""无纸化贸易""在线消费者保护"等一系列促进数字贸易便利化的措施;另一方面,中国强调数据主权和对国内数字产业的保护,认为应平衡好数据跨境流动和国家、个人信息保护之间的关系,在相关规则中为一国监管自主权预留了较大的操作空间(如RCEP电子商务章节中第4节14、15条)。同时为保护国内尚未成熟的数字产业,采取了较为严格的网络安全和数字市场准入措施。中国推行的渐进式开放战略在一定程度上反映了发展中国家的立场和诉求,在兼顾数字自由、效率与国家、个人安全的同时,为一国数字产业成长留出时间。[1]

四 数字贸易的"中国方案"

不断演变的数字服务贸易对传统贸易体系的冲击已成事实,中国需加速与各国在数字贸易领域的合作,尽快提出符合本国及广大发展中国家利益的"中国方案"。

---

[1] Ying Chen, Yuning Gao, "Comparative Analysis of Digital Trade Development Strategies and Governance Approaches," *Journal of Digital Economy* (1) 2022:227-238.

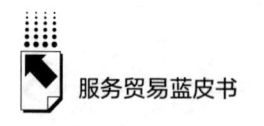

（一）积极参与多边框架下的数字经济治理

虽然WTO电子商务谈判进展缓慢，但仍是多边框架下国际数字经济领域治理的主要"战场"。中国理应积极参与WTO框架下的电子商务谈判，在谈判过程中做到：第一，对相关概念和关键议题进行深入研究。中国在数字贸易治理领域处于起步阶段，还存在数字贸易的概念界定模糊，关键议题会对发展中国家贸易模式和国际分工产生何种影响尚不明确的问题。据此，中国应对数字贸易理论和规则进行全方位研究，结合发展中国家技术、经济、规则等内容，综合研判相关规则对发展中国家数字贸易的利弊。第二，以"最大公约数"的方式构建电子商务谈判提案。WTO电子商务谈判的目的是弥合各国数字鸿沟，通过提供一个包容性的解决方案，使利益相关者均能因此获利。[①] 因此，中国需准确把握各国的核心利益，以包容性的提案融合多数国家的利益共识，助推电子商务谈判产生实质性成果。第三，探索与发达国家合作共赢之路。中国在进行电子商务谈判的过程中不可避免地涉及以发达国家核心利益为代表的数字贸易规则，针对此类规则应积极与发达国家进行磋商，通过设置软性规则、过渡期、例外条例、技术援助等举措，逐步缩小与发达国家在数字贸易领域的发展差距和理念分歧，为更深层次的合作创造条件。

（二）重视区域贸易协定中数字贸易规则的谈判

在WTO电子商务谈判受阻的情况下，在FTA中加入数字贸易规则谈判不失为一种"次优选择"。在此过程中，中国需做到：第一，积极对接高标准数字贸易规则。目前，中国正积极申请加入CPTPP、DEPA，结合国内立法明确相关协定中数字贸易规则接受难度，若条款与国内立法和监管存在冲突，应批判地吸收，尽快制定相关预案。同时可妥善利用DEPA模块化特征，暂不加入部分分歧较大的条款。第二，加速中国FTA中数字贸易规则

[①] 李墨丝：《CPTPP+数字贸易规则、影响及对策》，《国际经贸探索》2020年第12期。

的引入和升级。目前中国已缔结的 FTA 有 17 份，正在谈判的 FTA 有 11 份，正在研究的 FTA 有 8 份，① 这些 FTA 无疑是中国与世界各国开展数字贸易规则谈判的重要载体。因此，中国可以理顺缔约国与其他经济体签订的数字贸易规则，将其与目前中国和各缔约国之间缔结的数字贸易规则做对比分析，明确相关规则条款在文本范式、法律约束性、覆盖范围等方面的差异，精准把握中国及缔约国所能接受规则条款的最高标准，为中国现有 FTA 升级谈判积累经验。第三，依托"一带一路"倡议扩大"中式模板"的影响力。"一带一路"倡议本质上是一个开放式合作平台，缺乏菜单式的实质性举措。考虑到大多数共建"一带一路"国家数字发展水平滞后，中国可与共建国家开展数字贸易领域的合作，帮助相关国家完善数字基础设施建设，规范网络信息安全监管举措。在此基础上，积极谋求"一带一路"的 FTA 网络构建，分层次制定惠及多国的数字贸易规则，进而增强中国数字贸易治理领域的国际影响力和话语权。

（三）坚持中国立场，完善国内制度建设

从美、欧等发达国家的经验来看，数字贸易规则的制定本质上是国家（区域）数字产业、监管标准等在国际上的延伸。② 因此，中国应完善国内"顶层设计"，构建具有中国特色的数字贸易规则。第一，完善跨境数据流动制度。跨境数据流动是数字贸易的核心内容之一，也是中国与欧美国家产生分歧的关键原因。中国应结合《中华人民共和国数据安全法》相关要求，制定完善的数据跨境流动管理机制，并尽快推进以数据分级分类管理模式为核心的跨境流动安全评估。此外，中国还需增强数据跨境流动监管，通过设置数据标签等方式明确跨境数据的使用目的和规范，提高数据监管效率。第二，构建开放环境的数字经济监管体系。中国需仔细探讨、辨别数字经济领域开放是否对国家主权、数字产业发展和个人信息安全产生负面影响，进一

---

① 数据来自中国自由贸易区服务网，http://fta.mofcom.gov.cn/index.shtml。
② 彭磊、姜悦：《数字贸易规则本质与中国数字贸易规则体系构建研究》，《国际贸易》2022 年第 9 期。

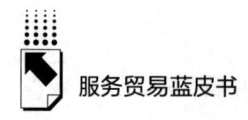

步明确各部门监管治理职责，针对可能存在的风险提供可行性预案。在现有数字经济治理逻辑的基础上进一步完善开放模式下的数字经济监管体系。第三，推广可复制的数字贸易便利化举措。中国已实施了包括"单一窗口""电子口岸""海外仓"在内的数字贸易便利化等诸多举措，以上海为代表的自贸试验区针对上述举措采取了不同的深化模式，如上海单一窗口"信保绿色通道"。中国应总结各类数字贸易便利化举措，将其构建为完整的体系。与此同时，积极与其他国家进行交流合作，分享相关经验以扩大最佳实践案例在各国的应用范围，并以此为契机形成具有中国特色的数字贸易便利化规则。

B.24
新发展格局下中国与东盟文化服务贸易竞争力分析

胡心怡　李嘉珊[*]

摘　要： 中国与东盟的经贸合作已取得一系列的丰硕成果，RCEP 的签署进一步推进双边合作持续，为文化服务贸易发展带来了新契机。本报告构建贸易竞争力评价指数分析中国与东盟国家文化服务贸易竞争的优势和不足，发现中国较东盟国家处于中上游水平，但与新加坡有较大差距，中国文化服务贸易水平还有较大的提升空间。为进一步提升中国文化服务贸易竞争力，应优化中国-东盟双边贸易规则，推动国家文化出口基地建设，鼓励中国与东盟间人才交流，发挥数字技术在贸易中的作用。

关键词： 文化服务贸易　双边合作　贸易竞争力评价指数　中国-东盟

引　言

1991 年，中国与东盟正式开启对话进程，多年来双方政治互信明显增强，经贸合作成效显著。2010 年，中国-东盟自贸区正式成立。近年来，中国与东盟的贸易量大幅增加，中国与马来西亚、新加坡和泰国国际贸易往来与其他东盟国家相比较为频繁。"一带一路"倡议实施后，中国与越南、缅

---

[*] 胡心怡，北京第二外国语学院中国服务贸易研究院 2020 级硕士研究生，主要研究方向为国际文化贸易；李嘉珊，北京第二外国语学院教授，中国服务贸易研究院常务副院长，首都国际服务贸易与文化贸易研究基地首席专家，主要研究方向为国际文化贸易、国际服务贸易等。

甸等东盟国家的贸易量大幅增加。2020年11月15日，经过八年谈判，《区域全面经济伙伴关系协定》（RCEP）正式签署，也是同年，东盟成为中国第一大贸易伙伴，这具有历史性的意义，中国和东盟形成互为头号贸易伙伴的格局。2022年1月1日，《区域全面经济伙伴关系协定》正式生效，这不仅标志着全球贸易规模最广的自贸区成立，也意味着中国与东盟的贸易合作关系进一步紧密，更为文化服务贸易发展带来了新的契机。

文化是意识形态的表现，它传递着价值观，是一个民族创造力和凝聚力的重要源泉。在中国经济实力日益增强的今天，文化贸易成为国际贸易重要的组成部分，成为经济发展的独特路径。随着知识经济的出现和发展，消费者对文化产品和文化服务的需求量增加，文化贸易也成为国家对外文化传播的重要手段，文化贸易市场的前景也越发广阔。与传统的贸易相比，文化服务贸易同时具备意识形态和经济效益，在进行贸易的同时能够带动贸易双方文化的交流，有效推动国家之间的文明交流互鉴。文化服务贸易具有高附加值，能够推动国家经济发展。文化服务贸易竞争力水平能够体现国家软实力和国家形象。

针对文化服务贸易竞争力的问题，国际竞争力有多种评价方法，如GDP评价法、贸易竞争力指数评价法等。贸易竞争力指数评价法通过构建IMS指数、TC指数、RCA指数、IIT指数测算国际竞争力水平。罗立彬和孙俊新利用2009年前个人、文化和娱乐服务数据分析了中国文化服务贸易竞争力的状况。[1] 武俞辰基于比较TC指数，得出中国的服务贸易竞争力在美国、德国、日本和韩国之间处于劣势地位。[2] 目前相关文献研究的对象一般为文化贸易，研究对象专门为对外文化服务贸易的文献相对较少。本报告将构建文化服务贸易竞争力评价体系，计算中国与东盟的文化服务贸易竞争力指数，借助数据分析中国文化服务贸易国际竞争力现状，了解中国和东盟国

---

[1] 罗立彬、孙俊新：《中国文化产品贸易与文化服务贸易竞争力：对比与趋势》，《财贸经济》2013年第2期。

[2] 武俞辰：《中国服务贸易进口结构研究——兼析中国服务贸易竞争力TC指数》，《价格理论与实践》2019年第4期。

家文化服务贸易的可完善之处，这有助于提升中国文化服务贸易竞争力和构建中国-东盟更深层面、更高水平的合作关系。

中国与东盟之间存在巨大的贸易潜力，文化服务贸易的规模与能力也必然逐渐扩大与增强，通过比较中国与东盟的文化服务贸易竞争力水平，探究双边文化服务贸易中合作与贸易的契合点，激发双方发展文化服务贸易的潜力，形成"在竞争中合作，在合作中竞争"的良性循环，把握中国在文化服务贸易领域的薄弱环节，提升中国在全球经济市场中的话语权和国际影响力。

一 中国文化服务贸易发展现状

（一）文化服务贸易规模逐渐扩大

2009~2021年，中国文化服务贸易进出口规模由177亿美元扩大至1244亿美元，文化服务贸易总体呈现顺差。2009~2012年，中国文化服务贸易顺差增长较快，从28亿美元增至110亿美元，年均增长58%；2013~2020年，顺差规模保持在年均69亿美元左右的水平，2021年文化服务进出口规模首次突破千亿美元。① 2022年商务部等7部门修订发布文化产品和服务进出口统计目录，在文化服务方面，《文化服务进出口统计目录（2022年版）》借鉴了《国际服务贸易统计手册》对文化服务的定义，将文化服务划分为核心层和相关层，其中，核心文化服务包括新闻和信息服务、文化相关知识产权许可服务、设计服务、视听和艺术相关服务、博物馆和体育服务、游戏服务；相关文化服务包括广告及相关服务、会展服务。互联网的发展推动了新业态产生，促进了文化产业和文化贸易升级，文化服务贸易得以快速发展。文化与数字科技结合使文化服务贸易的各个环节得以优化。

---

① 《2021年中国国际收支报告：我国文化服务进出口规模突破千亿美元》，中国服务贸易指南网，2022年3月29日，http://tradeinservices.mofcom.gov.cn/article/lingyu/whmaoyi/202203/132029.html&wd=&eqid=f365d8f400001230000000026437d5e8。

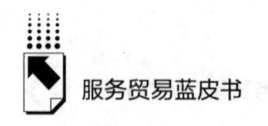

2008年以来，国家和各地方政府对文化服务贸易的重视程度越来越高，将文化服务贸易纳入服务贸易发展的整体战略当中，特别是2014年文艺工作座谈会召开之后，我国文化产业步入了改革创新发展的轨道，使文化服务贸易的整体发展模式不断优化，而且成为我国文化产业发展的重要方向。随着国家和各地方政府对文化服务贸易的理解和认识不断加深，文化服务贸易的占比不断增加，文化服务贸易的"主导性"和"火车头效应"也在不断增强，同时带动国内经济呈现良好的发展态势。

（二）多项政策支持文化服务贸易发展

中国一直很注重文化服务贸易的发展，出台了一系列发展中国文化贸易的政策，其中对注重创意技术、低耗能的文化服务贸易的发展十分重视。2009年4月，商务部联合相关部门出台《关于金融支持文化出口的指导意见》，其中提到文化贸易低消耗、污染少，具有巨大的发展潜能，要求金融支持高新技术文化产业培育开发新兴文化业态项目。2014年3月，国务院发布《关于加快发展对外文化贸易的意见》，其中也明确指出支持文化和科技企业融合发展，并且鼓励企业开展技术创新，增加对文化产品和服务的研发投入，也支持引进国际先进的技术促进文化贸易发展。2019年11月，中共中央、国务院出台《关于推进贸易高质量发展的指导意见》，首次做出了"加快数字贸易发展"的重大决策部署。近年来，数字经济飞速发展，文化产业也越来越依赖数字技术。疫情防控常态化下，数字文化消费逆势兴起，云演出、云会展、云观影等一批"云文化经济"形态快速涌现，数字影视、线上社交、电子经济、直播购物等细分领域发展迅速，成为驱动我国文化产业发展的重要动力。

2022年7月，商务部等27部门联合发布《关于推进对外文化贸易高质量发展的意见》，提出"培育文化贸易竞争新优势"，大力发展数字文化贸易，加强数字文化内容建设，支持数字艺术、云展览和沉浸式体验等新兴业态发展，积极培育网络文学、网络视听、网络音乐、网络表演、网络游戏、数字电影、数字动漫、数字出版、线上演播、电子竞技等领域出口竞争优势，进一步明确了中国数字文化贸易的领域，这一政策也体现出中国文化服务贸易更加注重高质量的发展模式。中国已经有了多项促进对外文化服务贸易的政策，各项政策体现出中国对文化服务贸易发展的重视，中国对外文化服务贸易也在良好的政策环境中得到了长足发展。

（三）数字技术被广泛运用于文化服务贸易中

在数字文化产业方面，"十三五"期间，文化产业持续向好，市场规模持续扩大。2016~2022年，全国规模以上文化及文化相关产业营业收入由80314亿元上涨到121805亿元。其中，文化新业态特征较为明显的16个行业小类实现营业收入43860亿元，同比增长5.3%。[①] "数字"已成为推动文化产业发展的重要内容。文化产业和科技、金融等领域融合发展，人工智能等技术不断优化文化产业的格局。2017年，党的十九大报告明确提出建设"网络强国、数字中国、智慧社会"，"数字中国"被首次写入党和国家纲领性文件。[②] 互联网的发展改变了消费者文化消费的方式，文化消费支出有了较大的增长，VR等数字技术让文化服务资源得以储存，也让消费者沉浸式体验"真实"的历史场景，像"数字故宫""数字敦煌"等场景已经被推出。中国电子商务发展势头强劲，成为稳增长、保就业、促销费的重要力量。中国电子商务交易额从2015年的20.8万亿元增长至2020年的37.21万亿元[③]；全国网络零售额由2015年的3.88万亿元增长至2019年的10.63万亿元，增幅高达174%[④]。电子商务的发展势头强劲，中国拥有强势的网络平台，有文化艺术旅游电子商务平台携程、同程艺龙、途牛，有综合类现场娱乐票务营销平台大麦，业务涵盖演唱会、话剧、音乐剧、体育赛事等文

[①] 数据来源：根据国家统计局数据整理得出。
[②] 《习近平：决胜全面建成小康社会 夺取新时代中国特色社会主义伟大胜利——在中国共产党第十九次全国代表大会上的报告》，中国政府网，2017年10月27日，http：//www.gov.cn/zhuanti/2017-10/27/content_ 5234876. htm。
[③] 数据来源：2015年和2020年《中国电子商务报告》。
[④] 《消费增长强劲 网络零售额稳居全球第一——商务部发布内贸流通"十三五"成绩单》，中国政府网，2020年12月30日，https：//www.gov.cn/xinwen/2020-12/30/content_ 5575011. htm。

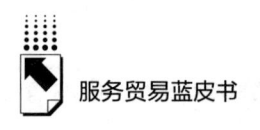

化服务贸易领域。

重点的文化服务贸易领域广泛运用数字技术，如数字出版业，数字出版基地（园区）达 11 家[①]，新闻出版业也迎来了数字化转型的时代，数字技术解决了传统新闻出版业原材料短缺的问题，在"碳达峰、碳中和"的目标下，数字出版和绿色阅读更加符合时代要求；广播影视业本身就是数字经济的重要组成部分，广播影视业智能转型升级，能够壮大主流宣传文化主阵地，提升文化服务水平，更好地服务文化强国建设；随着演艺服务行业与互联网产业、信息技术产业等数字产业的融合，"线上+线下"的演艺形式互相补充，全世界观众可以通过"线上"渠道观看演出，并带动有条件的观众走进"线下"剧场，"线上+线下"相结合的演出方式较仅"线下"演出时有着更高的观看人次与热度；随着数字经济的发展和年轻一代消费能力的提升，游戏产业在文化产业发展中发挥的作用和价值越发凸显，中国游戏贸易水平较高，游戏作为数字经济的重要组成部分，与其他文化产业的深度结合能推动文化产业的发展。数字技术的发展对文化服务贸易领域产生了较大的影响，数字技术在文化产业价值链各个环节的普遍应用，促进了文化服务的进步。

二　中国与东盟文化服务贸易竞争力分析

文化服务贸易竞争力水平能够反映国家在文化贸易领域及国际贸易市场的竞争能力，为了客观分析中国与东盟在文化服务贸易领域的竞争力水平高低，本报告将构建国际上常用的贸易竞争力指数（TC 指数）、显示性比较优势指数（RCA 指数）、国际市场占有率指数（IMS 指数）和产业内贸易指数（IIT 指数）对中国和东盟的文化服务贸易竞争力水平进行测度。根据数据的可得性和实时性，本部分竞争力分析选取的样本时间为 2016~2020 年。由于部分国家的文化服务贸易数据不完整，所以在测算各类指标时用平均数进行测算。

---

① 《2020 年新闻出版产业分析报告》，国家新闻出版署网站，2021 年 12 月，https：//www.nppa.gov.cn/xxgk/fdzdgknr/tjxx/202305/P020230530665523625729.pdf。

(一)TC指数

TC指数是衡量国际贸易竞争力的常用指标，能够衡量产品和服务的净出口能力。这项指标剔除了国别经济差距等宏观因素，具有较强的可比性，计算公式如下：

$$TC = \frac{X_{ij} - M_{ij}}{M_{ij} + X_{ij}}$$

其中，X_{ij}代表j国i产品贸易或服务贸易的出口额，M_{ij}代表j国i产品贸易或服务贸易的进口额。TC指数取值范围在[-1, 1]区间，TC指数为1说明该国的产品贸易或服务贸易完全依赖出口，TC指数为-1说明该国的产品贸易或服务贸易完全依赖进口。TC指数越大，则该国的某项产品贸易或服务贸易国际竞争力越强。

由表1可以看出，中国的文化服务贸易竞争力优势较薄弱，中国和东盟国家的文化服务贸易大部分依赖进口，其中，新加坡的文化服务贸易表现较为突出，在2018年，新加坡的文化服务贸易TC指数由负转正，文化服务贸易竞争力有了明显提升，由较依赖进口转为逐渐依赖出口。柬埔寨的TC指数在2019年有了较大幅度的提升，变化较大。泰国和越南的TC指数与-1较为接近，文化服务贸易几乎依赖进口。虽然中国和东盟的文化服务贸易竞争力水平较低，但在2016~2020年都有所提升。

表1 2016~2020年中国与部分东盟国家文化服务贸易TC指数

年份	中国	新加坡	马来西亚	菲律宾	泰国	缅甸	柬埔寨	越南
2016	-0.8641	-0.1076	-0.6294	-0.5804	-0.9048	-0.4931	-0.8595	-0.9554
2017	-0.6996	-0.0118	-0.5528	-0.6377	-0.8998	-0.2473	-0.8722	-0.9516
2018	-0.7147	0.0425	-0.5724	-0.7210	-0.8918	-0.3971	-0.8380	-0.9479
2019	-0.6715	0.1059	-0.5846	/	-0.8476	-0.1628	-0.2046	-0.9455
2020	-0.6196	0.1454	/	-0.6018	-0.8227	/	/	/

资料来源：基于联合国贸易和发展会议数据库数据计算得出。

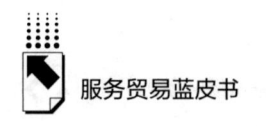

（二）RCA指数

RCA指数用于衡量一国产品或服务的出口与世界平均出口的比例，衡量的是产品贸易或服务贸易的显性比较优势，计算公式如下：

$$RCA = \frac{X_{ij}/X_{tj}}{X_{iw}/X_{tw}}$$

其中，X_{ij}为j国i产品或服务的出口额，X_{tj}为j国产品或服务的出口总额，X_{iw}为世界i产品或服务的出口额，X_{tw}为世界产品或服务的出口总额。当RCA<0.8时，说明该国的产品或服务具有比较劣势；当RCA≥0.8时，说明该国的产品或服务具有比较优势，且RCA的值越大，比较优势越明显。

根据表2数据，中国的文化服务贸易显示出比较劣势，但是在2016~2020年，RCA指数增长较为明显，有接近比较优势的趋势。新加坡的文化服务贸易显示出显著的比较优势，并且新加坡的RCA指数持续增长，文化服务贸易的竞争力水平在逐渐提高，马来西亚、菲律宾、泰国和缅甸的RCA指数较低，柬埔寨、越南等其他东盟国家在文化服务贸易方面几乎不存在比较优势。但是纵向对比中国和东盟国家的RCA指数发现，文化服务贸易的比较优势在近几年都有所提升，显示出发展潜力。

表2　2016~2020年中国与部分东盟国家文化服务贸易RCA指数

年份	中国	新加坡	马来西亚	菲律宾	泰国	缅甸	柬埔寨	越南
2016	0.13	1.42	0.19	0.08	0.06	0.32	0.01	0.01
2017	0.35	1.62	0.26	0.08	0.06	0.11	0.01	0.01
2018	0.38	1.75	0.25	0.07	0.07	0.13	0.01	0.01
2019	0.52	2.40	0.31	/	0.11	0.19	0.06	0.02
2020	0.68	2.73	/	0.11	0.24	/	/	/

资料来源：基于联合国贸易和发展会议数据库数据计算得出。

（三）IMS 指数

IMS 指数用于衡量一国产品或服务贸易的整体竞争力水平，计算产品和服务的出口额在国际市场的占有率，计算公式如下：

$$\text{IMS} = \frac{X_{ij}}{X_{iw}}$$

其中，X_{ij} 是 j 国 i 产品或服务的出口额，X_{iw} 是世界 i 产品或服务的出口额。IMS 指数越大，则一国的产品或服务在国际市场的出口总额中占比越大，国际竞争力越强。

由表3数据可知，中国的 IMS 指数由2016年的0.31%上升至2020年的2.85%，有较大幅度的上升，显示出中国文化服务贸易国际竞争力明显提升，且具有巨大的发展潜力。在中国和东盟国家中，新加坡的文化服务贸易出口占全球文化服务贸易出口的份额在2020年为14.84%。马来西亚、菲律宾和泰国的 IMS 指数较低，其他东盟国家 IMS 指数几乎可以忽略。但是中国和东盟国家的 IMS 指数在2016~2020年都有所提升，文化服务贸易的国际竞争力都有所增强。

表3 2016~2020年中国与部分东盟国家文化服务贸易 IMS 指数

单位：%

年份	中国	新加坡	马来西亚	菲律宾	泰国
2016	0.31	3.49	0.08	0.03	0.05
2017	0.87	4.63	0.12	0.03	0.05
2018	0.92	5.26	0.11	0.03	0.06
2019	1.56	9.02	0.16	/	0.13
2020	2.85	14.84	/	0.06	0.15

资料来源：基于联合国贸易和发展会议数据库数据计算得出。

（四）IIT 指数

IIT 指数用来衡量一个产业的产业内贸易程度，测算一国在产业内的互

补性需求，计算公式如下：

$$IIT = 1 - \frac{|X_{ij} - M_{ij}|}{M_{ij} + X_{ij}}$$

其中，X_{ij}是j国i产品或服务的出口额，M_{ij}是j国i产品或服务的进口额。IIT指数的取值范围位于［0，1］区间，数值越大越具有说服力。若IIT=0，则完全为产业间贸易；若IIT=1，则完全为产业内贸易。

由表4数据可知，中国的文化服务贸易以产业间贸易为主，2016~2020年中国文化服务贸易的IIT指数整体上呈现增长态势。新加坡的文化服务贸易IIT指数较高，说明新加坡文化服务贸易以产业内贸易为主，贸易程度极高。值得一提的是，在IIT指数中，马来西亚、菲律宾和缅甸的IIT指数都较高，尤其是缅甸的IIT指数在2019年达0.837，仅次于新加坡。柬埔寨2016~2018年的IIT指数都较低，但是在2019年该指数猛增。泰国、越南等其他东盟国家的IIT指数较低，趋近于文化服务贸易完全为产业间贸易。

表4　2016~2020年中国与部分东盟国家文化服务贸易IIT指数

年份	中国	新加坡	马来西亚	菲律宾	泰国	缅甸	柬埔寨	越南
2016	0.136	0.892	0.371	0.420	0.095	0.507	0.141	0.045
2017	0.300	0.988	0.447	0.362	0.100	0.753	0.128	0.048
2018	0.285	0.957	0.428	0.279	0.108	0.603	0.162	0.052
2019	0.329	0.894	0.415	/	0.152	0.837	0.795	0.055
2020	0.380	0.855	/	0.398	0.177	/	/	/

资料来源：基于联合国贸易和发展会议数据库数据计算得出。

（五）总结

在中国和东盟国家的文化服务贸易竞争力中，新加坡的水平居第一位，中国从总体来看处于中上游水平，柬埔寨的增长速度最为迅猛。新加坡的文化服务贸易表现突出，国际竞争力水平极高，中国及其他东盟国家的文化服务贸易竞争力水平较低，不具备较强的优势。从整体来看，中国和东盟国家的文化服务贸易展现出巨大的发展潜能,国际竞争力不断增强。因此,中国应抓住与东盟贸易开放程度普遍提高的契机,进一步发展文化服务贸易,提升国际影响力和中国文化对外传播能力。

三 提升中国文化服务贸易竞争力的对策

(一)优化中国-东盟双边贸易规则,降低文化服务贸易壁垒

贸易规则制定对进一步发展中国与东盟之间的文化服务贸易有至关重要的意义,其中有关文化服务贸易的规则更是直接影响国家之间的文化服务往来。东盟作为发达国家和发展中国家的复合经济体,国家间的经济和文化服务贸易发展水平都有较大的差距,这也使得中国与东盟制定规则时难度较大,监管的异质性较为普遍。此外,文化服务的性质不同于一般商品和服务,在文化服务贸易的具体内容方面依然存在歧义,在监管时难度较大,具体的文化服务贸易规则能够规范文化服务贸易过程中的行为,有助于中国和东盟间开展文化服务贸易。

利用好中国和东盟间已签署的协定,在文化服务贸易领域精准开放,在区域内推动文化服务贸易自由化,降低双方间的文化服务贸易壁垒。中国应注重文化企业"引进来"和"走出去",营造国内更加开放和安全的营商环境,对开放度较高、文化服务产业更加发达的负面清单国家,可以加强国家间文化产业和服务产业的合作,学习其先进的服务理念,如新加坡具有成熟的文化服务发展体系,具有较强的文化服务贸易国际竞争力,中国可引进其先进的文化服务理念,激发本土的文化服务企业学习,提升其竞争力水平。

(二)推动国家文化出口基地建设,为文化服务贸易高质量发展赋能

2017年,商务部等部门启动国家文化出口基地建设工作,强调应依托"一带一路"建设,创新与共建"一带一路"国家的文化贸易形式。此时东

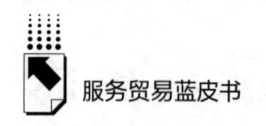

盟是中国的第三大贸易伙伴，国家文化出口基地应积极推动中国的文化企业走进东盟，输出图书、影视版权，建设海外文化中心，创新文化服务贸易模式。国家文化出口基地能够充分发挥文化企业的集聚效应，可以增强国家文化企业的海外传播能力，让更多国家了解、认识中国文化企业的发展，提升国家的文化软实力。应加大对出口基地所在地政府的支持力度，配合出台相应的发展举措。

文化产业的投资回报周期长、风险大，文化服务贸易涉及意识形态问题，欧美、日韩等经济发达国家都依托国家力量推动文化服务贸易出口，中国也应该在税收、金融、教育等方面加大对国际文化出口基地的支持力度。并且，实行各项政策时应该遵循标准化、规范化流程，为文化服务贸易高质量发展提供保障。

（三）鼓励中国与东盟间人才交流，提升文化服务贸易创新水平

人才是文化产业和文化服务贸易的核心要素，发展文化服务贸易需要懂得语言、艺术、经贸和其他相关知识的复合型人才，这不仅需要中国各类教育机构充分发挥资源优势，在文化领域开展服务贸易课程，培育复合型的文化贸易人才，而且需要将理论运用于实际，开展国际会议对接活动，让人才能够亲身体验文化贸易。

中国和东盟之间可以相互引进、输出中高端人才，也可以多开展类似"中国—东盟文化论坛""中国—东盟民族文化论坛"等文化服务贸易交流会，加强中国和东盟之间的人才连接，互相学习、研讨文化服务贸易领域的知识，也能够交流思想与文化，这不仅为文化服务贸易领域培养了人才，也能够加强中国与东盟间的文化交流，增进理解，促进民心相通，为文化服务贸易创新培养更多高水平人才，也能够促进中国与东盟各领域间的交流合作，实现共同繁荣。

（四）发挥数字技术在贸易中的作用，全方位提升文化服务贸易效率

现阶段，互联网、5G等数字技术发展迅速，数字技术促进文化新兴业态发展。2022年7月,商务部等27部门联合发布《关于推进对外文化贸易高质量发展的意见》,提出要大力发展数字文化贸易,培育特色服务贸易竞争新优势。数字技术既能够有效降低文化服务跨境交易、全球传播的成本,也能够创新文化服务的交易模式,全方位提升文化服务贸易的效率。

中国的数字经济发展规模较大,数字基础建设已经处于全球领先水平,但是数字核心技术并未完全掌握在自己手里,中国在文化服务贸易中的应用还处于初级阶段。应鼓励数字文化企业发展,支持数字技术的研发,制定更多相应的政策支持数字技术发展。同时,在东盟国家中,新加坡是数字服务贸易发展强国,中国应积极推动有关数字文化服务贸易的双边谈判,逐步消除中国与新加坡之间的贸易壁垒;对于数字发展较为薄弱的国家,支持这些国家的数字经济发展,从而使中国与东盟国家间的贸易往来更加通畅。

参考文献

李嘉珊、任爽:《"一带一路"战略背景下海外文化市场有效开拓的贸易路径》,《国际贸易》2016年第2期。

李怀亮、佟雪娜:《数字化条件下国际文化贸易的新趋势》,《中国文化研究》2012年第3期。

徐保昌、许晓妮、孙一菡:《RCEP生效对中国—东盟跨境电商高质量发展带来的机遇和挑战》,《国际贸易》2022年第10期。

杨超、覃娟:《RCEP背景下中国与东盟绿色发展合作研究》,《广西社会科学》2022年第9期。

张琼、聂平香:《提升国家文化出口基地发展水平的思考》,《国际经济合作》2020年第5期。

B.25
日本和食文化国际化经验及其对中餐文化的启示

李嘉珊　林芷昕*

摘　要： 2013年,"和食"被成功列入世界非物质文化遗产名单,成为日本第22项非物质文化遗产。本报告主要运用文献研究法和调查法,首先介绍了和食的含义和历史渊源,再通过和食发展现状分析和食在全球范围内的竞争优势,并从和食文化的保护和传播两大方面、和食传承和宣传政策、饮食文化人才培养制度等角度分析日本和食文化在国内传承与国际贸易的宣传与推进,希望能从日本和食文化贸易的发展成果中吸取并总结饮食文化贸易发展值得借鉴的经验:政府的重视与支持、海外餐厅体系和品牌建设、结合文化产品宣传。

关键词： 和食　文化遗产　饮食文化贸易　中餐

从古至今,世界上各地区由于不同的气候和土壤条件,开发了各自的烹饪技术和饮食知识体系。在不同文化背景下,人们还赋予食物各种各样的附加值,运用丰富的调味料和烹饪方式使食材变得不仅具有实用功能,还产生了社会价值、美学价值、文化价值等新的意义。这些技法背后所蕴含的内涵

---

* 李嘉珊,北京第二外国语学院教授,中国服务贸易研究院常务副院长,首都国际服务贸易与文化贸易研究基地首席专家,主要研究方向为国际文化贸易、国际服务贸易等;林芷昕,北京第二外国语学院中国服务贸易研究院2021级硕士研究生,主要研究方向为国际文化贸易。

被统称为料理文化,位于太平洋西海岸的日本有其独特的饮食文化魅力和历史。日本的饮食文化虽受东亚汉文化的影响,却发展出了有显著地域特征的饮食文化。

一 和食的含义和历史渊源

(一)"和食"与"日本料理"

日式饮食有着悠久的历史,在目前的多元化饮食社会中独树一帜。日式饮食在中国常被称作"日本料理",而在日本常被称作"和食"或"日本食"。根据《日本国语大辞典》,"和食""日本料理""日本食"并没有清晰的含义界定,但可以从大众文章和期刊中看到这三个词的使用场合的差异。"和食""日本料理""日本食"的含义大致具有以下差异。

"和食"指"具有日本风情的饮食",是相对于西餐和中华料理等体系的料理种类,指的是在日本国内经常吃到的食物。[1] "和食"在内容上没有明确的定义,但通常以米为主食,再搭配咸菜、汤和小菜,构成独具日本特色的"一汁三菜"。"日本料理"指"在日本独特的风土下发展出来的料理",是指使用自古以来在日本国土上生长的食材,按照传统的烹饪方法制作的料理。"日本料理"饱含历史沉淀的美感,一般指使用了传统技术的料理。"日本料理"和"和食"都包括怀石料理等在"割烹"(日式烹调)或"料亭"享用的高级料理,但"和食"体现的不仅仅是事物本身,还包括了日本饮食的文化和精神。"日本食"是指包括一般家庭料理在内的所有日本料理,还包括天妇罗、日式拉面等日式的现代菜品,并不局限于传统的日式烹调技术,是比"日本料理"与"和食"更为随意的说法。本报告提及的"和食"的定义范围等同于"具有日本风情的饮食"。

---

[1] 『日本大百科全書』,コトバンク,https://kotobank.jp/word/%E5%92%8C%E9%A3%9F-154044。

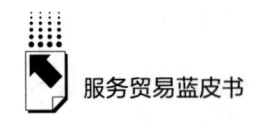

（二）"和食"的历史

日本在形成现如今的日本列岛之前，由于寒冷的气候，人们只能通过从自然界获取以野兽和海产品为主的各种食物维持生活，很难依赖作物生存。经历了漫长的冰河期，全球海平面上升，气候变暖，进入绳文时代（公元前10000~前3000年）后，日本饮食结构也随之发生变化。绳文时代初期，似乎已经有一部分人通过刀耕火种来种植水稻；绳文时代末期，由朝鲜半岛传入日本北九州附近的水田水稻种植给日本人的饮食结构带来巨大变化。此后的弥生时代（公元前300~公元300年），以大米为主、海产品为辅的饮食文化结构开始在日本形成，并对之后的日本饮食历史和文化产生深远的影响。

和食文化起源于日本人以家庭为核心的社会性活动。随着日本人的社会集体活动的种类逐渐丰富，饮食文化在各种各样的社会集团中不断凝聚、诞生。除了日常的家庭聚餐外，为符合文化氛围，人们为婚丧嫁娶等场合的聚餐、礼仪性聚餐，以及祭神仪式、祭祀等特殊场所的共餐提供了特殊的料理，逐渐挖掘饮食文化的意义。

（三）和食的形式

日本虽国土面积不大，但随着社会环境的变迁，日本和食的菜式、流派及饮食背后的含义却是多种多样的。在日本环境和社会的熏陶下，"年节料理""神馔料理""精进料理""本膳料理"等和食形式随着时间的推移不断发展。

弥生时代奠定了日本的饮食文化结构，此后的奈良时代（710~794年）出现了"年节料理"。年节料理原本是为了庆祝五节[①]而制作的宫廷料理。当时作为供品而制作的饮食被称为"御节供"（年节）的料理，被认为是

[①] 五节源自唐朝时期从中国传来的人日（一月七日）、上巳（三月三日）、端午（五月五日）、七夕（七月七日）、重阳（九月九日）五个节日。

现在年节料理的起源。日本饮食文化的独特性在平安时代（794~1185年）初期凸显，出现了神馔料理和大飨料理。"神馔料理"的精神内涵和文化习俗一直传承至今，被视为日本饮食文化的起源。所谓"神馔"指的是神灵的食物。日本自古以来就认为赐给人类丰盛食物的大自然是神灵，有崇拜、尊重神灵的文化传统。为了向上天祈愿农耕、渔业丰收，表达收获的喜悦和对神灵的谢意，人们会举办各种各样的节日、祭祀活动，"神馔料理"由此产生。

日本在12世纪以镰仓时代（1185~1333年）的开始为节点正式踏入中世，在武家确立了稳定政权的室町幕府后，和食也进入迅速发展的时期，其间精进料理和本膳料理诞生。13世纪以后，受到从中国大陆传来的禅宗的影响，忌避动物性食品的"精进料理"获得极大发展。味噌汤、用芝麻调味的料理、点心、面类、年糕类、茶等饮食样式都是始于这一时期的寺院精进料理。这种新的饮食形式从上流阶层普及至平民百姓，对日本的饮食文化产生了很大影响。"本膳"一词可以追溯到南北朝时代（镰仓时代和室町时代中间的分裂时期），但形成"本膳料理"这种形式是在室町时代的后期，约在15世纪以后，武士阶层用来招待客人的"本膳料理"才真正诞生。在维持大飨菜形式的同时，本膳料理由于采用了素菜的烹饪技术，成为高级的料理方式，可以说本膳料理是将军级的仪式料理。江户时代以后的本膳料理包括米饭、汤汁、菜肴、腌菜以及用鲣鱼、海带煮出的汤汁、调味过的烤制食品和煮制食品，所以本膳料理也是奠定日本饮食基础的饮食形式。

江户时代（1603~1868年）为日本历史的近世，是和食发展的完成期。以《日本料理物语》为代表，从宽永时期（1624~1643年）到元禄时期（1688~1707年），大量的料理书出版，并在社会市场流通。这些书可以说是料理百科全书，从季节的素材到每月的菜单，再到搭配和料理方法等，从各种各样的视点解说料理，提供了与料理相关的大部分知识。随着社会经济的繁荣，日本城镇居民生活水准的提升也使他们对饮食质量和仪式感有了更高的追求，会席料理则最具近世都市料理文化的特质。会席料理一般指很多人一起享用的宴席料理，有时是一道菜一道菜地上，有时是从一开始就将所有菜肴摆在餐桌上。明治时代（1868~1912年）的日本经历了明治维新，举国西化，与此同时，饮食文化也进入了内外融合期，出现了许多日西折中料理和创新菜系。随着日本社会的近代化，肉食和西洋蔬菜逐渐普及。西洋蔬菜和大量新食材在明治时代传入日本，日本开始积极吸收西方的饮食文化。此外，在日本资本进入中国和朝鲜的基础上，明治后期的日本经济迎来了富足的繁盛期，饮食生活逐渐西化，在日本的中国料理店和朝鲜料理店数量的增加也使日本人的饮食生活更加丰富多元。因此，近现代日本料理是在西洋料理的巨大影响下取得进展的，在以米饭为中心的传统日本饮食形式的基础上，以西洋料理为主、其他饮食种类为辅的形式慢慢流传到普通民众当中。

二 和食发展现状

（一）和食在日本的发展现状

本报告主要从日本民众对和食的接受程度和日本国内的日本料理店铺数量两个角度分析和食在日本的发展现状。由于日本人的饮食习惯受到历史和地域条件的影响，清淡营养的和食在日本国民心中一直有着极高的评价。尽管近现代社会的多元化发展使饮食全球化，日本的饮食文化也免不了融合他国饮食文化，但据日本企业运营统计机构 J-Net21 的调查结果，74%的日本国民的日常主要饮食依旧是和食。无论性别和年龄层，和食都是日本国民饮食结构的最主要部分，且青年群体对和食的潜在需求也十分强烈。[1] 日本国民将和食文化日常化，在很大程度上巩固了和食文化的继承基础，也增强了和食文化的传播能力。

---

[1] 『市場調査データ 和食レストラン』，J-Net21，2013年9月，https：//j-net21.smrj.go.jp/startup/research/restaurant/cons-jrestaurant.html。

日本知名食评网站TABELOG①的统计显示，截至2022年12月，日本全国约有83万家餐厅，其中包括了从日式小吃摊到高级日式料亭不同种类的和食店铺数量超过24万家，约占总餐厅数的30%②。2022年TABELOG公式书③数据显示，入围的日本料理店铺共有338家，超过餐厅店铺总数的60%④。由此可见，日本民众在日常生活中对和食的使用率高，和食店铺在日本也有着十分深厚的群众基础。人们在享受美食的过程中不自觉受到饮食文化的影响，并通过跨境电子信息网站传播饮食文化，对和食贸易国际化也起到一定的积极作用。

（二）日本食品出口贸易

在许多人眼中，清淡、食材丰富的和食是健康的代名词，于是在全球健康意识高涨和新兴国家经济发展的背景下，和食申遗成功，大众对日本食品和日本食材的需求也与日俱增。根据日本农林水产省的统计，和食申遗成功的2013年，日本农产品出口额达到5.506亿日元，比2012年增长了22.4%，创下1955年有统计以来的最高纪录，2012～2018年，以日本大米和日本酒为代表的产品出口额增长了3倍以上。2019年，日本农林水产品和食品出口额较2012年（约4497亿日元）增长超过1倍，达到9121亿日元。由于日本的出口势头强劲，2020年3月31日，日本内阁会议通过了粮食、农业、农村基本计划，2020年经济财政运营和改革的基本方针以及经济增长战略指出，2025年和2030年的出口额目标分别为2万亿日元、5万亿日元。日本农产品和食品的出口额并没有因疫情的影响而减少，2021年还首次突破1兆日元，出口额达到了1兆2382万日元。日本食材的主要出口目的地为中国、美国、韩国、越南、新加坡等亚洲和北美地区，仅2022年1月至

---

① TABELOG：日本电子商务信息网站Kakaku（日本价格网）旗下的日本饮食检索网站，有众多日本用户使用，具有一定的大众普及性和代表性。
② グルメ・レストラン予約サイト，食べログ，https://award.tabelog.com。
③ TABELOG公式书：由TABELOG出版的年度刊物，主要内容为根据客户的评价从全日本注册的80多万家餐厅中选出人气最高的523家介绍。
④ 『The Tabelog Award 2022』，食べログ，https://award.tabelog.com/guide。

10月对中国的总出口额就达到5050万日元,约占同时期总出口额的一半。2022年1月至10月的日本食品出口额已超过1兆日元,其中以日本酒为代表的加工食品、以牛肉和乳制品为代表的畜产食品、以扇贝为代表的海产品出口占比明显增加,日本农产品和加工食品对外出口需求不断扩大。

(三)和食在海外的发展现状

日本料理的餐饮店铺风靡全球,据日本农林水产省统计,全球日本料理店铺数量近年来大幅增加,截至2021年,约有15.9万家(见表1)。同时,根据2019年《访日外国游客消费动向调查》①,访日外国游客在被问到"赴日之前所期待的事情"时,回答"品尝和食"的游客最多,约占70%;访日最期待的体验为"品尝和食"的游客占比也最多,占统计总人数的27.6%。

表1 海外日本料理店铺的数量统计

单位:万家

年份	亚洲	欧洲	澳大利亚	中东	非洲	北美洲	中南美	俄罗斯	共计
2006	0.6~0.9	0.2	0.05~0.1	0.001	0	1	0.15	0.05	2.4
2013	2.7	0.55	0.07	0.025	0.015	1.7	0.29	0.12	5.5
2015	4.53	1.055	0.185	0.06	0.03	2.51	0.31	0.195	8.9
2017	6.93	1.22	0.24	0.095	0.035	2.53	0.46	0.24	11.8
2019	10.19	1.22	0.25	0.1	0.05	2.94	0.61	0.26	15.6
2021	10.1	1.33	0.34	0.13	0.07	3.12	0.61	0.31	15.9

资料来源:『日本食・食文化の海外普及について』,農林水産省,2013年6月,https://www.maff.go.jp/j/shokusan/eat/pdf/20130620.pdf。

该统计数据由日本农林水产省根据海外的238个日本领事馆提交的信访和调查统计得出。按照国别,拥有日本料理店铺数量最多的国家是中国,有40823家;其次是美国,有22890家。2020年新冠疫情肆虐全球,在餐饮业

---

① 『訪日外国人の消費動向:訪日外国人消費動向調査結果及び分析(2019年)』,国土交通省・観光庁,2020年3月,https://www.mlit.go.jp/kankocho/siryou/toukei/content/001345781.pdf。

受到重创的背景下,全球的日本料理店铺总数依旧保持正增长,由其可观的数量不难看出和食文化输出的成就和强大的根基。

如今,日本的饮食在世界上备受瞩目,许多餐饮企业纷纷在海外开设分店。越来越多的日本餐饮店工作者希望能够在海外开连锁餐厅,进军海外市场。① 这不仅能提升创收,还能提升品牌形象,更能提高员工的工作积极性,促进企业的成长。②

三 日本和食的保护与传承措施

(一)和食与世界文化遗产

2011年7月至11月,日本文化厅召开了针对日本饮食文化申请列入世界非物质文化遗产名单的研讨会,大会以调查非物质文化遗产保护制度、联合国教科文组织提出申请书的申请内容为主要问题进行讨论;2012年1月至2月,日本在向联合国教科文组织提出申请之前向文化审议会咨询了相关申请内容,同年3月向联合国教科文组织提交申请书,并得到1598家相关团体组织的支持。③ 在经过两年多的审查,代表日本饮食文化的"和食"于2013年12月4日成功申请世界非物质文化遗产。2013年10月22日,辅助机关进行事前审查并将建议报告提交给政府间委员会;同年12月4日,由条约缔约国中24个国家代表组成的政府间委员会根据辅助机构的建议,对该申请是否成功进行了审查,最终决定将"和食"列入名录。④ "和食"成

---

① 『「飲食店の海外出店の検討状況」に関するアンケート調査』,Synchro Food,https://www.Inshokuten.com/research/result/24? ref=foodist。
② 『日本の飲食店がアメリカで成功するには? 「北米進出セミナー」完全レポート』,Foodist. Meida,2019年1月15日,https://www.inshokuten.com/foodist/article/5171/。
③ 『「和食」がユネスコ無形文化遺産に登録されています』,農林水産省,https://www.maff.go.jp/j/keikaku/syokubunka/ich/。
④ 『「和食」がユネスコ無形文化遺産に登録されています』,農林水産省,https://www.maff.go.jp/j/keikaku/syokubunka/ich/。

为日本第22项非物质文化遗产。

根据日本文化厅介绍，申请非物质文化遗产的"和食"在含义上与上述国语辞典中的"和食"解释略有不同，它更加广泛地涵盖了日本文化。申遗的"和食"不是简单的日本料理，而是以使用因四季和地理的多样性形成的"新鲜多样的食材"和展现"自然美的摆盘"等为特色，浓缩了日本人"对自然的尊重"的基本精神的一套料理体系，与新年、插秧、丰收节庆等例行年庆密切相关，是密切家庭和地域社区成员之间关系的社会习俗。①

（二）和食保护法规

在日本的法律中，《食育基本法》《保护非物质文化遗产公约》《文化艺术振兴基本法》等许多法律法规与和食相关。

《食育基本法》（2005年第63号）第24条规定："国家及地方公共团体应当采取提高认识和普及知识等其他必要的相关措施，以推进日本优秀传统饮食文化的继承，例如与传统节庆礼仪相关的饮食文化、有当地特色的饮食文化等。"

《保护非物质文化遗产公约》（2006年第3号）规定，各缔约国应"采取必要措施确保其领土上的非物质文化遗产受到保护"［第11条（a）］，并应竭力采取种种手段"通过向公众，尤其是向青年进行宣传和传播信息的教育计划，使非物质文化遗产在社会中得到确认、尊重和弘扬"［第14条（a）（i）］。

《文化艺术振兴基本法》（2001年第148号、2017年6月23日修订）明确规定了"和食文化以及茶道、花道和书道等生活文化，国家政府应促进其发展，并采取支持这些活动的其他必要措施"（第12条）。

（三）和食保护政策与措施

日本政府十分重视如何将富有多样性和变化性的饮食文化可持续地传承

---

① 文化遗产データベース，日本国立情报学研究所，https://bunka.nii.ac.jp/db/heritages/detail/274122。

给下一代，2015 年召开了推进"和食"的保护与继承研讨会。会议提出了四种针对国内推进和食保护与继承工作的有效措施，即加深对和食文化的理解，推进育儿父母继承和食文化的工作，为年轻人提供新途径，开展介绍风土料理的活动。日本文化厅提出以下措施来解决青年一代的和食文化继承问题：通过开展传统文化亲子教育课堂，体验地区传统料理等活动，响应和食文化继承事业；在青少年和儿童的文化艺术培养方面，派遣饮食文化的专家到中小学进行关于风土料理的演讲以及烹饪见习和实践等活动；进行关于青年一代继承饮食文化、茶道等"生活文化"策略的现状调查和传统生活文化的研究工作；通过文化艺术激发地区活力，推进国际宣传工作，支援传统艺能和餐饮（料亭等）的结合、吸引国内外游客聚集的方针和研究学会。

2015 年举办的以"鲣和烧酒"为主题的饮食和文化典庆"第三十届国民文化祭·鹿儿岛 2015"、2016 年举办的以"白酱油烹饪大赛"为主题的"第三十一届国民文化祭·爱知"推动了地方饮食文化发展和经济活性化；由文化厅主办的"反思饮食文化！"研讨会促进了和食文化发展。①

日本农林水产省作为和食文化保护以及继承工作的主要负责机构之一，为了将和食文化传承给下一代，为在各地区和辖区的幼儿园、托儿所等工作的教师、保育员、营养师等职员开展讨论研究会，并以城市街道为单位组织传统和食的继承团体，在当地的学校以及教育机构进行传统和食的演说，举办地区风土料理的推介活动，推广继承工作。

（四）和食继承人才选拔制度

过去日本利用学徒制度培养厨师，知名老店的独门秘诀代代相传，互相不进行交流，虽具有工匠精神，但也导致在传承的过程中许多经典的菜肴被时代的洪流吞没。为保证日本料理能够规范化、标准化地向世界各地传播，日本开始进行料理产业的技术普及和人才质量管理，厨师之间不着眼于实际的技术传承，而是产业体系的发展，可见日本在和食人才的培养方面下了极

---

① 『日本の食文化の発信に係る文化庁の取組』，文化厅，http：//www.kantei.go.jp/jp/singi/tokyo2020_suishin_honbu/shokubunka/dai2/siryou9.pdf。

大的苦心。

农林水产省与文部科学省逐步普及日本饮食、发展饮食文化人才事业，具体包括开展有关人才培养的日本料理讲习会和研讨会、有效利用海外烹饪学校、与海外厨师合作扩大需求、组织针对外国厨师的研修、进行日本饮食及饮食文化的普及培养、协助推进日本料理烹饪技能认定制度等措施，日本和海外和食的饮食界人才体系更加完善。

日本在厨师的标准化考核方面主要有资格认定制度、厨师资格证、专业烹饪师、烹饪技能师、海外认定制度。由日本安全食料料理协会发布的资格认定制度是以提高烹饪者社会地位、提高技术水准为目的，实施考试和发布认定证书，考试形式为非集中式的居家考试，社会人士和家庭主妇都可以进行尝试，提高自己的专业技能水平，提高和食的标准化水平。饮食类的考试分类繁多，主要有饮品资格证、酒资格证、饮食教育资格证、饮食文化资格证、营养料理资格证、专门料理资格证、点心·甜点资格证七大类。①

考取厨师资格证②的厨师必须是掌握食材的营养、安全性、正确的烹饪方法等各种知识和技术的专业人士③。因为拥有烹饪经验和知识两方面的证明，社会信用度也会提高，所以只有拥有厨师资格证的人才能挂上厨师的名号。只有毕业于专门厨师学校或初中以上学历且有两年以上的厨师经验证明的考生才可报名，这在一定程度上保证了准入门槛，该规定对保持厨师的平均水平有重要作用。

考取烹饪师执照的人在积累烹饪经验后，为了进一步提升技术可参与国家资格证书考试，专业烹饪师、烹饪技师是国家认可的具有更高专业技术和丰富知识的烹饪师。烹饪师在《烹调师法》中被认定为专业烹饪师，在

---

① 資格認定制度，日本安全食料料理協会，https：//www.asc-jp.com/certificate-system/。
② 厨师资格考试原则上每年会在各都道府县举办一次（神奈川县一年举办两次），全国任何地方都可以参加考试，各都道府县的考试次数要事先确认。另外，关西的厨师考试由关西广域联合主办，每年在商工会议所、公民馆、大学校园等地举行一次。考试科目有烹饪理论、食品卫生学、公共卫生学、营养学、食品学、饮食文化概论，厨师考试的合格率在60%~65%。
③ 『シェフに必要な資格は？ 調理師免許は必要？』，キャリアガーデン，2022年3月23日，https：//careergarden.jp/chef/qualification/。

《职业能力开发促进法》中被认定为烹饪技师，是专业烹饪师和烹饪技师这两个称号的总称。专业烹饪师的技术审查考试以及烹饪技师的技能鉴定考试被统称为"烹饪技术技能评价考试"。烹饪技术技能评价考试分为"日本料理""西洋料理""面食""中国料理""寿司料理""供餐特殊料理"等科目进行，考生任选一科进行考核。通过考核者可以获得由厚生劳动大臣颁发的证书，有成为厨师学校教师的资格。烹饪师要经过实际操作和专业考试，不仅需要掌握烹饪的高级技能，还需要掌握卫生管理等专业知识。资格证书报考条件也较为苛刻，只有实际工作经验的话需要8年以上，在烹饪师培训机构学习过的学生也需要6年以上的实际工作经验才符合报考条件。通过烹饪技术技能评价考试的人不仅可以从事烹饪工作，还可以从事与饮食相关的更广泛领域的工作，烹饪师证书可以说是对社会贡献度很高的资格证书。[1]

为了将日本的饮食文化以正确的形式传播至全球，餐饮店在日常工作中必须有高度的意识。因此，为日本料理的人才培养事业做出努力的不仅仅只有国家，许多民间机构和知名餐饮企业也热心参与其中，并形成了相对完善的体系。例如，日本食品服务协会[2]为日本料理界的服务标准和人性化做出许多贡献。日本食品服务协会是经农林水产省批准于1974年成立的为了促进日本外食产业的发展、为创造丰富的饮食文化做出贡献的协会，主要负责日本外卖产业链的统计和协助、外国餐饮界人才的规范化培养、保障和完善餐饮行业人员的就业环境、推动地方农产品对外出口等工作。在培训餐饮服务人员方面，日本食品服务协会通过开展劳务研究会、新入职员工培训、海外培训等，多方面共同促进餐饮业的活性化。日本东京知名餐饮企业一二三庵创办线下的日本料理教室和沙龙会，为对日本料理感兴趣的人提供了解和学习的渠道；日本安全食料料理协会和日本指导技术协会认定的SARA、东京寿司学院等许多教育机构在线上、线下开展对专业和食的指导课程。

---

[1] 烹饪师考核实际操作合格率在70%左右，专业合格率在50%左右，平均合格率在60%左右。

[2] 资料来源：外食産業のサポーター，日本フードサービス協会，http://www.jfnet.or.jp/。

民间机构还会通过竞赛、讲座和展示等方式加深业界人员对和食的了解。日本料理研究会成立于昭和5年，是同类机构中最古老的机构。当时的日本料理界以烹饪师会为单位的同门非常团结，技术的传承只在其中进行。日本料理研究会是为了提高会员的技术、研究日本料理，被各厨师协会推荐的厨师先生（日本料理研究会师范）会举办"每月例行料理展示会""每月例行料理讲习会"等每月定期开展的会议，还会主办更高规格的"全国日本料理大赛"。

许多民间企业还会向民众推出"食育"[1]的介绍。例如，日本知名食品公司明治[2]以健康饮食为主题，细分各年龄层为民众提供家常和食介绍及食谱，强调和食文化的重要性。这样做既能提高企业在民众心中的好感度，还能在介绍食品的同时销售食材产品，实现名誉和盈利双收。

（五）传承和食的成效

据农林水产省2015年的数据调查，有53.1%的日本国民表示了解和食文化申遗成功一事，占比高于统计人数的一半，可见其在当时的宣传力度之大和关注度之高。[3] 此后在日本政府的推动下，和食文化更是深入人心。

风土料理（又称地方料理）的保护和继承事业是继承和食文化进程中重要的一部分。为了在地方保护和继承固有的多样的饮食文化，在各都道府县构建以地方公共团体、大学等研究机关、民间团体、教育相关人员、民间企业等为成员的和食文化保护与继承体制，并进行各地区风土料理的选定、调查以及数据库的制作、普及、运用等。和食文化传承和人才培养等事业为了在地区培养和食文化普及活动的核心人才，针对孩子和育儿世代等，以营

---

[1] 食育指饮食文化教育，日本文部科学省对食育的定义为"让儿童掌握关于饮食的正确知识并形成良好的饮食习惯"。
[2] 『明治の食育について』，明治株式会社，https://www.meiji.co.jp/meiji-shokuiku/japaneseculture/washoku/。
[3] 『令和3年度日本食・食文化体験による輸出促進支援事業（和食文化の国内外への情報発信委託事業）のうち食生活実態及び和食文化に関するアンケート調査』，農林水産省，2023年3月，https://www.maff.go.jp/j/keikaku/syokubunka/culture/attach/pdf/chousa-1.pdf。

养师、保育员等为对象实施研修会，谋求人才线上化。① 各地区针对市民采取了不同的措施以及方案，提高当地市民对风土料理的关注度和重视度。经过多年的实践与继承工作的推广，各地区都取得了不少的成果。以埼玉县为例，团体成员组织当地学校学生体验农村生活，向年青一代介绍传统和食从种植到加工的过程，与农产品企业合作，加强食品与农业教育，还与当地学校建立合作关系，向学生提供合适的传统餐食，不仅是孩子，还将和食继承融入市民的日常生活，提高市民对风土料理以及和食文化传承的认可度。

日本在关于和食文化以及农产品的知识产权方面也十分重视。自2018年6月发生了和牛资源非法出口案件后，日本农林水产省顺应2019年推出的《日本知识产权推进计划》，于2020年颁布了《和牛基因资源的知识产权价值保护方案》，以加强食材出口保护，通过政策保护和食产品和文化知识产权，减少甚至避免其在国外市场非法流通，这对和食在国际上的标准化有重要作用。

据农林水产省《令和元年关于国民饮食生活的和食文化实情调查》②，2019年，60%以上的日本国民会在季节节日和历年活动制作和享用传统和食，78.5%的日本人认为有必要将饮食礼仪传承给年青一代，约七成的各地区年轻人通过学校、社会的饮食文化教育开始重视自己的风土料理，为向年青一代普及和食文化，实施了灵活运用措施的实践性研修并通过学习继承各自的特色饮食，对日本风土料理的传承起到重要作用。

此外，据统计，80%以上的日本国民对和食抱有好感，有23.8%的日本人有明确想向外国人介绍并推荐的和食文化③，可见国民对和食文化的尊敬不仅有利于继承和食，也能成为和食文化走向全球的重要驱动力。

---

① 『「和食」と地域食文化継承推進委託事業』，農林水産省，食料産業局海外市場開拓・食文化課，2021年，https://www.maff.go.jp/j/keikaku/syokubunka/attach/pdf/index-27.pdf。
② 『令和元年度国民の食生活における和食文化の実態調査』，農林水産省，2020年12月，https://www.maff.go.jp/j/keikaku/syokubunka/culture/pdf/02_zentai.pdf。
③ 『令和元年度国民の食生活における和食文化の実態調査』，農林水産省，2020年12月，https://www.maff.go.jp/j/keikaku/syokubunka/culture/pdf/02_zentai.pdf。

四 和食海外推广措施及成效

2013年12月，"和食"被正式列入联合国非物质文化遗产名录，"和食"在海内外引起广大关注。自申遗成功以来，日本一直致力于保护、继承并向海外推广和食文化，并针对如何进一步推动日本饮食文化向海外推广、如何有效采取措施创造新价值并发现新价值等问题提出了一系列的政策，取得了一定成效。

（一）和食海外推广政策

日本政府各部门对"和食"的海外宣传工作十分重视。

日本农林水产省和文部科学省共同合作，致力于向海外宣传日本饮食及饮食文化魅力。其主要措施有：扩大日本饮食、饮食文化宣传事业，具体包括协助推进日产食材的日料店的认定工作、有效利用官方网站宣传饮食魅力等；在全球活动中传播日本饮食、饮食文化，具体包括国家总理大臣、农林水产大臣等具有影响力的领导人通过出席国际会议等介绍日本饮食文化的魅力，通过全球活动传播日本饮食、饮食文化，在风靡海外市场的日本动漫、电视剧等影视产品中加入日本料理内容等。

日本《观光立国推进基本法》第20条规定："为提高旅游接待服务的质量，政府要采取措施，提供培训机会，整修旅游接待设施，积极向外国游客介绍日本传统的饮食文化、生活文化、产业特点等方面的知识，大力支持开发具有地方特色的旅游商品。"第23条规定，为拓展新型旅游活动领域，政府要采取措施，促进普及自然体验活动以及与农林牧渔业相关的旅游活动和增进身心健康的旅游活动。①

此外，《粮食、农业、农村基本计划》（日本内阁于2020年3月31

---

① 『観光立国推進基本法』，国土交通省、観光庁，2010年4月12日，https://www.mlit.go.jp/common/000058547.pdf。

日通过）规定了关于振兴日本饮食文化的政策。具体表现为推进和食、和食文化向海外推广，实施政策吸引外国游客入境旅游，以扩大日本农林水产品、食品的出口，推进人才培养以及政府民间联动，促进和食文化向下一代传承（基本法第3条）。应综合且有计划地实施粮食、农业及农村的相关政策；战略性开拓全球市场；加强消费者、食品、农业之间的联系。[1]

为了推进和食文化在年青一代的普及，日本2015年修订的《食育基本法》第24条规定："为了推进与传统仪式和做法相结合的饮食文化、具有地域特色的饮食文化等我国传统的优秀饮食文化的继承，应该采取与这些相关的启发和知识的普及工作以及其他必要的措施。"[2]

（二）和食海外人才培养和原料认证制度

日本的和食文化之所以能够成功输出，与日本对和食人才的重视脱不开关系。日本政府与民间机构为培养和食人才和规范海外和食店铺制订了标准和制度。

海外认定制度是针对在国外的和食厨师而设立的制度。农林水产省为了加强日本饮食、饮食文化的海外传播，于2016年4月1日制定了《关于海外日本料理烹饪技能认定的指导方针》。这是为了在海外正确、有效地宣传日本饮食、饮食文化和日本农林水产品、食品的魅力而制定的制度，对达到一定日本料理知识及烹饪技能水平的日本料理外国人进行认定，民间团体等可以自行认定，也规定了一定的行为准则等条件。根据农林水产省出口·国际局的统计[3]，截至2023年3月31日，全球共有2422名外籍人获得日本料理烹饪技能

---

[1] 『和食文化の更なる価値創造に向けて』，農林水産省，2021年3月，https：//www.maff.go.jp/j/keikaku/syokubunka/attach/pdf/teigen-1.pdf。

[2] 『食育基本法』，農林水産省，2015年9月11日，https：//www.maff.go.jp/j/syokuiku/attach/pdf/kannrennhou-20.pdf。

[3] 『日本料理の調理技能認定取得者数（国籍別）』，輸出·国際局，2023年3月31日，https：//www.maff.go.jp/j/shokusan/syokubun/attach/pdf/tyori-8.pdf。

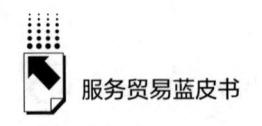

认定，其中金等认定 22 名，银等认定 976 名，铜等认定 1424 名。[1]

除海外认定制度外，日本国内也有针对在日留学生的日本料理烹饪技能认定制度，对在日留学生今后对日本料理的宣传起到积极作用。据日本全球就业论坛统计，从事饮食行业的在日毕业留学生占 5.3%，这壮大了民间作为日本料理烹饪技能认证的主体，培养了掌握日本饮食知识、烹饪技能的外国厨师。随着认定数的逐渐增加，和食人才在世界范围的流动速度加快，推进和食文化在世界范围内的传播。

日本不仅有人才培养体系，海外的日产食材也有独立的制度。[2] 为加强日本农林水产品和食品的出口，大力宣传具有日本产食材魅力的原料店，扩大日本产食材的海外需求，农林水产省于 2016 年 4 月 1 日制定了海外日产食材原料店认定制度。该制度对积极使用日本产食材的海外饮食店和零售店、民间团体等设定了一定条件，符合条件的企业可自行认定为日产食材原料店。截至 2023 年 6 月 30 日，全球共有覆盖 72 个国家或地区的 7869 家店铺获得认证。[3]

（三）和食海外推广成效

日本国民从上至下、以点带面地将和食对外推广的力量不容小觑。

在和食申请列入世界非物质文化遗产的过程中，日本的国家领导人积极向世界宣传和食文化。2013 年 4~5 月，前首相安倍晋三在俄罗斯以及中东地区展开宣传；同年 6 月，安倍晋三前往华沙访问并举行日本料理招待会等。这一系列的努力使得和食的存在感在全球范围内不断攀升，来自

---

[1] 海外认定制度的认定条件如下：有两年或以上的相关从事经验，熟知日本饮食文化、选材器具和烹饪技巧以及日式餐桌礼仪和规范的可授予金等认定；毕业于日本料理学校等专门学校或有一年及以上相关从事经验，对日本饮食文化、选材器具和烹饪技巧以及日式餐桌礼仪和规范有一定了解的可授予银等认定；参加过国内外短期料理专业讲习会，并通过认定团体考核的可授予铜等认定。

[2] 『海外における日本産食材サポーター店認定制度』，農林水産省，https://www.maff.go.jp/j/shokusan/syokubun/suppo.html。

[3] 『海外における日本産食材サポーター店認定制度』，農林水産省，https://www.maff.go.jp/j/shokusan/syokubun/suppo.html。

东亚的"奇特饮食"吸引了世人的视线，也为"和食"申遗成功贡献了一份力量。

借助国际型大展会进行和食文化的推广也具有很强的影响力。自2013年"和食"申遗成功后，在2015年举办的米兰世博会中，日本馆再次以"和食"为主角并大力宣传日本的农畜产品，开展了各种各样的活动，其中和牛的宣传取得了很大的成果，并与英国成功签约，合作开设烤肉店。农畜产品与饮食店同时出口，认真地向世界传达日本饮食的历史和其中所蕴含的想法、厨师的技术等，和食的附加值得到进一步提高。迪拜世博会举办期间，游客也可在阿联酋增加的日本餐厅吃到日本料理，特别是随着来自中东地区的游客不断增加，周边国家与地区对日本料理的兴趣也不断增强。

在宣传的同时，日本贸易振兴机构还着眼于全世界对和食的看法，对全球的日本食品主要输出国的产品详情以及消费者倾向都有详细的统计与调查。通过分析日本食品在销售国的竞争力、销售额等数据提出具体问题并提出相应的对策，以持续提高在该国的食品输出额。借鉴中国电商发展的经验，日本发展线上零售店以增加食品消费额，节约成本、扩大利润，并从价格、产品质量、物流等方面革新管理体制，更全面地发展食品贸易出口。[①]

此外，2013年日本内阁府提出推进"酷日本"战略。这是希望通过向全球展现日本的软实力来提升对外形象、推动日本的经济增长和结构转型的经济政策。除了盛行全球的日本ACG文化外，和食因代表性和深厚性的特征而被作为"酷日本"战略的重点推介对象，是日本国际文化贸易中十分重要的一环。[②] 于是日本将和食文化融入影视文化，通过日本动漫、电视剧、综艺等影视作品在无形中宣传和食文化并向海外推广，让许多对日本影视文化感兴趣的海外群体对日本和食文化感到好奇，更好地执行了"酷日

[①] 『世界の日本食消費市場-日本の食、世界を食す-』，日本貿易振興機構，https：//www.jetro.go.jp/industry/foods/foreign_consumer.html。

[②] 『クールジャパン関連施策一覧』，知的財産戦略推進事務局，https：//www.cao.go.jp/cool_japan/kaigi/cj_strategy/kanji2/pdf/kan2_siryo3.pdf。

本"的文化宣传战略。《深夜食堂》《孤独的美食家》《爱吃拉面的小泉同学》《交给岚吧美食生死战》等与美食相关的作品向国内外观众展现了许多日本美食老字号和传统饮食、饮食礼仪等文化，成为日本向外国宣传的资本，也成为国外游客前往日本的潜在吸引力之一，使海外观众成为潜在消费者。根据"酷日本"战略，伴随全球数字化和信息化的快速发展，建立国际新网站，使推广和食文化相关内容的网站首页国际化十分重要。灵活运用社交媒体和网络 KOL 的影响力，能在网络平台上达到良好的宣传效果。故以 YouTube、Twitter 等海外社交平台为中心，以民众为媒介的和食文化海外宣传对和食文化以及和食国际贸易的发展也起到了重要的推动作用。

五 和食文化对中餐文化的启示

中国作为世界三大美食国之一，中餐历史悠久且种类丰富，有深厚的文化底蕴，是足以令国人骄傲的国家名片。早在 2011 年，中餐便以"传统烹饪技艺"为申报项目首次申请非物质文化遗产，但在国家级非遗就已被否决，尚未走出国门。此后，2015 年和 2016 年的尝试申请也因与联合国教科文组织对世界非物质文化遗产内涵与规则相悖均以失败告终。[1] 日本和食仅通过两年多的系统梳理和准备便被成功列入非物质文化遗产名录，并逐渐成为国家文化的一大亮点，其文化的传承与传播都有值得中餐文化借鉴之处。

（一）政府的重视与支持

日本文化厅针对日本饮食文化申请列入世界非物质文化遗产名录召开研讨会并设置相关部门，专业人员详细了解联合国教科文组织申遗流程与规则，建立了相对完善的和食文化体系，最终获得成功。以农林水产省和文部科学省为主要负责部门制定和食保护与宣传的法规与政策，并有更多部门协

---

[1] 于千千、程小敏：《中国饮食文化申报世界非物质文化遗产的标准研究》，《思想战线》2015 年第 2 期。

调推进和执行。日本政府通过多角度的努力使和食文化在全球范围内基本实现规范化，给大多数外国消费者留下了良好印象，为日本的和食国际化发展提供了强大的动力，因此，国家的支持不可或缺。

目前中国餐饮文化的相关项目来自国家政府的支持始终有限，美食申遗工作多由行业协会和民间组织推动。为了把中国美食推到国际舞台上，仅靠协会自身的资金和能力，成功难度较大。政府需要召集一支专业的队伍，联合民间组织和饮食界的头部民营企业共同将中国美食的概念精炼化、体系化，使中国美食符合申遗的要求。此外，只有完善餐饮文化相关法律法规，才能为中餐体系化发展提供基本框架，进而更有效地促进国际市场的中餐规范化。

（二）海外餐厅体系和品牌建设

日本和食能够规范地走向全球，人才培养十分重要，尤其是海外人才。促进外国人正确学习日式料理厨艺和餐饮文化，通过教育和培训等方式推动人才专业化、标准化，政府相关部门与头部餐饮企业合作，向入境游客宣传日本地方饮食文化魅力，对餐饮店进行环境优化补助，并推进日本食品和海外和食餐厅的合作和电子信息化，在国内外建立了相对规范的国际市场体系。

中国也有相关厨师证，如厨师职业资格证、厨师协会证书和职业学校的厨艺文凭等。但中国的厨师职业不像其他职业有专业的职业标准，无论是个人发展、厨艺能力都难以量化，海外求职更是大多依托关系和熟人介绍，餐饮人才水平参差不齐，从而导致国际市场中餐厨师人才缺稀、饮食文化错误宣传等问题。故国际餐饮市场的标准化和体系化是对外宣传中餐文化的关键要素，不仅是厨师，也需要培养对中式餐饮礼仪和服务等餐饮文化熟知的专业人才，使其在国内外对餐饮文化进行宣传。高质量餐饮人才的培养和系统的海外中餐体系的建立不可或缺。

和食在世界范围内都有相对标准化的餐饮提供，并且由于和食申请世界非物质文化遗产时的精炼概念，和食在国际消费者眼中大多有健康、高级、精美的品牌标签，故而许多日本出口的国际连锁餐饮店通过料理可以传播高质量的和食文化，有利于提高和食的消费等级，在国际市场上处于相对有利的位置。反观中餐，虽然中国餐饮市场巨大，但海外中餐市场与国内相似，鲜有像麦当劳、肯德基等具有影响力的国际连锁标准化餐饮公司。中餐厅在全球范围内分布广泛，但是餐食的烹调方式和味道与传统中餐大不相同，来自国内的消费者评价不高，海外中餐馆的服务人员素质和整体环境水平差距较大，可能会使外国人对中餐及中餐文化的认知产生偏差。故为增强中餐在国际市场上的影响力，推动中餐文化成为世界文化遗产，不仅要在人才培养方面下功夫，品牌宣传也非常重要。鼓励饮食界领头企业"走出去"，增加标准化的连锁中餐店铺，树立正宗的中餐品牌形象，提升中餐文化的国际存在感。

（三）结合文化产品宣传

根据国家和政府的方针和优惠政策，日本民营机构和各界企业各司其职，将和食文化元素融入生活和贸易中，以产品、文化商品和内容等形式进行宣传。例如，日本政府创办和食文化学会等民间机构，各地组织积极开展和食活动，发行相关刊物，培养相关人才；宣传和食文化的影视作品和国际会展及活动不断涌现，展示各地美食特色，无形中对观众产生影响；知名旅行公司为国内外消费者设计"地方美食旅游路线"，使游客加深对日本饮食文化的印象，在促进地方经济发展的同时还有利于文化旅游多样化发展。

以2022年北京冬奥会为例，许多海外运动员第一次接触到正宗的中国美食，中餐文化再次受到全球关注。该活动以国际体育赛事为媒介，以运动员为传播主体，实现了一次成功的餐饮文化传播。《舌尖上的中国》《人生一串》《中餐厅》等美食文化类影视作品的传播也使中餐文化得到积极宣传，在非美食影视作品中添加中餐文化，增强影视作品和KOL等社交媒体在网络平台能够发挥的作用，通过潜移默化的方式扭转中餐在国际市场上的劣势形象。此外，文化旅游产品对中餐文化贸易发展的作用亦不容小觑。例如，地方传统美食节、"美食圣地巡游"、中餐文化国际会展等不仅能提高中餐的出口贸易额，还对推动多元化美食旅游形式起到积极作用。

六 结论

本报告通过对日本和食文化进行溯源，将和食和申请非物质文化遗产的和食进行区分，通过对和食的文化传承和贸易宣传措施的政策分析和数据调查，可以得出日本和食国际文化贸易的成功是多方面共同努力的结果。

通过案例分析，本报告认为日本和食文化的传承和国际贸易发展的主要推动力为政府，大到首相小到市民，每一个人都是使和食文化推广至全球不可或缺的角色。以申遗为起点，政府为和食所制定的完备的体系、法律法规和人才培养政策等为和食在日本甚至全球的文化贸易发展建立框架，为其后期的国际化发展提供重要动力。可见发展餐饮文化贸易时，建立让世界人民都认可的餐饮体系十分重要。餐饮文化贸易不仅需要政府的投入，民间和个体的力量也不容小觑。根据国家和地方政府的方针和优惠政策，民营机构和各界企业各司其职，将饮食文化元素融入生活和贸易，以产品、文化商品和内容等形式进行宣传，在盈利的同时使日本民众对和食文化的认同感不断增强，也能使对日本文化感兴趣的外国人成为和食文化贸易的消费群体，使和食成为日本在世界舞台上的一张醒目名片。

经过对日本和食文化的发展路径以及对中餐文化贸易现状的分析，本报告指出了几点中餐文化在国际化发展道路中的不足之处，并借鉴和食文化国际化发展路径从政府支持、餐饮人才培养、品牌建设和多元文化宣传等方面提出中餐文化的发展建议。

参考文献

江原絢子：『ユネスコ無形文化遺産に登録された和食文化とその保護と継承』，日

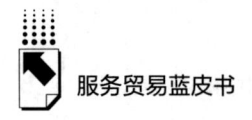

本調理科学会誌，2015 年第 4 期。

遠藤剛史：『日本料理の普及に関する諸研究』，マーケティングジャーナル，2020 年第 3 期。

下渡敏治：『日本食（和食）のグローバル化と農産物輸出の展望と課題』，2015 年。

瀬川雄貴：『地域の食文化情報の発信』，日本調理科学会誌，2022 年。

知的財産戦略本部：『クールジャパン戦略』，2019 年，https：//www.cao.go.jp/cool_ japan/about/pdf/190903_ cjstrategy.pdf。

農林水産省：『農林水産物・食品の輸出に関する統計情報』，農林水産省 Web サイト，2022 年，https：//www.maff.go.jp/j/shokusan/export/e_info/zisseki.html。

農林水産省：『食文化の継承・発信に向けた取組』，農林水産省 Web サイト，2016 年 9 月 27 日，https：//www.bunka.go.jp/seisaku/bunkashingikai/sokai/sokai_16/68/pdf/shiryo1_4.pdf。

農林水産省：『地域の伝統的な食文化等の保護・継承に関する取組事例集』，農林水産省 Web サイト，2017 年 3 月，https：//www.maff.go.jp/j/keikaku/syokubunka/culture/attach/pdf/index-16.pdf。

農林水産省：『「日本食文化の世界無形文化遺産登録に向け検討会」議事録・資料』，農林水産省 Web サイト，2015 年，https：//www.maff.go.jp/j/study/syoku_vision/kentoukai.html。

原田信男：『日本食の歴史 日本食文化テキスト』，農林水産省，2012 年。

東氏の横顔：『日本の飲食店チェーンの盛衰に関する QCA（質的比較分析：Qualitative Comparative Analysis）を用いた探索的研究』，日本フードサービス学会年報，2017 年。

Abstract

In recent years, China's service trade has shown strong development resilience and vigorous vitality. Knowledge-intensive service trade has grown steadily. The digital transformation of trade has been significantly accelerated. The scale of digital service trade has continued to expand, trading partners have become increasingly diversified, and the regional service trade cooperation pattern is good. In 2022, the import and export volume of China's service trade was 5980.19 billion yuan, an increase of 12.9% compared with 2021. Among them, the export volume of service trade was 2852.24 billion yuan, and the import volume was 3127.95 billion yuan. The number of countries (regions) that have established trade relations with China has increased to more than 200.

Annual Report on The Development of China's International Service Trade (2023) comprehensively uses methods such as quantitative analysis, country comparison, qualitative analysis to analyze and study the hot spots, highlights and problems of China's international service trade development in 2022, sort out and analyze the development and remarkable characteristics of 10 sub-sectors of service trade, and discuss the challenges and future trends of China's service trade development in combination with hot topics and international experience, and put forward targeted countermeasures and suggestions.

Annual Report on The Development of China's International Service Trade (2023) is divided into four parts: general report, industry reports, special research reports, comparison and reference reports. The general report analyzes the overall situation of China's service trade development in 2022 from the perspectives of trade scale, trade deficit, trade structure, trading partners and digital trade, summarizes the challenges faced by China's service trade development, discusses the opportunities for China's service trade development during the 14th Five-Year Plan period, and puts forward suggestions for the high-quality development of China's service trade in the new period. The industry reports conducts in-depth analysis and research on service trade in agriculture, forestry, technology, education, finance, intellectual property, language, traditional Chinese medicine, tourism, entertainment, culture and sports. The special research reports focuses on the high-quality development of China's international service trade under the background of global green transformation and development, the development of digital trade between China and countries jointly building the "the Belt and Road", the new opportunities for China's service trade development under the background of RCEP, the focus of the digital copyright rules of the USMCA and China's response, the thinking and enlightenment of ESG evaluation system on the green development of China's service trade, and the influence of large-scale language model on the development of China's language service industry. The comparison and reference reports focuses on the relationship between Brazil's industry and service industry development and international trade, global digital trade issues, rules and China's plan construction, the competitiveness analysis of cultural service trade between China and ASEAN under the new development pattern, and the internationalization experience of Japanese "Washoku" culture and its enlightenment to Chinese cuisine culture.

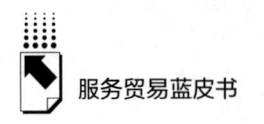

Annual Report on The Development of China's International Service Trade (2023) gathers the wisdom of experts and scholars and draws on the strengths of industrial practice. Under the background of a higher level of openness and innovative development of service trade, this book puts forward targeted, guiding and forward-looking countermeasures and suggestions for innovating the development mechanism of service trade, expanding the new space for the development of service trade and cultivating the new competitive advantages of powerful trading countries.

Keywords: International Service Trade; Trade in Digital Services; International Trade

Contents

I General Report

B.1 China's International Service Trade Development Report
(2023) *Li Xiaomu, Li Jiashan and Wang Li* / 001

Abstract: From 2020 to 2022, the world was deeply affected by the COVID-19 epidemic, and the overall trade situation continued to be depressed. China's trade in goods and services showed strong resilience, and digital service trade provided new impetus for the growth of service trade. China's service trade shows the remarkable characteristics of steadily expanding overall scale, significantly narrowing trade deficit, continuous optimization of trade structure, increasingly diversified trading partners, and rapid development momentum of digital trade. At the same time, the development of China's service trade faces the challenge of cultivating the international competitive advantage of emerging service trade, balancing the regulation and opening of digital service trade, and proposing the "China Plan" of international digital service trade rules. The development of China's service trade during the "14th Five Year Plan" period should grasp the opportunities of the implementation of regional trade agreements, the gradual formation of the network of opening platforms, and the synergy of service trade innovation and service industry opening. In order to promote the high-quality development of service trade, it is suggested to improve the facilitation level of service trade and improve the business environment for the development of service trade; Cultivate the brand of "China service" and improve the international competitiveness of China's service trade; Improve domestic digital trade laws and regulations, and actively participate in the formulation of international digital service trade rules; "Double carbon" and service trade promote each other and promote the green transformation of service trade.

Keywords: Digital Trade; Service Trade; "China Service" Brand

Ⅱ Industry Reports

B.2 Development Potential and Challenges of China's Agricultural Service Trade　　　　*Hou Xiaxin, Zhang Chuanhong* / 019

Abstract: According to the framework of the General Agreement on Trade in Services (GATS) of WTO, agricultural service trade includes agricultural cross-border trade, agricultural consumption abroad, agricultural commercial presence, and the presence of natural persons. According to the estimates of experts, the total value of China's agricultural service trade in 2019 is about 65 billion yuan, accounting for less than 2% of the total service trade, which indicates great potential for development. However, China's agricultural service trade faces challenges such as comparatively weak international competitiveness, imperfect policy system, and a relatively complicated international development environment. Based on this, China should seize every development opportunity, taking full advantage of scientific and technological achievements, set up a new development model of agricultural service trade, as well as ameliorate the statistical methods of agricultural service trade. In order to enhance China's power of discourse in the field of agricultural service trade, we must perfect existing relevant systems, mechanisms and policies so that it is possible to improve the high-quality development of agricultural service trade, which conforms to the new development pattern of the "Dual Circulation". Only in this way can we further elevate China's comprehensive strength, boost international competitiveness and expand influence.

Keywords: Agricultural Service Trade; Agricultural Service Industry; Agricultural Technology Innovation

B.3 Realization Path of Forest Ecological Service Value Based on Carbon Neutral Goal

Yang Chao, Song Weiming and Zhang Jinzhu / 034

Abstract: Carbon sink trading is an important way to promote carbon neutrality, and it is also the most realistic and promising way to realize the forest ecological value. However, the rules of the domestic carbon market hinder the realization of the value of forest ecological services: first, the current carbon market mainly deals with "carbon emission quotas" rather than "carbon neutral" services, which does not reflect the due position of forestry in the 2060 carbon neutral action. Secondly, too much emphasis is placed on "additional forest land", most forests are not allowed to enter the carbon sink trading market, and it is difficult to convert ecological value into market value. Third, the potential of forest carbon sink has not been effectively stimulated, hindering the transformation of "Two Mountains". In view of the shortcomings of the existing carbon market, it is proposed to take serving "carbon neutrality" as the goal, and explore the value realization mechanism of forest ecological services serving the 2060 carbon neutrality goal: Firstly, on the demand side, create demand scenarios for carbon neutral services, and innovate carbon neutral service trading scenarios; Secondly, on the supply side, the threshold for carbon sink development should be relaxed, and eligible forests should be included in carbon sink transactions; Thirdly, in terms of mechanism guarantee, we will break through the constraints of existing rules, allow cross regional transactions, promote cross regional carbon neutrality, and standardize the development of intermediary organizations.

Keywords: Carbon Sink; Carbon Neutrality; Ecological Service Value; Forestry

B.4 The Present Situation, Problems and Countermeasures of China's Technology Trade Development

Fang Ci, Yang Xiu / 056

Abstract: The high-quality development of technology trade is an important breakthrough for accelerating China's transformation into a trader of quality. In recent years, the development scale of China's technology trade has made steady progress, the export scale of intellectual property services has continued to expand, the trade surplus of electronic information services has grown steadily, and the overall technology trade deficit has shrunk significantly. The eastern region is still an important regional force in the development of China's technology trade, and private enterprises have become an important market player in international technology cooperation. The United States, Europe, Japan and South Korea are still the main source of China's technology import, and the technology import has gradually changed from incremental to high-quality. China has close technical cooperation with the countries along the Belt and Road, and the turnover of technology contracts in emerging fields such as electronic information and modern transportation has increased significantly. However, China's technology dependence on foreign countries is still high, and its independent innovation ability in key technology fields of manufacturing and information technology still needs to be further strengthened. In order to effectively deal with the continuous tightening repression in science and technology from Western countries, and reduce the risk of "supply interruption" in the industrial chain, this report proposes to increase scientific research in key technology fields, strengthen cooperation in the supply chain of the industrial chain, promote technical trade exchanges and cooperation, give full play to the positive role of private entities, and strengthen openness and cooperation in science, technology and innovation.

Keywords: Technology Trade; Technology Dependence; Openness and Cooperation

B.5 China Education Service Trade Development Report: High Quality Development of Chinese-Foreign Cooperative Education in The New Era   *Qu Ruxiao, Pan Ying* / 071

Abstract: With the deep evolution of economic globalization and the flourishing development of service trade, Chinese-foreign cooperative education, as a commercial presence in education service trade and the main form of local internationalization of education, has become an important initiative to expand the opening of education to the outside world. This study presents the basic situation of Chinese-foreign cooperative education through an international comparative perspective, and concludes that Chinese-foreign cooperative education is a good combination of public welfare and profitability, and it is the trend of Chinese-foreign cooperative education to maintain Chinese characteristics while adapting to the global market. Through social network analysis, this study presents the development characteristics of Chinese-foreign cooperative education from 2001 to the present, including the characteristics of the trend of institution and project development, the characteristics of geographical distribution and the characteristics of the layout of cooperative countries: the scale of Chinese-foreign cooperative education in general shows the trend of expansion, the development of other provinces driven by the eastern coastal provinces as the center, and the expansion of cooperative countries from developed countries in Europe and America to the global scope. This study also summarizes the current problems at the institutional level, management level and school operation level, and puts forward targeted policy recommendations.

Keywords: International Trade in Services; Chinese-Foreign Cooperative Education; Social Network Analysis

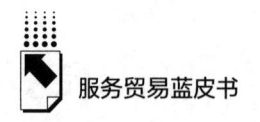

B.6 China Financial Services Trade Development Report (2023): Analysis from the Perspective of Balance of Payments from 2001 to 2022

Li Xiaomu, Yang Liu, Li Haozhe and Zhao Tianyue / 089

Abstract: The financial service trade involves many related industries and supports a wide range. As the commanding high point of economic development, the financial service trade has become not only a new growth point in our country's service trade, but also a key and focal point of global competition. The United States and Singapore, as representative countries in the field of financial service trade, have obvious surplus and relatively strong advantages in the development of non-insurance financial service trade, and have strong competitiveness in the international market. However, the internal structure of China's financial service trade is dominated by insurance financial service trade. Although the development shows a rising trend, their status in the service trade is low. In order to further improve the international competitiveness of the financial service industry and promote the sustainable and healthy development of the financial service trade, the joint efforts of the government and enterprises are particularly important. The government urgently needs to improve the regulatory system, cultivate interdisciplinary talents, and build a double-cycle pattern. Enterprises need to strengthen business management, create new driving forces for development, and empowered by the digital economy under the support of the government.

Keywords: International Trade in Services; Insurance; Finance; Balance of Payments

Contents

B.7 The Situation, Problems and Countermeasures of the Development in China's Intellectual Property Service Trade

Wang Li, Zhang Fangfang / 109

Abstract: Trade in intellectual property rights services is a new growth point of China's trade in services at present, and plays a significant role in the transformation and upgrading of China's trade in services. This report analyzes the situation of China's IPR service trade in recent years. IPR service trade is generally on the rise, and its international status is improving year by year, but the trade deficit is expanding and the industry scale is relatively small. Meanwhile, the following main problems exist in the development of China's IPR service trade: the quality of IPR greatly affects the development of IPR service trade; there is a serious shortage of professional talents related to IPR service trade; the related industries are not insufficient to support, and the profitability of IPR service trade is weak. The comprehensive analysis gives the following countermeasures and suggestions: to lead the high-quality development of China's IPR service trade with the innovation-driven development strategy as the core; to strengthen the IPR service trade talent team and cultivate highly skilled talents in IPR service trade; to enhance the support ability of related industries and stimulate the development momentum of IPR service industry; to create international brands of IPR services and achieve high-quality sustainable development.

Keywords: IPR Service Trade; Service Trade; Personnel Training

B.8 Analysis and Suggestion of Current Developments in China's Language Service Export

Wang Lifei, Li Zhao / 128

Abstract: In terms of the international environment, the field of global language services continues to expand, with European and American language service output and enterprises in dominating positions, while Asia is rising as an

437

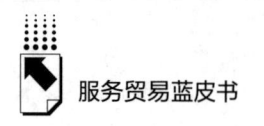

emerging market. In terms of the domestic environment, China has recently introduced a series of policies and measures to encourage and promote the language service industry and language service export. The whole Chinese language service market has seen a continuous growth trend after the overcome of the impact of the COVID-19 pandemic. The language service industry in the Beijing-Tianjin-Hebei region, the Yangtze River Delta, the Guangdong-Hong Kong-Macao Greater Bay Area, and the Hainan Free Trade Port is the growth leader in the country. Data analysis shows that the overall volume of China's LSE is relatively small. Although the four regional LSE is the biggest, the overseas market share is small, and the export potential is huge. According to the current situation and characteristics of China's LSE, it is recommended to increase government support, strengthen the standardization of language service export, expand the field and objects of language service export, strengthen contact and cooperation with the international language service market, and strengthen overseas marketing with brand building, improve language service export talent training and technical level, and emphasize both service export experience and user feedback.

Keywords: Language Service Export; Language Service; Service Trade

B.9 The Current Situation, Problems and Suggestions of the Development of China's Traditional Chinese Medicine Service Trade　　　　　　　　　　　　*Liu Yan, Gao Ying* / 151

Abstract: Trade in Traditional Chinese medicine (TCM) services is an important part of TCM inheritance and innovation, and accelerating its internationalization process is a necessary condition for high-quality development of TCM. At present, after years of exploration, China's trade in TCM services has already reached a certain volume, covered Cross-Border Trade, Consumption Abroad, Commercial Presence, Presence of Natural Persons, and mainly presented in three major forms: TCM education service trade, TCM science and technology service trade, and TCM cultural tourism service trade. However, it is found that there are still many problems in China's trade in TCM services, including limited coverage area, insufficient revenue capacity, restrictions from foreign regulations and standards, shortage of talents, insufficient cultural dissemination capacity and unreasonable management mechanism, which hinder the acceleration of its internationalization process. In the future, we need a multi-pronged approach, from both the main body side and policy side, encouraging diversification of forms of trade in services, actively using digital technology, optimizing the policy environment of the trade in TCM services, and in the end, enhancing the trade in TCM services to a new level.

Keywords: Trade in TCM Services; TCM Education Service Trade; TCM Science and Technology Service Trade; TCM Cultural Tourism Service Trade

B.10 China's Tourism Service Trade Development Report

Wang Haiwen, Wang Zhenhan / 167

Abstract: In 2022, the impact of the COVID-19 on China's tourism service trade remains severe. The number of outbound and inbound tourism has decreased, however, the revitalization of rural areas has given rise to new cultural tourism business forms, the ice and snow tourism continues to rise in popularity, the first-tier and new first-tier cities maintain a high tourism boom due to their mature tourism service systems, digital tourism is beginning to take shape and so on to add bright colors to China's tourism service trade. In general, China's tourism service trade still needs to strengthen its ability to deal with emergencies, the way of applying digital technology is still immature, the level of internationalization needs to be improved, and the lack of professional tourism talent reserves are more prominent problems. As the epidemic prevention and control turn and social order is gradually restored, people's travel demand will increase sharply, the development of cultural tourism industry is accelerated, digital tourism and intelligent tourism continue to heat up, and the rise of new cultural tourism business formats is accelerated, which creates opportunities for the construction of a new pattern of development of China's tourism services trade and the improvement of internationalization. To this end, China should establish a sound tourism emergency management mechanism, strengthen digital governance capabilities, accelerate the creation of internationally renowned cultural tourism brands, and continue to increase the supply of high-quality composite talents.

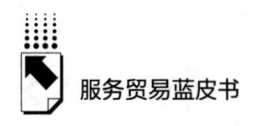

Keywords: Tourism Service Trade; Digital Cultural Tourism; Culture Tourism New Business Forms

B.11 China's Entertainment, Culture and Sports Services Trade Development Report

Li Jiashan, Liu Xia and Zhang Yuqing / 181

Abstract: China has entered a new development stage, and the development of entertainment, culture and sports services trade is of great significance to promote Chinese culture going abroad, improve the quality of China's cultural services trade development and achieve the goal of cultural power. This report analyzes the current situation of entertainment, culture and sports services trade: the scale of China's personal, cultural and entertainment services trade continues to expand in 2021, the total import and export trade has rebounded compared with 2020, which was severely affected by COVID-19, and the import and export trade structure has been optimized, and the overall development trend is positive. However, at the same time, there are also problems such as China's personal, cultural and entertainment services trade continues to have a deficit and lacks advantages in international competition; the industry scale is small and the industrial base is weak; and the management system is not sound. Based on this, this report proposes to: increase support for creative transformation of Chinese entertainment, culture and sports services. Expand the domestic demand of the entertainment, culture and sports service industry. Improve the management system and other countermeasure suggestions. To provide reference for the development of China's entertainment, culture and sports services trade.

Keywords: Entertainment, Culture and Sports Services; Trade Services; Cultural Policy

Ⅲ Special Research Reports

B.12 Research on High Quality Development Path of China's International Service Trade Under the Background of Global Green Transformation *Wang Jialin* / 193

Abstract: In recent years, countries have intensively introduced green transformation development plans and supporting measures. The global green transformation development process has accelerated, and the impact on the development pattern of international service trade has gradually emerged and become increasingly obvious. As the second largest international trade in services in the world, China should have a deep understanding of the "opportunity period" of profound changes in the current external development environment and the "shift period" of internal development momentum transformation, seize the "window period" of cultivating development advantages, make good use of historical and cultural dividends, reform and development system dividends, and macro policy dividends, and focus on the new situation, new needs, and new trends of green transformation and development. We will make every effort to do a good job in knowledge precipitation and transformation, policy guidance and support, financial empowerment and services, and the construction and cultivation of benchmark enterprises, and continue to create new advantages and new drivers for the development of China's international service trade. International service trade enterprises should actively embrace green transformation and development, actively think about and seek change, focus on new needs and changes, and accelerate the innovative development of products and services. At the same time, we should steadily promote our own green transformation and development, pay attention to making good use of domestic think tank resources, and strengthen the introduction of foreign intelligence as internal energy.

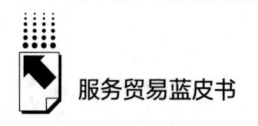

Keywords: Green Development; International Service Trade; Industry Transformation

B.13 Research on the Development of Digital Trade between China and Countries Jointly Building "the Belt and Road"

Zhang Hang, Zhang Weiyu / 207

Abstract: Digital trade replaces traditional trade to inject new vitality into the high-quality development of the "the Belt and Road" and stimulate new potential for the development of digital economy in all countries. The cooperation on digital trade between China and the countries jointly building the "the Belt and Road" has been rapidly deepened and remarkable achievements have been made. However, it is undeniable that the digital trade cooperation of countries along the "the Belt and Road" is still in its infancy, and the digital gap, rule gaps, digital security risks and other issues affect the in-depth and stable digital trade cooperation of countries. In this regard, we should adhere to increasing the digital capabilities of countries along the "the Belt and Road" and the voice of the digital economy in terms of strengthening digital infrastructure construction, promoting digital technology exchange and cooperation, and multilateral negotiations on digital governance systems, so that more countries can become participants, contributors, and beneficiaries of digital economy development.

Keywords: "the Belt and Road" Initiative; Digital Trade; International Cooperation

Contents

B.14 High-Quality Development Opportunities for Service Trade in China with the Background of RCEP

Ren Yizhuo, Li Jie / 224

Abstract: In the new era, China's service trade industry is facing new opportunities and needs to further promote the high-quality development of China's service trade industry. This report analyzes and finds that the current situation of China's service trade is showing a trend of continuous increase in total import and export volume, with uneven distribution in various fields and regions. After the signing of RCEP, China's service trade has ushered in new opportunities for investment liberalization, transparent and stable trade environment, and new growth drivers of digital service trade. At the same time, China's service trade is also facing large industry deficits, low added value In response to the challenges of unstable cooperative relationships, fierce market competition, and imbalanced exports with RCEP member countries, this report suggests strengthening top-level design, fully utilizing regional economic cooperation methods, actively participating in the formulation of service trade rules, upgrading digital trade led trade, improving the technological content of service trade exports, and focusing on reducing the deficit in some industries.

Keywords: RCEP; Service Trade; High-Quality Development

B.15 The Focus of the Digital Copyright Rules of the USMCA and China's Response

Jia Ruizhe, Sheng Xinyi / 240

Abstract: With the deepening and development of the digital economy, the digital copyright issues involved in cross-border transactions are becoming increasingly important. At present, both the digital trade chapter and the intellectual property chapter in the high-standard economic and trade agreement have set relevant rules on the regulation of digital copyright, which not only represent the highest requirements

443

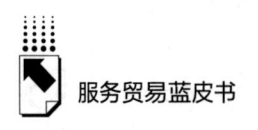

of digital copyright issues, but also provide a new paradigm for the governance of global economic and trade rules. Among them, the United States-Mexico-Canada Agreement (USMCA) signed by the United States, Mexico, and Canada in recent years is deemed as a vital trade agreement, and its chapter regarding digital trade and intellectual property rights is forward-looking and representative in the regulation of digital copyright. In this context, this report takes the digital copyright rules in the USMCA as the research object, sorts out and compares the main asking prices and core demands of the United States on related issues. Besides, it compares the provisions and differences of China's domestic laws in the corresponding fields, and then puts forward countermeasures, including improving the construction of the copyright system, actively participating in the governance of global digital copyright rules, and establishing a sound early warning mechanism for digital copyright disputes.

Keywords: USMCA; Digital Copyright; Digital Trade; Intellectual Property

B.16 The Status, Problems and Countermeasures of Service Industry International Development in Beijing

Zhao Jiazhang, Ding Guoning / 255

Abstract: In the process of comprehensively promoting the construction of the comprehensive demonstration zone for the expansion and opening up of the national service industry and the China (Beijing) Pilot Free Trade Zone, the service industry has become the main engine driving Beijing's economic growth. This report focuses on the current situation and existing problems of the internationalization development of Beijing's service industry, and tries to put forward policy suggestions. The findings are as follows: Firstly, Beijing's service industry scale, internal structure, quality and efficiency continue to optimize, service trade and foreign investment utilization level continue to improve, the opening up of the service industry has achieved remarkable results, and the gathering of global highend resources are accelerating. Secondly, there are some problems in the internationalization development of service industry in Beijing, such as low labor productivity of service industry, lack of international brand of living service industry, limited international advanced standard of service industry system and rules, low level of internationalization development of service industry and supporting system of service industry development to be optimized. Finally, based on the current situation and problems of international development, Beijing should make efforts to build a high-end international open innovation platform, build an international "Beijing service" brand, strengthen the integration with international rules and standards, build a world-class high-level service hub and build an open service industry element ecosystem, so as to realize the high-quality development of Beijing's international service industry.

Keywords: Beijing Service Industry; Internationalization; Opening Up; "Two Zones" Construction; High-Quality Development

B.17 Reflection and Enlightenment on the Green Development of China's Service Trade from the ESG Evaluation System
Liu Kai / 269

Abstract: In recent years, with the increasing maturity and widespread promotion of the ESG evaluation system globally, its core concept is in line with the inherent demand for green development in China's service trade. This report introduces the relevant content of ESG and service trade, and discusses the relationship between ESG and the green development of service trade based on actual situations. Finally, the inspiration of ESG evaluation system for the green development of China's service trade is reflected from the following five aspects. Firstly, integrate more green development concepts into the field of service trade; Secondly, meet the requirements of the international market and adapt to the trend of the new era; Thirdly, reasonably improving the green development system of service trade; Fourthly, continuously improving the green development level of service trade;

Fifthly, carry out diversified talent cultivation in the field of service trade.

Keywords: ESG; Service Trade; Green Development

B.18 The Focus and Direction of China's International Tourism Service Trade in the Process of the Chinese Path to Modernization

Li Xinjian, Zhi Qian, Gu Jiaqian and Cai Shuyu / 283

Abstract: At present, China's tourism service trade is shifting towards a stage of high-quality development. Although the epidemic has disrupted the growth trend of China's tourism service trade, the inbound and outbound tourism market has not stagnated but has resumed in an orderly manner. There is ample room for improvement in outbound tourism destinations, and the source structure of inbound tourists is relatively stable. This has led to a narrowing of China's international tourism service trade deficit and promoted the continuous optimization of the tourism service trade structure. The insufficient growth momentum of tourism service trade exports, insufficient release of domestic tourism consumption potential, insufficient high-quality supply of diversified tourism products, and severe damage to the international tourism industry chain supply chain are still four shortcomings that constrain the development of China's tourism service trade. Entering the process of Chinese path to modernization, China's tourism service trade should build a stable domestic tourism base, improve the quality of international tourism services, deeply implement the "two mountains" theory, innovate the supply of tourism service trade, activate China's excellent traditional culture, promote the integration of cultural and tourism service trade, expand high-level opening up, and deepen international tourism cooperation and exchange.

Keywords: The Chinese Path to Modernization; International Tourism Service Trade; Outbound Tourism; Inbound Tourism; High-Quality Development

B.19 Research on the Impact of Large Language Models on the Development of China's Language Service Industry

Tian Song, Sun Haotong / 300

Abstract: By the end of 2022, the emergence of ChatGPT based on large language models and deep learning algorithms gives people a new understanding of the application of artificial intelligence technology in the language service industry. The language service industry, including language translation services, language data services, language technology services, language teaching services, is in a critical period of digital transformation. The development of China's language service trade is faced with the problems of small export scale, single trade structure, low brand influence and lack of high-quality talents. The large-scale pre training language model represented by ChatGPT has brought new challenges and opportunities to the high-quality development of the language service industry. In the foreseeable future, intelligence will become an inevitable trend in the development of the language service industry. The traditional language service industry is facing the needs of transformation and diversified development. At the same time, it also puts forward higher requirements for the cultivation of high-quality and compound language service talents.

Keywords: Language Service; Large Language Model; Artificial Intelligence; ChatGPT

B.20 Research on the Strategy and Path of Copyright Services to Promote the High-Quality Development of Digital Creative Industries

Chen Nengjun, Peng Xiyang and Peng Guanying / 316

Abstract: With the continuous development of the digital creative industry, copyright services have become an important support for promoting its high-quality development. This report explains the connotation and characteristics of the digital creative industry, and starting from the relationship between copyright services and the digital creative industry, clarifies that copyright is a strong pillar to promote the emerge of innovative ideas and promote the sustainable development of the digital creative industry. The problems such as the imperfect copyright protection system, the copyright protection technology not keeping up with the development needs of the times, the asymmetric information of the main operators of the industrial chain, and the weak awareness of the public on digital rights management protection are the difficulties faced by the current digital creative industry. Since copyright will change the nature of digital creative products, it is also the trading carrier of digital cultural product creativity, and it is also an important system to promote the high-quality development of the digital creative industry, Introducing clear copyright policies and regulations, creating a block-chain copyright service platform, and building a copyright service carrier are strategic and path choices for copyright services to promote high-quality development of the digital creative industry.

Keywords: Copyright Services; Digital Creative Industries; High-Quality Development

B.21 Evaluation and Promotion Strategies for the Development of China's Sports Service Trade under the Strategy of Building a Leading Sports Nation *Li Ping, Li Wenjun* / 330

Abstract: Since the report of the 19th Party Congress proposed to accelerate the construction of a strong sports nation, China's sports service trade has been developing steadily and has become an important part of service trade. According to the general idea of "analysis of the current situation, analysis of the environment, analysis of problems and discussion of strategies", this report firstly describes the development of China's sports services trade from 2017 to 2022 at an overall level, and describes the development of the six areas of professional sports competition performance, sports event sponsorship, sports event copyright trading, sports training, sports tourism and internet sports services is described at the classification level. Secondly, the PEST model is applied to analyze the policy environment, economic environment, social environment and technological environment facing the development of sports services trade in China. Furthermore, the main problems in the development of sports services in China are analyzed in terms of infrastructure, market players, institutional mechanisms and digital transformation. Finally, in view of the existing problems, four strategies are proposed to promote the development of sports services trade: firstly, to continuously strengthen the construction of sports infrastructure; secondly, to cultivate competitive international sports service enterprises; thirdly, to implement relevant policies to promote the development of sports services trade; and fourthly, to guide sports service enterprises to accelerate their digital transformation.

Keywords: Building a Leading Sports Nation; Sports Service Trade; PEST Mode

Ⅳ Comparison and Reference Reports

B.22 Analysis of the Relationship Between Brazil's Industry, Service Industry Development and International Trade

Ricardo Machado Ruiz, Gilberto Assis Libânio and Diana Chaukat Chaib / 348

Abstract: This report discusses the relationships between industry, services and international trade in Brazil in the period from 2000 to 2020. The productive sectors of the Brazilian economy are compared by employment level, added value and productivity. The main theoretical reference to evaluate the changes or absence of structural changes are the Smile Curve and Global Value Chains. These two approaches adequately describe the changes in the economic structure of several Asian countries, but are not adequate to describe the Brazilian economy. Finally, the report discusses international trade between Brazil and China and shows that there are still unexplored opportunities in services trade.

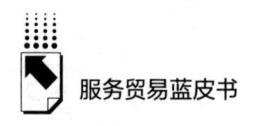

Keywords: Smile Curve; Global Value Chain; Brazilian Industry; Brazilian Economy; Trade Service

B.23 Global Digital Trade Issues, Rules and the Construction of Chinese Solutions *Yin Feng, Dang Xiuyu* / 372

Abstract: With the continuous innovation of digital technology, digital trade, as a new form of international trade, has been developing rapidly. While expanding trade boundaries and models, it has brought new challenges to global digital economic governance. Under this background, this report first straightens out the proposals of various countries in the WTO e-commerce negotiations, and analyzes the different interest demands of open, comprehensive, prudent and cooperative and inclusive member countries according to the relevant proposals. Secondly, it summarizes the digital trade rules in different FTA, and analyzes the main characteristics of different digital trade rule templates in combination with the core terms of "American template", "European template", "Singapore template" and "Chinese template". Thirdly, it analyzes the differentiated digital trade opening strategies of the United States, Japan, Europe, Singapore and China through the vertical comparison of topics and rules. Finally, taking China's interests as the starting point, based on three major aspects: digital economy governance under multilateral framework, negotiation of digital trade rules in regional trade agreements, and domestic institutional construction, China should rationalize the concepts related to the digital trade field, build a digital economy governance scheme that meets the consensus of most economies' interests and actively explore the road of win-win cooperation with developed countries; Actively connect to high-standard digital trade rules, accelerate the introduction and upgrading of digital trade rules in the negotiation process of China's trade agreements, and expand the influence of the "Chinese template"; China should further improve its domestic cross-border data flow and digital economy regulatory system, and actively promote replicable digital trade facilitation initiatives.

Keywords: Digital Trade Rules; Digital Trade Templates; "Chinese Solutions"

B.24 An Analysis of the Competitiveness of China-ASEAN Cultural Service Trade under the New Development Pattern

Hu Xinyi, Li Jiashan / 393

Abstract: The economic and trade cooperation between China and ASEAN has achieved a series of fruitful results. The signing of RCEP has further promoted the continuation of bilateral cooperation, bringing new opportunities for the development of trade in cultural services. This report constructs a trade competitiveness evaluation index to analyze the advantages and disadvantages of the cultural service trade competition between China and ASEAN countries, and finds that China is at the upper middle level compared with ASEAN countries, but there is a big gap between China and Singapore, and there is still much room for China to improve its cultural service trade level. In order to further enhance the competitiveness of China's cultural service trade, China ASEAN bilateral trade rules should be optimized. Promote the construction of national cultural export bases. Encourage talent exchange between China and ASEAN. Give play to the role of digital technology in trade.

Keywords: Cultural Service Trade; Bilateral Cooperation; Trade Competitiveness Evaluation Index; China-ASEAN

B.25 Japanese "Washoku" Culture Internationalization Experience and Its Enlightenment to Chinese Cuisine Culture
Li Jiashan, Lin Zhixin / 406

Abstract: In 2013, Washoku was successfully inscribed in the World Intangible Cultural Heritage list, becoming the 22nd intangible cultural heritage in Japan. The paper uses the literature studying and survey research method integrated to research it. And the paper introduces the definition and development of Washoku and its culture firstly. Then, through the analysis of the development of Washoku culture and the status quo of Japanese Washoku trade, the competitive advantage of Washoku in the global scope is analyzed. The paper discusses the inheritance and branding policies of Washoku culture from the two main aspects of the preserving and dissemination of Washoku culture, from the perspective of cultivation system of food culture talents, the inheritance and promotion of Japanese Washoku culture in domestic and and international trade and so on. It is hoped to draw lessons from the achievements of the development of gastronomic cultural trade in Japan and summarize the experience worth learning.

Keywords: Washoku; Cultural Heritage; Gastronomic Cultural Trade; Chinese Food

社会科学文献出版社

皮 书

智库成果出版与传播平台

❖ 皮书定义 ❖

皮书是对中国与世界发展状况和热点问题进行年度监测,以专业的角度、专家的视野和实证研究方法,针对某一领域或区域现状与发展态势展开分析和预测,具备前沿性、原创性、实证性、连续性、时效性等特点的公开出版物,由一系列权威研究报告组成。

❖ 皮书作者 ❖

皮书系列报告作者以国内外一流研究机构、知名高校等重点智库的研究人员为主,多为相关领域一流专家学者,他们的观点代表了当下学界对中国与世界的现实和未来最高水平的解读与分析。截至2022年底,皮书研创机构逾千家,报告作者累计超过10万人。

❖ 皮书荣誉 ❖

皮书作为中国社会科学院基础理论研究与应用对策研究融合发展的代表性成果,不仅是哲学社会科学工作者服务中国特色社会主义现代化建设的重要成果,更是助力中国特色新型智库建设、构建中国特色哲学社会科学"三大体系"的重要平台。皮书系列先后被列入"十二五""十三五""十四五"时期国家重点出版物出版专项规划项目;2013~2023年,重点皮书列入中国社会科学院国家哲学社会科学创新工程项目。

皮书网

（网址：www.pishu.cn）

发布皮书研创资讯，传播皮书精彩内容
引领皮书出版潮流，打造皮书服务平台

栏目设置

◆ 关于皮书
何谓皮书、皮书分类、皮书大事记、
皮书荣誉、皮书出版第一人、皮书编辑部

◆ 最新资讯
通知公告、新闻动态、媒体聚焦、
网站专题、视频直播、下载专区

◆ 皮书研创
皮书规范、皮书选题、皮书出版、
皮书研究、研创团队

◆ 皮书评奖评价
指标体系、皮书评价、皮书评奖

◆ 皮书研究院理事会
理事会章程、理事单位、个人理事、高级
研究员、理事会秘书处、入会指南

所获荣誉

◆ 2008年、2011年、2014年，皮书网均在全国新闻出版业网站荣誉评选中获得"最具商业价值网站"称号；

◆ 2012年，获得"出版业网站百强"称号。

网库合一

2014年，皮书网与皮书数据库端口合一，实现资源共享，搭建智库成果融合创新平台。

皮书网　　"皮书说"　　皮书微博
　　　　　微信公众号

权威报告·连续出版·独家资源

皮书数据库
ANNUAL REPORT(YEARBOOK) DATABASE

分析解读当下中国发展变迁的高端智库平台

所获荣誉
- 2020年，入选全国新闻出版深度融合发展创新案例
- 2019年，入选国家新闻出版署数字出版精品遴选推荐计划
- 2016年，入选"十三五"国家重点电子出版物出版规划骨干工程
- 2013年，荣获"中国出版政府奖·网络出版物奖"提名奖
- 连续多年荣获中国数字出版博览会"数字出版·优秀品牌"奖

皮书数据库　"社科数托邦"微信公众号

成为用户
登录网址www.pishu.com.cn访问皮书数据库网站或下载皮书数据库APP，通过手机号码验证或邮箱验证即可成为皮书数据库用户。

用户福利
- 已注册用户购书后可免费获赠100元皮书数据库充值卡。刮开充值卡涂层获取充值密码，登录并进入"会员中心"—"在线充值"—"充值卡充值"，充值成功即可购买和查看数据库内容。
- 用户福利最终解释权归社会科学文献出版社所有。

数据库服务热线：400-008-6695
数据库服务QQ：2475522410
数据库服务邮箱：database@ssap.cn
图书销售热线：010-59367070/7028
图书服务QQ：1265056568
图书服务邮箱：duzhe@ssap.cn

社会科学文献出版社　皮书系列
卡号：945623755166
密码：

S 基本子库
SUB DATABASE

中国社会发展数据库（下设 12 个专题子库）

紧扣人口、政治、外交、法律、教育、医疗卫生、资源环境等 12 个社会发展领域的前沿和热点，全面整合专业著作、智库报告、学术资讯、调研数据等类型资源，帮助用户追踪中国社会发展动态、研究社会发展战略与政策、了解社会热点问题、分析社会发展趋势。

中国经济发展数据库（下设 12 专题子库）

内容涵盖宏观经济、产业经济、工业经济、农业经济、财政金融、房地产经济、城市经济、商业贸易等 12 个重点经济领域，为把握经济运行态势、洞察经济发展规律、研判经济发展趋势、进行经济调控决策提供参考和依据。

中国行业发展数据库（下设 17 个专题子库）

以中国国民经济行业分类为依据，覆盖金融业、旅游业、交通运输业、能源矿产业、制造业等 100 多个行业，跟踪分析国民经济相关行业市场运行状况和政策导向，汇集行业发展前沿资讯，为投资、从业及各种经济决策提供理论支撑和实践指导。

中国区域发展数据库（下设 4 个专题子库）

对中国特定区域内的经济、社会、文化等领域现状与发展情况进行深度分析和预测，涉及省级行政区、城市群、城市、农村等不同维度，研究层级至县及县以下行政区，为学者研究地方经济社会宏观态势、经验模式、发展案例提供支撑，为地方政府决策提供参考。

中国文化传媒数据库（下设 18 个专题子库）

内容覆盖文化产业、新闻传播、电影娱乐、文学艺术、群众文化、图书情报等 18 个重点研究领域，聚焦文化传媒领域发展前沿、热点话题、行业实践，服务用户的教学科研、文化投资、企业规划等需要。

世界经济与国际关系数据库（下设 6 个专题子库）

整合世界经济、国际政治、世界文化与科技、全球性问题、国际组织与国际法、区域研究 6 大领域研究成果，对世界经济形势、国际形势进行连续性深度分析，对年度热点问题进行专题解读，为研判全球发展趋势提供事实和数据支持。

法律声明

"皮书系列"（含蓝皮书、绿皮书、黄皮书）之品牌由社会科学文献出版社最早使用并持续至今，现已被中国图书行业所熟知。"皮书系列"的相关商标已在国家商标管理部门商标局注册，包括但不限于LOGO（ ）、皮书、Pishu、经济蓝皮书、社会蓝皮书等。"皮书系列"图书的注册商标专用权及封面设计、版式设计的著作权均为社会科学文献出版社所有。未经社会科学文献出版社书面授权许可，任何使用与"皮书系列"图书注册商标、封面设计、版式设计相同或者近似的文字、图形或其组合的行为均系侵权行为。

经作者授权，本书的专有出版权及信息网络传播权等为社会科学文献出版社享有。未经社会科学文献出版社书面授权许可，任何就本书内容的复制、发行或以数字形式进行网络传播的行为均系侵权行为。

社会科学文献出版社将通过法律途径追究上述侵权行为的法律责任，维护自身合法权益。

欢迎社会各界人士对侵犯社会科学文献出版社上述权利的侵权行为进行举报。电话：010-59367121，电子邮箱：fawubu@ssap.cn。

社会科学文献出版社